文脉守望

听前辈讲上外故事

（第三辑）

主　编　尹冬梅　李岩松

副主编　张　静　衣永刚

编　委　（按姓氏笔画排序）

王会花　王雪梅　杨　凡　杨雪莲　陈建培
陈晓黎　忻炯俊　周源源　孟庆和　顾　蔚
施　桦　徐　永　谢建文　戴迪萍

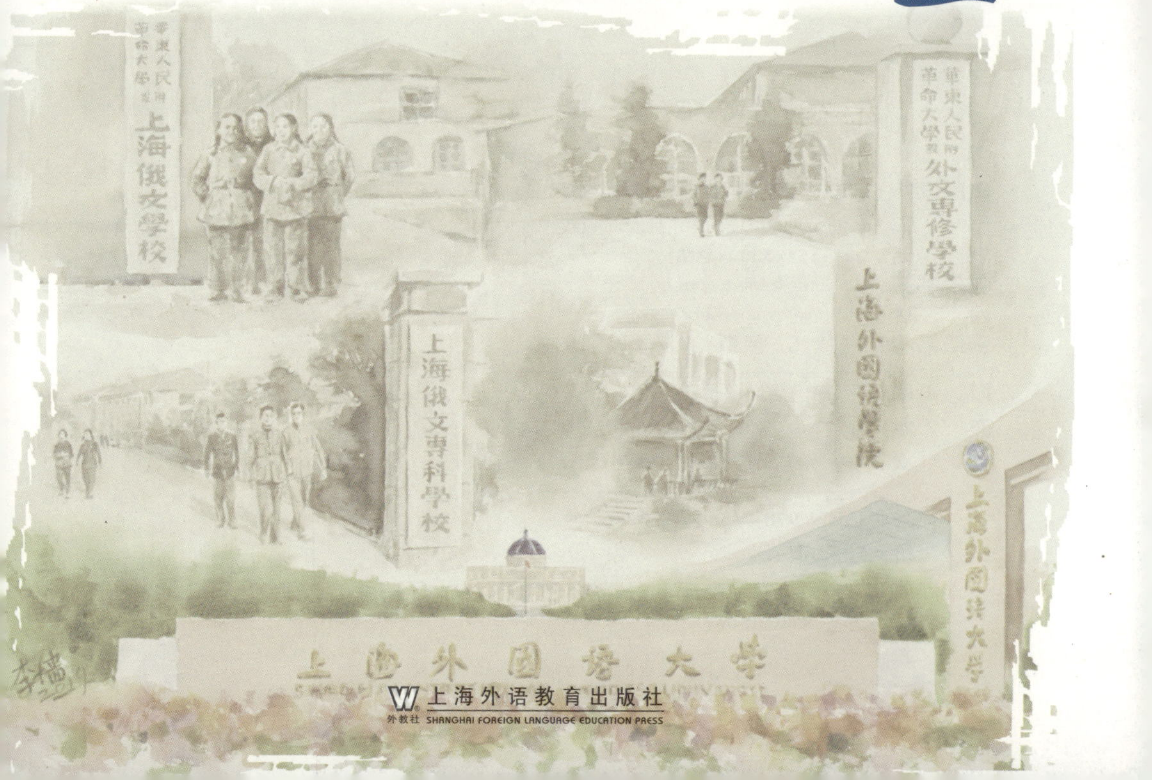

上海外语教育出版社
外教社 SHANGHAI FOREIGN LANGUAGE EDUCATION PRESS

图书在版编目（CIP）数据

文脉守望：听前辈讲上外故事. 第三辑 / 尹冬梅，李岩松主编；张静，衣永刚副主编. -- 上海：上海外语教育出版社，2024. -- ISBN 978-7-5446-8332-6

Ⅰ. G649.285.1

中国国家版本馆CIP数据核字第20243569E5号

出版发行：**上海外语教育出版社**
（上海外国语大学内）邮编：200083
电　　话：021-65425300（总机）
电子邮箱：bookinfo@sflep.com.cn
网　　址：http://www.sflep.com
责任编辑：高楚凡　董新

印　　刷：上海信老印刷厂
开　　本：710×1000　1/16　印张 32.75　字数 465 千字
版　　次：2024年11月第1版　2024年11月第1次印刷

书　　号：ISBN 978-7-5446-8332-6
定　　价：105.00元

《文脉守望：听前辈讲上外故事》（第三辑）编辑委员会

主　编　尹冬梅　李岩松

副主编　张　静　衣永刚

编　委　（按姓氏笔画排序）

王会花　王雪梅　杨　凡　杨雪莲　陈建培

陈晓黎　忻炯俊　周源源　孟庆和　顾　蔚

施　桦　徐　永　谢建文　戴迪萍

1949

上海俄文學校揭曉通告

一、本校此次招生考試成績業已評定，茲將錄取名單公佈如左：

高級班五名

中級班正取四十名

初級班正取三百名

二、上列正取各生於見報後自一九五〇年一月五日起至十日止攜帶准考證至寶山路上海俄文學校（原暨南大學二院舊址）註冊處先行辦理註冊手續。

三、上列備取各生如正取缺額時再行通知註冊報到。

四、所有未經錄取各生之證件限於本日起至卅一日止發還，過期不予保管，在四川北路底同濟大學報名者至寶山路本校領取，在河南路文會及林森中路一六一〇弄二號報名者仍至原地領取。希勿延悮。

校長 姜椿芳

一九四九年十二月廿九日

▲ 1949 年 12 月 29 日，《解放日报》刊登《上海俄文学校揭晓通告》

▲ 1950 年 2 月 19 日，时任上海市市长陈毅（左）出席上海俄文学校开学典礼，左二为首任校长姜椿芳

1950

▲ 1951 年，赴朝语文工作队队员合影

1951

▲ 1951 年 8 月 2 日，华东人民革命大学附设外文专修学校英文班学员结业合影

▲ 1951 年初，学校成立军事、文教、财经和工业四个专业班，图为苏侨教师基廖夫（前排左 4）与军事二班合影

◀ 创校初期，学校师生积极参与校园基础设施建设工作，图为师生在所筑“劳动路”路牌处合影（右 2 为苏侨教师伊琳娜）

▲ 建校初期，华东革大附设外文专修学校运动会入场式

▼ 建校初期校园

▲ 虹口校区 3 号楼（1955 年完工，共三层，1960 年暑假加至四层）

▲ 校园一角：玻璃走廊教学楼（20 世纪 90 年代已拆除）

▲ 1956 年 6 月 4 日，上海外国语学院第一届研究生欢送雅·伊·罗斯洛维茨专家归国留念

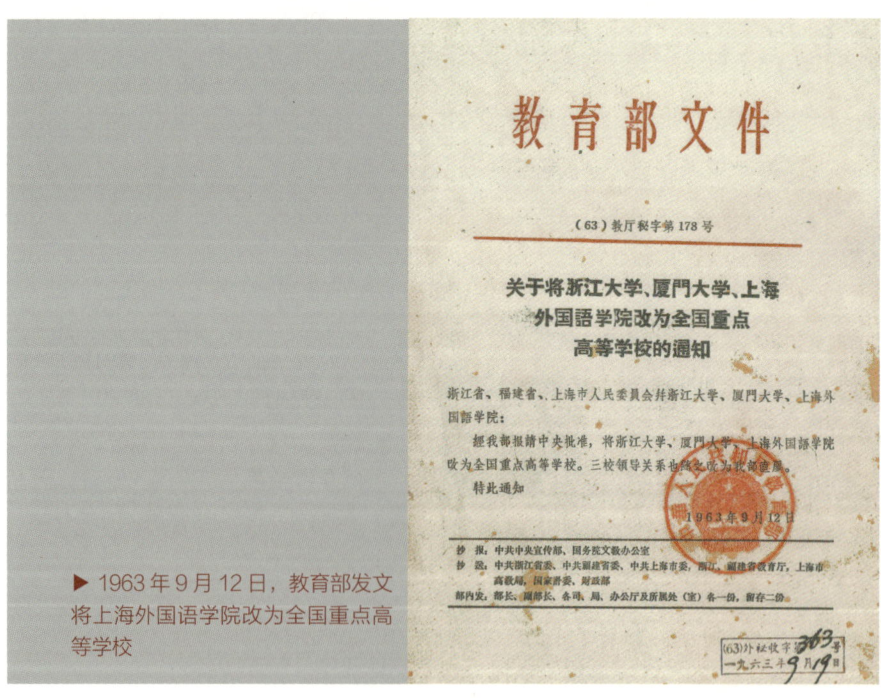

教育部文件

（63）教厅秘字第 178 号

关于将浙江大学、厦門大学、上海外国語学院改为全国重点高等学校的通知

浙江省、福建省、上海市人民委員会并浙江大学、厦門大学、上海外国語学院：

經我部报請中央批准，将浙江大学、厦門大学、上海外国語学院改为全国重点高等学校。三校领导关系也随之改为我部直属。

特此通知

1963 年 9 月 12 日

抄　报：中共中央宣传部、国务院文教办公室

抄　送：中共浙江省委、中共福建省委、中共上海市委，浙江、福建省教育厅，上海市高教局，国家計委、財政部

部内发：部长、副部长、各司、局、办公厅及所属处（室）各一份，留存二份

(63)外秘收字第 363 号
一九六三年 9 月 19 日

▶ 1963 年 9 月 12 日，教育部发文将上海外国语学院改为全国重点高等学校

▲ 1979 年 12 月 3 日，举办建校 30 周年大会，时任上海市委书记夏征农、中央编译局原副局长、首任校长姜椿芳等出席仪式

1979

▲ 1987 年 8 月 9 日—13 日，国际关系理论研讨会在上外召开，国务院国际问题研究中心总干事宦乡（中）出席会议并讲话，右一为时任校长胡孟浩，左一为时任副校长张坚

▼ 20 世纪 80 年代学校生活区

▲ 1993 年，学校相关部处就招生收费改革进行研讨

1994

000139

国家教育委员会文件

教计[1994]25号

关于同意上海外国语学院更名为
上海外国语大学的通知

上海外国语学院：

你院《关于上海外国语学院更名为上海外国语大学的请示报告》[上外(93)第26号]收悉。

为适应改革开放、经济建设和社会发展的需要，鉴于上海外国语学院已基本符合《普通高等学校设置暂行条例》和《普通高等学校申请更改名称问题的规定》的要求，在全国高等学校设置评议委员会评议的基础上，经研究，同意上海外国语学院更名为上海外国语大学。

国家教育委员会
一九九四年二月五日

主题词：院校　更名　上海外院　通知
抄　送：国家计委、财政部，上海市人民政府、上海市高教局

▶ 1994 年 2 月 5 日，国家教委同意上海外国语学院更名为上海外国语大学

▲ 1996 年 6 月 25 日，上海外国语大学通过国家教委与上海市政府共同组织的“211 工程”部门预审

▲ 1999 年 9 月 15 日，联合国前秘书长布特罗斯·布特罗斯-加利（左）访问我校并为师生作报告

▲ 2000 年 8 月 28 日，学校松江校区开工典礼

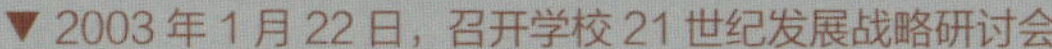

▼ 2003 年 1 月 22 日，召开学校 21 世纪发展战略研讨会

▲ 2007 年 9 月 23 日，2007—2011 年教育部高等学校外语专业教学指导委员会成立大会暨首次工作会议在上海外国语大学举行

▼ 2008 年 10 月 26 日—28 日，中国俄语教育三百年国际研讨会在上海外国语大学举行

▲ 2010 年 10 月 29 日，学校与新华通讯社签署战略合作协议，共建国际传播人才培养与科学研究基地

▼ 2011 年 5 月 11 日—14 日，学校举办第十二届世界俄语大会

▲ 2013 年 4 月 22 日—24 日，第三届联合国合作备忘录签约高校年会在上海外国语大学举行

▼ 2017 年 4 月 20 日—30 日，中阿改革发展研究中心举办首期阿拉伯语国家官员研修班

▲ 2018 年 9 月 28 日，学校成立“上海全球治理与区域国别研究院”

▼ 2019 年 4 月 30 日，葡萄牙共和国总统马塞洛 · 雷贝洛 · 德索萨率团访问上海外国语大学

▲ 2019 年 12 月 7 日—8 日，大学与人类命运共同体构建：中外大学校长学科建设研讨会暨上海外国语大学建校 70 周年纪念大会

▼ 2021 年 1 月 12 日，学校与中国共产党第一次全国代表大会会址纪念馆签署战略合作框架协议

▼ 2024 年 5 月 31 日，阿拉伯国家联盟秘书长艾哈迈德·阿布·盖特率团访问上海外国语大学

目录

contents

目录

contents

前言

文脉是文化的传承与积淀，是精神的延续与创新。上海外国语大学（Shanghai International Studies University, SISU）创建于1949年12月，是与中华人民共和国同龄的高等外语学府，是新中国外语教育的发祥地之一。红色基因，深植于斯；众多杰出的名家大师，荟萃于此，执教治学，书香翰墨，桃李芬芳。

《文脉守望》第三辑编写团队采访了30多位上外师长，整理形成了30多万字的口述稿，从不同维度记述了上外在创建、发展中的不平凡历史。历史承载于故事。通过面对面的交流，我们深切感受到上外人对母校的热爱、对生活的思考以及对人生的感悟。这些最真实质朴的情感以及大量的细节与轶事，勾勒酸甜苦辣，书写筚路蓝缕，使每一段历史都栩栩如生。在他们的深情回忆中，我们感受到深厚的家国情怀和拳拳之心，仿佛穿越时空长廊，亲身体验着前辈们谱写的一个又一个创业、创新、创造的篇章，深切体会到上外人的“向上”精神和“向外”品质。希望此书能以小见大，让所有上外人走进历史，重温上外记忆，鉴往知来，让上外文脉不断延续发展，历久弥新，醇厚动人。

本书的编辑与出版得到了众多师长、校友的鼎力相助。他们不仅奉献了珍贵的资料和回忆，还为学校的发展提供了诸多宝贵意见和建议，在此深表谢意。同时感谢上海外语教育出版社的大力支持。

值此建校75周年华诞之际，回顾过去，我们不胜感慨；展望未来，我们砥砺前行。本书不仅是一部口述校史，更是传承和发扬上外精神的文化瑰宝。让我们传承红色基因，赓续悠悠文脉，厚植家国情怀，踔厉奋发，开拓进取，为建设“国别区域全球知识领域特色鲜明的世界一流外国语大学”不懈努力，续写新时代上外新篇章！

格高志遠
學貫中外

我和上外的深厚情缘

施　行

男，1930 年生，福建福州长乐人，上海外国语大学离休教师。1934 年赴英属马来亚定居，1947 年回到中国。1949 年参加中国人民解放军。1955 年复员并考入上海俄文专科学校（今上海外国语大学）学习俄语。1959 年毕业后留校任教，随即被调往洛阳工学院（今河南科技大学）工作。1974 年调回上外。曾任《外语电化教学》副主编，上外关心下一代工作委员会委员。编著《玩年集》、《汪曾祺文学阅读词典》、《上外情》（合著）、《文史趣闻百篇》（合编）等。1991 年离休。离休后仍先后在上海外语音像出版社、上海外语教育出版社担任编辑工作。

口 述 人：施行

采访整理：周源源、陆英浩

采访时间：2024 年 3 月 12 日

采访地点：上海市虹口区施行海虹苑寓所

采访者：您于 1955 年考入上外学习俄语，当年为什么会选择报考上外？

施行：1955 年，我离开部队后就开始考虑自己未来的出路。我报考上外的原因主要有两个。一是和我关系很好的三姑妈施竹青于 1954 年调到上海的广慈医院（今瑞金医院）任小儿科主任，我来上海可以离她近些。二是我看到上海俄文专科学校（简称“上俄”）发放的招生宣传册。这本册子中有学生陪着苏联专家前往全国各地游历的场面，我为之着迷。我以前在英属马来亚生活过，学过一些英语，所以想报考英语专业。但由于上俄没有英语专业，我就报考了俄语专业。

施行军装照

施行（后排右 1）与同学在上海外国语学院门口合影

进入上俄（今上外）以前，我一直没有机会好好读书。我小学毕业时年龄已经偏大，从马来亚回国后，初中就读了两年补习学校，高中读了一年就参军了。因为我各方面的文化基础都比较差，所以只能报考文科。当时对复员军人有优惠政策，录取分数会相对低一些。我备考了一个月，天天背诵，把一本大纲的内容全部背了下来，最后就考上了。

我终于成为一名大学生，人生也由此改变了。来上外就读一段时间后，我担任了班级团支部书记。我这个人好奇心比较强，也喜欢创新。当时听说苏联马戏团正在访问上海，就想去邀请他们来上外演出。于是我就和几位同学一起给苏联马戏团写了一封信，向对方介绍说我们都是学俄语的大学生，非常向往苏联和马戏团，但很难买到演出的票，希望他们能到上海俄文专科学校来演出。我们当时没有收到他们的回信，但他们后来直接来学校演出了。我们当时真是初生牛犊不怕虎，不懂得应该遵守外事纪律，没有经过学校同意就冒冒失失地给他们发出邀请，所以马戏团的突然到访让学校乱作一团。

在大礼堂举办的欢迎会上，一位担任翻译的老师因为不懂马戏术语被难住，现场还卡壳了。后来苏联领事馆的翻译上场，结果也被难住了。最后现场就改为只把演出的大概意思翻译出来，这才解决这个问题。表演持续了一整天，马戏团主要在大礼堂里演出，还有部分节目在操场上演出。

我再和你们分享下我的入党经历。刚才提到我曾在马来亚生活过，有一个在英国殖民地政府法院当翻译的养父，属于有海外关系的人士。正是因为这个原因，我在入党的道路上几经波折。我于 1949 年参加青年团（中国新民主主义青年团，是中国共产主义青年团的前身）。解放初期，我想我应该马上可以加入共产党了。但因为我有海外关系，部队没有批准我的入党申请。进入上外以后，我继续向党组织提交入党申请，但一直没有获批，和我一起入学的同学中都有入党的了。后来我调到洛阳后再次打报告，1964 年党支部终于通过了我的入党申请，可当时河南省组织部一名干部见我有海外关系，又叫学校取消了我的入党资格。真可谓一波三折。改革开放后，十二大期间（1982 年），组织部终于再次通过了我的入党申请。从我第一次打报告直到我入党，整整花了 33 年，我算是一位老资格的"党外布尔什维克"。我常说自己是老干部、新党员。这个故事告诉我们坚持很重要，没有坚持，就没有结果。

采访者：在四年的大学生活中，哪些老师和同学给您留下比较深刻的印象？

施行：我们大部分同学进校前都没学过外语，所以到学校后都是从零学起。我以前学过英语，最初时会对俄语学习有很大的干扰。有一位苏联女老师，年纪比我还小，就直接用手给我们纠正口型以发出大舌音，弄得我们很不好意思。还有一位给我印象比较深刻的苏联老师是克留柯夫，我和他关系很好，我俩还一起拍了合影留作纪念。我们当时有 10 多个班，每班 10 多人。蒋妙瑞、王益康、魏原枢和我都是同届同学。魏原枢和我同班，蒋妙瑞是其他班级的。当时魏原枢担任上海世界语协会会长，我也在全国世协担任职务。

我们协会在苏州东山举办会议，还邀请了蒋妙瑞和王益康参加。我们同届的四个老同学还在一起拍了张合影。

苏州东山会议合影，从左至右：施行、魏原枢、蒋妙瑞、王益康

采访者：请您简要介绍一下当时上外世界语的特点和教学情况。

施行： 那时候，我们上外的世界语是全国最好的。因为学校的电教事业发展得很好，所以电教馆出了许多有关世界语的书籍和光盘，而其他学校不具备这些条件。魏原枢也主要是因为在世界语方面的研究成果，最终评上了教授。我和魏原枢会长配合得非常好。他对其他人写的会议纪要不太满意，而我掌握了一个窍门，那就是提前一天和他聊天，了解他想在会上讲的内容和要点，掌握这些要点之后，第二天做记录就会精准一些，所以他对我做的会议纪要非常满意。当时我们经常一起到全国各地开会，大概合作了七八年。当时世界语比较热门，学校也认识到应该开设世界语专业或课程，于是就派魏原枢去北京学习。他学成归来后就成立了世界语教研室。

采访者：1956年，学校增设英语、德语、法语三个专业，当时有很多俄语专业的同学选择转专业学习，而您仍然继续攻读俄语专业，请问当初是基于怎样的考虑？

施行：20世纪50年代末，中苏关系恶化，俄语专业也开始被打入“冷宫”，很多同学转到新开设的其他专业。我当初选择不转专业的一个原因是看到俄语专业毕业后的分配情况还不错，有的同学会被分配到中央的机械工业部，因为重工业资料需要俄语翻译。但实际上是我搞错了，他们只是先去北京的相关部门报到，然后再被派去偏远的地区工作。另外还有一个原因，就是我自认为英语还懂一些，再转去学英语对我而言意义不大。

采访者：您毕业留校工作了一段时间后就调任至河南洛阳，10多年后您重返上外，在英语系工作了一段时间，当时您主要承担哪些工作？英语系哪些老师给您留下比较深刻的印象？

施行：我毕业留校后不久就被调往洛阳工学院工作。洛阳工学院是一所新办的学校，当时那边想请上外提供一名具有中级职称的教师，但最后学校决定调我这个助教过去。学校选我前往的部分原因可能是我曾经在部队当过兵，所以组织纪律性比较强。当时我刚和女朋友确立了恋爱关系，她也支持我服从组织安排。

到洛阳以后，那边的人很关心我。1974年我才调回上外。那时上外和番禺中学进行交换，上外给番禺中学一名俄语老师，番禺中学给上外一名德语老师，所以就把我从洛阳调回来，但后来由于各种原因，我也没有被调任到番禺中学。

英语系给我印象比较深的首先是杨小石老师。他是戴炜栋（校长）的老师，也是全国知名的教授。他和我关系很好，在他过世前我们一直都保持着联系。我从洛阳调回的时候认识了杨小石，但那时我与他谈不上有什么深交。前些年他从美国回来，我们见面的机会多了，交流也多起来。他喜欢到我家中聊天，谈了许多自己有趣的人生故事。杨小石没有留过洋，但是他是踏踏实实地做学问的，他擅长中译英，有时也搞英译中。他为《中国文学》译了许多作品，所翻译的文体比较广泛，有科技、教育、美术、故事片、长短篇小说等。由于在那个特殊的年代，国家对个人知识产权没有给予应有的重视和保护，译者都不署名，所以也没人知道他到底都翻译了哪些东西。他先是翻译了电影《聂耳》，又翻译了《舞台姐妹》，再后来还翻译了电影《沙鸥》。据说《舞台姐妹》还在中美航线的飞机上播放了很长时间，颇受欢迎。当时搞这些翻译工作没有分文报酬，甚至自己还要贴饭钱。这在现在的人看来是不可思议的。他不但把中国电影的脚本翻译成英文，还为上海电影译制片厂配音。配音其实是件很难的事。他一边念中文剧本，一边将中文译成英文，还要看着摆在桌面上的镜子对口型。他刚开始为《闪闪的红星》里的老爷爷配音时，导演说他笑得不像，他就在从上海电影译制厂骑自行车回家的路上反复地操练那个“笑”，路人把他当成神经病，结果后来导演说他“笑”得很成功。还有我的同乡——英语语音老师许天福，他的语音水平非常高。每次我北京的表弟来，说要学“灵格风”（Linguaphone，英国的一种利用唱片配合课本传授语言的教学模式），我就带他去许天福那里登门请教。

1981 年我就到电教馆工作了。魏原枢（时任上外副院长）当时想调我去科学研究处做科长，而孙宗仰（时任电化教学馆馆长）想调我去电教馆。相比机关，我觉得到电教馆更能发挥我的长处，就到了孙宗仰这里。我以前没坐过飞机，在电教馆工作期间，因为要前往全国各地参加会议，就经常坐飞机出差。电教馆的工作拓宽了我的见识，也让我认识了全国形形色色的人，得到很多同行们的尊重，后来我还获得外语电教的先进工作者奖。

当时上外的电教馆规模很大，是全国最好的电教馆。所有从英国进口的资料都先到上外，所以学校保存了很多珍贵的资料。另外，上外电教馆拥有高级职称的教职工特别多，科研力量也很强。1983 年，学校成立了上海外语音像出版社。这是老孙（孙宗仰）去北京争取来的，上海外语音像出版社是全国第一家教育类音像出版社。

采访者：您曾担任《外语电化教学》的副主编，请您介绍一下相关的情况。

施行：我担任副主编期间，主要管理《外语电化教学》的各项事务。我和想来期刊发文的学者之间不仅仅是编辑和作者的关系，更像是好朋友一样。比如苏州大学的顾佩娅教授、南京师范大学的张舒予教授、广西师范大学的陈吉棠教授、同济大学的梁淑妍教授等大约 10 位教授，都是从在《外语电化教学》上发表论文开始走上“学术之旅”的。有一些作者刚交过来的稿子还有很多问题，我就帮他们修改，补充所需要的内容。在这个过程中，我和那些作者的关系就逐渐亲密起来了。我不同意出售版面挣钱，所以期刊一直是亏本运营。

施行夫妇与汪曾祺夫妇合影，左起：雷佩庆、汪曾祺、施松卿、施行

我在任期内还邀请了我的姑父汪曾祺为《外语电化教学》题写刊名。在那之前杂志用的刊名是仿鲁迅体的，使用汪曾祺题写的刊名后有一段时间换过其他版本的刊名，但目前还是换回了汪曾祺题写的版本。汪曾祺当时已颇有名气，但他不轻易给别人题字。那天我趁出差赴京之便，就去他家拜访，通过我姑妈施松卿出面请他题字。姑妈就叫汪曾祺从房间里出来，告诉他我要让他写字。然后他出来问了要写什么就进房间了。一会儿他就写好了很多张，但全是繁体字。这些繁体题字因未能通过上海市出版局的审核而不能使用。我就再写信找姑父重新题了简体字寄来，也就是目前使用的这个版本。遗憾的是这个题词的原稿现在已经找不到了。

采访者：1991 年您离休后，还在上海外语教育出版社担任编辑工作，外教社和音像出版社的编辑工作有哪些异同？您在工作方法方面还有哪些创新？

施行： 离休以后我到外教社做特约编辑。当时互联网在我国还不怎么流行，有一位名叫祁寿华的学者，因当时其本人在美国，他就将稿件通过电子邮件发给我。我修改之后再通过电子邮件发回给他。所以，在国内我应该是最早一批通过电子邮件编审书稿的。

采访者：您一直践行“活到老学到老”的理念，今年您已经 94 岁高龄，还依然坚持每天写日记并发布在社交网络平台，您做这件事的初衷是什么？又为什么坚持做这件事？

施行： 我也只是一个文字搬运工，自己写不出那么多内容，都是到处搬来再加工，之后添加自己的感想等。2013 年我就开始学习使用微信了。我每天上网，每天写，我家客厅的这个小角落就是我的“文化小区”。对我来说，长期这样做是一种乐趣，让我有事情可做。在这个过程中，我收获了很多。通过不断学习，我对党史也有了更全面深刻的了解。

而且，我不认为我现在已进入了垂暮之年，而是进入了美好的“玩年”，游玩之年，大玩特玩之年，所以我个人的文集也叫《玩年集》。离休以后我出了不少书，比如说《汪曾祺文学阅读词典》（北京：作家出版社，2012 年）、《文史趣闻百篇》（北京：中国文联出版社，2012 年）等。我和上外缘分很深，有很浓的上外情。我和妻子在上外认识，女儿、女婿都毕业于上外，儿子也毕业于上外附中初中部，外孙女于 2008 年考入了上外英语学院国际公务员班。上外已经成了我乃至我们全家三代人生命中不可或缺的一部分。

采访者：您对新时代的上外学子有哪些寄语？

施行：过去我们学外语是把它当作目的，现在看来可以把它当作工具。最近有了“人工智能 +”的概念，我觉得应该要用“人工智能 + 外语”的学习方法。我也和科大讯飞副总裁王玮讨论过如何把外语和人工智能更好地结合起来。现在大家的英语水平普遍越来越高，如果我们还像以前那样教，就没有了特色。现在上外已经朝理科转向了，学生们也应该转变自己的思维，除了语言本身，还要了解相关语言的国家。

孙全洲（右 1）、金冰夏（左 2）夫妇与上外留学生夫妇合影

投身文教终不悔
桃李不言自成蹊

孙全洲

教授，1930 年 11 月生，安徽涡阳人，原上海外国语大学国际文化交流学院教师。1959 年毕业于华东师范大学中国文学专业，毕业后至上海外国语学院中国语文组任教。曾任上海外国语大学对外汉语系汉语教研室主任，主编《现代汉语学习词典》《现代实用汉英词典》《语法与修辞》等，其中《现代汉语学习词典》荣获第十届中国图书奖。1993 年获国务院政府特殊津贴奖。1995 年离休。

口 述 人：孙全洲、金冰夏
采访整理：夏晗丹、李璇
访谈时间：2021 年 4 月 23 日
访谈地点：上外中山大楼教师寓所

金冰夏

高级讲师，1934 年 8 月生，上海人，原上海外国语大学国际文化交流学院教师。1960 年毕业于上海师范学院（今上海师范大学）中文系，毕业后至上海外国语学院中国语文组任教。参与编写《现代汉语学习词典》等。1990 年退休。

采访者：两位老师是如何来到上外教学的呢？

孙全洲：中华人民共和国成立前半年（1949 年 4 月），我先在家乡安徽涡阳一个小镇的小学工作。那时淮海战役刚结束，虽然恢复了小学，但条件远不能和现在相比。那时没有像样的校舍、教具，顶多是一两个空房间，里面放几张破旧课桌、长凳子，连黑板也没有。我刚走上教师岗位就经历了“一人班”的情况：整个学校仅一位老师。学生也不多，都是农村来的，平时不过十来个人，农忙时就几乎没有学生。我主要教学生们认字，还教写毛笔字。后来我被调到中心小学，但也只有四五个老师支撑教学。那时教学情况不稳定，教学活动和政治任务密切配合，常常搞运动，土改、斗恶霸地主，师生一块儿参加，搞宣传、喊口号。在中心小学工作半年不到，我又被抽调到治淮工程搞宣传，后来还被调到县文教科任学习委员会委员，负责辅导检查中小学教育，虽然还留在文教系统内，但已经脱离了一线教学岗位。

1955 年，我考上了华东师范大学中文系，来到上海求学。非常幸运，那时我们的授课老师施蛰存、徐中玉、钱谷融，都是国内知名的专家学者，多年聆听教诲，师恩难忘。1959 年本科毕业后，我被统一分配到上外工作。当时上外刚从上海俄文专科学校转为上海外国语学院不久，很需要作为公共基础课的汉语教学。我们华师大一共四个人来上外报到，其余三位不久后都调离了，只有我一直留在上外。从这一点来说，我和上外的确很有缘。直到 1995 年退休，我在上外工作了整整 36 年。今年（2021 年）正值建党 100 周年，作为终身从事教育事业的教师，看到党和国家多年来教育文化事业的蓬勃发展，以及上外建校以来取得的丰硕成果，我备受鼓舞，非常高兴！

金冰夏（前排右 4）与当年教过的甘泉新村第一小学学生 60 年后再聚首

金冰夏：我是上海本地人。1953 年，我从静安区上海师范学校毕业，被分配到甘泉新村第一小学教书。那时的我满怀信心，立志要亲自培养好一批学生，所以一进学校就跟校长提出：我要从一年级教起，一直教到他们毕业！遗憾的是，两年后，我遵循父母的意见去报考大学，考上了上海师范学院（今上海师范大学），1960 年毕业后来到了上外教书。也是巧得很，我以前教过的班级里的女生雍冬兰，大学考上了上外的日阿语系，我那时正好在日阿语系任教，我们再续了当年的师生缘分。

金冰夏（右）与学生雍冬兰在上外再续师生缘

前年，我教过的小学班级的学生们千方百计找到我，专程上门来看望我。我教他们已经是六十年前的事了啊！我说："我仅仅是你们的启蒙老师啊，你们怎么还能想起我呢？"学生说："启蒙老师也是恩师啊！而且老师那么关心我们，拿饼干给没吃早饭的孩子吃，自掏腰包给我们买学习用品。老师的善良对我们影响很深，我们一直都谨记要做个善良的人！"我属狗，正好比这帮学生大一轮，我常说我培养了"一窝狗"——他们的发展都很好，我班上的优等生考上了复旦大学，后来在中国社科院工作，成了一名科学家；还有一名学生毕业于复旦生物化学系，之后又出国发展了；其余也有几位考上大学，雍冬兰就是一例。我觉得很有趣，也非常感动！

采访者：两位老师在上外奉献了毕生的青春，也见证了几十年来上外和国交学院的发展。能给我们讲讲你们感受到的教学工作的变化吗？

孙全洲：是的，回想在上外工作的三十六年，学校的变化日新月异。我刚到上外时，学校只有三个系：俄语系、英语系、德法语系，后来才陆陆续续有其他语种。而我们那时仅仅是一个公共课教研组，人员单薄。后来教学组的体制规模慢慢扩大，变成了中文教研室，再变为对外汉语系，最后扩大为国交学院。从课程性质来讲，原来我们是公共基础课，只是"配角"，后来变成专业课，开始独立唱"主角"，师资水平也不断提高。过去我们的老师至多是大学本科学历，主要依靠外校毕业生分配和外校调入；现在基本上都是硕士、博士，我们还有能力直接培养国际文化交流的专业人才。我印象最深的是，最开始我们没有自己的教研室活动，日常的政治学习活动都是被分到各个系，金老师曾经到俄语系，我也曾经在西班牙语系，和别人一起政治学习。成立对外汉语系之后，我们就觉得完全不一样了：过去"寄人篱下"，后来"有家可归"了。而且上外对离退休教师的照顾很周到，福利非常好——我们国交学院在上外各学院中又是最好的，主要是领导对教师，特别是老年离退休教师的关心爱护，我深有感触。

采访者：孙老师，您在教学之余还亲自编写汉语学习教材，您编的《现代汉语学习词典》还获得了国家图书奖，请您给我们介绍教材编写的经历。

孙全洲：除了负责日常的教学活动，我也结合教材建设，自己编写了两本教材和两本词典。“文革”以后恢复教学，我首先编写出版了一本现代汉语教材《现代汉语语法》。这本书因为年代太久远没有保存下来。后来我作为主编，编写了全国外语院校的统一汉语教材《语法与修辞》(南宁：广西人民出版社，1982年)。一直到1995年我退休，这本书连续再版了三次以上，销量达到三十多万册，我国台湾地区还引入出版了这本教材，可见影响之大。作

孙全洲主编、金冰夏参编的
《现代汉语学习词典》

为编写者，我原本当然会保留这本教材的，但因为学生考研买不到书，我就陆陆续续给借出去了。最后我打定主意要保留一本，但我们开大楼电梯的阿姨为她考大学的女儿来借教材，于是我还是把书借出去了。结果后来开电梯的阿姨不再来了，书也从此要不回来了。现在我手头这一本还是我国台湾地区的出版社寄给我的样书。

我还主编了一本《现代汉语学习词典》(上海：上海外语教育出版社，1995年)，这本书后来获得了第十届中国图书奖一等奖。它还有一本姊妹篇《现代实用汉英词典》(上海：上海教育出版社，1996年)。当时很多人对此(《现代汉语学习词典》)不以为意，觉得你一个无名小辈能搞出什么名堂来呢？以致该词典的出版一直耽搁，几乎要被"枪毙"。

后来出版社把书稿拿给学术泰斗吕叔湘看，没想到吕叔湘给予了高度认可，给我的书作了序，还题写书名。这大大出乎我的意料，无论如何我也想象不到，吕叔湘这样的国内外知名学者，竟然主动给我的书作序、签写书名！吕叔湘认为这本词典的编写富有创见——他也曾想在这方面做些工作，却未能落实，而我们迎难而上，还取得了成绩。

确实，我这本词典第一次把中国的"汉字"(Chinese character)和西方的"词"(word)区分开来。英汉、汉英词典把word解释成"字、词"，实际上中国汉字的语法性质并不完全等同于word，因此，中国汉字不是word，而应该称作Chinese character，属于象形、会意的文字体系，与拼音文字的性质截然不同。英语的word既是书写单位又是语法造句单位，一身两任；汉字则是另一回事。过去很少有人注意到这方面。我率先对此做了具体细致的分析，把汉字跟word严格区分开来。不同于word兼有书写单位和语法单位两种性质，汉字具有四种不同的语法性质。举个例子，你看"老"这个字，首先它可以是词，"人老了"中"老"就是形容词；可以是词素，"老人"中"老"和"人"合成一个单一概念；也可以是词缀，"老师""老李"中的"老"就

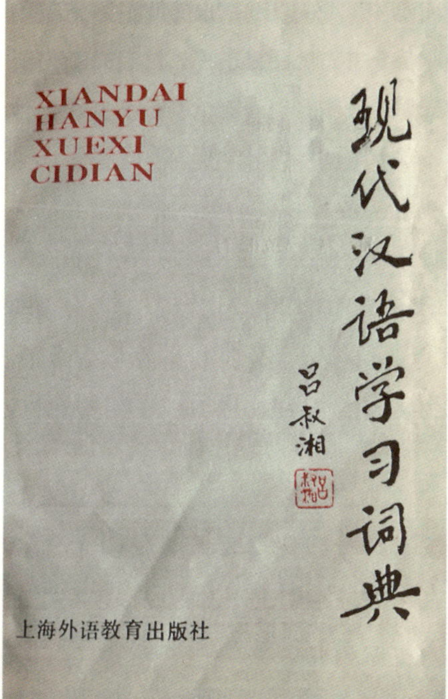

序

上海外语教育出版社约请上海外国语学院孙全洲等同志，针对外国学生学汉语的需要，用八年时间编了一本《现代汉语学习词典》，拿他们的编写条例和部分样稿给我看，要我说说我的意见。我看了样稿，看出来他们着眼在“学习”二字上，很费了一番功夫，同时也引起我一些感想。我想到的是三十多年前我主编《现代汉语词典》初稿的时候曾经试着做而没有做成的两件事。一件事是区别单字能不能单用，也就是分别词和非词。赵元任、杨联陞两位先生在他们编的《国语字典》(1947)里边已经用F和B来表示一个字能或者不能单用，我们也打算采取某种形式来表示。另一件事是在一个词或者一个词的一个义项之后标明词类。这两件事在实际工作中遇到不少困难，同时也觉得对于从小就学会说汉语的读者，这两件事在学话和读书的时候已经基本上心领神会，犯错误的机会不大，因此就作罢了。现在摆在我面前的《现代汉语学习词典》样稿里边，对于一个字或这个字的某一个义项，能够单用的都直接标明词类；对于不能单用的字或义项分别注明“素”(实义语素)、“缀”(前缀、后缀)、“字”(非语素的字)。难道他们在编写过程中没有遇到困难？我想他们一定也遇到过一些困难，但是为了满足外国学生在这方面提出来的并且常常是很迫切的要求，毅然决定这样做，即使有难以处理的情况也不因而止步。这种“明知山有虎，偏向虎山行”的精神很叫人感动。我想这本词典是会受到学汉语的外国学生的欢迎的。

吕叔湘
1992.3.21

吕叔湘为《现代汉语学习词典》题写的书名和序

是前缀；还可以仅仅表示一个音节，例如有的地方叫“姥姥”，但最早这个字没有女字旁，就是“老老”，一个“老”没有意义，两个“老”组成复音词，才表示外婆的意思。都说汉字是音形义的结合，实际上很多汉字并不表义，而我们往往容易忽视这种表示音节的汉字。

采访者：孙老师，您曾赴日本交流执教，可以给我们讲讲在日本教学和生活的经历吗？

孙全洲：那时国家刚刚对外开放，上外和日本的私立大学樱美林大学建立了校际交流关系。我们的交流项目时间比较短，不过半年左右。在我之前已经有好几位老师去樱美林大学交流了，我是1987年10月去的，1988年3

月就回来了。我在那里的教学工作和国内基本一致，主要是教日本学生学习汉语。这次经历对个人来讲确实是大开眼界。以前信息闭塞，我们只知道日本是一个资本主义国家，其他情况却所知甚少；去了日本，才真正见识到他们的经济发展水平、物质生活状况。日本的物质生活很丰富，当时很多人家丢弃的废品，有些功能还都是完好的。我有次散步，就看到一个被丢弃的电冰箱，完全还能用，我就和一位同去的日语系老师讲了这件事，她一听立马赶去把电冰箱带了回来继续用。我们也看到了日本在治理国家卫生等方面的积极做法和先进之处。比如我们现在实行的垃圾分类，日本早就那么做了，他们不仅分类得一丝不苟，而且垃圾袋子也干干净净，堆放在专门的地方，

1987 年 11 月 14 日，孙全洲在日本樱美林大学访问和授课

还垒得整整齐齐。而那时我们国内对待垃圾还是随手一丢，所以这一点对我的触动很大。再一点就是日本人确实比较讲礼貌，很注重礼仪。我去问路，他们总是很耐心地讲解。要知道，其实在人文教育这方面，他们很多都是从中国学去的，并且完整地保留了下来，可惜我们自己呢，在“破四旧”时把好的传统都当垃圾丢掉了。当然，经过改革开放，我国物质文明和精神文明建设突飞猛进，面貌已大为改观。

采访者：两位老师作为教授伉俪，不仅在学术方面取得丰硕成果，也很注重子女的培养和教育，请问两位在教育和培养子女方面有哪些心得？

孙全洲：说到孩子，其实他们也没什么大的成就，完全是国家经济建设和对外开放给他们提供了个人发展的广阔天地。为什么大家会知道他（孙立坚）呢，因为他从事经济、金融相关的工作（原复旦大学经济学院副院长，现复旦大学金融研究中心主任），被邀请担任上海第一财经频道的固定嘉宾，三天两头在电视荧幕上出现；加上凤凰卫视的采访，他有幸作为中文学者对外宣传广播，久而久之就被大家所熟知。他的弟弟——孙立行，也从事金融研究，是上海社科院世界经济研究所国际投资研究室主任。这里还有个有趣的故事：有次上海电视台的不同频道分别邀请了两兄弟录节目，两人事先不知情，结果在电视台门口碰头，才了解实情。

金冰夏：两个孩子确实也都做出了一些成绩。老大是上海市政协委员，他去北京参加全国政协会议，写的调研报告、会议提案两次得到中央领导的批示。还有老二，今天正好是世界读书日，为了响应习主席“学习强国”的号召，上海政协搞了一个“委员书房”，第一个就采访了身为黄浦区政协常委（现任市政协委员）的老二。他在采访中谈了自己读哪些书，还分享了自己读书的方法、体会和读书的格言。之后上海政协发表了一篇专门的报道文章，这篇文章还被中共中央宣传部转载到“学习强国”平台上了。

孙全洲：这没什么。不过我们注意到，培养孩子的读书兴趣很重要。以前每次吃完晚饭，我会拿出一块小黑板，在上面写下唐诗或者宋词，教孩子们朗读，再给他们讲解意思。另外，我一直勉励他们要刻苦攻读。孩子们去日本留学的时候，很多人都为了赚钱而去打工，但我教导他们：不能一直泡在打工里头，要把精力和时间尽可能多地用在学习上。后来，老大考到了早稻田大学，又转到一桥大学读博士；老二也是，在筑波大学读到了博士；现在两人都是博导。但我依然劝诫他们：你们要明白，这是你们人生比较顺利，事业才小有成绩，有很多不知名的老一辈学者，他们的学养、学术成就远远高过你们，你们应该向老一辈学者学习，始终保持谦虚的态度。

金冰夏：我还是要感谢上外，给我们分配了教工宿舍，而且提供的住宿条件越来越好，我们的孩子就在上外分配的宿舍里长大，受到上外这一高等学府浓厚的学习氛围影响，因此两人从小就知道爱学习、爱祖国、爱人民。除了上外的氛围熏陶，也有家庭影响的因素。我们两个人平时周末都放弃休息，在家里学习、备课，每天忙忙碌碌，尽管生活拮据、工作紧张，但回到家里还是关心照顾小孩的生活。在这样的耳濡目染下，两个孩子自己也懂得了要努力用功。另外还要感谢上外派孙老师去日本任教，孙老师也受到日本学校的欢迎和重视，因此日本的教授愿意做我们小孩留学读书的保人。有一位著名教授都病危住院了，还说要给我们的孩子作保。两个孩子在日本深造后都不留恋日本，毫不犹豫地选择回祖国效劳。现在我们的孩子都在为党、为国家、为人民贡献自己微薄的力量，做出了一些成绩，我感到很高兴、很欣慰。我们尽管辛苦了一辈子，但还是有收获的。

采访者：今天听两位老师讲了许多和上外、和国交学院的故事，受益匪浅。最后，请两位老师讲讲对学院、对我们在读的学生们有什么期待吧！

孙全洲：我觉得上外和我们国交学院的发展道路一定会越走越宽广，随着国家教育事业的不断发展，一定会取得更大的成果。另外呢，我希望现在在读的学生一定要珍惜当前的大好形势，刻苦攻读，为我国的建设事业做出更大贡献！

金冰夏：书是人类进步的阶梯，也是我们人类最宝贵的精神食粮，我希望在读的学生们能够响应习主席的号召，遵照“学习强国”的要求，要多读书，抓紧时间深入学习、深入研究。

孙全洲（左3）、金冰夏（左2）与采访者合影

默默耕耘
育桃李芬芳

刘良芳

女，1933 年 3 月生，四川成都人。1951 年毕业于四川省立成都女子中学，1955 年 5 月加入中国共产党，同年 7 月毕业于上海俄文专科学校（今上海外国语大学）。毕业后留校工作，1989 年 3 月退休。曾任上海外国语学院院长秘书，党委机要秘书，电化教学馆直属党支部副书记、副馆长，日语系党总支书记等职。

口 述 人：刘良芳
采访整理：李楚天、严丝语
采访时间：2021 年 6 月
采访地点：刘良芳寓所

采访者：您于 1952 年考入上海俄文专修学校（以下简称“俄专”）学习俄语，当时是出于怎样的契机呢？能讲讲您入学的过程吗？

刘良芳：我是四川成都人，1933 年出生，高中毕业后，我有一段在初中做教导干事的经历。当时国家实行对苏联“一边倒”的外交政策，需要大批俄语干部和俄语教师，于是决定从西南地区抽调 140 名左右的中学英语教师和一部分有英语基础的年轻干部到上海学俄语。我有幸被选中，想到这既圆了自己上大学的梦，又能为国家作贡献，非常高兴。

1952 年 8 月下旬，我和川西地区被抽调的同学一起出发，坐了三天三夜的汽车到了陕西西安，再从那里坐了两天两夜的火车，总算到达了上海。一下火车就看见了俄专派来欢迎我们的两位政治老师。到学校给我们安顿好后，他们还带我们游览上海的名胜古迹，让我们了解当地的风土人情。这些都让我印象非常深刻。

采访者：您于 1952—1955 年在学校学习俄语，当时的教学模式、课程设置，以及生活是怎样的？

刘良芳：当时俄专开设三门课：俄语、政治、体育。西南班在三年级时还要加学俄语教学法并组织实习。俄语是苏侨老师教授，他们的俄语很地道，其中有些老师的文化水平也很高。那时一个班 30 个人，每班配一个苏侨老师和一个负责翻译、辅导的中国老师。一开始，大家在语音阶段就遇到了困难，大部分人都发不出俄语的卷舌音，我也是拼命练了两三周才发出来。俄语语法也很复杂，有性、数、格的变化，不过语法的困难还没有语音这么明显，主要是因为大家都有英语基础，语法学习方面有一些经验。当时大家都很团结互助，一人有困难，全班来帮忙。大家的学习信心一直很足，我们班没有一个人掉队。

俄专西南班在图书馆前合影

政治是上大课，由老师讲，同学记，助教辅导和组织课堂讨论。体育课由各有专长的老师上课、辅导，课后组织班级联赛等。

学校很重视学生的政治进步，教师也很关心学生。每个年级设有党支部并配有专职的党支部书记，要求入党的同学一起学习党章知识。不少人在毕业前就入党了，我是 1955 年入党、1956 年转正的。

我读的是师范班，三年级下学期还学了俄语教学法。有老师带我们去上海交通大学实习，为期三个月。给我印象最深刻的是老师教我们怎么写教案，怎么进行课堂教学，以及怎么达到预期的教学目标。这些都对我很有帮助。

学校也很注重培养学生的德智体全面发展，俄专之前是华东人民革命大学附设外文专修学校，所以气氛上“团结、紧张、严肃、活泼”（毛泽东为中

1955 年上半年，俄专三部学生党支部党员合影

1955 年，上海俄文专科学校俄语师范班在上海交通大学，刘良芳（前排右 1）

国人民抗日军事政治大学制定的校训）。虽然当时专业学习任务重，但文娱活动很丰富。俄罗斯人喜欢跳交谊舞，每周都有大小舞会，规模大到全校，小到班级。春假期间，团组织还会组织大家前往苏州、杭州等周边地方旅游，我们西南地区来的同学都踊跃参加。

因为我们是预备要回西南地区去做俄语教师的，所以在学校的后两年，我们星期天就会去福州路的外文书店采购词典、俄罗斯原版的文学作品，大包小包地拎回学校。那时候我也买过很多书。我们还顺路去“四川饭店”品尝家乡菜。总之，在俄专的学习、生活各方面都很不错，我不仅学到不少知识，而且过得很充实、开心。

刘良芳与同学在杭州西湖畔苏堤春晓景区

采访者：在学校留校一年后您到校长办公室担任机要秘书，是出于什么契机呢？您处理党政两方面的工作，工作内容具体是怎样的呢？

刘良芳：我是 1955 年 7 月毕业的，当时有各种各样的政治运动。我留校之后在运动办公室工作了一年，又被派到党委做机要秘书，兼校长秘书。

我在这个职位上干了七年半多一点，担任了三届党委机要秘书兼校长秘书。我的主要工作是帮助领导处理密码电报、中央和市委下发的机要文件，按照领导批示组织传阅并督促有关单位和人员贯彻执行；按照领导的要求组织召开大小会议，会上记录，会后了解情况，监督执行，必要时写会议纪要；办完后，整理归档，装订成册；及时上交机要电报、文件，并根据要求做好保密工作。

当时学校最重视的还是要建设一支又红又专的师资队伍。因为学校没有好教师，就培养不出优秀学生，所以教师队伍至关重要。为此，学校很注重知识和人才，请知名教授和高级讲师来做顾问，听取他们的培养建议；同时抓住各种机会扩大教师队伍，提高质量。1956 年，俄专更名为上海外国语学院后，增加了英、德、法三个语种。因为师资力量的缺乏，学校不仅向社会招聘，还向全国的兄弟院校寻求帮助，先后引进了二级教授数人，他们都为上外贡献了一生。

同时，学校还注重建设自己的教师队伍，首先采用的办法是选拔优秀的年轻教师去苏联留学，派俄语助教去北京外国语学院进修。还有一种办法是派政工干部、政治助教到中国人民大学、复旦大学进修或读研。这些教师回来后大多都成为马列、政经、哲学专业的骨干教师，在学校工作中发挥了很好的作用。

学校还意识到要利用好校内的苏联专家，并借助他们的力量连续开办两期研究生班和教师进修班，目标是培养俄语实践课和理论课的教师队伍。这两期共四个班的学生毕业后很多又成为我校的骨干教师和学科带头人，为上外的发展作出了积极贡献。

采访者：我们注意到您还参与过上外附中[①]的建立与建设，建立这所附中当时是出于怎样的考量？建设过程中遇到过怎样的困难？

刘良芳：为贯彻党中央、国务院的指示以及教育部发文的要求，1962 年 11 月，上海市高教局发文决定于 1963 年秋开办一所外国语学校，作为外国语学院的附属中小学。上海市委非常重视，由市委书记处候补书记兼教育卫生工作部部长杨西光亲自挂帅，由市高教局、教育局及上海外国语学院三方合作，由上海外国语学院筹建。上外决定由院党委常委、副院长王汝琪分工负责。

---

① 上外附中于建立时全称“上海外国语学院附属外国语学校”，一般简称“上外附中”。建立时有小学四个年级，初中、高中各三个年级。后文中的“附校”“附小”“上外附小”“外国语附校”亦指上外附中。

王汝琪受命后立即成立了筹备工作组。筹备组面临的第一件大事是解决校舍问题，首先决定选址在紧靠上外的中山北一路。她亲临校址现场审阅设计施工图纸，强调教学楼、办公楼、食堂、宿舍、体育场都要兼顾中小学生年龄特征和外语寄宿学校的特殊要求。她特别强调要保证施工质量，时间要抓紧。最终用一年多一点的时间建造完成了一个 1.2 万平方米的拥有教学生活用房和体育场的附校校舍。

筹备组的第二件大事是配备附校的领导班子。王汝琪争取到杨西光（时任上海市委常委、教育卫生部部长等职）的支持，并与市教育局协商，从全市中学里选调了市东中学教务副主任、化学特级教师、金陵大学理科毕业生刘葆宏任校长；又从上外选调俄语教师陈纬任党支部书记兼副校长，指派教务处教学法教师刘犁专门负责联系并协助附校的外语教学工作。这样，附校的各项工作很快步入正轨。

第三件大事是做好各项教学准备工作。在制定教学计划时，王汝琪强调，课程设置要和普通中小学相同，外语要 20 人小班上课，课时增加到每周 6 到 10 节。她指出："我们必须引进教学改革，才能提高质量，办出特色。"招生工作上则十分注意选好苗子。据刘葆宏回忆，1963 年秋，附校在全市公开招生，各小学均可推荐，最后有 800 余人参加考试，从中选拔了小学三年级 120 人，初一 120 人。王汝琪逐个查阅成绩审查名单，对新生质量表示满意。招生后，她还和上外附中领导班子约定，每周开会一次以互通情况，研究问题。

开学不久，学校就发现了英语教师发音不一致的问题，王汝琪亲自请上外的英语语音专家去附校，以"灵格风"为标准来正音。同时，针对缺少教学组长和学科带头人的问题，她通过从上外英、德、法专业调进骨干教师以及从上海市其他学校调进有关学科骨干教师的方式来解决。她尤其重视外语教师队伍建设，还到上外和上海市各中小学校听英语课，调进一批优秀教师。她想尽各种办法办好附中，对附中工作全面关怀，要求重视学生的德智体全面发展，尤其要重视爱国主义教育；要关心学生的生活和健康，一定要把伙食办好。受她启发，刘葆宏还想办法从市东中学引进了优秀厨师何国栋。

采访者：上外附中的建设成果如何呢？

刘良芳：上外附中领导班子希望在英语教学方面走出一条新路，办出新特色，所以积极进行教学改革。教学改革的成效关键在于教师，要让他们自觉自愿、积极主动地去教改，而且要在正确的教学理念下教改，这样才可能成功。王汝琪提出：第一是要提升教师作为一名外国语附校教师的责任感和荣誉感；第二是要走群众路线，教师之间相互听课、取长补短，共同研究教学中出现的问题，集思广益，克服困难，共同进步；第三是要学习启发式教育思想，运用“一分为二”的方法，辩证处理教学中的各种矛盾，找出解决办法。

正是在王汝琪的指引和参与下，教师们经过半年的教研活动，找出了教学中的矛盾，包括处理知识与技能的关系，听说读写四会之间的关系，教师的主导作用与学生学习的主动性、自主性的关系，学习积极性和语言正确性的关系，熟记和活用的关系。由此，教师的认识就比较统一了，新的教学模式也形成了。

从1964年起，初一年级和小学三年级试行新的教学理念和教学方法。新学年开始后，教师鼓足干劲，决心走自己的道路，为创造我国自己的科学外语教学法而努力。第一，大胆自编教材，打破“语法为纲，句型为主”的常规，以题材为中心，内容结合学生的实际生活和思想，语言易于上口。第二，针对学生年纪小、反应快、模仿能力强、记忆好、胆子大的特点，实行“听说领先，读写跟上”的教学法。第三，使用各种生动活泼的教学手段，创造各种各样的教学情景，培养学生的口语能力，激发学生学习和使用语言的需要，鼓励他们主动学习新材料。通过新旧结合、边学边用，学生能学得更扎实和自觉。第四，利用学生住校的特点，结合课堂内容积极组织和开展各种课外活动。第五，考查学生综合运用语言的能力，使用更为科学的评分办法。此外，教师的教学观点也在改变，他们积极听取学生意见，发扬民主教学，调动学生学习的积极性，促进师生之间的感情。

半年后，英语教改就初见成效。课堂氛围生动活泼，学生学习热情主动，听说能力明显提高，学到的语言材料比过去同期多一倍以上，而且语言丰富多样，范围更广泛；学生的课外负担大大减轻，书面作业减少，并积极参与课外文体活动。在一次全市中小学外语演出会上，附小的一位小学三年级学生用英语讲述自编的长达 15 分钟的故事，语言流畅地道，博得全场赞赏。附校也多次举办全市范围内的英语公开课，听众反映良好，在一定程度上促进了上海中小学外语教学的发展。

1965 年 3 月，教育部在附校召开英语教学现场会。来自全国各地 29 所高校的外语系和 14 所外国语学校的领导和教育骨干不仅听了几堂公开课，还进入平行班听课，和师生广泛交谈。与会代表赞扬上外附校领导励精图治、敢于创新，教工勤奋工作，学生刻苦学习，上下一致，共同为办好外国语学校、走出一条教学新路子作出了积极的努力。外语司决定推广附校的这一教学方法。

会后，附校经过讨论，将教学法的成功试点工作总结报告——《试行启发式和听说领先法的工作小结》，经王汝琪亲自审定后，发表在 1965 年第 3 期的《外语教学与研究》上。

上外附校作为“培养外语外交人才的摇篮”，给国内外的知名高等学府输送了一批又一批具有扎实外语基础的优质生源。经过继续培养和锻炼，附校毕业生中也出现了许多出类拔萃的高水平外语人才，在各行各业中成为教学、科研、管理等类型的骨干。如今的上外附校已成为享誉中外的一所外国语学校，收获了累累硕果，这对上外附校创始人之一的王汝琪是最佳回报和告慰。

为迎接校庆50周年，上外附中还邀请我参与了50年历程的系列纪录片《使命》的拍摄。

采访者：1964—1966年您在上外日阿语系担任党支部副书记，您对当时的工作情况还有印象吗？工作内容与机要秘书有何不同？

刘良芳：1964年2月，我从机关调到日阿语系，天天都跟老师、学生在一起，人好像也变得年轻一些了，感觉又回到了学生时代，挺开心的。

不过当时日阿语系刚建立，领导机构和班子还有很多不健全的地方，支部书记还没有到岗，系主任长时间在外招聘师资，系办公室里只有一个秘书。我当时急于要办的事情就是给第一届日语专业和阿拉伯语专业的学生分配工作，只得忙着与俄语系原分管日、阿两个专业毕业生的辅导员办理交接工作。

上外工作小队在奉贤，刘良芳（前排右1）

办完交接、分配好毕业生后，就放假了。1963 年，上外被列为全国重点高校。1964 年学校开始面向全国各地招生。所以我刚完成了毕业生的分配，就立即投入招生工作。

我们日阿语系的招生人数一共是 100 人，其中日语 60 人，4 个班，每班 15 人；阿拉伯语是 40 人，每班 13 人左右。9 月，新生进校，第一周就是入学教育，主要是给学生介绍学校各个方面的情况、专业课程的设置、师资队伍、学校的优良传统等。只是，我工作还没上手，就被调到奉贤塘外公社参加“四清”运动，1965 年 6 月才回到学校。到校上班后，我立即准备暑期招生，仍旧是日语 60 人，阿拉伯语 40 人。9 月份开学后，我照样对新生开展入学教育周活动。

这时，支部书记早已上岗工作一年了；系主任也完成了师资招聘任务，正常抓教学工作了；系办公室也增加了一名教学秘书、两名政治辅导员。系里的党政工作已走上正轨。

我主要分管学生的思想政治工作，两名政治辅导员协助我一起负责，一名辅导员管阿拉伯语专业，另一名辅导员管日语专业。我们分工不分家，互相配合得很好。我们经常深入到学生中去，有什么情况，经常交流；有什么问题，天天研究。虽然思想工作也是千头万绪的，要管两三百个学生，但我们还是顺利地完成了工作。

开学以后，我们还要配合行政评定学生人民助学金。那个年代生活困难的学生还是蛮多的，所以我们要评定人民助学金，帮助家庭困难的学生，保证学生们能够有稳定的情绪来学习。开学后新生又出现对学习不适应、有困难、在专业方面有想法等各种情况。这些都需要我和辅导员一起跟学生多聊天、多谈心、多疏导。

当时每学期期中，学校一般都会组织师生参加下乡支援三夏三秋（夏收、

刘良芳（中）与同事、学生在马陆公社劳动

夏种、夏管；秋收、秋种、秋管）的劳动。有的授课老师和外籍教师也会去参加。1966 年我参加了马陆公社的三夏劳动。

从党组织来讲，思想政治工作的主要内容是要抓好党的组织建设，组织学生自愿参加党的基础知识学习，组织要求入党的学生参加党章学习小组。对于有入党意愿的同学，要深入细致地进行个别教育考察，条件成熟后发展入党。

在日常工作中，我们还注意经常与共青团总支、学生会、班级团支部等组织中的学生干部联系和交流。通过这些组织，我们更加深入地了解同学的具体情况，并相互协作，做好学生工作。

另外，我们还跟学生广交朋友，开展谈心活动，从思想到生活等方面，关心同学的困难。我们本着让学生们保持良好情绪的想法，对同学们的难处能帮的就尽力帮，帮不了的就请其他老师和同学协助一起帮。此外，我们还经常跟政治课、专业课老师联系，了解学生的情况。总体来说，我们日阿语系的学生勤奋努力，学习氛围很好。

1965年和1966年招入的日阿语系新生大概有200名。在不到两年的时间里，这些同学与我们和辅导员之间产生了很深厚的感情。我印象比较深的是1965级的日语毕业生。2005年，他们为了纪念入校40周年，想尽办法互相联络，把那一级的60位同学找齐后一起回到学校聚会，向老师、学校汇报他们毕业后的工作、生活，感恩母校和老师。很多人都谈及当时在学校里受到的教育与生活上的点点滴滴，大家都觉得很欣慰，也都很高兴。

有一位1966级的上海学生长期在贵州工作，退休后回到上海老家，有一天他突然打电话给我，说想到我家来看望我。我有点惊讶，问他是不是有什么事。他说："没事，就是想来看看您。"他来了之后，说："我在外面一直很想念您。因为在上外读书时，有一次我因生病正卧床休息，您晚上来看望同学，得知我生病了，很快就给我送来了一碗稀饭和咸酱瓜。这碗稀饭和咸酱瓜，我一辈子都不会忘记。我想方设法一定要来跟您道声谢。我今天来就是为了完成这个心愿。谢谢您，刘老师！"我听后很感动，心里感到很温暖。我想，这么多年过去了还有学生记着我，那么我多年的工作也就没有白做。

几年后的某一天，我突然接到一个电话，是一位学生打听到我的电话号码后专门打给我的。他是1966级日语二班的学生，在广州工作。他说："刘老师，我没有办法来看望您，我们加个微信吧，在微信上面可以天天见。"加了微信后，我们到现在还经常交流。

所以说师生之间、干群之间、党群之间都要有这样一种人与人之间的情谊，彼此互相支持、互相支援、互相温暖。

采访者：您曾进入过“五七”干校学习，当时是怎样入学的？学习情况如何？对于您自身有怎样的影响？

刘良芳：接下来我就到“五七”干校去了，那时候干部、教师都要到农村、干校去锻炼。

1969 年底，我在上海郊区农村劳动锻炼。这一届的学生还没分配，我和他们一起在那里劳动。12 月，学校决定派我到安徽凤阳去筹办上外“五七”干校。这个筹备组由英语系工宣队的师傅领导，加上学校的总务科科长、保卫科的干部、校团委书记和我五个人组成。我们的任务是接收安徽凤阳的某个国企在凤阳大庙的房屋、土地和各种设备。接收后我们对其加以整理、修补，为办“五七”干校所用。当时任务很紧，因为 1970 年 4 月就要接收第一批到干校锻炼的 140 名学员。

我们这个筹备组的主要工作是对接收下来的房屋、土地、物资分别登记、造册、备查；将干校学员需要使用的床铺、课桌椅，以及伙食团需要的锅碗瓢盆等物资上报到上海校部；与所在地的县革委会、公社大队的革委会联系，以获得他们的认可和支持；向大庙公社的革委会联系，要求派一名老贫农给干校的新学员上一堂忆苦思甜课。一切准备就绪后，1970 年 4 月 15 日，那天下着暴雪，140 名干校学员长途跋涉，人困马乏，但还是克服了困难，如期从上海抵达安徽干校。

学员在干校的生活、学习和劳动还是很丰富多彩的。他们的政治学习包括每天读《人民日报》《解放日报》《文汇报》等报纸，进行革命大批判，写大字报，出专栏。劳动锻炼方面，干校开设了种菜班、养猪班、种稻班、种麦班等专业班，他们还要轮流分批到厨房去帮厨。学生除了完成劳动学习，还会组织文体活动，体育方面组织篮球、排球比赛，文艺方面组织歌咏比赛。

采访者：您曾参加过知识青年上山下乡慰问团，这期间的工作内容是怎样的？这对于您重回上外后的工作有何帮助呢？

刘良芳： 20 世纪 70 年代，上海市派出了两三批知识青年慰问团分赴上海知青上山下乡的地方，如吉林、内蒙古、江西、黑龙江等。我参加的是上海市赴吉林省慰问团，工作是去慰问上山下乡的知识青年。吉林省的慰问团设有团部，团部下设有县、市的小组。我被分配在怀德组，由七个人组成，组长叫张寿。怀德组的办公地在公主岭市，我们的吃住都在县委的招待所。

在吉林省的上海知识青年是以集体户的形式安置的。我们慰问团的任务就是下到集体户里面去慰问知识青年。所谓慰问，也就是要做知识青年的思

赴吉林慰问团怀德组成员合影，前排左起：刘良芳、董立汍、金训祖，
后排左起：陈海涛、毕厚、梁光璧、张寿

想政治工作，让他们能够在那里安心劳动，跟贫下中农搞好关系，在当地做出成绩。我们向知识青年宣传先进典型的事迹，让他们向这些先进典型学习，更好地扎根当地。我们这个七人慰问团分成三个小组，分别到公社、生产队、集体户那里去，跟他们一起生活，一起劳动；同时也去了解他们是否有生活或其他方面的困难。有些能在当地解决的问题就在当地解决。对于当地解决不了的问题，如知青长期生病需要返沪治疗等，就在慰问团每年一个月返沪的时间中，去做上海知青的家访工作。我们跟上海派出的单位、街道管理知青的工作人员联系，商量解决办法。知识青年内部有时出现矛盾了，也需要我们去调和，让他们团结一致。

我们慰问团还有一项工作就是给知识青年送精神食粮——书。上海给各个县、市慰问团的所在地捐赠了很多适合青年阅读的图书。收到书后，就由我们慰问团员肩扛手提地去送给知识青年。有时拎着书要走很远的路，我们会感到很累很吃力。这个时候我们就会想到冬天的时候，特别是在东北，知识青年要去从事开沟渠等很艰苦的重体力劳动，我们就觉得这点辛苦也不算什么了，感觉书也轻了，人也轻松了。在那里我也跟很多知青成为朋友，但因为后来大家各自去了天南海北的不同地方，所以现在还保持联系的不多了。

我后来在工作中发现，那些经历过上山下乡的知识青年是受过极大磨练的。他们特别能吃苦，特别能够刻苦学习、刻苦钻研，成就很高，比如谭晶华、皮细庚、王平、陈小芬等。这些上山下乡的知识青年当中真是人才辈出。

采访者：您回到上外后先在秘书处工作，后又担任学院党支部书记一职。在此期间您做了哪些工作呢？

刘良芳：从吉林回来以后，我于 1976 年被革委会派到上海市高教局举办的阿尔巴尼亚语培训班。还有两位俄语系的教师跟我一起，到这个班去学阿尔巴尼亚语。我们是通过俄语来学阿尔巴尼亚语的。派我去学习的目的是希

1977 年，上海市高校赴北京招生工作组合照，刘良芳（后排左 2）

望为阿尔巴尼亚语系培养系干部，派另外两位老师是为了培养阿尔巴尼亚语教师。但是学习结束后，形势变了，原来的计划被打乱了，就因此作罢。返校后，革委会把我派到教务处的招生办公室。1977 年恢复高考，七八月份的时候我被派到上海市高校赴北京招生工作组，由同济大学的人员当组长，还有复旦大学等其他学校的人员参加。北京招生结束后，我还在招生办公室帮了一段时间的忙。

1978 年 4 月，学校成立不久的新电教馆馆长来找我，希望我担任电教馆副馆长、支部副书记。他告诉我，学校要对电教馆进行物资大清查。在当时，电教馆是学校的资产大户，有很多电视机、语言实验室等电教设备，所以必须弄清家底。学校希望对物资进行清点、鉴定，确保件件有着落。于是我从

华东师范大学首届高等学校干部培训班合影，刘良芳（第一排左 1）

1978 年 10 月开始，帮助电教馆的清查小组完成这项工作，此外，还要做一些馆内的日常思想政治工作。1981 年 9 月，学校派我到华东师范大学高等学校干部培训班参加为期半年的培训，学习教育学、心理学、高等学校的教育与管理等课程。培训班要求学员结合实际写一篇文章，因为我之前在电教馆工作，所以我就写了一篇文章《浅谈电教专业队伍的培养与建设》。这篇文章刊登在《外语电教》1982 年第 1 期。培训班还组织我们前往福建的厦门大学、华侨大学、集美新村，去访问、参观和学习。在培训班的学习期间，我开阔了眼界，很有收获。

1982 年 5 月，由胡孟浩院长（校长）带队，我随团队前往四川外国语学院交流学习。一共有 10 人（胡孟浩、姚志健、张坚、麦毅强、刘良芳、侯维瑞、胡浩然、程世萍、陈秉恒、董平爱）参加了这次活动。我通过这次“取经”开阔了视野，学到了很多经验，所以感触很深。不仅在外语教育方面，还有管理方面、学生思想政治工作方面，我都很受启发和教育。

1982 年 5 月，上外访问团在重庆九中合影，刘良芳（前排左 2）

采访者：您时隔多年回到日阿语系工作，那时系里的情况是怎样的？

刘良芳：日语系（1984 年 4 月，日语专业单独建立日语系）的发展形势一片大好，十分鼓舞人心。教师在各方面都受益良多，在教学、科研方面都做出了很好的成绩；学生在教师专业、认真的教学下，也取得了很优异的成绩。比如，学生在很多比赛项目中都表现得十分出色，在 1985—1987 年的日本国际交流基金会全世界日本语水平测试中取得上海地区的第一名；在全市的日语专业学生演讲比赛中，1986 年和 1987 年的第一名也都是我们日语系的学生。所以当时教师教得认真、教得好，学生也学得有收获、有成绩。

我们日语系的总支紧密配合系行政，分工明确，互相合作。总支不仅注重充分发挥党员系主任的作用，也注重与非党员系副主任搞好合作关系。党总支同时也注重发挥教师支部、团、工会等的作用。在学生思想政治工作上，我们跟进学校增设德育教研室的步伐，在日常的思想政治教育工作中，更加注重开展目标教育和革命人生观教育；对四年级学生重点进行献身祖国的教育，使学生学会正确处理个人、集体和国家之间的关系，树立革命理想，愉快地服从国家分配。在我任期内，日语系的每个毕业生都达到了这些要求。可以说，党总支在建设中是做出了成绩的。

在这段时间里，学校领导部门也很重视学生的日常思想政治教育工作。为帮助学生成为一个有理想、有道德、有文化、有纪律的“四有新人”，学校的一些院系也常常请有关方面的领导同志和战斗英雄来做报告。比如 1985 年 5 月—9 月期间，我先后请了全国战斗英雄史光柱等多人给师生做报告，大家受到了生动而又深刻的党性、理想、纪律教育。1986 年 3 月，学院请了我们的校友——市外办主任赵云俊，他结合自己的成长经历，向学生谈了作为外事干部应该具备的素质。1987 年 7 月，刚卸任回国的中国常驻联合国副代表、特命全权大使梁于藩向师生介绍了联合国的由来、现状和作用，也谈了作为外事干部应该具备的条件和素质。1987 年 6 月 20 日，时任上海市市长江泽民应邀向 300 名应届毕业生介绍上海的形势和远景发展规划，并且结合我们学校的学生特点和外事工作的实际，勉励大家保持高度的政治敏锐性，保持清醒的政治头脑，不断提高思想觉悟，建立广博的知识面，在将来的工作中为国家发展和建设作出更大贡献。所以对于思想政治教育工作，学校和学院都是非常重视的。

此外，我们也鼓励学生在日常生活和社会实践中不断提高思想政治觉悟，提高认识，养成优良的品德。党的十一届三中全会以后，我们学院先后开展了“学雷锋创三好”“五讲四美三热爱”“建设社会主义精神文明”等活动。在学生当中出现了很多好人好事，涌现了很多三好学生、先进个人、先进班级等。学生还开展了专题讨论和辩论活动，比如讨论上外大学生的形象如何等，通过辩论、自我设计、自我评价，从而实现自我教育。

每年寒暑假，系团委学生会还会组织夏令营旅游活动，带领学生欣赏祖国的大好河山，亲眼目睹祖国的建设新面貌，加深对社会主义祖国的热爱。团委学生会还组织学生参加社会实践活动，到工厂、农村、边远地区去做社会调查，写成书面汇报，并在大小会议上交流。通过这些活动，同学们加强了对党的十一届三中全会以来的正确路线、方针、政策和所取得的成绩的认识，对国情有了进一步认识，增强了共创大业的决心和使命感。

1986 年 12 月 25 日，日语系首届文化艺术节举办，刘良芳（中）

1986 年 9 月，学院还制定了学生思想政治教育大纲，使学生的思想政治教育系统化、规范化、科学化。在大纲实施的过程中，党、政、团、学生会对学生的思想政治工作齐抓共管，形成合力，取得了比较好的效果，学生的思想政治教育工作逐步走上了正轨。

从教师的思想政治工作方面来讲，我们主要依靠党、政、工、团一起抓，各司其职。每年寒假，总支办公室和系行政办公室派我和办公室主任去看望慰问退休的老教师和老职工，感谢他们为系里的发展所作出的贡献，帮助一些生活有困难的退休人员，送去慰问金。我们系里组织集体出游，学校的工会也组织教职员工出游，所以大家在工作之余也有休息放松的时间。在系内，同事之间团结互助。有人生病，大家都很关心；业务上，大家也能够互相切磋。所以总体上说，我们日语系人人心情舒畅，把精力集中在教学、科研的大业上，大家都心往一处想，劲往一处使，使得我们各方面的工作都大踏步向前走。

采访者：20 世纪 80 年代，胡孟浩老校长提倡设立“复合型”专业，当时学院做了哪些相关工作呢？

刘良芳：1983 年 4 月，我正式担任日阿语系党总支副书记一职。同年 8 月，学院实行院长负责制，系里实行系主任负责制，党组织的职责是支持、配合、保证系行政工作。当时日语和阿拉伯语还没分开，王宏任日阿语系代主任。1984 年 3 月，日阿分流，日语跟阿语分别独立建系。那时王宏被选为日语系系主任，系副主任是陈生保、谭晶华。经过选举后，我正式任日语系总支书记。王宏主任作为系主任是非常出色的。他不但工作认真负责，而且很有远见。他在 1983 年就首次提出日语系要办经贸专业。他的提议也获得了学校的批准，所以我们的经贸专业从 1984 年 9 月开始招生。我们系每年招收两个班，一个语言班，一个经贸班，但是经贸班的分数线要高于语言班。因为这个专业不单是语言，而是既有日语，也有经贸，相当于“日语 +”，所以

1984 年 5 月 12 日，刘良芳（前排左 1）与陈生保接待日本专家

学生的涉猎面广，就业前途也好。可以说，日语系在单独建系后，在王宏主任的带领下，通过日语经贸专业，一炮打响。

当时要办经贸专业并不容易。对于新增专业缺乏专业对口师资的问题，王宏同志采取了这样的办法：学生在一、二年级时以学语言为主，到三、四年级的时候再系统加入经济课程。在前面两年，系里就派青年教师到日本去学习经济专业知识，学成归来再开设相应课程。对于仍无法开设的课程，就请日本教师到系里来授课。还有就是请上海一些日本公司的总经理或高管来开讲座。在这种方式下，日语经贸专业的毕业生质量比较高。这算是王宏主任这一届班子比较大的成就之一。

此外，王宏主任在对外交流工作上也做得很出色。经过他多方面的沟通、筹划，以胡孟浩院长为团长的上外访日代表团在 1984 年 4 月和 1985 年 5 月

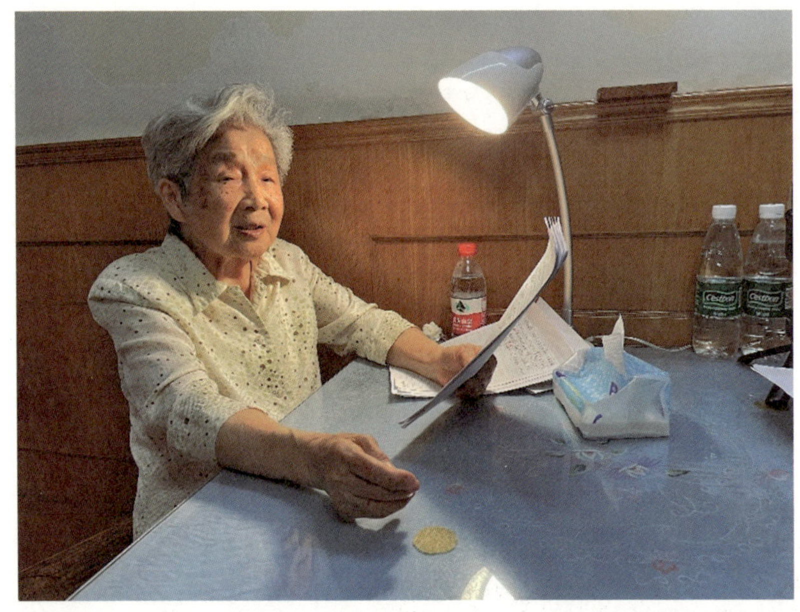

2021 年，刘良芳在家中接受采访

刘良芳（左 4）参加上海外国语大学光荣在党 50 周年纪念章颁发仪式

两次访问日本，跟日本的六所大学签订了校际交流协定，还与日本国际交流基金等赞助集团建立了密切的关系。通过这两次访问，我们学校毕业留校的教师在四年内有一年的时间可以去日本进修。日语系三届总支书记也因此获得了访问日本的机会。此外，聘请外教、请专家来讲学、合作交流、举办国际研讨会等问题也都迎刃而解；交流的面很广，渠道很多，经费也有了来源。因此在外语院校中，上外日语系在对日交流方面稳居前列。

沈金伯（左）与采访者合影

传媒一朵
报春花

沈金伯

男，1934 年 6 月生，江苏宜兴人，副编审。1954—1960 年在上海市东昌区人委、东昌区团委、浦东县团委工作。1960 年，入读上海对外贸易学院。1962 年随该校并入上海外国语学院（今上海外国语大学）就读，1964 年毕业后留校工作。曾任上海外国语大学新闻传播学院副院长，上海外语教育出版社编务室主任，《上海学生英文报》编辑部主任、副主编，上海市育菁进修学院顾问，上海外国语大学立泰进修学院副院长。1991 年，获上海市优秀新闻工作者称号。现为上海老新闻工作者协会会员。合作编译《新闻英语语法》等。

口述人：沈金伯
采访整理：周源源、陆英浩
采访时间：2023 年 11 月 16 日
采访地点：上海外国语大学虹口校区会议中心富士厅

采访者：请问您何时来到上外学习？当时就读哪个专业？

沈金伯： 我来上外读书前曾做过六年公务员。一开始在上海市东昌区棉布工作组工作，就是管布票的。1956—1960 年，我调到东昌区团委，又做了四年共青团工作，后来就以调干生身份考进上海对外贸易学院（以下简称“上外贸”）。当时国家发出“向科学进军”的号召，需要培养大量的知识分子。我身边的很多朋友都考上了大学，这对我影响很大，所以我也打算进一步深造。当时的调干生有两种，一种是单位选派的，一种是自己报名的，我属于后者，在 1960 年考入上外贸。1958 年上海市外贸局经上级批准，在上海外国语学院筹建了外贸外语系。当时中国的外贸事业发展得很快，但外贸人才青黄不接。上海各家外贸公司严重缺乏外贸人才，尤其是外销员。因此到了 1960 年，在上外的外贸外语系基础上建立了新的上海对外贸易学院。

1958 年创建的外贸外语系上课地点在西江湾路 574 号。校门口挂的牌子是“上海外国语学院分部”。解放前这个地方是著名爱国民主人士沈钧儒和褚辅成创办的上海法学院，内有“钧儒楼”和“辅成堂”两幢历史建筑物，现在是上海青年管理干部学院所在地。20 世纪 50 年代至 70 年代，那里一直是上海外国语学院的分部。

1960 年新成立的上外贸地址则在上海长宁区的古北路。到开学上课时，校舍刚开工建造，所以我们入学注册后先到工地劳动了两个星期。两星期后，学校安排我们到上外的红大楼上课。上了半年课，1961 年春节之后，古北路上外贸的教学大楼以及图书馆竣工，我们便去古北路新建造的校区上课了。

我读的是外贸英语专业，除了要学一般的英语课程之外，还要学从事贸易工作必须掌握的实用写作英语。有一门课程叫“函电”，因为那时通讯没有现在发达，与外国人做生意主要依靠信件或电报往来。我们常说“文如其人”，一封外贸信件寄出去，就等于派出去一名外销员。所以一封书信写得好不好，代表了一名外销员的业务水平和人品。“函电”这门课就是讲授外贸信件、电报的写作规则、格式、词汇、术语和技巧的。除此之外，我们还学外贸业务课，如国际商务、外贸谈判、市场行情等。

上外贸有不少高才硕学的老师。如薛蕃康教授，他不仅英语水平一流，而且精通外贸。他是上外对外经济贸易系的创系主任。再如裘劭恒教授，他曾担任上海市外文学会会长，而且精通国际法，曾参加 1946 年在东京对日本战犯的审判，1980 年又担任了审判林彪、江青反革命集团案的特别法庭庭长的顾问。张月祥教授是英语语法专家，是章振邦主编的《新编高级英语语法》的骨干编者，还担任该书的审校。我班的英语老师施福宝曾于 1950 年抗美援朝时赴朝鲜担任志愿军翻译。他的英语水平也非常高，教我们的时间最长，达到一年半。教我们时间最短的是吕佩英老师，仅教了半年，但她教学经验丰富，深受同学欢迎。20 世纪 80 年代初，她调到上海外语教育出版社担任副总编辑，成了我的顶头上司。她 1983 年入党时，我还担任了她的入党介绍人，对此我感到开心和光荣。

我们在古北路新建的上外贸学习生活了一年半。1962 年下半年，上外贸突然宣布停办，所有师生再次并入上海外国语学院。古北路两个年级的本科生全部来到上外，在上外分部的钧儒楼上课，继续完成学业。这时，我们的身份就由原来上外贸的学生转变为上海外国语学院的学生了。

我们在上外分部的钧儒楼学习生活了两年，于 1964 年毕业。非常戏剧性的是，1964 年，上外贸又复校了。外贸外语系的老师全部又去古北路的上外贸上班，之后几届的学弟学妹也都搬往古北路校区。

上外贸这次与上外分开的时间并不长，1972 年两校又合并了。直至 1978 年改革开放后，上外贸重建，两校才结束多次分分合合的历史。

采访者：您留校后在哪个部门工作？

沈金伯：1964 年，我们外贸英语专业毕业生约 200 人，大多数都分到上海各大外贸公司工作，也有少数留校的，其中有留在上外贸的，也有留在上外的。王玉秀（后改名为王坚）、徐瑞莲（女）和我三人留在上外。王玉秀分在组织部工作，徐瑞莲分在联络科（外事处前身）工作，我分在英语系当政治辅导员。时任英语系党总支书记刘传圣和副书记曹萃亭都是老革命，为人朴实，平易近人。我报到时，他们安排我担任 1966 届的学生辅导员。刘书记说："你一方面担任辅导员，一方面兼点课行不行？"我知道自己功课不好，不能胜任教学任务，所以惭愧地摇了摇头。刘书记马上接着说："那你要继续学习，不要把过去四年学的知识丢了。党培养你四年不容易。这里条件好，老师水平高，好好向他们学习。"刘传圣同志这几句话，我一直记在心里。

当时，英语系是规模最大的系，系里可谓卧虎藏龙。方重、陆佩弦、许天福、杨小石、李观仪、秦小孟、章振邦等等，都是知识渊博、治学严谨的专家学者，在全国高校外语教学界享有极高声誉，我非常敬仰他们。此外，系里还有一支青年教师队伍。他们专业功底深厚，学识造诣不凡，如聂振雄、黄任、史颂权、张世华等。我与他们接触较多，特别是黄任。他是北京外国语学院许国璋培养的研究生，1965 年春毕业后来上外工作，曾与我同住一个寝室，和我接触多，对我帮助很大。

我的本职工作是 1966 届的学生辅导员。这一届有 6 个班级，120 名学生。他们入学时录取分数非常高，所以这届同学功课很好，有不少尖子生。各班干部能力也很强，与我密切配合，所以我的辅导员工作进展比较顺利。1966 年他们毕业后分到祖国各地，在不同岗位上作出了不同贡献。直到现在，他们离开母校 50 多年了，还有不少同学与我保持联系，有些还常来看我。我很感动，很有幸福感。

1966 年“文化大革命”开始了。上外的红卫兵组织成立较早，所以运动来势很猛。“文革”开始后，学校好几年没有招生，一直处于停课状态。有一年，阿尔巴尼亚地拉那大学派了两名青年英语教师来上外进修，杨小石、秦小孟担任他们的进修导师。另外，领导派张杏娣和我照顾他们两人的生活。杨老师和秦老师给他们上课的时候，我们也会去旁听。

1972 年，上外开始招收工农兵学员。英语系招了 11 个班。我开始做辅导员兼团支部书记，同时还在一个班兼课。一学期后，我不再担任辅导员。招收第二届工农兵学员时，我作为王洁贞老师的助手，与其合作教一个班。不久，系里成立了一个教师进修班，请了一位英国女教师任教。戴炜栋当班长，学员有袁鹤娟、王彤福等人，还有两名工宣队的讲师，我也参加了。当时，校外的一些外事部门常来学校借调翻译人员，英语系的林相周、封福海、李瑞华、薛浩明等老师常被借出去工作，我也多次被借调过。

马来西亚、泰国、菲律宾三国与我国建交时，他们的总统、总理都率庞大的代表团来访。访问上海时，我被借调去参加接待工作，并有幸见到了陪

沈金伯在办公室工作

同代表团来访的三位我国领导人，分别是李先念、华国锋和邓小平。1975 年，上海乐团赴澳大利亚、新西兰访问演出，李瑞华和我被借去当随团翻译。回国时，乐团还顺道访问了香港和澳门并在那里进行演出，大家受到港澳同胞的热烈欢迎。1976 年 3 月至 5 月，我被借到海军某部，为培训巴基斯坦海军的中国海军教官当翻译。此后，我又被借调至解放军第八五医院，给他们医生的英语进修班上课。

采访者：您后来又是怎么到外教社工作的？

沈金伯：1979 年，上外成立上海外语教育出版社。第一任社长是从英语系调来的李仲。他带了几名英语教师到出版社当编辑，我是其中之一。他在英语系时接了很多校外的培训班工作，有一个班办在苏北的姜堰。我就被派往那里负责这个培训班，在那边待了一年，教新概念英语。学生有 100 多人，分三个班上课。

1981 年，我回到上海后又出国去了伊拉克。当时是铁道部来学校招聘翻译。铁道部原来和各个部一样，设有援外办公室。改革开放以后，这些办公室都改为相应的公司，其中铁道部援外办公室改为中国土木工程公司。20 世纪 80 年代，伊拉克的土木工程建设热火朝天，从中国派去的工人、技术人员接近两万，其中铁道部的公司就有八千多人。所以他们需要大量的翻译，就来上外招聘，人事处推荐了我。我一开始在项目工程队工作了半年，后来被调到公司本部，即中国土木工程公司巴格达办事处。

办事处里有两名阿拉伯语翻译，他们的工作基本上是与伊拉克人打交道。我是英语翻译，与一位商务代表和一位工程师合作，负责业务谈判。在一年多的时间里，我们谈成了两个项目。一个是东德某公司承建的伊拉克的一条铁路。他们把这个工程的通讯项目分包给我们。谈判中双方讨价还价消耗了很长时间，最后才谈成。另一个项目是与南斯拉夫合作建造空军机场。这个项目是南斯拉夫承建的，他们需要我方提供工程师、技术员以及熟练技工。南斯拉夫一方谈判很有耐心，一次又一次谈，拖了很长时间。最后一次谈判，从上午 9 点开始一直持续到下午 7 点，双方都不休息，不吃饭，连续谈了 10 个多小时。待到签完协议后，他们才与我们共进晚餐。我们开玩笑地问："你们中间不休息不吃饭，不累不饿吗？"他们也开玩笑地说："如果我们中间休息了，吃中饭了，就无法与你们 bargain（讨价还价）了。"这多么像我们常说的"拿人手短，吃人嘴软"呀！

我于 1983 年结束工作回国。1987 年，我在伊拉克中土公司的那位工程师同事被任命为中土公司达累斯萨拉姆办事处总经理。我们在伊拉克合作得很默契，所以他又把我请去坦桑尼亚工作。我在那里工作了一年多时间。中国土木工程公司在那里有两个关系较好的外国合作公司，分别来自意大利和日本。这个意大利公司的老板年纪比我小，脾气不是很好，但待人很真诚。他的公司下面有造船厂、家具厂、机修厂、建筑材料厂、建筑队等。他会开车、船和飞机。他有一架能坐七人的小飞机。我们多次坐他亲自驾驶的小飞机飞越印度洋，去桑给巴尔办事。这个老板很朴实，有一次我们请他吃饭，他突然用手捅捅我，问我是不是中共党员。我还没回答，他就说自己是共产党员。实际上他是帕尔米罗·陶里亚蒂（Palmiro Togliatti）领导下的意大利共产党党员，而且他家里有好几个党员。他在坦桑尼亚做了很多善事，帮他们修桥、铺路，甚至盖房。我所在的一个地区，坦桑尼亚革命党连办公地点都没有，他免费帮他们造了一栋二层楼的房子。他每周还会举办一次免费晚餐，给当地人供应啤酒和比萨。

现在讲回我 1983 年回国后的工作经历。我于 1983 年从伊拉克回国，此时吕佩英老师从英语系调到出版社担任副总编辑。吕老师过去教我语言，现在又成了我的编辑老师。同年，李仲老师调往中国大百科全书出版社上海分社任副社长，张坚老师升任上海外国语学院副院长。林秉申老师、李良佑老师调来出版社，分别担任社长和总编辑。他们两位在工作上比较有开拓性，来出版社后便与大家讨论出版社的进一步改革开放事宜。

1984 年 10 月，上外召开了由 46 位校长参加的上海市重点中学校长座谈会，讨论如何提高中国学生的英语水平。座谈会上，有人提到中学英语学习的环境不够好，资料不够，学生无法从课堂以外的渠道接触英语，因此他们呼吁上海能否做些英语课外读物，如报纸、杂志等。当时不仅上海没有，全国也少有类似的刊物。全国知名的英文报刊只有《中国日报》和《北京周报》，而它们的读者一般以教师居多。有一本相对普及的是北京外国语学院办的《英语学习》期刊，这是一本比较小的月刊。我记得英语系一些比较优秀的青年教师也会向这个杂志投稿。除此以外，英语刊物就很少了。同年 11 月，外教社召开了由 40 位教研组长参加的上海市重点中学外语教研组长座谈会。这个座谈会的内容和前一次差不多，最后也提出要办外语类的报刊。在这样的环境下，外教社总编辑李良佑就提出办一份上海的英文报，也就是后来的《上海学生英文报》(以下简称《英文报》)。

采访者：办《英文报》的过程中遇到了哪些困难？

沈金伯：我当时是出版社编务室主任。学校批准这个项目后，李良佑就交给我负责具体落实。外教社一般是出版书籍，也办过学术刊物，但从来没办过报纸，所以在这方面没有经验。我当时和《青年报》关系比较好，他们的总经理曾经是我同事，所以一开始想和《青年报》合作。我兴冲冲地跑去青年报社找那个总经理，但他不管业务，负责业务的总编辑又正好不在。总经理就打退堂鼓，他讲《青年报》没有力量来办英文报，没多考虑就拒绝了。据说后来他们总编辑知道此事后感到非常遗憾。我回来向李良佑汇报，

沈金伯（右2）与解放日报记者兼《上海学生英文报》副主编吴德宝（右3）参加一次编读座谈会

建议转同《解放日报》合作。《解放日报》的秘书长吉建刚同志是我年轻时的朋友，他听我介绍后也觉得这是个新鲜事物，于是马上向领导汇报，最后《解放日报》的党委决定与上外开展合作，并安排储大泓、余建华、冯长明、吴德宝等与我们商谈具体合作事宜，包括办报宗旨、版面、栏目设计等。双方很快起草了一个报告，于 1984 年 12 月联合向上海市委宣传部申请刊号。

我记得我们是 1984 年年底提交的报告，1985 年 3 月 1 日市委宣传部就审核批准了，所以进展非常顺利。获批后我们马上成立了一个工作班子，由钱维藩老师担任《英文报》主编，《解放日报》的副总编辑储大泓、上外英语系副主任姚天宠、李良佑为副主编；全国人大常委会法制工作委员会副主任（英语、法律和外贸专家）裘劭恒教授，复旦大学葛传椝教授，上外方重、杨小石教授，以及译文出版社总编辑包文棣等知名学者受聘为顾问。

钱老师英语水平相当高，在新闻界也比较有名，曾在多个英文报社工作过，包括《字林西报》《密勒氏评论报》《大美晚报》《国际贸易》等。他当时已经是上外国际新闻专业的主任，以及传播系的名誉主任。他认识《中国日报》的总编辑，每年都会派学生去实习，有时候还会亲自带队。那时上海一直没有可以实习的单位，得知上外即将创办自己的英文报纸后，他非常高兴，如此，学生就可以获得在上海实习的机会。

1985 年 6 月 12 日，《英文报》正式面世。我们在上海海鸥饭店举办创刊座谈会，市委有关部门领导及社会知名人士等 100 多人参加。创刊号上刊登了“三毛之父”、著名漫画家张乐平先生为庆贺创刊创作的画作。后来教师节时，张乐平先生又特地为《英文报》创作过一幅漫画。《英文报》创刊后，我们收到了许多读者来信，对报纸表示祝贺和感激，或是提出要求和建议。许多国内外的新闻宣传机构和报纸都进行了宣传，如中国香港的《明报》《财经日报》《新报》、美国的《美洲华侨日报》等。

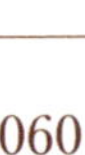

上海学生英文报

1985年6月12日 星期三

SHANGHAI STUDENTS' POST

Jointly issued by *Jiefang Ribao* and *Shanghai Foreign Language Education Press*.

No. 85 —1 SSP Wednesday, June 12, 1985 Price: 10 fen

TO OUR READERS

Shanghai Students' Post is the first English-language newspaper to appear in Shanghai since Liberation.

The Post is published under the joint auspices of *Jiefang Ribao* (the Liberation Daily) and the Shanghai Foreign Language Education Press.

Aiming at popularizing the learning of English, the Post is also designed to contribute to the promotion of the cultural and educational activities of the students in our country.

The front page covers leading news of the day—international, domestic, local and educational. Page Two contains materials that students of English of all grades may find helpful in their study. Page Three provides short, interesting items of information which will help our readers to have a better understanding of the world outside China. The fourth and last page is reserved for entertainments and sports.

The Post, we believe, is of particular value to middle-school students. By reading the Post regularly the middle-school student will be able to steadily improve his English and develop a growing interest in his study of the language. Teachers of English will find the Post a useful source of reference materials they need in teaching. Parents of schoolchildren may also make use of this paper to help their children pick up English after school.

In a word, this is a newspaper to be read and enjoyed by everyone who has some basic knowledge of English. Once in possession of the Post, you will find the study of English a great delight. You will enjoy reading it anywhere and at any time—at school, in the office, or even in trains and ships or airplanes.

We hope the Post will not only be a valuable aid in your learning of English, but a great friend and a pleasant companion in your daily life.

The SSP Editorial Board

张乐平先生欣闻本报创刊，特作此画以表祝贺，今后三毛将陆续在本报上和读者见面。

Mr. Zhang Leping, well-known cartoonist, congratulates the S. S. Post on its first publication with impromptu sketch of San Mao. From now on, San Mao will be a familiar face to our readers.

张乐平 1985.6.1

Sissy Spacek Writes

For Shanghai Students Post:
It is my sincere hope that through films and other creative mediums, we can exchange ideas and learn to know each other better.
Sissy Spacek
4/9/85

美国著名影星、奥斯卡金像奖获得者、《矿工的女儿》女主角扮演者西西·施贝西克在沪期间获悉本报即将出版，特给本报来信。

ENGLISH EVENING

S. S. SHEN

An English Evening was held on May 19 under the auspices of the Shanghai Xu Hui Science and Technology School founded by the Jiu San Society.

Most of the guests were pupils, engineers and 4-6-year-olds who were brought there by their parents. Wang Zhusou (王祖寿) and Li Zhaoyuan (李肇元), founders of the school, said that the purpose of the party was to "help the participants, especially the adult participants to improve their English."

At the party, the children presented interesting performances in English, including songs and short plays. Then the parents, pupils and the other adult guests danced to music. In the end, all the participants filed to the center of the hall saying in English, "May I have the honor to dance with you?"

SHANGHAI EDUCATION TODAY

Q.T.LU

Shanghai runs 45 regular full-time institutions of higher education, having provided more than 300,000 graduates for all professions and trades since liberation. The enrolment of undergraduates increased from more than 20,000 on the eve of liberation to 80,700 in 1984.

There are 3,600 postgraduates, of whom 100 are studying for doctor's degree and 3,500 for master's. Since 1982, 7 postgraduates have been conferred doctor's degree and more than 2,400 master's. The faculty of regular colleges and universities in Shanghai total 55,000, of whom 2,500 are professors and associate professors and more than 10,000 are lecturers.

Fourteen universities and colleges, in Shanghai have established inter-institutional links with 127 universities in 14 countries and regions. 300-odd foreign experts have been invited annually to give lectures, and a total of 40 foreign scholars appointed honorary professors. Some 500 students from 55 foreign countries and regions have been admitted to take various courses. About 1,000 students have been sent abroad for academic pursuits and 17 have returned with doctor's degree.

There are 3,282 primary schools and 900 secondary, with an enrolment of 1,300,000. 20 vocational secondary schools and various classes affiliated to 158 secondary schools have been set up with 17,092 students. There are 570 independent kindergartens, 1,086 kindergartens affiliated to primary schools and 3,185 run by other societies with 326,842 children.

For the blind or the deaf and mute, 21 schools have been set up with 2,252 students; 17 work and study schools with 1,954 students. Besides, there are 23 children's palaces, 16 scientific and technological centers for children and 28 children's houses.

Illiteracy was virtually wiped out among the people aged 16-45 in the suburbs up to 1980, whereas in 1951 the illiterate workers of Shanghai accounted for 49.18 per cent, and that among the peasants 70 per cent.

Compared with some developed countries, modern instruments and experimental facilities in Shanghai are limited, and the progress of education still lags behind the growth of industrial and agricultural production. Educational reform in Shanghai will be further speeded up to train professionals for all trades for the modernization program of our country.

PHOTO NEWS

S. S. Post attracts Chinese youths and foreign guests

Chinese technicians | Chinese youths | Overseas Chinese | foreign guests | Japanese experts | American tourists

1985 年 6 月 12 日，《上海学生英文报》创刊号

光荣献给敬爱的老师

光荣

张乐平 画 一九八五.九.十

教师节时张乐平为《上海学生英文报》创作的漫画

采访者：一份受市场欢迎的报纸必定在选题、组稿方面要花很多心思，当时《英文报》是怎么做的？

沈金伯：这块主要是靠钱老师以及于月明老师和关可光老师，《解放日报》的副总编储大泓也付出很多。另外《解放日报》还有一位副总编辑陆炳麟，他的贡献也很大。陆炳麟是上海新闻界的奇才，许多同仁喜称他为《解放日报》的"报宝"。他是全国先进人物，得过许多新闻大奖。他在《英文报》办报过程中手把手地教我们做具体的工作。另外，学校英语系很多教师都花了很大心血。除了担任主编的钱维藩、担任顾问的方重和杨小石以外，聂振雄、何兆熊、李冬等老师每周都会到《英文报》编辑部来工作半天，帮助审稿把关；时任上外副院长的侯维瑞也经常来帮忙审稿。他公务繁忙，但坚持每周安排半天来审稿，而且从不要审稿费。还有当时刚毕业的两位青年教师史志康（后来成为上外英语学院院长）和陈龙根，因为6月创刊后马上就是暑假，天气炎热，又因假期人手不足，他们俩就到外面跑新闻，去采访，帮忙做了很多事情。

国际新闻专业的许多学生也为《英文报》做了很多工作，他们把编辑部当成"娘家"，一有空就来，主动承接任务。那时来帮忙的学生里有杜平（后成为著名记者）、江和平（后任中央电视台体育频道总监）、郭可（后任上外新闻传播学院院长）、张健等，当时报刊每周的发行量大概是20万份。

为扩大报纸的影响力，我们也做了一些宣传工作。第一是搞了个全国性的英语大赛，由解放日报社、青年报社、教育局、电视台等十几个单位合作，上海外语音像出版社提供经费支持，当时影响力非常大。竞赛的题目登在报纸上，等读者做好后寄回来。参赛者有3万多人，我们从中挑选100多名读者来上海参加复试。最终进入决赛的有18人，他们的住宿费、路费由主办方报销。这18人分为中学组、自学组、大学组三个组，每组6人。大学组中有来自华东师范大学、华东纺织工学院（今东华大学）等几个学校的学生。当时还有一位来自赞比亚的留学生马斯尤斯参赛，他英语水平很高，有望得第一名。但在英译汉的口译中他抽到难题，汉语说得结结巴巴，结果得了个第二名。第一名是来自上海交通大学的甘志康。中学组的竞赛非常激烈，决赛时杭州学生抽到了很难的英译中题目，表现稍逊，因此，同样优秀的上外附中学生徐炯最终获得第一名。侯维瑞副院（校）长当时分管教学，他看到这些参赛学生水平都比较高，就决定让这六名获奖的中学生免考进入上外，但当时复旦大学已“先下手为强”，提前“抢”走了两名学生，其余四名学生就来了上外。

《英文报》十分重视与各方协作，以期发挥更大作用。我们还邀请全国各省市的外语教研室负责人或教研员来上海开会，给我们提意见和建议。后来，我们还办了《英文报》地方专版，得到各省的欢迎和支持，既丰富了内容，也扩大了报纸的影响力。比如有一期云南省的专版，稿件都由该省提供，当期的内容都是有关该省的。这一期的报纸就像他们自己办的，效果很不错，这个创意还得到了上海市的表扬。市委宣传部编纂第一本《上海文化年鉴》时，其编辑还让我提供了相关材料，且被录入正文（载于《1987上海文化年鉴》，上海：中国大百科全书出版社，1987年，第124页）。

采访者：《英文报》后来是不是被并入新闻传播学院？

沈金伯：《英文报》创办之初，是外教社和《解放日报》合办的。出版社有些领导认为，《英文报》社会影响较大，今后可能会独立出去。所以发展到一定的时候，《英文报》在不太明确由哪个部门负责的情况下短暂独立了一段时间。后来经负责《英文报》工作的吴友富和戴炜栋等人研究，决定在《英文报》、国际新闻专业、传播系三个机构的基础上成立新闻传播学院。

采访者：请您谈谈钱维藩为《英文报》做的相关工作。

沈金伯：钱老师对《英文报》非常上心，每周要来看一次稿件，签大样时由他最终拍板。有一次改稿结束以后，他带着我去找李良佑闲谈。李良佑关心钱先生的身体，让他工作不要太辛苦。钱先生就开始聊起解放前他在英文报社工作，采访的内容都得由外国老板定，自己写的东西如果不符合他们的标准就一律不给刊登，所以现在自己办报纸时当然要卖力工作。李良佑当时就开玩笑说："既然你那么喜欢，这报纸就算你的女儿吧。"钱维藩说自己已经有女儿了，李良佑就顺势说："那就算您的小女儿。"

钱老师生病住院后，我去看望过他两次。第一次我带了些水果和近期出版的报纸。因为他是主编，每一期报纸我们都要给他看。他看后很开心，还说下次去时不要拿水果了，就拿报纸给他看看就行。钱老师当时已经患癌，病情恶化很快，我们第二次去时，他的病情已经很严重，担心影响他休息所以就没带报纸给他。他当时讲话都已经非常吃力，但还是表示想要看看报纸，我就让一起来的小同事回编辑部拿来两份。他拿到报纸后非常开心，还把报纸放到脸上贴了贴。

采访者：听说江泽民还曾为《英文报》题过词，请您详细介绍这一过程。

沈金伯： 1985 年，上海举办了中华人民共和国成立以后的第一个教师节庆祝活动。时任上海市市长江泽民亲自主持庆祝会，上海新闻系统纷纷出动。《英文报》当初是新报纸，没有采访这种大型活动的经验，所以我们是由《解放日报》的老记者带进去的。当时除了我，一起去的还有李中行和陈龙根。李中行最初也在《英文报》工作，后来去外教社担任副编审，在《英文报》初创时担任执行编辑。江泽民他们在主席台上的时候，李中行跑过去给他看了我们的报纸，并拿了张厚卡片请他题词。江市长欣然命笔题下"Salute to all teachers"。照片和题词后来都登载在报纸上（1985 年 9 月 17 日）。李中行对此事颇为珍惜，还把合影放大挂在自己家客厅里。时任中共上海市委常委陈铁迪也亲自用英文为《英文报》题词："Learn from teachers and pay my respects to all teachers in Shanghai."。

此外，还有一个《英文报》发展的小插曲。我们在创刊前制作了样报分发到全国各地征求意见，时任北京外文局局长收到这份样报后没当回事，回

Salute to
all teachers

Jiang Zemin
江泽民
一九八五年九月七日

时任上海市市长江泽民为《上海学生英文报》题词

Learn from teachers and
pay my respects to all teachers
in Shanghai.

Chen Tidi

时任中共上海市委常委陈铁迪为《上海学生英文报》题词

家就放在一边，但他当时正在读大学的女儿注意到了这份报纸，发现内容非常有吸引力。她第二天拿到学校去，报纸就在同学之间传开了，他们都觉得很好并跑去邮局咨询如何订阅，但因为当时还仅仅处于样报阶段，所以尚未开始征订。听到女儿的介绍后，这位局长也认真阅读了这份报纸的内容，发现确实办得不错，就给我们回了封信。信不长，内容很简单，一方面向我们表示祝贺，另一方面让我们要走正路，不要把报纸办得庸俗化。我们一直铭记着这位老前辈的嘱咐。

《上海学生英文报》是上海 1949 年解放以后创办的第一份全英文周报。此后，北京创办了类似的《21 世纪英文报》，上海创办了《上海英文星报》等等。《上海学生英文报》是英文传媒中的一朵小红花，她迎来了英文报刊的春天。

我大学读的是外语，但我第一志愿是复旦大学新闻系。大学毕业后，我大部分时间是与外语打交道。没想到，工作生涯最后的十年，竟有机会办报纸、办新闻传播学院，也算是圆了我的新闻梦。

榮譽證書

沈金伯同志 被評為

上海市优秀新闻工作者，

特发此證。

上海新闻工作者协会

一九九一年十二月

1991 年 12 月，沈金伯获评上海市优秀新闻工作者

春华秋实——我的俄语教学科研之路

王长春

男，1935 年 2 月生，上海外国语大学俄语教授，1954 年哈尔滨外国语专科学校俄语研究生班毕业，1956 年考取哈尔滨外国语学院副博士研究生。先后在黑龙江大学、中国人民解放军南京外国语学院（今中国人民解放军国防科技大学外国语学院）工作。1988 年进入上海外国语学院（今上海外国语大学）工作，退休后仍继续从事俄语翻译。曾任第二届中国俄语教学研究会理事。主要著述有《新编俄语高级教程》、《汉俄外经贸分类词典》、《当代国外文艺学》（译著），曾参编《俄汉大词典》《俄汉军事大词典》等。

口 述 人：王长春

采访整理：董亮、李嘉琪、王玉冰、卫子恒；周源源、陆英浩

采访时间：2021 年 5 月 14 日；2023 年 12 月 20 日

采访地点：上海市虹口区王长春寓所

采访者：王老师您好，您大学就读于哈尔滨外国语专科学校（今黑龙江大学），请谈谈您的学习经历。

王长春：我父亲是杨立诚（后更名为王益民），曾就读于北京大学哲学系，参加过“五四运动”，随后由蔡元培亲自保举赴法国留学。和他一起去法国的还有周恩来、陈毅等人。他后来担任浙江省图书馆馆长，当时文澜阁本《四库全书》就藏于此处，于是他编纂了《四库目略》。当时在杭州召开西湖国际博览会（1929 年），我父亲是评议委员之一。上海解放以后他成为上海文史馆的馆员。我父亲确实是很了不起的，他的事迹对我的人生产生了很大影响。我母亲曾办过小学，解放以后做了杨浦区的政协委员。我家里条件应该说不算好，但我从小就接受了良好的教育。

1950 年，我刚满 15 岁，从上海缉椝中学（今上海市市东中学）高中毕业。当时哈尔滨外国语专门学校（1953 年更名为哈尔滨外国语专科学校，下

文简称“哈外专”）有专人来上海招生。哈尔滨外国语专门学校曾经是抗日军政大学第三分校的俄文队。

经学校团组织报送，我获得了前往哈尔滨学俄语的机会。其实当时的招生条件要求满 18 岁，我多加了两年，谎称 17 岁。当时俄语专业很吃香，我国采取“一边倒”的外交政策，非常需要俄语人才。哈尔滨就是中国学习俄语的“大本营”。

这一年，我刚到哈尔滨就赶上了 10 月份的抗美援朝。学校为了防备美军的细菌战，开展爱国卫生运动，大家一起把校园打扫干净。第二件事就是挖防空壕。哈尔滨的冬天温度达到零下 35 度，我们先在地上堆稻糠，然后点火烧一昼夜，第二天再用镐来挖。一镐下去也只有一些白印，所以挖掘工作非常艰难。我们还参加了哈尔滨飞机场的修建，那是哈尔滨的第一个机场。我们这些年轻学生一起挖土方，大家一起工作时劲头很足。哈尔滨飞机场建设人员中留有我的名字，这对我来说是件光荣的事。1954 年，因为当地闹水灾，我还上堤坝修江堤。修江堤时非常辛苦，有一次我甚至一顿吃了七个大馒头。

在校学习期间，我因为学习成绩不错，也算是“风光十足”。当时一起学习的有好几百人，我被他们称为学校“四大才子”之一。我的俄语水平还得到了当时在哈尔滨的苏联人的肯定。

哈外专的学制是三年，但我们这些年轻学生很善于学习，都提前一年毕业。我 17 岁就进入了研究生班，19 岁毕业就留校教书了。1954 年，哈外专一届就招收了 1 700 多名学生。有很多学生年纪比我还大，所以对我这个小老师不太服气。但他们一听到我说俄语，就非常佩服，一个个眼睛瞪得很大。

采访者：您当初是怎么学习俄语的？

王长春：我觉得我倒没有花太多力气在学习俄语上。我高中时学的是英语，到黑龙江才开始学俄语。但我学俄语就像玩一样，玩着玩着就学成了。

我和俄语真的有缘，一学就会，别人认为很难学的地方我却很轻松地就能攻克。我的启蒙老师是苏联人，他到 20 世纪 80 年代还和我有联系。当时我写了一封信给他，他收到后还和家人说我是他当年最得意的一个学生，俄语非常优秀。

学习俄语还是要多用多说。哈外专当时有一个很好的传统，叫“会话运动”，就是我们早晨起来互相见面就得说俄语。学校发给我们每个人若干张卡片，谁要是没有说俄语，就要给出一张卡片作为惩罚。所以当时大家从早上一起来就使用俄语，朗朗上口。这个传统一直保持到后来的黑龙江大学（1958 年，黑龙江大学在哈尔滨外国语学院基础上扩建而成）。所以学俄语还是要敢开口，千万不要羞于开口，只要开口就有收获。

我学俄语讲究从实践中来。那时候学校对面有个苏联俱乐部，经常会放苏联电影。我晚自习就溜达过去看电影学习。哈尔滨有一些公司或者药店之类都是苏联人经营，尤其是柜台员工，有些就是苏联人。我们有时候就会去逛逛，和他们对话，通过这种方式学习俄语。

采访者：那您后来的经历是怎样的?

王长春：1956 年，周恩来总理提出“向科学进军”。哈尔滨外国语专门学校此前曾更名为哈尔滨外国语专科学校，这一年又更名为哈尔滨外国语学院。学校当年开始招收副博士研究生，我顺利考入，成为五个副博士之一。之后我就跟着苏联专家学习副博士研究生的课程。那时候看材料和现在不能比。导师给我们开一个书单，我们自己回去读，上课时再进行讨论。1959 年，因为中苏关系恶化，苏联专家提前撤离，我们读了三年就又回到工作岗位。当时副博士研究生的毕业论文都还没有完成，我后来又坚持写完，发表在黑龙江大学的学刊上。我认为这篇论文还是很有分量的。

1959 年开始，我继续教书，教了一个“教授班”。班上的学生都是原来教英语的老教授，其中有一位 52 岁的老教授还非常谦虚地向我学俄语。我还教了教师进修班。当时国内很多大城市都派教师到黑龙江大学进修学习，其中就有一位上外的老师，后来他回到学校成为出版社的总编辑。我还带了两届三年制的研究生。我印象比较深的是在哈尔滨时一位叫李寰的学生，他退休前是中国人民武装警察部队的政委，是位将军。他一直记得我教他的恩情，在我退休后也给了我很多帮助。

“文革”期间我被扣上走“白专道路”的帽子。之后我又被派到外地组成教育革命小分队。我曾经在黑龙江省的双鸭山市办了一个班，当时办学条件很差，我们就在深山老林里上课。有一次冬天上课，一面山墙突然倒塌。我就和学生们把圆木拉来，一起固定好，将山墙修复。这在今天是难以想象的，但我们当时还是坚持下来了。1972 年，大学恢复部分招生，招收工农兵学员，我又带了三届工农兵学员。

1978 年左右，我被调到中国人民解放军南京外国语学院。之前我一直是讲师，在第一次职称评定中就被评为教授，由时任副总参谋长杨成武任命。我在这里带了两名研究生，其中之一后来成为南京解放军国际关系学院的院长，也是一位将军。

1988 年，因年迈的母亲已快 80 岁了，她在上海无人照顾，所以我就申请转业到上外。我转业到上外还有一个重要原因就是受到了当时上外的院长（校长）胡孟浩的引荐。我在广州参加全国俄语教学研究会时做了报告，深得胡孟浩院长赏识，所以我作为人才被引进上外，学校还专门给我分了中山大楼的房子。我在上外一干又是十年，从 53 岁工作到 63 岁，因为系里挽留所以多干了三年。

采访者：您在哈外专求学时的校长是王季愚，她于 1964 年由国务院任命担任上外校长，老校长给您留下哪些印象？

王长春：王季愚真是一位了不起的革命家和教育家。她对我们尤其是像我这种年纪特别小的学生来说，就如同母亲对待自己的孩子一样。我们对她的感情也如同对妈妈一样。我在哈尔滨读书时，如遇苏联外宾来访，她会自掏腰包，拿出自己珍藏的酒热情招待，还把我们请到她家一起吃饭。

采访者：退休后您还做了哪些和俄语教学或者研究相关的工作？

王长春：我退休后也没闲下来，帮出版社做了很多翻译工作。上海实业公司承建俄罗斯圣彼得堡红村区项目，时任国务院副总理吴仪亲自出席了一座建筑的奠基典礼。这个红村建筑相关的资料都是我翻译的。我那时候也学会了使用电脑，在网上寻找资料，攻克了各种建筑专有名词。我们翻译的稿费是很少的，而我那一年退税就退了 1 800 元，可见我翻译数量之多。当时还有一篇纪念上海实业公司成立 25 周年的文章也由我翻译，上海一家电台请我去录音，我花了 30 分钟把稿子从头到尾全部录下来。2014 年，我还在上海半岛酒店接待了两位贵客，分别是我的俄罗斯朋友和他的师傅吉洪神父（Tikhon Shevkunov）。他们两位都与普京关系匪浅，是普京的重要顾问。我朋友长期担任政府官员，而他师傅则是普京的教父。我突破重重阻碍，帮他们促成了俄罗斯东正教大牧首文化委员会和上外的合作，他们两人都对我非常佩服。

另外就是我前后编了两部词典。我作为特邀编审参与编写了《俄汉大词典》。《俄汉大词典》和以前上外老同志编的《汉俄词典》有很大差别。《汉俄词典》是选取汉字里的字词，寻找相应的俄语解释放到这个词后面构成一个词条。《俄汉大词典》则完全相反。当时我们先提前确定词典里的词目，我参与了选词的全程，光选词就花了很长时间。编写中有什么难啃的材料都交给我来解决。后面一部是洛阳解放军外国语学院牵头编写的《俄汉军事大词典》。

所以，我觉得没有虚度此生，人才方面除了培养了两位将军，更主要的是培养了大批俄语研究、翻译、经商人才。我在上外还专门开设过经贸俄语课程，1991 年左右还参加过在北京举办的经贸研讨会。会上有苏联专家批评经贸俄语专业的设立没有意义。我反对这种意见，当场站出来予以驳斥。我从多个角度出发，阐释了经贸俄语是现代俄语不可分割的一部分，将苏联专家驳得哑口无言。2019 年，我应邀参加上外 70 周年校庆，还获得上外俄语教育突出贡献奖。

采访者：您有什么推荐的俄语文学作品?

王长春：学俄罗斯的文学作品，毫无疑问应该先学普希金。他虽然只活到 37 岁，却写下了如此多的作品。普希金的语言是最棒的！我第二崇拜的俄罗斯作家是屠格涅夫。他的语言也是一级棒！除了俄罗斯作家，还有一些乌克兰作家。后面比较优秀的还有苏联时期布尔加科夫写作的《狗心》。布尔加科夫是一位持异见的作家，他用文学来表达自己的反抗精神。

采访者：在新时代，外语类专业大学生面临诸多机遇和挑战，您对他们有哪些建议?

王长春：我们现在需要能撑得起新时代中国经贸、外交、军事方面的俄语高精尖人才。我们这些老人能给后辈的经验就是听党的话，跟党走，一起努力实现习主席提出的中国梦。刚学习俄语的学生要克服困难，就要先提高理解能力，培养俄语语感，其中最重要的是多读、多看。俄罗斯有很多杰出的诗人、文学家，应该多读他们的作品，只有读破万卷书，才能做到学富五车。多看，包括看俄语版本的电影，还有用俄语来看、来接触这个世界。这样你自然能够吸收很多养分。语感是在阅读和观看的过程中培养出来的，不可能一蹴而就。学生在学校里是给自己打下一个基础，更重要的是走上工作岗位后要努力积攒、丰富自己的语言宝库。

学了外语也不一定要拘泥于自己所读的专业。每个人有不同的想法，如若在学习过程中发现了自己想钻研的领域，就可以拓展甚至改变自己的专业。另一方面，社会日新月异，不断提出新需求、新方向。祖国在召唤，那你就要响应，像我们那一代人就是国家哪里需要，我们就去哪里。有的同学还没毕业就参加抗美援朝，其中有的再也没能回来。时代的不同需求促使了个人的不同选择。

除了做本专业研究外，也可以在自己喜爱的方面多钻研。我在上外的同事兼好友李越常老师原来担任过俄语系系主任，他除了俄语还特别擅长音乐。他的儿子李世卫在上海音乐学院做老师，创作了许多乐曲。在上外，我从李越常老师身上也学到了很多。

2023 年 12 月 20 日，王长春（右）与采访者合影

既要教书 也要育人

汪忠民

1936 年 8 月生，祖籍上海。1956 年考入中国人民大学历史系中国革命史专业，1963 年硕士研究生毕业后分配至上海外国语学院马列主义教研室，曾开设中共党史、中国革命史、中国现代史、国际共产主义运动史、毛泽东思想概论、邓小平理论概论、法律与道德、形势与任务、国际关系等九门课程，参编《中国历史大事年表》《外语工作者职业道德》等著作。历任校党委办公室副主任、校党委宣传部部长等职务。

口 述 人：汪忠民
采访整理：周源源、陆英浩
采访时间：2023 年 11 月 16 日
采访地点：上海外国语大学虹口校区会议中心富士厅

采访者：汪老师好，您 1963 年从中国人民大学硕士研究生毕业后便被分配至上外工作，当时研究生学历还是非常少见的，请谈谈您的求学经历。

汪忠民：我生于安徽黄山，而祖父、父亲这一辈都出生在上海，所以我既是安徽人也是上海人。1956 年，我中学毕业后，中国人民大学到各省招生，在安徽省招十个学生，我们学校推荐了六个。整个流程比较严格，不只是学校推荐就行，还要经过当地党委几个部门的审查才可以报考。当时高考是在 7 月份，我 6 月就考了。考试结束后，六个人里录取了两个，我是其中一个，并被分到历史系中国革命史专业，后来又叫中共党史专业。另一个同学则在统计系。

我在大学读书的时候有个特点，就是很听话，很肯干，能吃苦，不计较，所以我和同学、老师的关系都很好，在大学里从没和人吵过架。我家的祖训就是“让人三分也是福”，从中学开始我就懂得这个道理。大学四年我做了四年班长，加上中学时做了六年班长，我总共做了十年班长。我的专业学习也不错，当时采取5分制，我几乎每门课都是5分，只有一门——外语（英语）是及格（3分）。这主要是受当时社会环境的影响，大家对英语学习的积极性都不高。

我毕业时是学校统一安排分配工作，既不征求学生意见，也不让你填写想去哪里的志愿，也不找你谈话，就直接告知你分配结果，学生也是高度服从。我当时的名字叫“汪宗训”，后来改了名字。大家一起帮我选了“忠民”，这个名字也挺好，就一直叫到现在。那时候学校找我谈话，让我去考研究生，考上了就继续读书，考不上就直接分配到江西师范学院工作。考试对我来说还是比较容易通过的一关，于是我顺利考取了人大的研究生，在学校继续读了三年。我们那时候的研究生和现在还不一样，一直都在读书，不像现在的学生还会去找实习和工作。

我于1963年3月18日入党。临近毕业时，学校找我谈话，说决定分配我到上海外国语学院工作，于是我就来了上海。虽然我祖籍在上海，但没有在上海生活过，等于我又来到一个陌生的地方。

采访者：您来上外以后主要承担了哪些任务和工作?

汪忠民：我刚到上外时担任的是助教，给我们马列主义教研室党史教研组的组长做副手。他讲课，我写黑板。他和我讲：“你不能骄傲，到这里来应该以身作则。”我到上外不久，学校就让我到外贸系蹲点。蹲点，就是一个老师到这个系，负责政治思想工作。当时外贸系里还设有指导员，他脾气大，有时候会训斥学生，我就在旁边打圆场。我在课堂上都会和学生强调，上政治课是给大家把方向。我也一直教学生要清清白白做人，踏踏实实办事，现在国家交给大家的任务就是读书，要把书读好；外面的东西真真假假，不要去乱听、乱说。我会和学生聊天，吃饭的时候聊，劳动的时候聊……所以和学生们很熟，关系也非常好。学生毕业后我们也常常联系。比如有个学生叫江和平（国际新闻专业1987届），毕业后分到中央电视台总台，后来升为国际新闻组组长。他在北京工作，我有事去北京他一定要招待我，他有时来上海也会来看我。

当时外贸系设在上外分部，就是现在西江湾路上海青年管理干部学院那里。我和学生们都住在那里。当时我带班的班长是个调干生，比我年纪大，像我老大哥一样，我非常尊重他。有一次，有个学生晚上生胃病，我连夜把他送到第四人民医院。那时候没有出租车，我叫了一辆三轮车把他送去医院，到了以后马上通知他的家属，家属来了我才回去。学生连夜开刀，手术结束后我又去看他，他好了我再把他接回来。后来这个班到川沙去劳动，我和他们一起劳动，还教他们政治课、党史课。带了这个班两到三年，后来我又去了英语系。我和我们学校的干部、老师还有同学的关系都很好，他们都记得我。不仅如此，我和学校里的工人、门卫等关系也很好。我搬家的时候，学校总务处的人还来帮忙一起搬。我刚到上外时每月工资只有 72 元 5 角。研究生学历的工资要比本科的多一些，本科学历老师的工资只有 60 元，所以办公室里经常叫我请客。

采访者：您主要教授了哪些课程？20 世纪 60 年代政治课的教学主要有哪些特点？

汪忠民：我在上外开设过九门课：中共党史、中国革命史、中国现代史、国际共产主义运动史、毛泽东思想概论、邓小平理论概论、法律与道德、形势与任务、国际关系。开这么多课程的原因是学校需要什么课程，我就教什么课程。中共党史和中国革命史是有联系的。国际共产主义运动史我学过，有些知识我要传授给学生。改革开放以后，我看到我们国家从以阶级斗争为主线逐渐转到以经济建设为主线。在这样的大背景下，作为教师就必须了解一些经济知识，了解形势，其间我还去复旦大学听课，所以我就学习了这方面的知识，开设了这些课程。

我在革命史专业里钻研最多的是中国与日本的关系，主要是抗日战争时期的中日关系，所以我写的文章里与日本相关的最多。我参与编写了《中国

唐培吉（主编）:《中国历史大事年表：现代史卷》，上海：上海辞书出版社，1997 年

历史大事年表：现代史卷》（上海：上海辞书出版社，1997 年），很厚一本。它是工具书，记录了历史上发生的事，由上海辞书出版社出版，主编是同济大学的唐培吉。他们知道我研究抗日战争，所以向我约稿。我编写的部分从 1937 年 7 月 7 日开始，一直到 1945 年 8 月 15 日，大概 12 万字。这本书到现在还有作用，类似辞典，可以查询中国历史上发生的大事。这本书出版后，他们给了我三千多元的稿费，这在当时是一笔“巨款”，所以拿到稿费时我很高兴。

应该说我写的书里面，这本是比较有分量的。另外一本是《外语工作者职业道德》（上海：上海外语教育出版社，1989 年）。这本书是几个人一起写的，我写了其中一章。我觉得现在学校里学外语的学生将来有两种出路：一种是从事外事工作；另一种是从事教学工作，教小学、中学或者大学。做这些工作要具备基本的职业道德。学外语的人出国机会相对更多一些，思想政治教育工作就更加重要，所以我一直和学生讲要清清白白做人，千万不能动了歪心。因此，我觉得《外语工作者职业道德》对现在的学生还很有帮助。在学校里，要听党的话，不仅是在革命战争年代，现在也是一样。当下的学生会从很多渠道了解国际时事，听到各种不同的声音。比如最近中美关系有所改善，但我们必须一直对美国保持警惕。所以我和学生讲，去外国学习和工作时，一定要保持清醒头脑，不要好高骛远。

为了更生动地讲好党史课程，我还曾经去革命圣地考察。有一次，我们在杭州开会，一位教育部副部长指出，研究党史、革命史的老师应该去革命圣地看看，大家觉得很有道理。回来我们就和党委汇报，时任院长王季愚是个老革命工作者，她对我们非常支持，认为学党史的老师应该出去看看。我们就出去跑了一圈，先到南昌，参观八一（起义）纪念馆等，再上井冈山。中途车还抛锚停在了半山腰，修了三四个小时，结果到井冈山时已经晚上九点了，饭店都已经关门，我们就吃随身带的几个橘子充饥。当时我们一点没觉得苦，感觉很高兴，实地了解了很多革命历史。比如书上介绍说毛泽东和朱德是在井冈山上会师的，实际上是不对的，他们是在井冈山下面河边上一个地主大庄园会师。从井冈山上下来以后，我们又去了周围几个县，然后到长沙，参观毛泽东故居等地方；之后到武汉，看八七会议的旧址；再到西安，看了八路军办事处、西安事变相关地点。我们看到蒋介石当年躲的地方，在一块石头后面，实地感受了当时的那种情境。参观完西安后，我们到了延安。那时的延安没有铁路，只有公路。当时在车上还闹了个笑话：我们发现车子上冒烟，以为是车着火了，停下来检查，结果发现是一个陕北老乡抽烟把棉衣烧着了。到了延安后，我们住在招待所里，第二天一早看到八路军唱着歌来了。我们一开始以为是真八路军，后来了解到是在拍电影。我们在延安参观了很多地方，包括毛主席与安娜·路易斯·斯特朗（Anna Louise Strong）谈话的石凳。毛主席那句“一切反动派都是纸老虎”就是在这里讲的。看过窑洞后我们还去了北京。这些实地考察的相关知识，我在课堂上都会传授给学生，他们听得津津有味，教学效果自然就好了。

这一趟参观游览对我的帮助很大，我有了很多体悟。所以王季愚校长那时候说，实地去看看对培养政治教师很重要。我们学校的谭守贵（党委）副书记，以前是红军战士，参加过万里长征。有次纪念活动，他邀请我去给他们讲万里长征这段历史。我说我可以讲，但您作为老革命讲这段历史效果会

□国际政治

中国抗日战争中的国际援助

汪忠民

中国的抗日战争是一场反侵略反奴役的规模巨大的民族解放斗争，又是世界反法西斯战争的重要组成部分。抗击强大的穷凶极恶的日本帝国主义，主要依靠中国人民自身的努力，艰苦奋斗，自力更生，而世界人民和各种国际力量的不同形式的援助，形成互相配合、内外夹攻的态势，从而加速了日本法西斯的灭亡，这也是一支重要的力量。这场战争过去已经50年了，回顾历史，展望未来，对于今天我们坚持国际主义精神和加强世界人民的团结，亦是有益的。本文拟从三个方面来说明这个问题。

一、世界无产阶级的声援体现国际主义的崇高精神

马克思主义认为，无产阶级是爱国主义者，同时又是国际主义者。爱国主义和国际国人民的行动纲领。接着又作出决议，团结世界所有反战组织，援助正在进行的反对日本侵略者的斗争。同年，共产国际为庆祝俄国十月革命二十周年发表的宣言中，提出“再没有比尽量促成德国和意大利法西斯主义在西班牙的失败，促成日本军阀在中国的失败还更加近切的任务”。[①]后来，共产国际还建议，发动美国、英国、荷兰和其他国家共产党建立“中国友好委员会”。这些委员会在组织捐款、团结斗争、拒绝购买日货等方面都起了积极作用。1938年9月共产国际执委会主席团又发表六项声明，项项具体，用意真切，对中国抗战是个鼓舞。例如第四项说“加紧募捐，帮助中国，派遣医药救护队来华”。[②]这对当时的中国来说，是十分需要的。后来许多国家都有医疗队来华帮助抗日。

汪忠民：《中国抗日战争中的国际援助》，《国际观察》，1996 年第 5 期，第 14—18 页

更好。谭书记说他不擅长讲党的政策方针方面的内容，所以还是请我去讲。那天党委、行政各个总支的书记和其他干部都来了，办公室坐满了人，我当时就对着一张地图讲“长征是如何出发的?”“红军怎么过湘江?”以及“毛泽东如何用‘敌进我退，敌驻我扰，敌疲我打，敌退我追’的战术获得长征胜利?”等相关问题，谭守贵那时是红四方面军，我讲的是红一方面军。整个过程我大概讲了一个半小时，大家都听得津津有味。

采访者: 20 世纪 60 年代学生的思想状况如何? 您教授的课程对学生起了怎样的作用?

汪忠民: 我觉得那时候学生比较单纯，来学校读书都很听话。这不是我一个人的功劳，是学校整个环境如此。我们都让学生好好念书，多学知识，钻研外语。那时老师们都非常尽心尽力。

采访者: 您后来从教学工作转向行政工作。您如何适应这样的角色转变?

汪忠民: 20 世纪 60 年代末，学校有很多校外来访人员来“串联”，这些人来了后住在教室，他们的被子是去市里领的。我当时负责接待工作，接待站不仅要负责吃喝，还要组织文娱节目。我联系上一个工厂的毛泽东思想宣传队来学校演出。演出那天，我用校车把他们接到学校大礼堂进行表演，现在这个礼堂已经被拆掉了。大礼堂本来能容纳一千人左右，但那天人山人海，还有很多人站在后面。当天活动是我主持的，表演的节目非常精彩，但宣传队的表演形式引起部分激进观众的不满。他们认为台上舞蹈者的动作软绵绵的，缺乏革命气概，因此出言批评，甚至有人跑到舞台上去公开指责并要求停止演出；而另一些观众则认为表演形式并无不当，双方争执不下，演出也因此中断。第二天，两派学生还来到我的办公室继续昨天的争执。我努力说服两派学生，平息了他们的争吵，最终妥善解决了这个比较棘手的问题。校领导也因此看到了我处理突发事件的能力，他们发现我不仅会教政治课，还会做群众工作。后来我就被调到党委办公室任副主任。

当时我属于“双肩挑”，一边教政治课一边做行政。那时我们的校长、党委书记也都是“双肩挑”，又教俄语又做领导。当时的党委办公室主任是吴人龙，他没有上过大学，但他为人很好，口才非常好，出口成章。工作时经常是他讲我记，成文之后就直接发出去，我与他合作得很好。

采访者：在宣传部部长的岗位上，有哪些让您印象深刻的事情？

汪忠民：宣传部工作的对象不仅有学生，还包括教工。我们要向教工宣传党的政策，注意宣传积极的内容。我们要正确解读领导人的话，辩证地看待问题。比如说现在国家的扶贫政策就很好，让落后的地方脱贫，而且不能返贫。现在很多大学生也深入基层参与这些工作。

采访者：20 世纪 80 年代后，您开始关注和研究国际关系，是基于怎样的考虑？您觉得现在外语院校在这方面可以做哪些工作？

汪忠民：我认为教外语的、学外语的人必须视野广阔。学外语的人工作后接触的面广，人也多。所以在教学科研之余，我还主动收集并研究国际政治经济等相关知识，研究国际关系。我认为不管国际关系如何变化，我们国家都要把自己做强大。此外，师生关系一定要融洽，老师不要自以为是，觉得自己就一定懂得多，还要学会倾听学生的想法。我和自己的两个孩子经常交流，有时候我觉得他们说的也有道理。建立平等的师生关系，双方交流就能顺畅，在互相交流过程中，学生也会潜移默化地受到老师的影响。另外，教政治课的老师应该懂一点外语，懂一点外国国情，这样授课会更生动，与学生也会有更多共同语言。

采访者：您对当代上外学子有哪些寄语？

汪忠民：我希望我们的学生将来很有出息，多一些从事外事外语工作的拔尖人才。我们上外人都希望上外能越做越好。我有个建议，做思政的老师最好能去国外走走看看，即使是走马观花式的。我退休后去了不同的国家，看完后深有感触。在纽约最繁华的地方，我发现上海的陆家嘴比那儿繁华很多。实地考察能增进对这些国家的了解，可以打破某些人觉得外国什么都好的迷信，知己知彼，才能百战不殆。

汪忠民（左）与采访者合影

上外改革发展的亲历与回顾

王益康

男，1936 年 11 月生，1955 年进入上海俄文专科学校（今上海外国语大学）学习俄语，1959 年毕业后留校工作。1960—1962 年赴列宁格勒大学（今圣彼得堡国立大学）留学。曾先后担任上外日阿系副系主任、党总支书记，电化教学馆党支部书记兼副主任，人事处副处长，院长办公室主任，上海外语教育出版社代社长、社长。1997 年退休。获国务院政府特殊津贴和上海市教卫系统优秀共产党员称号。

口 述 人：王益康
采访整理：周源源、陆英浩
采访时间：2023 年 10 月 30 日
采访地点：王益康寓所

采访者：您是如何选择报考上外的？

王益康：我当时没有读普通高中，而是读了江苏省苏州农业学校。因为当时家里穷，而农校不要学费，一切都由国家供给。我毕业时，恰逢国家从全国各地的中专选派一批不同专业的学生培养为俄语专业人才，因为当时的外语翻译人员不懂专业术语，翻译相关材料比较困难。1955 年我入校时，中国和苏联关系还比较友好，当时学校只有俄语专业。但 1957 年形势变化，中苏矛盾加剧，一些俄语学生就转入学校新设的英、德、法语专业。当时学校要收学费，但我因家境困难，学校给我免掉了所有费用，还给我发了棉衣。当时我们一个班 25 人，一届 14 个班，班长都是党员。因为我在中学期间就加入了中国共产党，所以也成为班长。我读书期间学校里调干生很多，他们是已经工作的干部，来学校进修。到了第二年，就有同学跟不上学习进度，这其中大部分是调干生，因为他们文化基础比较差，这些人就因此离开了学校回到原单位工作。二年级时我担任了年级党支部委员，四年级时我担任了

王益康（左）与采访者合影

年级党支部书记。

我们那时候有词汇、语法、会话、语音等课程。会话和语音课由苏侨来授课，他们有的是学校从哈尔滨请来的。这些老师都住在学校的第五宿舍。此时学校里已经有苏联专家，但他们主要给研究生班上课。我对梅家驹老师印象深刻，他是我们一年级时的词汇课教师；还有四年级的词汇学老师——达曼华，只比我大一两岁。他们在本校研究生班读了两年就毕业留校授课了，但专业水平都比较高。

采访者：能谈谈您赴苏留学的故事吗？

王益康：1959 年毕业后我就留校工作，第二年赴苏联留学，就读于列宁格勒大学（今圣彼得堡国立大学），1962 年回国。当时上外派出三位老师前往苏联留学，除了我还有蒋妙瑞、胡明。那时候出国留学也要看出身，蒋妙瑞是工人家庭，我是贫农，胡明是烈士子弟。胡明来自苏北，是调干生，结婚较早，在上海工作时和妻子两地分居。因为妻子迟迟无法调来上海，所以他后面又调回原籍工作，后来还担任了当地教育局领导。本科毕业时，我觉得我专业水平还有不足，所以赴苏留学的第一年，我基本将本科时学过的课程重新修读了一遍，还加上了修辞学课程。列宁格勒大学和莫斯科大学不同，前者的院系分散在城市的不同地区，教室和宿舍相隔很远，学生上课需要自己乘公交车。我们上外的三名老师和杭州大学来的一名老师，组成了一个四人小班级。我们出国前还在北京外国语学院的留苏预备部学习了两个月。那时中苏关系十分紧张，出国非常不易。国家正逢三年困难时期，经费紧张，即使根据中苏两国各出一半学费的相关规定，这些开销也是一笔大数目。考虑到苏联冬天非常寒冷，国家还特别给我们发了着装费，配了呢子大衣，我们就穿着这个军大衣上了火车。那时坐国际列车去莫斯科要花七天七夜的时间。到苏联后，当地同学看到我们统一着装，觉得我们像部队士兵一样。

虽然当时中苏两国政府关系紧张，但民众之间仍非常友好。给我们授课的老师就是之前苏联派到北外的一个专家。他对中国的情况非常了解，也从不提中苏之间的分歧。我们留学期间获得了很多特殊待遇，当时中国前往苏联访问的领导都会接见我们。如刘少奇（时任中共中央副主席）曾率代表团参加在莫斯科举行的八十一国共产党和工人党代表会议（1960 年 11—12 月）。会议结束后，他来到列宁格勒访问，抽空接见了我们八百多个留苏的中国师生，简单地和我们讲述了会上发生的一些斗争，并勉励我们努力学习。后来苏共二十二大（1961 年 10 月）时，彭真（在周恩来提前离苏后代理中国代表团团长）、陶铸、刘晓（时任中国驻苏大使）率代表团在会议结束后也来到列宁格勒接见我们。第三次是陈丕显（时任中共中央华东局书记处书记）率上海代表团来看望我们，给抽烟的每个人发了一包上海牌香烟，不抽烟的每人发一包茶叶。这体现了祖国对我们留学生的关心，我们也感到非常荣幸和温暖。国内乒乓球运动员庄则栋、徐寅生来莫斯科参加比赛后到列宁格勒游玩，还专门为留学生举办了一场高水平的比赛。此外，当时演员赵丹的女儿赵青带领一个中国舞蹈代表团到列宁格勒访问。我们为了显示中国舞蹈的优美，加深两国人民之间的相互了解，还自掏腰包请苏联的老师和同学一起去观摩舞蹈团的表演。

我们在苏联基本上没有受到过歧视，但也曾遇到一件意外之事。当时一位上海体院教师的妻子是苏联人，她曾来过上外，得知我们要去苏联留学，特意拜托我们去看望她在列宁格勒的亲戚。在去她亲戚家的途中，我和蒋妙瑞还被人跟踪了，可能是苏联的情报人员，他们后来了解到我们只是留学生，所以也没有对我们采取其他措施，那一次我们也算是有惊无险。

采访者：您从苏联回国后又承担了哪些工作？

王益康：我和蒋妙瑞于 1962 年底回到上外俄语系工作。蒋妙瑞的业务水平比我高，所以我在俄语系二年级组工作，他在三年级组工作。学校党委将蒋妙瑞和我当作年轻干部来培养，他后来担任了俄语系党总支书记，之后离开上外到教育部工作，担任高教一司副司长，后担任外事司司长。1965 年，学校安排我担任日阿系副系主任。1966 年初，各系的党支部改为党总支，我转任日阿系党总支书记。当时上外一期校友殷勤担任日阿系系主任，我与他搭档。殷勤之前担任俄语本科的系主任，钱积学任俄语专科的主任。殷勤是上外一期学员，是俄语专业的，他担任日阿系系主任后，一有空就去学习日语，练就了较高的日语水平。我在日阿系工作了十多年，1978 年调往学校的电化教学馆。这期间，学校的其他教学工作基本停滞，日阿系主要负责分配 1968 届、1969 届学生，培养工农兵学员及“五七”干校的外语培训班学员。当时工农兵学员由学校教务处统一管理，教学依然由各院系负责。

采访者：您能否给我们介绍一下当年电教馆的具体情况？

王益康：当时教育部为提高外语学院教学水平，要求学校都要设三个中心。当时上外的三个中心分别是电教馆、资料中心和出版社。我调入电教馆工作时，这里不设总支，之前的党支部书记调往出国培训部工作了，我代替他担任党支部书记兼第一副馆长。电教馆馆长由魏原枢副院（校）长担任。在我任内，由上外发起组织，并联合广州外国语学院（今广东外语外贸大学）成立了全国电教协会，邀请全国设有外语专业的院校来我们这里参观，电教馆大楼也是这一时期建设的。

电教馆的主要职责是提供各类外语听说资源。那时候电教馆会放映外语原版电影，主要放映俄语、英语、德语版本的电影，由院系组织或凭票观看，大约每周一两场。这个小电影院在电教馆旁边，现在已经被拆除了。电影很受欢迎，总有很多人来观看。当时全校教职工总共一千多人，而电教馆的工作人员就有两百来人，设有教学组、美工组、电影组等。为提高外语教学质量，电教馆要做大量幻灯片，需要很多绘画水平比较高的工作人员，如从大陆金笔厂调来的龙纯立，他在上外退休后成为一名国家一级画师。此外，馆里还有三名戏剧学院美工系的毕业生，以及有一定绘画功底的上外“五七”干校外语培训班学员。后来电教馆一分为三，即电教馆、音像出版社和传播系。传播系后来又和其他几个部门合并为新闻传播学院。周秉勋原来是电教馆工作人员，后来去了传播系。我在电教馆工作两年多后到人事处担任七年副处长，又到院长办公室担任两年主任，再调任上海外语教育出版社。

采访者：您在任人事处副处长时是如何为学校引进人才的？

王益康：我开始担任人事处副处长时恰逢国家开始实行改革开放政策。市教卫办组织一批高校处级干部在上海师范大学学习“实践是检验真理的唯一标准”，学校派我参加这个学习班。这个学习班同时也是培养和发现人才的地方，和我一起学习的就有同济大学数力系党总支书记陈铁迪，她后来担任了上海市人大常委会主任。

当时，戴炜栋开始担任上外分管教学的副院（校）长。那时英语系的教学面临一个比较大的困境，即受“出国潮”影响，教师流失非常严重，师生配比严重不足直接影响了教学。不仅如此，刚毕业留校的学生也纷纷申请出国进修。学校如果不批准还会被批判思想保守。事实上，绝大部分留校毕业生出国后就没有再回来。后来学校就想了很多办法。一是由戴炜栋亲自去返聘退休老教师，由于他在老教师当中威信很高，所以很多老教师也答应继续回来上课。二是部分已经到了退休年龄的在职教师延迟退休。三是从社会上公开招聘教师。这件事主要由两个人负责：一个是裘劭恒，后担任上海对外贸易学院副院长、名誉院长；另一个是秦小孟，她是从上海第一师范学院调至上外的老师。裘劭恒和秦小孟负责组织这次招聘考试，包括出题、阅卷、口试等。参加考试的人中就有钱绍昌，裘劭恒对他的表现非常满意，很欣赏他的才华。钱绍昌以前是一名医生，参与过抢救邱财康（1958 年）。他外语水平很高，知识面很广，译文非常流畅。当时因各种原因，学校个别领导对引进钱绍昌有所顾虑，但王季愚老校长爱才惜才，她听了我的汇报后力排众议，当场拍板决定录用钱绍昌。钱绍昌进上外后发挥其优势，业务精湛，他撰写过很多文章，并为上海电影译制厂翻译过许多电影。

采访者：1985 年，上外在全国首创教师学术梯队建设，您可以给我们讲讲相关情况吗？

王益康：教师学术梯队建设是在胡孟浩院（校）长主持下进行的。当时学校让各个系上报成就比较突出的教师，根据申报信息和学校掌握的情况分为三个梯队。我那时已经调任院长办公室主任，不直接负责相关工作，所以当时采取的具体措施以及给予老师的待遇，我已记不清了。

1992 年 11 月 28 日，王益康（前排中）在出版社工作会议上汇报工作

采访者：您在上海外语教育出版社做了哪些工作？

王益康：我是外教社第四任社长，李仲是第一任社长，他曾是中共安徽省委书记曾希圣的秘书，离开上外后担任中国大百科全书出版社上海分社的副社长。第二、第三任社长分别为张坚、林秉申。我从 1989 年任职到 1997 年，这一期间出版社曾获得两个重要奖项。1995 年，外教社获“先进高校出版社”，主办方还指定我在全国高校出版社社长大会上发言介绍经验，当时的讲话稿发表在全国出版社杂志上，题为《发挥外语专业优势　努力为外语教育与科研服务》。1996 年，外教社又被评为“上海市模范集体”，我们获得了时任上海市市长徐匡迪亲笔题词的锦旗。同年我准备退休，由庄智象接替。但当时庄智象还较为年轻（42 岁），教育部考虑到外教社影响重大，希望我多

王益康（右 1）向时任上海市委副书记陈至立（右 3）汇报工作

王益康参加出版社社长代表团访问德国，在柏林墙前留影工作一年，他们派遣的一位处长和当时学校分管出版社的党委副书记吴友富商议并达成了共识，所以我 61 岁才退休。

我任期内出版的“大学英语”系列教材影响力非常大，由此也打响了外教社在全国的名气。这套教材由教育部组织复旦大学、华东师范大学等多所知名高校的专家编写，总主编是复旦大学董亚芬教授。除“大学英语”教材外，我还带头开展国际合作出版。我与穆国豪副总编辑到英国剑桥大学成功引进《剑桥国际英语词典》，还派人参加每年在德国法兰克福举办的国际书展。

采访者：当年外教社为促进上外的办学发展做了哪些工作？

王益康：外教社的收益是为学校办学服务的。我当时问过戴炜栋校长是否定一个上交的比例。戴校长说不定比例，每年利润的一部分上交学校，其

王益康（前排右）代表外教社与莫斯科外语学院签订合作协议

余用于出版社发展。外教社大楼就是用每年积攒的利润修建的，没有花学校的经费。原来我们在上外附中校内办公，办公室占三层楼面。我离任前就开始酝酿建造一座大楼，计划将外教社整体从附中搬离出来。这个大楼是由下一任社长负责建成的。此外，那时候教师宿舍是分配制，但因为学校没有足够的房源，于是就筹划在赤峰路修建上外教师楼（上外宾馆隔壁），但当时学校建设经费不足，时任副校长盛裕良希望外教社和音像社各出 200 万经费支援大楼建设，外教社最终提供了 200 万的经费。当然，建成后的大楼里专门划出一层楼，用于外教社的职工住房分配。

采访者：您爱人李瑞华也是上外教师，请您介绍她在上外的学习和工作经历。

王益康：她是上外 1964 届英语专业毕业生，毕业后留英语系任教。她与何兆熊、王长荣、吕光旦是同学，比侯维瑞和他夫人高一届。我爱人在 1965 年参加过英语系教师进修班的学习，还担任过美国专家维多利亚·加尔文女士的翻译。加尔文是一位著名的美国黑人民权运动领袖，来上外教师培训班教英语。我爱人给她做翻译也是一次很好的学习机会。她还去巴基斯坦做了两年中国专家，借助英语教授巴基斯坦人中文。那时巴基斯坦在中国购买了一些军用装备，巴方士兵学习使用这些设备就需要懂一定的中文。上外因此派了好几批教师到巴基斯坦首都的一个学院给士兵们授课，去一次要在当地待两年。后来我爱人还去美国进修学习，回国后在出国培训部任教。

采访者：您了解 20 世纪 80 年代学校开设复合型专业的相关情况吗?

王益康：学校开设复合型专业这个事情，主要得益于胡孟浩院（校）长的魄力和长远眼光。外语学院的发展光靠单一学科是不行的。当年学生科负责管理毕业生分配，学生科最初是人事处下属的科室（后独立为学生处）。我们发现，国际金贸、国际新闻这些新设的复合型专业在毕业分配时很受欢迎。上海东方电视台著名节目主持人袁鸣（对外汉语专业 1993 届）就是复合型专业的优秀毕业生。当然，开设这些专业还是很不容易的，最大的难点是缺少教师。对于这个问题，我们主要通过对外招聘来解决，也请在职老教师推荐合适人选。钱维藩在国际新闻专业建设中发挥了重要作用。当时要办复合型专业，社会上的阻力很大，但在校领导的推动下，我们也逐渐办起来了。

潜心耕耘四十载
敢遣春温著华章

陈永志

男，1937 年生，祖籍福建省晋江市，中共党员，教授，从事中国现代文学教学与研究，主要研究郭沫若与“五四”新文学社团。出版著作 14 种（含合著 4 种），其中《试论〈女神〉》获“上海市（1979—1985 年）哲学社会科学著作奖”。1959 年毕业于华东师范大学中文系，1959—1988 年先后任职于上海师范学院预科（今上海师范大学附属中学）、上海师范学院（今上海师范大学）中文系、文学研究所，曾任文学研究所副所长。1988 年主动调至上海外国语学院对外汉语系（今上海外国语大学国际文化交流学院），曾任系党总支副书记、代理总支书记、系主任等职务。1993 年国务院颁予其政府特殊津贴。

口 述 人：陈永志
采访整理：张燕姿
采访时间：2021 年 4 月 30 日
采访地点：上海市虹口区陈永志寓所

采访者：陈老师您好，请您给我们介绍您的学习及工作经历。

陈永志： 我是福建晋江人，1955 年从厦门第四中学考入华东师范大学，1959 年从华东师范大学中文系毕业，分配到上海师范学院预科教语文，在那里工作了 19 年。因毕业论文《向马克思主义前进中的郭沫若》受钱谷融先生的赞许和鼓励，我在教学之余仍然坚持郭沫若研究，写下的很多笔记和文稿在 1979 年以后陆续整理成论文、著作发表出版。此外，在上师大附中的教学经历很好地培养了我文本细读的能力。当时课文讲解强调字词句篇、语修逻文（即语法、修辞、逻辑和文学常识），我本人在教学过程中十分重视字词句篇的讲解，长期的训练养成了我文本细读的习惯，以及比较快地理解和掌握文本的能力。虽然我没有学习过版本校勘的相关知识，但十几年养成的文本细读的习惯使我在开始搞文学研究时重视作品版本、异文的考证，并有比较满意的成果，如著作《〈女神〉校释》、论文《〈骆驼祥子〉反映的年代新证》等，均颇受好评，后者还被日本学者所译介。

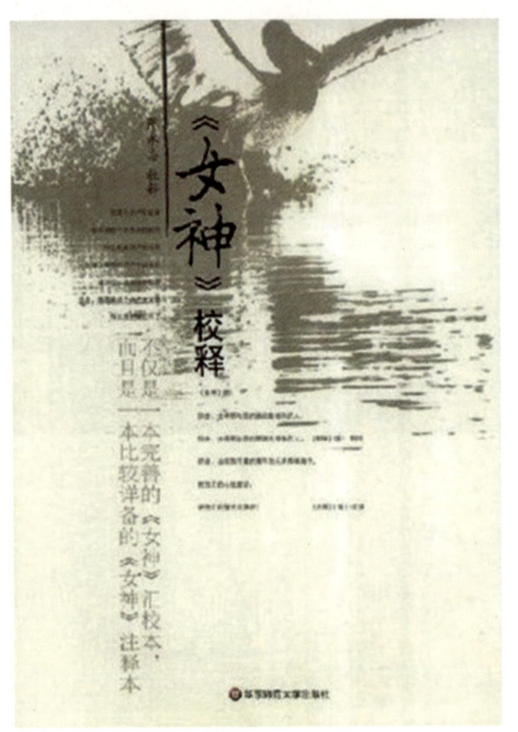

陈永志（校释）:《〈女神〉校释》，上海：华东师范大学出版社，2008 年

1977 年，我被学校选派参加上海市高考语文命题，并被命题工作的领导任命为语文命题组组长，遂与叶百丰先生朝夕相处。他是华东师大研究古典文学的教授，是我的老师。叶先生对我的工作与生活都很关心。1978 年 2 月，钱谷融先生和叶先生联名推荐我到华东师大中文系任教，中文系齐森华教授随即来师院附中商调，但是师院附中的人事关系隶属于上海师范学院，上海师院人事部门不同意放行。钱、叶两位先生认为我到高校工作更好，于是就由叶百丰先生出面托覃瑛（原上海师院中文系党总支书记）、邵伯周（原上海师院中文系中国现代文学教研室主任）两位先生设法将我调入上海师院中文系。得益于几位先生的努力，我在 1978 年 6 月顺利调到上海师院中文系。到

了上海师院以后，我先后在中文系（1978—1985 年）、文学研究所（1985—1988 年）任职。在中文系期间，我曾经有一年暂任中学语文教学法教研室副主任，到了文学研究所以后，任副所长兼中国现代文学研究室主任。

为了解决长期面临的住房困难，我在 1988 年主动要求调至上海外国语学院对外汉语系。12 月 8 日我持钱谷融先生的介绍信拜访上外胡孟浩院长，胡院长阅信后当场表示同意。他说："这是好事，很欢迎。你写一份简历，我批给人事处办理。你先看房子，满意以后我们再去上师院商调。"调动的步骤就依此顺序进行。12 月 29 日我就到上外人事处报到了。在 20 天内解决人事调动的大问题，速度不仅超越我从师院附中调到师院中文系，而且也是我所从未见闻的。这里面的原因有很多。首先，胡院长处事果断有魄力，充分信任钱先生的推荐。其次，在两三年前孙全洲（华师大同窗）曾劝我调来上外，并且向当时对外汉语系主任何寅建议过，何寅主任就向胡院长汇报，只是当时师院不同意放行，调动的事情就不了了之，但胡院长对我已经有了一定了解。再者，当时上师大由于多年无法解决我的住房困难，终于同意放行。就这样，我顺利地来到上外。

采访者：您来到上外以后主要担任过哪些职务？

陈永志：来到上外以后，我首先担任了对外汉语系的党总支副书记。我报到后不久，正逢对外汉语系党总支改选，我也不知怎么就当选为总支委员。总支委员分工时，要求我担任系党总支副书记。我当时觉得自己刚刚来到上外，对环境不熟悉，做副书记并不合适，但由于总支书记坚持，我也只好服从了。没过几个月，正书记奉调到驻外使馆工作，学校党委决定让我担任代理总支书记。就这样，自 1989 年 9 月起，我先后担任了系党总支副书记、代理总支书记。后来原系主任何寅任职期满出国，校领导决定让我来接替何寅的工作，于是从 1992 年 3 月到 1993 年 12 月，我就担任了对外汉语系系主任，随后参与了 1993 年建立国际文化交流学院的筹备工作。

来到上外以后，我的工作时间不长。我是 1988 年 12 月到上外的，1991 年开始生病，右腿酸软，行走无力，学校的推拿医生帮我治好了。可是 1992 年的时候又变成左腿酸软，行走只能借助拐杖，我四处求医，但始终没有确诊。到了 1993 年，病情加剧，很长一段时间我每周都要花两三个下午到医院做理疗。直到 1994 年确诊，医生说我的病是脊髓血管畸形，只有手术治疗，但因年纪大病情的发展会慢些，建议我在家里休息。之后我就请病假，在家里做一些力所能及的工作，直到 1997 年 12 月退休。

采访者：您在学科建设方面做了哪些传承和创新工作？

陈永志：学科建设方面主要做三件事。

第一件是组织推动了《中国现当代文学作品选读》的编写。当时我在中国现代文学教研室，教研室负责开设上外的两门中国现当代文学课程：一门是对外汉语系的基础课——中国现当代文学史，另一门是全校的公共必修课——中国现当代文学作品选。这两门课类型不同，用的却是同一本教材。一种教材要兼顾两种性质不同的课程，对于两者都有不合适之处。我教的是外汉系的中国现当代文学史，原教材不合适，我可以根据全国通行的有关教材并融入自己的见解讲授，而且我在上师大时曾参与编写的《简明中国现代文学史》(邵伯周主编，南开大学、天津师大、北京师院与上海师院四校合编，天津：天津人民出版社，1986 年）也可以供我选用，所以这门课不用原教材并没有太大的问题。但是公共课不行，原教材不合适却找不到替代的教材。于是我就开始组织教研室的同事们重编教材。

1990 年 1 月，我提出了重编教材的三原则：一是理清脉络，要把现当代文学的发展脉络梳理出来，让学生了解中国现当代文学的发展；二是沟通中外，要了解中外文学的交流，这是为适应外国语院校的特点，基于当时国内学术研究的情况，内容上主要侧重于外国文学对中国现当代文学的影响；三是兼顾写作，也就是兼顾指导学生的习作。这三个原则经过中国现代文学教研室集体讨论，得到大家的一致同意。

1990 年 2 月，我和教研室主任林克辛一起向主管教学的吴克礼副院长汇报，得到了吴副院长的肯定，并从科研处及教务处拨出钱款作为启动经费。这些经费全部用来购买上海书店影印的部分解放前出版的中国现代文学期刊，包括《新青年》《创造》等等。这些期刊一直由外汉系资料室保管，如今已经很难买到了。虽然现在网络很发达，大家都利用网络查找资料，纸质文本都不大保留了，但是这些原始材料在网上是没有输入的，对于搞现当代文学的人来说仍然重要，是一批宝贵的资料。不过，当时购买的直接原因主要是教材的入选作品除了要涵盖港台地区，还要求尽可能地采用作品的首刊或初版，因此只有这些期刊才能提供初始的、可靠的文本。当然编教材单单靠这些旧期刊远远不够，当时我们学校图书馆的相关资源很少，所以老师们只能利用寒暑假到上海图书馆查阅资料。人少工作量大，就这样辛苦地工作了两年，这本书终于编写完毕。

到了 1992 年，这本新教材由学校铅印并开始试用。在听取了各位试用老师的意见后，我们于 1995—1996 年开始在试用的基础上进行修订，修订工作由陈慧忠、林克辛以及我本人分工负责，包括调整个别篇目、增加作家小传、改写思考题等，最后由陈慧忠统稿。1996—1997 年，我们以陈慧忠的名义申请学校的教材出版基金资助。到 2004 年，《中国现当代文学作品选读》由上海外语教育出版社正式出版，作为全校的中国现代文学公共课教材使用。从 1992 年使用至 2013 年停用，这部教材一共使用了二十年时间。

第二件事是主持申报留学生中国语言文学四年制本科并且获得了国家教委的批准，这在全上海是最早的。我到上外报到后，胡孟浩院长与我谈话，在学科建设方面向我提了两个要求：第一是要我留心探索汉语作为外语的教学规律，第二是思考如何向外国人传播中国文化。这是正确而且很有远见的。

陈慧忠，陈永志（主编）:《中国现当代文学作品选读》，上海：上海外语教育出版社，2004 年

我的个人能力、学识不足以承担这两项任务，这需要集体的努力来实现。只有建立一个体制或者说平台，并借助该平台来探讨、实践才有可能实现这两项任务。而在当时，上外的留学生中文教育以各种形式的短期班为主，课程的开设主要根据留学生（当时主要是日本）到上海旅游或短期学习的需要，大多起到一点丰富留学生汉语知识或中国文化知识的作用。这种短期班留学生教育对于实现胡院长的想法很有局限，且非学历教育对学科建设来说也终非长久之计。于是我在担任系主任的第二学期，提出了建设留学生中文教学四年制本科的设想。

提出这个设想的依据是：在当时，因为长期办短期班，留学生办公室已经积累了办学经验，留学生中文教研室也集聚了有经验的教师，这为办留学生中文四年制本科打下了一定的基础。但是这些条件和上海兄弟院校的留学生汉语教学相比，只在伯仲之间，不足以申请留学生中文四年制本科。于是我就想到了举全系之力来申请。当时系里已有招收中国学生的对外汉语本科，并且具备几个较为优越的条件。首先，我们有语言学与应用语言学博士点，而对外汉语教学是应用语言学的一个分支学科。我们有上一级学科的理论支持，这是其他学校所没有的。其次，我们有中国古典文学、中国现代文学、现代汉语三个教研室，学科设置比较齐全。再者，我们系里有三位教授，而且在各自的学术领域有一定的影响力。每个教研室都有一名副教授、若干名讲师，青年教师中有多名具有硕士学位。这样把学术水平、学科设置、教师梯队三方面综合起来看，申请留学生中国语言文学四年制本科也就有可能了。况且，本科学制既可以把短期班逐步纳入其框架内，又能把短期班的非学历教育转为学历教育，这更有利于探索汉语作为外语的教学规律，以及如何向外国留学生传播中国文化。这个设想在系办公会议上经过集体讨论，得到一致同意。在这以后，我们开始征求各方意见，有个别交谈，也有座谈会，有一次座谈会还邀请教务处吕光旦处长出席。汇总意见的结果是：有几位同志不同意，绝大多数同志都同意。吕光旦处长表示，如办本科，就要纳入教务处工作范围并且加强领导，表达了很明确的支持意向。就这样，系领导班子开始着手准备申报了。

恰巧在这个时候，国家教委派到全国检查对外汉语教学的检查组来到我们学校，这个检查组由许宝发同志（后调任上外党委副书记）带领。系领导班子向检查组汇报了三次：第一次是全面汇报系里的工作，第二、第三次是就申请建立留学生中国语言文学四年制本科作专门汇报。在第三次汇报后，许宝发同志终于明确表示了支持。检查组离校不久，系里又派专人到北京向国家汉办主任程棠就申请建立留学生中文四年制本科作专门汇报，也得到了程棠主任的支持。就这样，1993 年，国家教委正式发文批准我们系建立留学生中国语言文学四年制本科。不久我就在全系教师大会上宣布了这一喜讯。

拿到批文只是一个开端，还需要诸多具体措施来落实。1993 年批文下达后不久，对外汉语系升格为国际文化交流学院，我因为身体原因不再担任学院的领导工作，不适合再参与本科建设的实际工作，只在向国际文化交流学院首任院长侯维瑞交接工作时，建议组建中国文化研究室，研究如何向留学生讲解中国文化，特别是中国文化精神的传播问题，在条件成熟后再增设有关课程。侯院长立即赞同，并表示这个研究室就由我来组建，我以学识不足、身体不行为由辞谢。交接工作结束后，我因病住院，出院后遵医嘱在家养病，同时做一点力所能及的工作。侯院长曾来看望我，我向他表示：一心养病，不再主动询问学院的事；即使有所听闻也不发表意见；因行走艰难就不再到学院走动，也就是“不问、不说、不去”。后来，国际文化交流学院第二任院长吕光旦来舍下交谈时，我再次申述了“三不”的态度，一方面是我的身体原因，另一方面是我认为这样做是对他们工作的一种支持。现今留学生中文本科发展的巨大成绩，都是在国际文化交流学院建立后取得的，我是完全没有参与的。

第三件事是外事管理专业的整改。原来的对外汉语系有两个专业，一个是外汉专业，一个是外事管理专业。我任系主任的第一学期，恰是外事管理专业整改将期满、上海市教委前来复查的前夕。对于外事管理，我完全外行，但职责所在，不能不面对，就找外事管理教研室主任胡敏敏、副主任陈兴耀，以及总支副书记范徵三人商量。我们决定先请有关专家对专业现状作评估，并提出整改意见。

范徵是上海交大毕业的管理学硕士，他以系里的名义去请他的导师出面，邀请复旦、交大、同济、财大的五位管理学教授来为外管专业的现状把脉；同时，由胡敏敏负责联系本校的管理学教师并征求他们的意见。因为外事管理教研室的教师不多，所以无论听校外专家或校内专家的意见，都是全体参加。专家们的共同意见有两点：一是充实教材；二是加强教师队伍。关于前者，教研组决定先编写两种教材，并确定编写的教师；关于后者，我向戴炜栋校长汇报，建议学校派有关教师作为外事管理的兼职教师，这一想法得到了戴校长的支持。之后，外事管理教研室的老师专心投入新教材的编写，以迎接下一学期上海市教委的复查。

就在这期间，学校决定，要把外事管理专业并入经贸系。对于这一决定，我立即表示赞同，因为外管专业，就学科性质而论，离外汉很远而与经贸很近；并入经贸系，既有利于外管专业的发展，也有利于经贸系的充实。学校的决定是根据学科建设的需要而作出的。这样的决定也得到了外管教研室全体教师的支持。外管专业顺利并入经贸系，走上新的发展道路，我也卸去了一副担子。

这三件事情的作用各不相同：外管的整改未显实际效果；《中国现当代文学作品选读》的编写、使用，是在上外中国语言文学这门公共必修课的格局中，对中国现当代文学课程的充实与提升；国家教委批准建立留学生中国语言文学四年制本科，则开启了我校留学生教学从非学历教育转向学历教育的大门，开启了留学生中文教学规范的学科建设的大门。虽然有如此不同，但我所做的工作都很有限。这三件事的出现和处理，都在我调入上外之初。我处于新环境，面对的多是新问题，自己的学识、能力又不足，只因为是责任所在所以必须去面对和解决。如果没有学校党政领导的信任与支持，没有系党政班子与全体同事的辛苦努力，就连这很有限的作用我也无从发挥。

1994 年病因确诊以后，我遵医嘱在家中养病，从 1994 年到 1997 年底退休这段时间，我主要的工作有两项：一是修订《中国现当代文学作品选读》这本教材；二是继续原来的研究课题，写一点短文。其他的活动基本都停止了，只因为担任学校职称评审委员会委员，参加了一次职称评审，以及被上海市学位委员会聘为评审新增（调整）硕士点专家组成员，参加了一次几个单位新增中国现代文学硕士点的评审。

采访者：您在上师大和上外两所学校的教学工作有哪些异同？

陈永志：在上师大期间，我在教学方面做的工作主要有讲授中国现代文学史（基础课），开设郭沫若前期思想研究（选修课），招收郭沫若及创造社研究方向的硕士研究生，参加编写《简明中国现代文学史》。来到上外以后，我为对外汉语系的中国学生讲授中国现当代文学史，增加了当代文学的内容，但由于上外的课时较少，讲的内容只能精简。不过无论是在上外还是在上师大，有一个习惯我一直保留——我每个月都会在办公室安排一次与学生面对面的交流。我在华师大读书期间，各门课的老师都有规定的答疑时间，我从中获益颇多。我自己当了教师以后就将这方法继承下来，并稍加变通：一方面是我向学生提问，了解他们这段时间对知识的掌握情况；另一方面是学生自由提问或提意见。在与学生的互动中，我也不断提高自己的教学水平。

采访者：刚才您在讲到教材编写原则时提到沟通中外的问题，您认为当前讨论这一问题需要关注什么？

陈永志：作为外国语大学的学生，尤其要了解中国文学与外国文学的交流。这个问题在我们以前的知识结构中，主要是指外国文学对中国现当代文学的影响，关于中国现当代文学对外影响的研究是比较少的，这是需要加强的地方。21 世纪以来，中国已经开始注重中国文化对外的交流和影响。这就需要大家更多地关注人类的共同价值，只有关心这一点，我们才能更好地对外"讲好中国故事"。我的学术研究始终坚持历史唯物主义。历史唯物主义的核心是人的问题，是人的自由发展、历史主体性的问题。马克思在其重要著作《经济学手稿（1857—1858 年）》中把人类社会的发展分为三个形态：第一个形态是人不独立的形态，是人对群体完全依赖的时代，即前现代社会；第二个形态是以对物的依赖为基础的人的独立性的时代，这是现代社会；第三个形态就是人的自由个性即人的自由而全面发展的时代，也就是共产主义时代。这是把社会的发展以人的自由发展程度来划分，人的自由就是人类的共同价值。习近平总书记在纪念中国人民志愿军抗美援朝出国作战70周年大会上的讲话中就说：“作为负责任大国，中国坚守和平、发展、公平、正义、民主、自由的全人类共同价值。”现在整个世界处在第二个社会发展形态中，都必然地要向第三个形态迈进。我们中国是以马克思主义为指导的，我们是自觉向这个目标前进的。这样，我们在向外国人讲中国现当代文学时，就要关注当代中国人为共产主义奋斗的故事，为实现人的自由个性奋斗的故事。以“中国故事”宣扬人类的共同价值观，有利于全人类的认同，有利于人类命运共同体的构建。这是一个非常重大的理论问题与实践问题，在这里很难展开来讲，何况马克思主义哲学不是我的专业，但是在理论、观念上如此思考是必要的，在实践上如此去体现是必要的。

采访者：您始终坚持以历史唯物主义的观点和方法指导个人文学研究，自1979年至今，出版著作就有14种，其中包括了专著、论文集、普及读物、教材等类目，请您给我们分享这些年来的科研经历和心得。

陈永志：关于教学与科研孰轻孰重的争议早已有之，但始终没有定论。我接受并且实践著名学者于光远提出的“以教学为中心，科研走在前面”的观点。自1979年至今，我出版的著作有14种，其中独立撰写的有10种，虽篇幅不等，水平不同，评价不一，但由于所接受的教育，我一直以“只顾对象，不看方向”自勉，也就是努力坚持历史唯物主义的观点与方法，专注于研究对象的整体把握，而不因社会风气、文坛风尚的变化而盲目跟随。

读中学时，因为受黄吟军先生（语文老师）、吕荣春先生（政治老师）的影响，我养成了两个主要兴趣：爱好文学与爱好哲学。这两个兴趣至今未变。大学的毕业论文《向马克思主义前进中的郭沫若》受到钱谷融先生的肯定，钱先生对文中关于郭沫若泛神论哲学思想的论点尤为称许，这鼓舞了我继续研究郭沫若的热情与信心，促成我写成最早发表的两篇论文《郭沫若的泛神论思想》和《郭沫若泛神论思想的发展过程》。无论是这两篇文章还是毕业论文，都是阐述郭沫若的思想从民主主义向共产主义，尤其是从泛神论哲学思想向辩证唯物主义与历史唯物主义的转变，这开启了我努力立足于马克思主义哲学去研究文学的学术旅程。

在大学时，我读了恩格斯的《费尔巴哈与德国古典哲学的终结》，其中关于历史唯物主义是“研究现实的人及其历史发展的科学”，以及各门类的社会科学都要和历史唯物主义“相协调”并用它来“改造”的观点，我虽然记住了，但并没有真正理解。经过长时间的现实的教训和对马恩著作的阅读，我才对历史唯物主义关于人的历史发展、人是历史的主体、人的自由本质的历史展开的重要思想逐步有了理解，对它与文学的关系才逐步有了体悟，也才逐步学习用人的历史发展的思想来指导自己的文学研究。

既然人是历史的主体，而文学是写人的，是由人写的，是写给人看的，是为了提高人们的精神境界的，那么研究文学，就首先要研究现实的人，研究作家个人就是其中重要的方面。而研究作家则以研究其作品最重要，这首先遇到的就是作品文本的真实性问题。我第一本著作《试论〈女神〉》（上海：上海文艺出版社，1979 年），就是首先研究《女神》的版本，并以初版为论述的依据，这在当时颇得好评。30 年后，我出版了《〈女神〉校释》（上海：华东师范大学出版社，2008 年），在多角度的研究中，终于将《女神》文本的真实而完整的面貌呈现给读者。这本书被有的研究者肯定为新时期《女神》研究的重要收获之一。我以为，真实而完整的《女神》文本，才能将作品的抒情主人公及其作者在具体的历史阶段的发展特点真实呈现出来。《郭沫若思想整体观》（上海：上海文艺出版社，1991 年）是我的一本发行量最少而又被引用最多的著作。它以多侧面统一的方法，分别论述了郭沫若前期思想中的哲学观、政治观、文艺观、伦理观，并在中国社会现实与郭沫若个人实践的基础上加以综合，努力整体呈现郭沫若是如何在社会中成长、发展，又自觉地、创造性地贡献于社会。近年来，我同样立足人的历史发展的思想，对争论颇

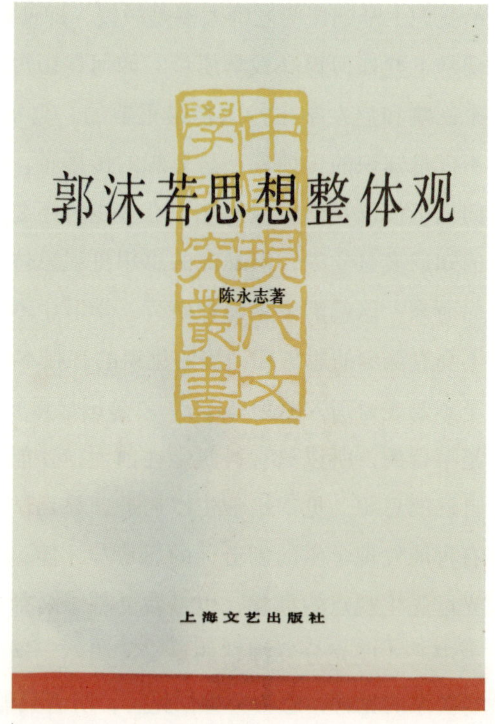

陈永志：《郭沫若思想整体观》，上海：上海文艺出版社，1992年

多的郭沫若暮年文化人格的变化，写了几篇短文予以解析。

采访者： 刚才您引用了于光远先生“以教学为中心，科研走在前面”的观点，并且也说您接受并且实践了这样一种观点，您能否就这个问题和我们谈谈您的看法？

陈永志： 教学和科研孰轻孰重这个问题在高校争议很大，科研多的人说自己写的论文多、水平高，教学多的说自己教学时间长、资历深，总是争执不下。其实这两者是不矛盾的，因为高等教育当然以教学为中心，高校要培养学生，老师要面对学生，教授要走上教学的第一线。记得我读大学的时候，给我们上基础课的老师大多是教授，即使是讲师，也是学问做得很好的老师。课堂上要如何提高教学质量？如何在短短的四十五分钟内以自己的学术水平来影响和启发学生？这是最重要的。真正有学问的老师，“传道授业解惑”，不仅是知识的传播者还是思想的传播者，而我们现在衡量一位老师有没有学问也不仅仅是衡量他的知识有多少，还要看他的思想见识。老师不见得掌握的知识多过学生，但是他的思想见识总体上应比学生高明，这个思想见识从何而来？这就需要老师在研究、学习中不断积累，没有踏入科研之门的人是不会有深刻的思想和独到的见识的。叔本华讲了一句有点刻薄的话：“你的脑子不要成为别人的跑马厅。”总是记忆重复他人的思想，没有自己的想法，这是不行的，所以只有科研走在前面，才能在课堂上把课讲好，传授知识，以自己的思想、见识给学生以启迪，显示学问本身的魅力。在这个基础上，才有可能发现学生的创造性的思考与才能，并予以肯定和引导。这既是我对于光远先生观点的理解，也是我受教于名师的切身体会。科研走在前面，教学为中心才能充分发挥它的意义。当然，这只是我个人的体会。对于教学与科研关系的见解，恐怕会见仁见智，听者只能择善而从。

从我自己的实践来说，中国现代文学有那么多作家，我自然是不可能都有研究的。按照汤用彤先生的观点，研究哲学史要先研究断代史，我结合自己的专业加了一句，在研究断代史之前，要先研究一个作家。我是先研究一个作家，然后研究一个社团，所以我是从郭沫若开始，再研究创造社、浅草社、沉钟社，然后想从《新青年》开始做新文学运动最初十年的研究，但因身体原因只能放弃。把一个作家研究透，科研水平提高了，科研能力提高了，会大大有益于对其他作家的研究。对于青年教师，首先要引导他们深度钻研一个作家，只有把一个作家研究透了才能提高水平，而后逐渐扩大研究范围。科研的能力像一把刀子，我们掌握的虽是一把小刀，但只要足够锋利，我用这把小刀裁纸头可以，削苹果也可以，虽砍不了大树，也能断其枝条。所以我说，科研要走在前面，科研做好了，教学才能更为深入，对学生才更有好处。

采访者： 教学往往是一种呈现，而科研常是一种深入研究的过程，这两者要如何才能很好地结合起来呢？

陈永志： 上面谈教学与科研的关系已回答了这个问题，不妨再举个例子。比如我上课要讲很多当代文学的东西，但是我对当代文学没有研究，我需要花时间去备课，但这并不是一种时间上的浪费。不管研究的对象多么单一，研究者都要视野开阔，所以有些大学者就强调看闲书，钱谷融先生就很喜欢看闲书，“随便翻翻”能增广见闻，引发思考，丰富人生感悟，对做学问大有裨益。教学要花时间去备课，这是知识的扩展，知识的积累是一个人整体素质的提高，这有益于研究水平的提高，所以拙作《郭沫若思想整体观》出版时，我按出版社的要求写了一句题词：“眼界需宽，研究务深——我并没有做到，却始终在追求。”研究要深入，但眼界要宽阔，从不同的地方吸取营养，这对研究的深入很有好处。所以说“教学为中心，科研走在前面”，不是片面强调科研对于教学的意义，而是说科研能提高教学水平，教学也能促进科研。

采访者： 作为国交学院的老前辈，您对新时代的上外学子有哪些建议或寄语？

陈永志： 做人要正直。这是做人的基本要求，也是不容易做到的要求，能做到，就不错了。

2002 年 6 月 25 日，黎文琦（前排右 3）与学生在教室合影

桃李满天下 杏坛度春秋

黎文琦

男，副教授。1939 年生，广东海丰人，原上海外国语大学国际文化交流学院教师。1964 年毕业于华东师范大学汉语言文学专业，分配到上海外国语学院任教，是最早一批“上外先进工作者”荣誉称号获得者之一。曾赴德国海德堡大学、日本京都外国语大学任教。出版《元杂剧赏析》（独著）、《现代汉语教程》（合著）、《汉语会话教程》（合著）。2000 年退休后返聘，2011 年正式离开教学岗位，是上海外国语大学对外汉语教学事业的发展见证者、贡献者。

口 述 人：黎文琦

采访整理：李璇

采访时间：2021 年 4 月 22 日

采访地点：上海外国语大学赤峰路教师寓所

采访者：黎老师您好，您是哪年到上外工作的？

黎文琦： 我 1964 年从华东师范大学中国语言文学系汉语言文学专业毕业，此后由国家分配到上外。我们学校的变化，你们大概已经知道了，学校原来是华东人民革命大学附设上海俄文学校，当时还是一个单语种的普通学校，后来增加了英语、德语、法语等语种，到 1963 年成为教育部直属高等学校、全国重点大学。

1964 年，学校大量招人（招聘教师），当时本院一部分比较优秀的应届毕业生留校任教。另外从复旦、华师大、北大、人大招来一批。我们报到以后召开了新教师见面会，当时就有 60 多位新教师，学校的师资队伍壮大了。

我报到的单位是中国语文教研组，这个教研组当时只有十来个人，负责教授全校各系的中国语文课，是教务处领导的。这个十几个人的教研组后来就发展为对外汉语系，再发展为现在的国际文化交流学院。

采访者：从 1964 年您在上外工作开始，可以说您见证了学校半个世纪以来的发展变化。多年来您不仅坚守教学工作，还参与行政工作，您可以具体讲讲吗？

黎文琦：1964 年我来上外报到以后，作为新来的教师，要向老教师学习，去各个语系听听汉语老师上课。一个月以后，学校通知我，上海市委组织了一个社会主义教育工作队，要到郊区去搞社会主义教育运动，也叫“四清”运动。当时分配来的毕业生，包括本校毕业留校的新教师，基本上都参加了这个工作队，还有原来在校的教师，以及一些机关干部也参加了。我们学校大概有 30 个人去参加全市的“四清”工作队员大会。参加的老师们被分配到奉贤县，在奉贤工作半年左右，到 1965 年的 4 月份工作就结束了。结束了以后，学校叫我们回来休息，大概休息了一两个礼拜以后就是五一节了。因为学校教学的需要，留下了少部分教师，其他人包括我就到青浦县，在青浦待的时间比较长，一直到 1966 年 5 月份才结束，之后大多数工作队员回到自己的单位。我因为在两个地方都是做材料员的，还有材料整理工作要做，一直到 8 月份才回到学校。

回到学校的时候正好是学期期中，因此学校没有给我排课。学校从 1967 年开始停止招生，既不招生也不上课。到了 1968 年，毛主席指示：“大学还是要办的。”教师们知道后十分高兴。1970 年 2 月，我校试办“工农兵外语学习班”（也称试点班），1972 年 5 月恢复招生。

采访者：20 世纪 70 年代初期，学校准备招生前都遇到了哪些困难？您和学校的其他老师为恢复教学工作都做了哪些准备？

黎文琦：当时碰到的第一个问题是招生以后怎么办，上课没有教材。因为旧的教材被批判了，有一些课文的作者还没有平反。另外“文化大革命”期间，中文组的老师都被安排到各个（院）系。我留在教革组（教务处）做一些整理资料的工作。因为学校准备在 1972 年招生，所以 1971 年要先准备好新教材，这个时候教革组的领导就要求各系成立教材编写组，这样招生开课以后才有教材用。各个语种挑选编写教材的老师，小语种挑选三四个人，大语种多一些。我们中文教研组也抽了三四个人准备编写中文的教材，我也参加了。

因为我是教革组的老师，所以教革组的领导让我和当时一个年轻的工宣队员一起，带领大家找一个安静的地方，这样可以不受任何干扰。我们的任务就是在很短的时间内，最长不超过半年，把新教材编出来。后来就找到了嘉定县的安亭镇，当时安亭师范学校也停课了，教室、宿舍都空着，这个地方离我们学校远，所以不受干扰。领导说让我们到这个地方去，我答应学校一定努力完成任务。学校还给我们配了一个烧饭的师傅，另外配了一个后勤的工作人员，帮助我们解决生活上的问题。就这样，我们开了几辆车，带着文具、打字机、印刷机、厨房用具就到安亭镇去了。我们队伍的名称是“教改小分队”。

到了安亭，经过很简单的打扫，每个小组一间房子，既是宿舍也是办公室，我们就这样开始编教材。大家都很努力，早上起得很早，晚上睡得很晚，礼拜天学校同意我们休息一天，我们就到外面走一走，但有些人也不休息。春节期间，学校让我们休息一个礼拜，回来过个年，过了年再回去。我和一个工宣队员就留下来值班，其他老师回去过年了。大概过了半年不到的时间，教材有初稿了，基本上就完成了。交初稿后，教革组就组织各语种有经验的老师讨论、提意见、做修改，这样就解决了教材的问题。

1972 年，招生开始了，我也参加了招生工作。全市各大学的招生工作人员在第二医学院的大礼堂开会，市教育局的领导来讲话、分配任务。整个大队分成四个大组，每个大组分管三四个县的招生工作。我们这个组有十来个人，再分成小组，分别去宝山、嘉定、青浦、上海四个县招生。我和复旦大学的一个工宣队员分管青浦县的招生工作。当时是以推荐与选拔相结合的办法招收“工农兵学员”上大学，实际上也就是插队落户的那些学生。到青浦县以后，我们就与县政府（县革会）联系，跟他们讲招生的要求，他们就召集各个公社分管教育的干部开会并布置任务，招生就开始了。我们先了解各生产大队推荐出来的可以上大学的人员名单，然后开座谈会让大家提意见并列出名单，研判哪些人最有条件上大学，最后顺利完成了招生工作。

在青浦县我们招了22个学生，其中有两个学生进入上海外国语学院（今上海外国语大学）的新办专业——希腊语，这个专业之前是没有的。另外，有十个学生进入上海第一医学院，还有十个学生进入上海科技大学（校址在嘉定）。

当时学校除了原来的专业，新设了希腊语。后来还不断扩大，又开设朝鲜语等多个语种。新生入学后，原来分散到各系的中文教师也集中回到了教研组。因为上海外贸学院和上海海关学校停办了（几年后他们又复校），他们的中文教师就并到我们学校来。我们中文教研组重建而且人数也增加了，接近20人。

原来在上海海关学校的老干部莫惜光同志来当中文教研组的组长。我当时帮他管教学，相当于秘书。课程内容也做了一些改变，一年级上语法修辞课，二年级上现代文选课和古代文选课，教学工作就这样慢慢走上正轨了。但是当时招收的都是中国学生，还没有外国学生。

一两年以后，各个语种都迎来一批外国的专家给学生上课。这些外国专家到了上海之后，因为生活需要，要学习汉语。我和莫老师讲，我们派老师去给他们上课，时间有的排在晚上，有的排在中午。当时外国老师人很多，我们派的人也很多，就一对一，我们的汉语教学就开始和外国人有关系了。

采访者：上外什么时候开始有留学生的呢？对外汉语教学事业又是怎么发展起来的呢？

黎文琦：当时，“对外汉语”这个概念还没出现。我们学校到20世纪70年代末期至80年代初期，才开始招留学生。第一次招生招到三个阿尔巴尼亚的学生，接下来也招了苏联和其他欧洲国家的学生，合起来有十来个人。因为之前没有招过留学生，这些外国青年、外国姑娘一出现在校园里，大家都很高兴，说是上外多了一道亮丽的风景线。当时从中文教研组抽了四五个人，组成了留学生中文教学组，专门给留学生上汉语课。

20 世纪 80 年代初期，学校招收了一批日本的暑假进修生。他们是日本的在校生，利用暑假来到中国学汉语，人数比较多，我记得大概分三个班，有四五十个人。学校也非常重视，教务处处长亲自管理教学，总务处处长来关心他们的生活。时间大概一个半月，我们搞得很成功。

这些留学生对上海很有感情，说以后还要来，回去让更多的人来上海学汉语。就这样，学生越来越多，到 80 年代后期，暑期班、寒假班以及一年、两年学制的就多起来了。原来三四个人的教学小组已经应付不了了，没多长

1988 年 3 月 14 日，黎文琦（前排左 2）与上海外国语学院 1988 年春季汉语班第二期学生在虹口校区图书馆前结业留念

黎文琦（中排左 1）与上海外国语学院外国留学生汉语进修班（1988.3—1989.1）在虹口校区图书馆前结业留念

时间就成立了对外汉语系。对外汉语系的任务更重了。有三个方面的教学任务：第一个是我们中文的对外汉语系招了对外汉语和外事管理两个本科专业，都是中国学生；第二个是全校的公共课（中文课）；第三个是留学生的汉语教学，一年或者两年长期学习的留学生增加了，但更多的还是寒暑假的进修生。

这段时间，学校又把我从中文组调到党委组织部工作，一方面做教学工作，我的课比其他老师少一些，另一方面搞行政工作。我从中文教研组调到组织部的时候，对外汉语系还没有成立。当时调到组织部的，除了我还有西语系的王小红老师，以及从附中调来的赵芷华老师。学校让我们三个人负责建设“第三梯队”的工作。所谓“第三梯队”，就是因为当时在职的校领导、各系的党政领导年纪都比较大了，要培养后备干部。学校领导当时也花了很大力气，动员全校教职工提名、推荐。我们三个人的主要任务是收集和整理材料，开座谈会听取意见并向领导汇报。我们做了将近一年，工作便完成了。

建设“第三梯队”的工作完成后，我向组织部提出要回教研组去上课。我不想放弃自己的专业。当时的校党委书记笑着对我说：“你还不能回去，因为原来属组织部管的处级干部的材料还不够完整，你要帮着整理。”于是又给我安排了考察学校处级干部的任务。提升干部方面的材料工作也由我来搞，处理干部的材料不用我做，由纪律检查委员会搞。就这样又干了两三年，该做的工作差不多了，就让我回系里。后来，1991 年，学校派我去日本京都外国语大学教了一年书，回来后任命我为对外汉语系留学生中文教研室的主任。一两年后，我们就成立了国际文化交流学院（正式成立于 1994 年）。

采访者：我们学校针对留学生的对外汉语本科生教学是什么时候起步的呢?

黎文琦：上外针对留学生的对外汉语本科生教学是 1996 年开始的。第一届本科生是我们的国际交流合作学校——京都外国语大学的中国语言文学科主任川口荣一先生招送的。他自己办了一个教育机构，通过考试招了一批学生送到我们学校来学汉语本科，因为是川口荣一送来的，所以我们叫它“川口班”。后来川口先生每年都招送一批学生到上外学习。1996 年之后，我校也自己招本科学历的留学生，除了日本的，还有韩国、东南亚国家和欧洲国家的。许多原来进修的留学生也转入本科班。

1997 年 10 月，我被派往德国海德堡大学教书一年。1998 年 9 月我从德国回来时，第一届“川口班”的本科生已经进入了三年级。这个班的学生基础较差，汉语水平考试（HSK）一部分人只有三级，当时要求除了毕业考试的各门功课都及格，汉语水平考试要达到六级才能毕业。当时管教学的老师让我当这个班的班主任，并教他们的汉语精读课。我和学生的关系搞得比较好，我说：“你们还有一年多的学习时间，如果不更加努力的话，汉语水平考试还是三级或者四级，你们就不能毕业，应该更用功一些了。”他们最终听了

2000 年 3 月，黎文琦（前排左 1）与上海外国语大学 96 级外国留学生本科毕业留影

我的劝告并开始努力学习。最后，这个班级除了个别同学外，其他的都顺利拿到毕业证书。我教了他们将近两年的时间，一直到他们 2000 年毕业。那一年，我也到退休年龄了。

采访者：您退休之后的生活是怎么安排的呢？

黎文琦：我是 2000 年退休的，而且已经办好了退休手续。原来打算在家好好休息。但国际文化交流学院的领导提出返聘，请我继续给外国留学生上课，我就接受了。从 2000 年开始，学院别的事情我都不管，只负责教学，每个学期教两个班的精读课，一个是本科二年级，还兼任班主任；另一个是进修生的中级班。除了上课，我还指导本科毕业生的毕业论文写作，以及每次

2006 年 7 月 3 日，黎文琦（前排右 5）与本科二（4）班合影

HSK 考试前的大班集体辅导。我又教了十年，到 2011 年我满 70 周岁了，当时有规定满 70 周岁就应该真正退休，我有些舍不得离开教学岗位，离开那些十分可爱的学生。在这十年里，在每学期结束评教时，学生们都给我评很高的分数（90 分以上）。因为评分高，我的名次也排得前。其中一次，在 129 门课中，我排第一名。另有四次，也在一百多门课中，我排第二名。

采访者：您在德国教书有什么难忘的事情？

黎文琦：一个是当时的学生和我关系都比较好，每个礼拜天总有学生来看我。还有就是德国学生学习非常用功。在课程安排上，德国的课程分类比较多样，有必修课、选修课、精读课、泛读课以及听力课。听力课布置得很

1998 年 7 月 15 日，黎文琦（前排左 1）在德国海德堡大学与学生合影

好，有很大的教室，下面每个座位都有一个听筒，教师在讲台上要了解哪个学生的发音情况，就开哪个话筒的开关，发音错误的话马上就能指出来。

另外，德国学生对中国老师也比较尊敬。他们很有意思，觉得哪个老师上课教得好，会在下课的时候用十个手指敲台子——咚咚咚。刚开始我不知道怎么回事，后来他们告诉我这样做是对老师上课表示满意，相当于中国人鼓掌的意思。其他方面，我和学生的关系很好，在德国我享受的是专家待遇，住专家招待所，有专门管理专家的办公室。

采访者：您对国交学院今天的对外汉语教学有哪些新的展望?

黎文琦：我希望对外汉语专业办得更好一些。现在应该说已经很好了，从规模来说，我们学校的留学生是相当多的。我在学校的时候本科生有四个年级，每个年级一般有四个班，一共就是 16 个班，进修生也有 15—16 个班，一个班大约 30—40 人，暑期班人更多。现在每年有两三千的留学生，规模很大，层次也在不断上升，从原来只有进修生到现在拓展到本科生、硕士研究生、博士研究生。教学机构同样在提升，从原来的教研组到后来的对外汉语系，再到现在的国际文化交流学院。

采访者：您对我们的在校学生有哪些建议?

黎文琦：后来到学校就读的学生，我接触得比较少，总的来说，我觉得和其他学校的学生相比，上外学生的学习还是比较好的。我的建议就是除了专业学习，同学们还要注重拓展知识面。教师需要拓宽国际视野，对学生（来华留学生）的背景（来源国的情况）了解得更多，教学效果就会更好一些。

我所见证的上外成人教育事业发展

汤浩军

男，1940 年 11 月出生，籍贯上海。1960 年就读于上海外国语学院德语专业，毕业后留校工作。曾任上外校团委副书记、继续教育学院常务副院长等职。合作编写《基础德语》《中级德语》等。

口 述 人：汤浩军
采访整理：周源源、陆英浩
采访时间：2023 年 11 月 6 日
采访地点：上海外国语大学虹口校区档案馆

采访者：汤老师您好，请问您当年为什么会报考上外？

汤浩军：我是上海市控江中学 1960 届毕业生。当时经过体检，我已被部队选定去空军当飞行员。后来由于国家取消从高中生招飞行员，我也因此被保送到上海外国语学院。保送是不发放录取通知书的，所以我只收到让我来学校报到的通知。到校以后，时任学校组织部部长（兼任人事处处长）和我谈话，问我想学什么专业。我表示服从组织安排，后来我被安排到德语专业学习。1961 年我加入中国共产党，1964 年毕业后留校工作。那时没有留校这一说法，正式的说法是将我分配到“中华人民共和国高等教育部（上海外国语学院）”。刚留校工作时，学校安排我在西语系办公室做学生政治辅导员，大概一年后，我就转任校团委副书记。

采访者：您在读期间担任过哪些社会工作？那时的学生工作有什么特点？给您留下哪些难忘的记忆？

汤浩军：我在学生阶段曾担任过校学生会主席。当时学生会设有秘书处、宣传部、学习部、体育部、文艺部、生活部等。在学生工作方面，学生会主要配合学校党委、团委开展相关工作，当时做得有声有色。由于那时国家正遭遇自然灾害，大家生活普遍困难。学生会的生活部积极参加到学校生活管理工作中，并发挥了一定的积极作用。宣传部除定期出黑板报外，还负责每天中午的广播台节目。当时学校还有游泳池、足球场、网球场等运动场地。我们这一届德语专业还有两个学生是国家一级网球运动员。棋类活动也很丰富，胡荣华（中国象棋特级大师）也经常来学校参加活动。文艺方面我们也组织了很多活动，基本每周一次。我们不仅会请外面的剧团来演出，自己也会排演话剧，我们排演《年青一代》时，还邀请上海市电影局的夏天来当导演，该剧后来还在上海市公开演出。学生会的文艺部长陆金忠也留校工作了，他后来担任上海外语教育出版社的党总支书记。那时的学生会副主席祝庭骏老师是调干生，年龄比我大，曾是地下党员，工作能力特别强。侯维瑞是学生会秘书长，后来成为上外副院长。那时的学生干部都积极肯干，大家热心于学生工作，彼此之间关系很好。

采访者：请您谈谈您就学期间的学习生活。

汤浩军：德语对我们来说是陌生的，以前从未接触过。大学一、二年级的课程除了口语、会话课由外教教授以外，其他主要由中国老师教授，主要包括语音、单词、课文、语法等。到了三、四年级，德语主课主要由外教授课。我的德语启蒙老师是江燮松教授，外教 Frau 顾、Frau 丁、Frau 褚、Frau 支等人都教过我。除德语专业课之外，当时还要上汉语、政治、体育以及第二外语等其他课程。我们一般都是白天上课，晚上在图书馆自学、复习和预习功课。我们这届德语专业招收了 50 多位学生，但只有 30 多人顺利毕业，可见当初对专业学习的要求还是很高的。我当初的成绩还算不错，但因毕业后主要从事行政工作，长时间未开展德语教学，所以把以前所学的专业知识都忘得差不多了。

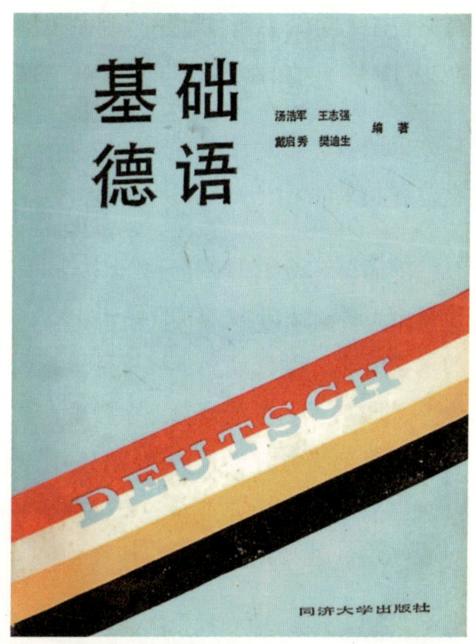

汤浩军，王志强，戴启秀，樊迪生（编著）：
《基础德语》，上海：同济大学出版社，1989 年

采访者：您毕业后做过哪些行政工作？

汤浩军：我毕业后就在西语系担任学生政治辅导员，后转任校团委副书记。1965 年，我作为党支部书记带领 1965 届的德语专业学生前往上海青浦县城西公社参加“四清”运动，1966 年回校。工宣队、军宣队进驻学校后，我曾在组织组工作，负责全校 1966 届至 1969 届毕业生的分配工作。在教师工作方面，我曾参与人才引进的工作，从其他院校引进一些英语、日语及朝鲜语专业的教师。

1972 年，我在安徽省凤阳县大庙公社上外“五七”干校种过一年水稻，后又带领几十位青年教职工在干校劳动了三个月。“文化大革命”结束后，我被安排在党委复查办公室开展平反冤假错案的工作。复查工作结束后，我曾

在学校院长办公室当过秘书，那时王季愚是学院院长（校长），她是个“老革命”，待人特别和蔼。

采访者：您是什么时候开始从事成人教育工作的？上外的成人教育是怎么发展起来的？

汤浩军：我于 1979 年调入上外业余教育部办公室，开始从事成人教育工作直至退休。上外成人教育始于 1958 年，当时为了帮助解决社会上部分青年的求学需求，学校设立了夜校部，招收英语、俄语专科生。1966 年，夜校部停办。1978 年，学校恢复业余教育，成立了业余教育部，由学校教务处领导。业余教育部当时开设了英语、日语、德语教学班，帮助解决了很多社会青年的进修需求。1978 年业余教育部刚恢复时还是非学历教育，1980 年上外成立夜大学后就有学历教育了。夜大学设立了英语专业本科、专科，日语专业专

1992 年 1 月，上外夜大学国际贸易专业本科首届毕业生留影，汤浩军（前排右 5）

科和德语专业专科。很多在职人员通过国家统一考试来夜大学读书，很多学员毕业后都成长为单位骨干，有的还成为知名教授。那些年，在华东地区举办的英语比赛中，前三名都由上外夜校的学员获得，而且，我们的学员在国家统一测试中的成绩也是名列前茅。1985 年，学校成立了成人教育处，负责管理日常工作。

采访者：上外成人教育学院是哪年成立的？

汤浩军： 1992 年 3 月，经原国家教委批准，学校成立了成人教育学院，院长由当时的学校副院长吴克礼兼任，我是第一任常务副院长，第二任是齐伟钧老师（1995—2010 年）。

采访者：请您介绍一下当时的夜大学非学历教育情况。

汤浩军： 夜大学非学历教育是根据社会需要来办的。当时我们在本市设立了 18 个上海外国语大学夜大学分部，分部负责人大多由曾在学校有过一定管理经历的老师担任，他们都在退休后继续发挥余热。授课教师均由各分部自行聘请，学员前往分部学习无需通过考试，只要报名就可参加，学习结束后顺利通过考试即可获得单科学习证书。当时我们的在读学员有数万人之多，除在上海市以外，我们在浙江省、江苏省等地也设有合办教学点。

采访者：当时的高等教育自学考试有哪些特点？

汤浩军： 1981 年，上海市高教局开始举办高等教育自学考试，外语类考试由我院承担。为此，我院设立了自学考试办公室，开考专业有英语专业本科、专科和日语专业专科。自学考试规定考生通过相关科目的考试就可获得专科或本科毕业文凭。当时报考外语自学考试的人非常多，所以我们只好安排在大操场上组织报名。那时上海的教育部直属高校包括复旦大学、上海交通大学、同济大学、华东师范大学、华东化工学院（今华东理工大学）和上海外国语学院，在这六所高校中，上外的报考人数最多，在上海影响也最大。

采访者：成人教育学院后又开设了函授部和广播电视教育部，主要开展了哪些工作？

汤浩军：开设函授的原因主要是外地想学习的人没法来上海上课，希望通过函授，提供一些教学资源来帮助他们自学，如教材、辅导材料、录音带、录像带等。广播电视教育部主要是以“英语基础”这套教材为主，录制录音带并拍摄录像片。录像片由英语教授以上课形式进行录制，该录像片曾在上海电视台公开播放。当时四川省人事厅主动和我们联系，希望与我们合办。他们通过省人事厅组织招生报名，并在全省电视台播放上外录制的英语教学录像片，这种形式在当地受到诸多好评。

采访者：上海市教委为了培养英语口语能力，举办了英语口译资格证书考试，请您简要介绍这些相关工作。

汤浩军：上海市政府为了培养和提高英语口语能力，1995 年由上海市教委举办了英语口译资格证书考试，并委托给上外承办。为此，上外在成人教育学院设立了口译资格证书考试办公室，负责命题、报名、考试和发证等工作。这项工作主要是在常务副院长齐伟钧教授主持下进行的。他毕业于上外英语专业，毕业后就进入成人教育学院做专职教师。

我们还和英国特许公认会计师公会合作，在上海组织 ACCA 资格证书考试。当时是对方主动联系我们，通过学校有关人员表达了合作意向。后来双方在上外宾馆召开了合作成立大会，之后就由上外成人教育学院组织考试。考试用英文，主要是金融方面的知识，难度非常高。上海当时只有 50 多名考生获得英国颁发的证书。

采访者：您认为上外成人教育成功的主要原因是什么？

汤浩军：我个人认为，主要原因包括以下几个方面。第一，党的十一届三中全会后，国家恢复和制定了一系列成人教育的正确方针政策。第二，我们始终把“社会需要就是我们的办学宗旨”作为我们的指导思想，所以能发展成多语种、多层次的办学形式。第三，校领导的正确领导和大力支持是我们能办好的基础和保证。成人教育的成功离不开学校的大力支持，如学校提供了专用教室、办公设施、专职行政干部、专职教师等。其他学校都没有这样好的条件。第四，成教院有一支团结、肯干、热爱成人教育的工作人员和师资队伍。每个班都配有一个管理人员，不仅抓上课的出勤率，对学生也很关心，发现问题能及时、有效地解决。第五，我们非常注重教学质量。教师不仅授课非常认真，还组织编写出适合成人教学的教材。

2018 年 5 月 24 日，王长荣（前排左 5）与上外英语系 1977 届十班部分学生合影

坚持学贯中外 方能大器可成

王长荣

男，1942 年 11 月生，山东青州人，教授。1964 年毕业于上海外国语学院英语系，后留校任教。1984—1986 年任上外教务处副处长，1986—1989 年任教务处处长，1989—2002 年任出国人员培训部主任。著有《现代美国小说史》，编有《外语强化教学论文选》《出国留学英语强化听力教程》《出国留学英语强化阅读教程》，译有《美国文学的周期》等。

口 述 人：王长荣
采访整理：王安然、王梓伊、王艺臻、赖晨怡
采访时间：2016 年 11 月（更新于 2023 年 11 月）
采访地点：上海外国语大学虹口校区 1 号楼 320 室

一、初入上外

我于 1960 年 9 月进入上海外国语学院英语专业学习，当时英语专业还是西语系的一部分。1961 年英语系成立，我们就转入英语系了。当时的上外虽然占地面积不大，但是校园的布局很别致：一进校园就是一条两边有梧桐树的林荫大道，旁边有绿草茵茵的标准足球场。我特别强调标准足球场，是因为当时各大高校里面有标准足球场的不多。除此之外，校园里还有几栋错落有致的日式小楼。英语系的红色大楼是当时唯一的“高层建筑”，宿舍楼也只有两栋，男女各一栋，学生数量不多。学校还有室内的健身房和室外的游泳池，在当时的高校中我们的配备是很齐全的。浴室在游泳池的旁边，所以每到周末，学生们都会拿着浴盆和换洗的衣物一路走到浴室去，也是一道风景线。

上外是一个很好的地方，人与人之间的氛围相对比较好，学校的领导也很平易近人。大家在这样的环境里学习和生活是很开心的。

建校初期，政府和党中央开始重视高等教育，颁布了《高教六十条》，一切都要按照教育规律办事，所以我们 1964 年毕业的这一届学生开课开得最齐全，有许天福教授的语音学、顾绍喜教授的词汇学、方重教授的英国文学史，这些至今都令人难忘。当时方重教授开课的时候，轰动了整个学院，因为他多年没有开课了，所以我们这一届很幸运。20 世纪 60 年代在上外英语系任教的有两位外籍教师，一位是在四年级教我英语的王珍珠女士（Margaret Wang），她是一位英籍老师，另一位是 1964 年到 1965 年我在英语进修班遇到的美籍专家加尔文（音译）。这两位老师都很严格，尤其是加尔文女士。当时我们已经是老师了，她布置我们写作文，如果写得不好就让我们 rewrite（重写），而且经常如此。再写得不好了，上课的时候就会把我们的作文本丢到窗外的楼下，然后让我们去捡回来再 rewrite。我们虽然一开始很不适应，但是这样之后进步很大，学会了严谨治学。

二、与上外共成长

上外的早期发展有两个关键的转折点。

1963 年，上外成为教育部直属的重点院校，这改变了学校整个的发展进程。学生的来源扩大了，质量提高了，学校的经费也增加了。

我于 1964 年毕业以后就在英语系教书，遇到了不少让我印象深刻的学生。其中，1977 年恢复高考以后第一批进来的学生，他们为了实现求学的理想、报国的理想，平时坚持学习，终于考入大学。他们踏实、勤奋，对老师非常敬重，好学而又多才多艺，上外因为他们的到来一下子就活跃起来。在我的班上有两位学生尤其值得一提，其中一位是张伊兴老师。她毕业后担任英语系的辅导员和总支书记、上外的党委副书记，后来又调到市外办做副主任，又是外经贸委的党组书记，现在是上海市翻译家协会的副会长。这位老师非常勤奋，很热爱我们的学校。另外一位是一位明星，陈冲，她是百花奖的得主。她在上外学习期间经常到外面拍摄电影，缺课很多，所以我经常要为她补课。她后来到美国留学，很巧的是我 1981 年也到美国进修，我们在 1981 年总领馆的新年晚会上碰到。陈冲非常感谢上外，她表示能在好莱坞站住脚，就是因为上外帮她打下了非常好的英语基础，她和美国或者其他地方的演员交流的时候不会有问题，而且她也很快就能理解导演提出的要求。她在上外期间已经出了名，有很多人给她写信，当时的总支书记就帮助她一起整理信件，师生之间的关系很融洽。

而最大的转折发生在 1978 年党的十一届三中全会之后，在我国实行“对内改革，对外开放”的政策背景下，教育部开始对外派遣留学生。因为上外是教育部直属院校，很早就有出国的留学生。戴炜栋校长和侯维瑞教授是改革开放后上外最早出国进修并获得学位的老师。我是 1981 年 11 月赴美进修的访问学者，当时中美建交不久，赴美进修的教师不多，美国学校特别重视这件事，美国人民也很友好。从那个时候起，我就开始研究美国文学，尤其是美国现代小说，走上了学术研究的道路。

我于 1982 年留美归来，1984 年被调到教务处担任副处长，1986 年担任处长，这对于我来说是一个全新的工作。当时的教务处管的方面比较多，包括教学、招生、科研、研究生、成人教育。同时，我还在英语学院继续教学，因为我知道业务是不能荒废的。

上外一大批干部、教师、职工全力奉献，努力奋斗，一定要把学校各项工作搞上去。首先是从教学科研出发。从 20 世纪 80 年代起，以戴炜栋校长为代表的一代英语教师，带着从国外留学归来的国际视野，开始从语言学、文学等各个学科全面进行教学改革、科研突破，一大批教学成果、科研专著涌现，在我国学术界引起了不小的轰动，所以上外的今天和几代人的努力是分不开的。当时我们并不计较收入的多少，全身心地投入教学和科研。

20 世纪 80 年代是上外转型的关键时期。上外原本坚持单一的外语专业的院校模式，在 80 年代开始向多学科、综合性教学和科研相结合转型，这成为当时中国外语界争论的焦点。当时绝大部分的外语学院都比较保守，唯独上外是创新的，审时度势地提出要建立多科型的综合性大学。

决策不易，执行更难。我和全院的一批教授以及年轻的教学精英们，全身心地投入到新专业的筹建工作当中。我们召开各种座谈会，不断集思广益。我们认为，首先要挖掘上外的潜力，因为创新不能从空白开始。上外是人才荟萃的福地，解放前就在《字林西报》[①]担任编辑的新闻界元老钱维藩教授有意在上外建立新闻专业。当时恰有一个契机——20 世纪 80 年代初，国际社会对中国有很多误解，中央了解到对外宣传的重要性，中共中央对外宣传领导小组和中央宣传部要求各高校建立国际新闻专业，加大对外宣传。我院闻风而动，于 1983 年建立了用英语教学的、不同于传统的国际新闻专业。这样，从英语系诞生的新专业申报成功了，打响了上外向多学科发展的第一枪。此外，1978 年，外贸学院独立出去（现为上海对外经贸大学），但是其中的一批骨干教师不愿离开上外，于是我们就首先以这批教师为基础，建立了对外经济贸易专业。1984 年，以薛蕃康教授为专业创始人，建立了对外经贸专业的领导班子，又一个复合型专业申报成功。英语系就像一只母鸡，孵化了一个又一个新专业。

国际新闻专业建立的时候，中央很重视，中宣部组织了两个代表团专程考察，一个派去英国，另一个派去美国。我参加了派去美国的代表团，它的全称是“中国国际新闻传播代表团”，受美国新闻总署邀请，在华盛顿受美方招待，而且在美国访问了整整一个月，这是很少见的。同时，对方还邀请我们去夏威夷大学的中西方文化研究中心进行访问，这是一个众多学者向往的极负盛名的地方。

---

① 《字林西报》（*North China Daily News*），又称《字林报》，前身为《北华捷报》（*North China Herald*），曾经是在中国出版的最有影响力的一份英文报纸，是英国人在中国出版的历史最久的英文报纸。

经过三十多年艰苦的奋斗，现如今上外已经成为名副其实的多学科综合性外国语大学。新闻专业的创办非常成功，经过多年的努力，我们的毕业生在新华社、中央人民广播电台、中国日报等媒体都非常受欢迎。从新闻专业的建立历程可以看出，一个专业的发展要和国家的发展战略相吻合，这样它才能有长足的发展，这样的专业培养出的人才，才能成为国家需要的栋梁。

我们上外的发展得到了在国家各部委工作的校友们的大力支持，这很重要。上外有一个缺点，在上海生活的人不大愿意离开上海，因此在各部委工作的上外人就很少。但是我们上外的发展离不开中央和各部委的支持，这些校友对上外怀有深厚的感情，为上外的发展出谋划策，并且为上外的筹资奔走呼告。

三、谈留学进修

改革开放四十多年，出国留学已经成为一种趋势。但是现在和我们当年一个比较大的不同在于，当时我们是公派的留学生，经过学校和国家的选拔赴外国深造，所以我们有很强的使命感——要学成回国，报效祖国。那时很少有人会想留在国外。在国家的外汇非常紧张的情况下，我们去美国留学的学生每个月有 400 美元的留学津贴，这使我们能够安心地在国外学习，因此我们很感谢国家，也很感谢学校。

我认为对于一个学习英语的学生或者教师而言，出国进修是必不可少的，因为所教所学和实践中间差很多。比如，20 世纪 80 年代初期有一个新西兰华裔专家，因为当时我们还没有和英美等国家产生学术上的交流，他就成为权威。一次在教师进修班上，一个学生问他干杯可不可以用 bottom up 来表达，他说不可以。1987 年我到英国牛津大学进修的时候就问英国的教授，bottom up 可不可以用，他说在非正式的场合是可以用的。我后来还在牛津的一条街上看到一家很大的酒店的招牌就叫 bottom up，更加确认了这个短语可以用。因此，一个学英语的人一定要到英语国家去，最好去英国或者美国，因为那里的英语更加纯正。

我多次出国，1987 年受英国文化委员会的邀请，英方全额出资让我到剑桥大学、牛津大学担任高级研究员，我当时在那里研究英美文学。这一年对我来说非常重要，因为我专心于自己的研究，平时听一些课程，和英国的教授们交流。在我留学结束的时候，尽管曾有机会留在英国，但是我依然决定回到祖国。

从 20 世纪 80 年代到 90 年代，我一共去过美国六次。那个时候表面上中美关系良好，但实际上美国对华还是有一些不公平的政策。我到美国之后发现会被监视，一次我回到宿舍发现自己的一样东西不见了，有一个纸条告诉我如果想取回它须到某某地方去，但是我出于多方面考虑决定不去取，并搬了家。后来在我毕业的时候，一位父辈曾在中国传教的导师告诉我这件事的缘由，我才知晓内情。那时，当有人问起我的情况，这位导师都告诉他们说我只是一个一心治学的学者。我深受感动，美国的普通民众对中国人民是非常友好的。

四、对外交流要自信

上外的发展离不开对外交流。学校和各个大学之间的交流，对我们的学科建设、人才培养都有借鉴作用。我还记得胡孟浩院长（校长）1988 年访问英国的时候，经我协调，他见到了牛津大学的校长。当时我联系牛津大学校长时，对方的办公室一口拒绝。其一在于我方的级别应在部长以上，其二在于牛津大学校长的日程在两年前就排好了，很繁忙。于是我用探讨中英文化的异同来同外事人员交涉。后来我们同牛津大学的校长见了面，交谈了一个小时，足可见这次校际交流的重要程度。

由此，我想说我们学院如今对外交流的层次也要提高，因为上外是知名的大学。有一次我们和美国的蒙大拿大学交流，到了机场只有一部计程车，而且学校没有派人来接待。我们在机场问一个当地人蒙大拿大学在哪里，对方表示：“Why have you come to the end of the world?”。我讲这个例子是想说，大家不要以为美国都是很先进、很时尚的地方，他们也和我们一样什么情形都存在。我们在美国说自己来自 Shanghai，他们会觉得我们来自一个 international city。所以我们要对自己更有自信，be proud of our school, city and our country。

我还想讲中国学生的知识是很全面和深入的，所以在和美国人打交道的时候不需要有任何的自卑感。上外的本科生比起美国普通大学的本科生来说，绝对是优秀的，无论老师还是学生，都很优秀。只是我们的学生不太会提问题，还不太明白交流是双向的，要用自己的看法和对方进行交流，同时注意自己的立场是中国人。刘思远老师去美国纽约的一些普通大学听课，发现他们的课堂无法和我们的课堂相比，无论是老师讲课还是学生的参与度，都是不可相提并论的。我们千万不能轻视自己。

五、上外更名二三事

20 世纪 80 年代的时候，学院要改成大学是一件很困难的事情。当时我们学校的英文名叫 Foreign Language Institute。institute 这个词在和英美人交流的时候就产生了问题，外国人以为我们是外语补习学校，因为不是 college，不是 university，这样就很妨碍我们学校对外交流。当时大学改名字要经过很繁琐的审批手续，于是我们就先改变了英文名字，有利于开展对外交流。

改名字的任务交到了我的手里，我和几个专家一起研究。当时北外已经改成 Beijing Foreign Studies University，但是我们认为 foreign 这个词不恰当。foreign 可以解释为外国的，也可以解释为外语的。所以经过考量，我们把学校的英文名字改成 International Studies University。其一，international 解释为“国际的”，要比 foreign 更好。其二，international studies 这个用法是成立的，而 foreign studies 则讲不通。因为在 20 世纪 80 年代我校已经开始建立各个区域的研究中心（studies center），比如说针对加拿大的 Quebec Center、针对美国的 American Studies Center，各个国家的研究中心在我们学院都是要有地位

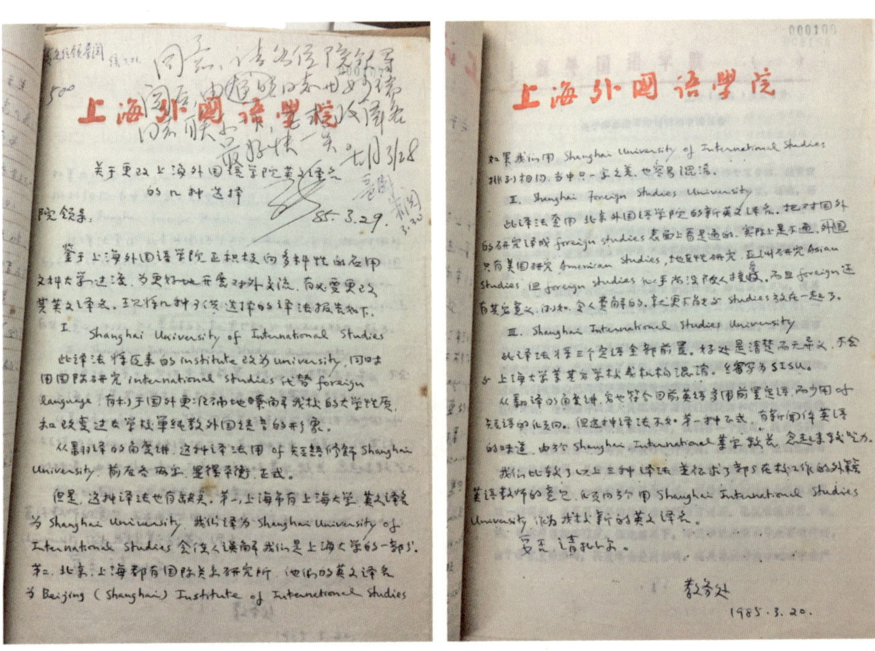
上海外国语学校

关于更改上海外国语学院英文译名的几种选择

院领导：

鉴于上海外国语学院正积极向多科性的应用文科大学过渡，为更好地开展对外交流，有必要更改其英文译名。现将几种可供选择的译法报告如下。

I. Shanghai University of International Studies

此译法将原来的institute改为university，同时用国际研究international studies代替foreign language，有利于国外更准确地了解我校的大学性质，和改变过去学校单纯教外国语言的形象。

从翻译的角度讲，这种译法用of短语修饰Shanghai University，前后两部分，显得平衡、正式。

但是，这种译法也有缺点。第一，上海市有上海大学，英文译名为Shanghai University，我们译为Shanghai University of International Studies会使人误解我们是上海大学的一部分。第二，北京、上海都有国际关系研究所，他们的英文译名为Beijing (Shanghai) Institute of International Studies

85.3.29.

上海外国语学院

如果我们用Shanghai University of International Studies 排列相同，当中只一字之差，也容易混淆。

II. Shanghai Foreign Studies University

此译法套用北京外国语学院的新英文译名。把对国外的研究译成foreign studies表面上看是通的，实际上是不通。外国只有美国研究American studies，地区性研究，亚洲研究Asian studies，但foreign studies似乎尚没被人接受。而且foreign还有某些贬义，例如，令人费解的。就更不能与studies放在一起了。

III. Shanghai International Studies University

此译法将三个定语全部前置。好处是清楚而无异义，不会与上海大学等其它学校或机构混淆。缩写为SISU。

从翻译的角度讲，它也符合目前英语多用前置定语，而少用of短语的倾向。但这种译法不如第一种正式，有新闻体英语的味道。由于Shanghai International 着字较长，念起来较吃力。

我们比较了以上三种译法，并征求了部分在校工作的外籍英语教师的意见，倾向于用Shanghai International Studies University作为我校新的英文译名。

妥否，请批示。

教务处

1985.3.20.

教务处向学院（校）领导提交“关于更改上海外国语学院英文译名的几种选择”的报告

的，将来我们要成为教学和研究并重的大学。因此我们就把名字做出了这样的改变。这一变化在国际上反响很好。通过名字就知道我们是一个大学，同时搞研究，还是一所国际性的大学，很讨巧的名字。后来经过多方面的努力，上海外国语学院最终改名为上海外国语大学。这一变化很重要，因为学院和大学毕竟在规格上不太相同。

六、英语专业有用论

现在社会上有一种英语专业无用论，就是说现在大家都会说英语，还要英语专业做什么，英语专业会慢慢消亡。

我对于这个问题有不同的看法。现在学英语的人很多，但是英语学得好的人很少，有专业化水平的人更是少之又少，所以英语专业永远不会消亡。

英语专业在英国和美国这样的英语国家都没有消亡，遑论我们是一个非英语国家。

但是我们需要注意以下几点。首先，英语专业要跟上时代的发展，不能永远只强调基本的文学著作，或者是语言方面的知识，还要和现在的互联网等新科技结合。我想到一个例子，过去复旦大学的陆国强教授是做语言研究的，但是他又很注重新词的研究，专门编了一个英语新词词典，这个就是很创新的想法。第二点，英语专业的学生要有广阔的视野，不能做书呆子。我们需要研究一点国际和国内重大的课题类问题，通过英语把语言和这些问题结合起来。将来英语专业的毕业生中，要出现一批智囊式的人物，能够为国家领导人出谋划策。我对我们的英语专业很有信心。

方重先生是我们英语专业的创始人，他把英语专业从复旦大学引进到上外，是当时上外为数不多的二级教授。他治学非常严谨，对学生非常好。他教授的英国文学史在我们学校就开过一届。他对教师们也非常爱护和耐心培育，这也是很多老师都对他有深厚感情的原因。

学习英语翻译不仅要英文好，中文也要好，二者是相通的。英语翻译人才的文化底蕴也要深厚，对中国的诗歌、文学要有深入的感受，对世界的文学也要博览，不仅要看英美文学，还要涉猎法国的文学、德国的文学等。而且阅读的时候不要看中文译本，要看英译本。中国很多外国小说的译本都是经过两次翻译的，因为懂小语种的人少，能翻译文学作品的人更少。所以先从小语种翻译成英语，再从英语翻译成中文，中间经过两次翻译。英译本就只经过了一层翻译，所以保留了更原汁原味的内容。读英译本还比读中译本快，因为它的语言更流畅。因此我强调，我们的学生不仅要学世界的文学和文化，更要达到融会贯通的地步。我们现在缺少的就是既懂中国文化，又懂外国文化的人才。尤其是能在二者之间快速自由切换的人才，这样的人会受到外国人的敬佩，事情更容易谈成。所以我们的学生要对各种文化交会融通，成为一位通才之士。什么都通，并且能讲出些道理，这样才能在外语界和整个世界文化的领域中占有一席之地。

关于读什么书，我没有什么具体的推荐，就是鼓励大家要大量地阅读原著。我们当时读书的时候，几天就读完一本原著的小说。一定要读原著，不要限制说我就读这几本，而且还要参考自己的兴趣去读书。因为经典著作太多了，要全部读也是不可能的。所以要结合自己的专业、兴趣爱好、将来想从事的工作，细水长流地开始铺垫。在做学生的时候就要开始铺垫自己将来的事业。大学时代是最幸福的时代，所以要抓紧时间来充实自己，到一定的时候厚积薄发，做到不可替代。

我在年轻的时候也很调皮，到大学二年级才开始认真学习。虽然现在很多的年轻人没有很强的事业心，但是大家记住，it's never too late to learn（活到老学到老）。而且上外的老师们很优秀，所以大家要好好地跟着老师学习。如果说能把每个老师的特长都学到手，那就可以很厉害。当时我做学生的时候就是这个想法。

我是怎么做的呢？我去劳动。自己当时是大班的班长，为了能让老师喜欢我，每次下课我就把满黑板的字都擦干净，老师很喜欢我，下课就会和我多讲许多东西。所以大家还是要从小事开始做起，培养师生之间的感情。

从 1960 年考入上外英语专业到现在已经有 63 年了，在上外学习、工作了一辈子，我已经完全融入了上外。这是孩子对母亲的一种依恋，这是学子对母校的感恩，是上外抚育了我、教育了我。我在上外从一个调皮的中学生成长为一个合格的英语教师，并加入了共青团，后来成为中共党员；从讲师到副教授再到教授。上外创建于中华人民共和国成立之初，经几代人的奋斗，成为全国知名的高等学府之一，乘改革开放的东风创新发展，必将成为世界一流的外国语大学。

七、在出国留学人员培训部

1989 年，学校派我到上外出国留学人员培训部担任主任。培训部当时是学校下属的一个系，又同时直属于教育部，主要培养国家准备派出国留学的人员。我接手工作时，培训部只有一幢教学楼，学员也不多。我就多方努力，从教育部争取经费，争取任务，把教学楼修缮一新，同时建设了电教楼。我们注重师资队伍建设，探索科学的教学方法，引进国外适用的教材。我们培训的学员在出国留学人员选拔考试中始终名列前茅。

为了扩大上外在全国的影响，我们提出培训部为国家的经济建设和对外开放服务，主动为国内的大企业、重要部门培训学员，例如上海宝山钢铁公司、上汽集团、国家体育总局、深圳证券交易所等。上海市委组织部曾委托我部组织多期市委干部班，为不少局处级干部提供培训。他们有的走上了国家重要领导岗位。

为扩大我部生源，服务大批自费留学生出国学习的需要，我们与国家留学基金管理委员会合作，开展与国外大学联合培养留学生的业务，取得了良好的社会效益。

总之，只要不断创新，适应社会发展的需要，出国培训部是可以大有作为的。

无怨无悔
上外 33 年

崔世钿

男，1944 年生，毕业于中国人民解放军外国语文学院（今中国人民解放军国防科技大学外国语学院）英语专业。在部队从事外语工作 20 余年，1986 年转业至上海外国语学院（今上海外国语大学）任英语系党总支副书记。1991 年任对外经济贸易系党总支书记，1993 年任国际经济贸易管理学院（现国际工商管理学院和国际金融贸易学院前身）党总支书记，2004 年退休。退休后受聘于立泰语言文化学院，负责教学教务工作 15 年。

口 述 人：崔世钿
采访整理：周源源、陆英浩
采访时间：2023 年 11 月 24 日
采访地点：上海外国语大学虹口校区

采访者：您是怎样与上外结缘的？曾在英语系做了哪些工作？

崔世钿：我高中毕业以后到部队的军事院校学习外语，就读于南京的解放军外国语学院。毕业后我就到部队工作。1986 年，受时任上海外国语学院党委组织部长的顾月祥老师邀请，我转业到上海外国语学院英语系。英语系当时的系主任是戴炜栋老师，党总支书记是吴友富老师。我到上外报到以后的那个暑假就开始熟悉英语系的基本情况。当年 9 月我就正式担任英语系党总支副书记。当时英语系师生很多，学生有一千多人，整体实力非常强，是上外最大的一个系。系里有一批很优秀的教师，如章振邦、陆佩弦，还有一些过去从圣约翰大学毕业留下来的老教师。此外还有本校毕业留校的老师，如邱懋如、何兆熊。他们那时四十几岁，正当盛年。

当时，英语系另一个党总支副书记张伊兴老师负责管理教工，我负责管理学生。吴友富老师对学生工作非常重视，创设了辅导员工作量化考核办法，对辅导员提出了很高要求。张伊兴老师以前也做过学生工作，经验丰富。她向我介绍了学校的管理方法。那时系副主任一个是华钧，还有一个叫姚天宠。还有一个人我这里要特别介绍一下，就是邱懋如老师。戴炜栋老师不久就离开系主任岗位升任校长助理，后来做副校长，最后成为校长。这时候就由邱懋如老师担任英语系系主任。邱懋如和我年纪一样大，业务水平很高。在戴老师、邱老师等领导的管理下，英语系当时的教学是很好的。我来了以后，系里的学生管理工作也逐渐规范起来。

我在英语系工作了五年，即从 1986 年秋季开学直到 1991 年暑假。这期间，英语系的学生工作应该说上了一个台阶，主要表现在两个方面。第一，英语系学生工作的所有班子建立起来了。当时英语系本科生一个年级有八个班，一个班有 25 人左右。这样一个年级约 200 人，四个年级就有 800 人左右，加上研究生，全系学生就有 1 000 多人。我们在每个年级配备一个辅导

崔世钿（右）与王静（左）

员，辅导员同时兼任该年级的党支部书记。研究生也配了一个辅导员。到我离开英语系时，英语系学生工作的班子已比较完整。当时我们还从校外招募辅导员，王静老师（现任上外党委副书记）就是我到英语系以后招进来的。她 1985 年毕业于上海师范大学政法专业，随后留校在纪委工作，后来从上师大调到上外英语系，担任 1986 级学生的辅导员。我这个副书记也兼做辅导员工作，辅导员请假时就由我来做相关年级的学生工作。

第二，我们有了一套完善的工作制度。我在任的五年期间，英语系学生工作运转平稳，学生从未发生任何严重的事故。我总结学生工作的经验做法就是抓骨干。所谓的骨干一方面是年级工作组、班委会，另一方面就是学生党员、入党积极分子。我们把这作为两条线，一旦学生当中有什么问题，就能很快通过这两条线反映出来。学生工作不是做不了、不能做的工作，就怕信息不畅通，不能及时发现问题。我们学生工作一个很重要的特点就是要保证学生的安全。所以我感觉做学生工作最重要的就是要发现问题。我们在学生寝室里也贯彻这种工作思路。每个寝室至少有 1—2 人，当同寝室同学出现任何问题时能及时向老师反馈。那时候没有手机，我们老师把家里电话告诉这些骨干学生。如果遇到不能处理的事，请他们随时和老师保持联系。这样事情能得到及时处理。很多年轻学生的问题不是大事情，只要和他说通了，问题也就顺利解决了。

另外，我对辅导员是这样要求的：年纪大的老师把我们的学生当作自己的子女，年轻一些的老师把学生当作弟弟妹妹；老师对学生要有一份感情，学生有问题时不能有任何嫌弃，要想尽一切办法帮助他们、启发他们。这样学生工作就能按照学校要求顺利开展。实际上，我们大部分辅导员都做到了这一条。

1991 年，时任校党委书记的朱丽云老师找我谈话。虽然她年龄比我大得多，但她一直叫我“老崔”。她说对外经济贸易系系主任薛蕃康老师点名要我

1990 年 5 月，上海外国语学院英语系 1990 届毕业生合影，崔世钿（第一排左 9）

过去和他搭班（工作）。为什么薛老师会知道我呢？因为对外经济贸易系还没独立的时候，是隶属于英语系的经贸教研室的，教研室主任就是薛老师。所以我和薛老师比较熟悉。后来经贸系从英语系分出去时，全体党总支班子成员还是继续留在英语系。对外经济贸易系从英语系独立后的第一任党总支书记是陆维光老师。他后来调到学校的翻译公司当总经理，徐飞梅老师代理经贸系党总支书记。学校后来征求薛老师的意见，他就点名要我过去和他搭班。学校研究以后就把我调到经贸系担任党总支书记。

采访者：英语系哪些老师让您印象深刻？能给我们讲讲他们的故事吗？

崔世钿：我到英语系的时候，方重老师已经退休了，我还去他家看过他。我和老一辈教师相处得还是比较好的。比如章振邦老师，他是英语语法的权威，还送了我一本签名著作。章老师业务水平很强，这方面我不多讲了，我

就讲一个我印象特别深刻的事情，那就是他有强烈的爱国心。他有一句话我后来经常和老师学生们讲。那时候有很多老师出国了就不想回来，这在当时比较普遍。而章老师出国后回来了。他经常讲这样一句话："在我们这里，我们老师是一等公民，受人尊重。到人家那里是三等公民，有啥意思呢？"我再举个小例子。我退休后在立泰（上外立泰语言文化学院）那里帮忙。有一次学校组织离休干部到崇明去参观考察，他作为离休干部也参加了。他上车以后看到我，因为他对我比较熟悉，就和离退休处老师说要和我坐一起。我当时和章老师聊天时说起大家都非常尊重他，他很谦虚地回答说："哎呀，我没那么高的水平，不要听他们讲。"

再讲讲李观仪老师，她很有学问，她编的教材《新编英语教程》是一套很有影响力的书。李观仪老师一直坚持给本科生上课。她对学生有很严格的要求。有些学生因为课前没时间吃早饭，就匆匆起来买个饼、饮料之类的带到教室。我们经常看到老师在上面上课而学生在下面吃东西这种情况。但在李老师的课上这是绝对不行的！李老师有个规矩，第一节课时就会明确告诉学生："你们在其他老师那里我不管，上我的课有两条：第一条，不准迟到，迟到了你就回去吧，不要听我的课了；第二条，课堂上不准讲话，不准吃东西。"她和坐在靠近门口的学生交代："这个门是我管的，你们不要开门。"她开始上课以后，就不开门了。学生迟到就只能站在外面，不会有人开门，所以学生就都不敢迟到了。学生都想听她的课，哪个学生不知道她上课上得好呀！加上精读课是最重要的课，不听能行吗？还有课堂上学生在下面讲悄悄话，她也绝不允许："想听我的课你在这里听，不想听你就出去，我不留你！"我到她教室里听过她的课，真是上得好啊！学生都说能上李老师的课是一种福气！

当时还有一个学生，她和其他同学相比学习能力相对弱一些，我也不止一次和她谈过心。有一次期末考试前，她担心通不过考试，就悄悄把从家乡带来的土特产送给李观仪老师。第二天一早，我刚到办公室，李老师就进来了。她非常生气地说："崔老师，这个事情你必须帮我处理！"她就和我说，这个同学把土特产放在她办公室就走了，所以希望我帮她退给学生。后来我一看，这些土特产也就是一瓶麻油，一点花生米，还有一点地瓜干，其实价值也不高。我当天下午下课后就找到这个同学，告诉她："李老师是一个人格非常高尚的老师，你这样做是不尊重她的人格。这些东西你拿回去，找个机会去向李老师赔礼道歉，并且说一下你有哪些困难。"她听从了我的建议，后来去找李老师诚恳认错。李老师后面还专门抽出时间两次辅导这个学生，她身为教授，还能主动抽出两个多小时来单独辅导一个学生，这很不容易。

这些老教授为我们后辈们树立了榜样。这种榜样不只是学问上的，也是个人品德、师德上的。我退休之后也和离退休工作处建议，要把关于这些老教授人品、学问的故事"抢"回来。可以说现在60岁以上的老教师我都很熟悉，后面年轻的老师我就不太熟悉了。陆佩弦老师毕业于圣约翰大学，上课也非常认真。我到英语系时，他年龄已经很大，接近 80 岁了。此外，还有时任英语系副主任姚天宠老师。他一直负责一、二年级的教学，也就是基础教学。他对年轻教师的培养、尊重和爱护是一流的。我这里就举一个小例子，有一个年轻教师上课有点马虎，学生就给系里提意见，认为这位老师有时讲很多与课堂不相关的内容，课堂时间都浪费了。后来姚老师就找这位老师谈话，还到教室去听他的课，看他的备课笔记，把自己的备课笔记给他参考。姚老师投身基础教学几十年，富有经验，他的备课笔记价值很高。后来那个老师和我说："我遇到了姚老师这样一个导师是我的福气。"

采访者：1986 年您到英语系时学校正在进行教育体制改革，从培养单一的外语人才到培养复合型人才。您是否参与过相关工作？

崔世钿：应该说复合型专业建立、成长的整个过程我基本都参加了。对外经济贸易系开始只有对外经济贸易专业，后面学校陆续开设了国际会计、国际企业管理等其他复合型专业。1993 年，学校在以上三个专业的基础上成立国际经济贸易管理学院。

我基本全程参与了对外经济贸易专业的建立，1988 年的首届毕业生到现在和我还有联系。1984 年，对外经济贸易专业的第一批新生进校。专业刚设立的时候还在英语系。当时英语系成立了对外经济贸易教研室，主任是薛蕃康老师，教研室成员则由 1978 年上海对外贸易学院独立建校后选择留在上外的几位老师组成。1988 年，第一届对外经济贸易学生毕业时，对外经济贸易专业独立成系，称为"对外经济贸易系"。

国际会计专业刚创建时，学校没有相关专业的教师，只有外语教师，而财大（上海财经大学）有专业教师，但缺乏外语教师。因此两校一拍即合，决定合办国际会计专业。1989 年，国际会计专业开始招生，每年招两个班，财大和上外各招一个，各自负责自己招生班级的就业。国际会计专业学生进校后的前两年在上外学习，后两年去财大学习。到后两年的时候，我们经常

1995 年 4 月 16 日，崔世钿（左）与薛蕃康（右）合影

去财大看望学生，了解他们的情况。特别是到第一批学生要就业的时候，我们更是多次前往财大了解学生情况。应该说，国际会计专业从开设以来就把两个学校的优势集合在一起了。财大后来成立了会计学院，而上外的会计专业则和其他两个专业一起，组成了新成立的国际经济贸易管理学院。1993 年第一届会计专业学生毕业后，上外自己的师资也招聘得差不多了，两校此前的合作办学就终止了，上外开始独立开设国际会计专业。

国际企业管理原来的专业名称为“外事管理”，设在当时的对外汉语系（今国际文化交流学院）。学校把这个专业调整到国际经济贸易管理学院后，改称“国际企业管理”。这个专业就是现在的国际工商管理学院最早设立的专业。

国际经济贸易管理学院的第四个专业是国际金融，1995 年开始招生，也是根据当时国家战略和社会需求建立的。第五个专业是信息管理与信息系统，2002 年开始招生。

我到经贸时只有一个本科专业，到后来有五个本科专业，还有两个硕士点——经济学和管理学。我们成立复合型专业很不容易，面临的最大困难是师资配备，那时复合型师资人才非常紧缺。

我在经贸学院（包括经贸系）工作了 13 年，从 1991 年开始到 2004 年退休，与四任院长（系主任）搭班工作。第一位是刚才提到的薛蕃康老师，他任系主任时已经快 70 岁，年纪比较大。第二位是徐正虎老师（1992—1993 年任经贸系系主任，1993—1997 年任经贸学院院长），毕业于对外经济贸易大学，当时在学校电教馆当馆长。我和徐正虎老师在一起工作四年多。第三位是何建民老师（1997—2000 年任经贸学院院长），业务能力很强，也很能吃苦，发表文章很多。第四位是林洵子老师（2000—2006 年任经贸学院院长），是学校从大连理工大学引进的人才，曾在美国学习会计专业。

1999 年 11 月，崔世钿（左 1）与何建民（右 1）在工商管理国际学术研讨会上

1996 年 6 月 19 日，崔世钿（前排左 2）、徐正虎（前排左 3）与优秀毕业生合影

我退休后，学院的下一任院长是杨力（2006—2011 年任经贸学院院长）。我在经贸工作期间，经贸学院下面有经贸系、管理系和英语教学部。何建民教授作为人才引进后担任经贸系系主任。当时学校跨世纪学科带头人一共三人，他是其中之一。他那时还去复旦读了在职博士，后来又被破格从副教授提升为教授。

因学院增设了几个专业，发展速度比较快，造成师资紧缺，这个问题比较棘手。当时高校教师待遇比较低，每月薪资只有几百元，而企业却能给月薪三千甚至五千的待遇，所以有些在职的老师想跳槽离开学校。后来师资问题是怎么解决的呢？我们想了很多办法。一是大力引进人才。我刚才提到的何建民老师、林洵子老师，以及信息管理专业的韩耀军老师都是这样引进来的。凡是需要的人才，我们请人事处积极引进。二是在各高校毕业生中挑选人才，刚才提到的杨力老师就是这样来到上外的，他曾担任我们学院的副院长、院长，学校的副校长。三是在学校内部调剂，我们请英语学院帮忙解决部分英语老师师资问题，英语学院的领导班子给我们提供了很大的支持。此外，我们还让英语老师去外校或在本校听专业课，比如安排杨静宽老师去听薛蕃康老师的课。听课之后就让老师试讲，再由薛老师进行指导。经过一个学期的训练后，老师们到第二个学期就差不多能自己上课了。会计专业大一的专业课使用的是英文原版教材《初级会计》，厚厚的一本。一个多小时的课要上很多内容，有些学生就没办法完全吸收。第二天要上的课必须要在前一天全部看一遍，甚至要抄好、注解好，不然就听不懂老师的课。英语相对弱一些的学生就很难跟上课程进度。我就给学生做工作，鼓励他们咬牙坚持 1—2 年，努力去适应。等到了三年级，他们就基本能适应老师使用英文教材以及用英文授课的模式了。

崔世钿（居中立者）在工作中

从 1993 年开始，我们办了国际贸易大专班，招收自费生。这个班可以为学院增加一些经济收入。当时我们叫“小步走，不停步”，每年招生人数都有一定增加。我在经贸建立了一个分配制度，叫“积分制”。每一个老师、工作人员都有积分，然后按照积分多少来分配。上课多的积分也高，课程权重越大积分也越高。比如上专业课每节两分，听力课每节一分。通过这样的方式鼓励教师多上课，上好课，上重要的课。我们逐步提高教师待遇。我在经贸工作期间，学院的教师待遇在学校中等以上。我们当时还组织集体活动来互相增进感情，大家在一起很开心。我们就这样稳定了教师队伍，逐步让教学工作走上正轨。

最后再说说学生工作。到了经贸以后，因为专业增加导致学生人数增长很快。我们招进来的学生都很优秀。比如杭州外国语学校是杭州最好的学校。1992 年，这个学校期末考试前九名的学生中有七个进了上外，其中五个在我

崔世钿（右）在上外学生工作科学报告会上发言

们经贸。这个例子说明好学生都到我们这儿来了。我经常和我们的老师说，那么好的学生进入我们学校，我们要对得起他们，尽量多教授一些课外的东西，给他们更多的机会。我们很早就派学生出去实习，长期推进这项工作，实习经历对学生们以后走上工作岗位很有好处。很多企业都来招我们的学生去实习，因为他们希望这些学生毕业后就留在那里工作。

我到经贸的时候只有一个辅导员。随着专业、学生的增加，辅导员队伍也在逐步扩大。我还是沿用过去的办法，一个年级一个学生工作组，配一个辅导员。一开始我们有两个学生党支部，一、二年级一个支部，三、四年级一个支部。这样的安排也带来一个问题，因为一年级发展的党员二年级才能转正，所以低年级学生组成的党支部在发展党员时，只能请老师作为入党介绍人。后来我们就进行了调整，改为一、三年级，二、四年级分别成立支部。我到经贸的时候，一共只有两个学生党员。到我离开经贸时，学生中有四个

上海外国语大学党校第 48 期暨中层单位党政一把手学习班结业合影，崔世钿（第二排右 2）

支部，100 多个党员。有了党员作为学生骨干以后，做事也有人帮忙了。干部工作的特点就是“出主意、用干部”。“出主意”就是确立大政方针，“用干部”就是把人用好。实际上我们在学校也是这样，好的主意要有人帮你去落实。

采访者：对外贸易专业是薛蕃康老师建立起来的，他为创建这一专业做了哪些工作？

崔世钿：我们都叫他“薛先生”。有个同学和我开玩笑说要叫我“崔先生”，我说我不够资格，这是不能随便叫的。薛先生和李先生（李观仪）才配得上这个称呼。因为他们值得尊敬，所以大家都称他们为“先生”。薛先生曾在国外很多年，作为华侨回国，后来随着上外贸和上外之间分分合合而调来调去，最后留在上外。

1986 年我来到英语系后就和薛先生共事，所以和他很熟悉。1991 年我调到对外经济贸易系后，作为系党政班子主要负责人，和薛先生合作得非常愉快。他是党外人士，人品特别好，讲话轻言细语，从不发火。他的三个孩子中两个具有博士学位，一个具有硕士学位。其中一个在上海对外经贸大学工作。他们一家是知识分子家庭，是书香门第。薛先生本人对工作勤勤恳恳、认认真真，对待遇毫不计较，而且绝不拿公家一分一毫。我举个例子，那时上海外语教育出版社出版了一本很厚的英汉大词典，每本大约 100 多元，定价不算很高。学校里规定，教学单位的老师如有需要，可以用学校分给各单位的日常开支经费购买。其他学院都照这个规定做，我去和薛先生商量我们学院是否这样做，但他直接否决了。他说老师用词典是自己的事情，该自己买。我当时一下子还接受不了，和他解释其他学院是这么做的，学校也是认可的。但他坚定地说：“不行！公私要分明，公就是公，私就是私。我自己买一本。”后来学院里老师对此有意见，我还做了不少工作。我说薛先生都这样做了，我们尊重薛先生，薛先生也自己掏钱买了。这样大家也就不抱怨了。

此外，薛先生尊重每一位老师。他没有和任何老师红过脸。他 80 岁时，我和学院里的老师商量给他过生日。过生日本身不是目的，最重要的是想请他回来给年轻老师们讲一讲，也是一种师德师风教育。我们举办了由教师、学生代表参加的座谈会，请薛先生讲讲自己的情况，回答大家所提的问题。此外，还撰写了一篇宣扬他师德的文章并发表在校报上。

采访者：您退休后还继续发挥余热，在学校的立泰学院工作了很长时间，您主要从事哪些工作？

崔世钿：我还没退休的时候，有一次老校长胡孟浩看到我，说我退休后离退办会聘请我去那里工作，让我做好准备。大家都很尊重胡孟浩校长，所以我就听从了他的安排。我于 2004 年秋来到立泰学院，一直工作到 2019 年春。本来我想到那里帮忙 2—3 年，没想到最后待了那么久。他们看中我主要是几个方面的原因吧，第一是因为我家住得比较近，到学校方便。第二是我懂英语，又愿意坐班。一些老师懂英语，但不愿坐班。第三是我还有一些管理经验。第四方面也可能是很重要的一点，就是我和学校里的老师都比较熟悉。

我在立泰学院名义上是教务办主任，实际上所有的招生简章、教师分配、学生分班、教室安排、学生的成绩考核都属于我的工作范畴。我在立泰工作期间，学院招收的在校生最多有五六千人。这些学生并不都是全日制的，还有四六级、口译初中高级、出国预科、小五班等等。

我重点说一说中小学英语教师培训，这是我付出最多同时也是最有意义的一个项目。这是学校为了响应教育部提高全国外语教育水平号召而采取的举措。提高外语教育水平最好的办法就是培训老师。2005 年，我们从绍兴开始举办此培训。浙江省的教师大多是金华师专（金华地区师范专科学校，今浙江师范大学）毕业。这个项目至今还在继续开展，影响力很大，班级最多的时候有暑假班、寒假班、平时班三个类型。还有青海省的教师来这里学习。对他们而言，能千里迢迢来听上外老师的课也是一个非常好的机会。我做了个统计，截至 2019 年我离开的时候，这个项目共培训了教师 7 000 多人次。我们设有初级班、高级班两个层次。第一次来培训入读初级班，第二次就升到高级班。很多地方的教育局对这个项目非常满意。我们专门请做中小学英语教育研究的老师，如梅德明老师来做讲座，给学员们讲解授课方法。我们基本把所有对中小学老师有价值的课程都设计到培训体系里。一些上海的中小学教师也参加了我们的培训。有的老师要出国培训，先来这里培训两周，再去美国的大学培训一周。浙江是参与培训人数最多的省份，几乎每个地区、每个市都来了。还有针对江苏、吉林、安徽、山东、江西、云南、青海等省份的教师培训。这个培训项目有两大优点：第一是既完成了教育部布置的任务，又扩大了上外在全国的影响力；第二是为学校做了一定的创收。

崔世钿接受采访

我退休后几乎没有闲过，最忙的时候是2006—2011年这五年，不仅白天来上班，晚上也要来学校。学生人数最多的时候，一个晚上同时有两三千人在上课，教室里坐不下还要加凳子。双休日就更忙了。后来有一些项目停办了，我才稍微轻松一些。此外，学校组织部还聘请我为特聘组织员，对接国际工商管理学院。学校有事情需要我，我能多做就多做一点。我还参与了关工委“关心下一代”的项目，加入了上海市老专家协会，丰富自己的老年生活。

回忆上外的涉外秘书专业

杨剑宇

上海外国语大学国际教育学院教授，1947 年 11 月生，1982 年毕业于华东师范大学历史系。1995 年自上海大学调入上外。曾任上外对外汉语系主任，兼任教育部全国自考委文史专业委员会委员、国家职业技能鉴定秘书专家委员会委员、教育部全国高校教师培训中心特聘主讲教授、哈尔滨市政府特聘专家、苏州大学等二十多所高校客座教授、高教秘书学学会副会长等社会职务。主要研究领域为中国古代史、国外汉学、秘书学，出版专著、合著、教材等近 50 部，发表论文 150 余篇，个人成果共 1 600 多万字。著有《中国历代帝

口 述 人：杨剑宇

采访整理：周源源、陆英浩

采访时间：2023 年 12 月 19 日

采访地点：上海外国语大学虹口校区会议中心富士厅

王录》《中国历代宰相录》《中国秘书史》等专著，编著有《涉外秘书学概论》《涉外秘书实务》《涉外秘书英语》《秘书和公共关系》《涉外秘书礼仪》等教材，被高等教育出版社、华东师大出版社聘为总主编，组织全国同行编成“秘书学专业本科系列教材”“涉外秘书专业系列教材”等 30 多部教材。1993 年获国务院政府特殊津贴。曾受中共中央办公厅邀请，赴京为省部级高级干部讲学，并应邀为主笔之一，编撰“中国秘书理论和实践丛书”。

采访者：您 1995 年来到上外工作，可否简要介绍您此前的求学和工作经历？您是如何同上外结缘的？

杨剑宇：我以前是工人，从小住在黄浦区外滩街道，小学和中学都在那儿念的。我的第一份工作也在那里，电焊维修和制作外滩一带南京路两旁高楼上面的钢窗。1977 年，国家恢复高考。我作为恢复高考后的第一批考生，考取了华东师范大学历史系。1982 年初毕业后，我曾在上海财经学院（今上

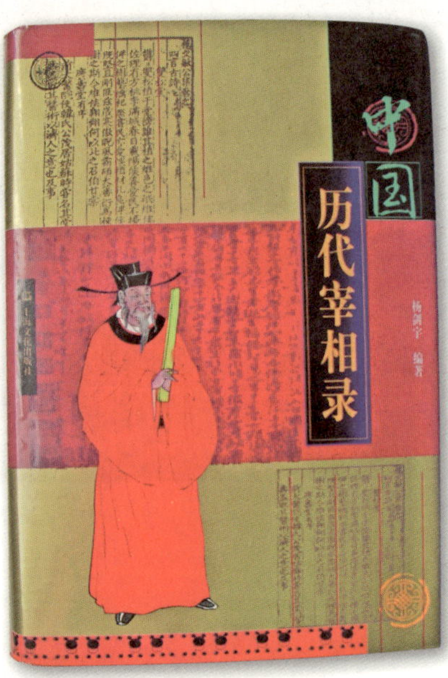

杨剑宇编著的《中国历代帝王录》和《中国历代宰相录》

海财经大学）做领导秘书。我很喜欢做学问，大学四年期间，在华东师大等高校的学报上发表学术论文，还有论文被收入供中央首长参考的内部刊物。我还写了一本 76 万字的《中国历代帝王录》，把中国历史上从三皇五帝开始到爱新觉罗·溥仪几百位皇帝的世系，怎么上台的、干过些什么事情、个性怎么样、有什么兴趣爱好和成就、最后结局怎么样等全部查考清楚，然后配上 400 多幅古人的画作照片。此书畅销海内外，电视报刊广为介绍推荐，后来又应出版社邀请，写了 105 万字的《中国历代宰相录》并出版。我对历史很感兴趣，所以就研究出了这些成果。

因为我做了几年的领导秘书，知道秘书要干什么，应当遵守哪些纪律，它的特点、性质、工作内容等等。于是，我就结合自己的学养背景——历史学，经过搜索大量史籍、考证研究，写出了《中国秘书史》这部专著。这

杨剑宇:《中国秘书史》,上海:同济大学出版社,1988 年

本书后来通过系、院、校、上海市教委到国家教委的层层评审,连得五个奖,最后获得国家级奖。那年整个上海高校得国家级奖的好像就两本书,另一本是《犯罪心理学》。也因此,我调去上海大学(下文简称“上大”)文学院秘书学系做教师,专攻秘书学研究和教学,后被评为副教授,担任副系主任。

当时改革开放正在不断推进,大量外资企业、外国人进入上海,需要新型的秘书,即要能胜任在外资企业和涉外机构、部门、单位承担文秘工作的人才。在此之前,因为各种历史原因,我们的秘书绝大多数不懂经济,不懂外语,不懂法律,不懂贸易,只是满口政治术语,不能胜任外资企业秘书岗位,外资企业只能从香港和海外招聘需要的秘书。所以,在这一背景下,我觉得应该顺应形势,开办涉外秘书专业,于是我就开始推动这个事情。

具体怎么做呢？因为是白手起家，我就先收集查阅了大量国外有关秘书工作的资料。我从小在外滩那边长大和工作，那儿有很多洋楼，所以我也了解哪些是涉外宾馆、涉外单位、涉外旅行社等等。首先，我想办法到涉外单位、外资企业去实地了解他们需要什么样的秘书，需要具备怎样的素质、做哪些工作等。他们反馈说需要懂外语、经济、法律、外贸，能够协助领导管理的人才。其次，因为此前有毕业生已经在外资企业工作了，担任涉外秘书，于是我请他们回来开座谈会，收集第一手相关素材，然后在此基础上，我一边写讲稿，一边上课，不断修改补充，慢慢形成教材，成熟以后出版为书。我写的有关涉外秘书系列的书，有《涉外秘书学概论》《涉外秘书实务》《秘书和公共关系》《涉外秘书礼仪》《涉外秘书英语》等等，还在专业刊物上发表了大量涉外秘书的研究文章。这些书和文章就成为涉外秘书专业的创始之作。教育部也感到社会上确实需要秘书学方面的人才，但因为相关条件还不成熟，所以先在成人高校和全国自学考试开设涉外秘书本科专业，其培养方案、教学计划都是由我主导制订的。国家教委也推荐我写的《涉外秘书学概论》等作为该专业全国通用通考教材。

1994 年，上大校区要搬迁，30 年前，新校区那里没有地铁，也没有比较好的公交，每次上班往返需要好几个小时，非常劳累。像大多数同事一样，我也希望换个离家近些的单位，减轻通勤的疲惫和压力。

正好，1985 年上外建立了对外汉语专业，目的是培养教外国人汉语的教师，同时也招一些外国留学生来学汉语。上外的对外汉语系教师有三四十人，对外汉语的学生每届招两个班，一个班 20 人左右，总共 40 几人。这样教师和学生的比例几乎 1 ∶ 1 了，好多教师没课上了，学生的出路也有问题。而此时社会上很需要涉外秘书，所以有人就建议设立涉外秘书专业。那时候还不是专业，叫“方向”，因为教育部还没有批准（上大文学院的涉外秘书专业是市教委批的）。所以，上外在 1992 年设立了“对外汉语专业（涉外秘书方向）”，1993 年开始招生。专业虽然建立起来了，却没有懂行的老

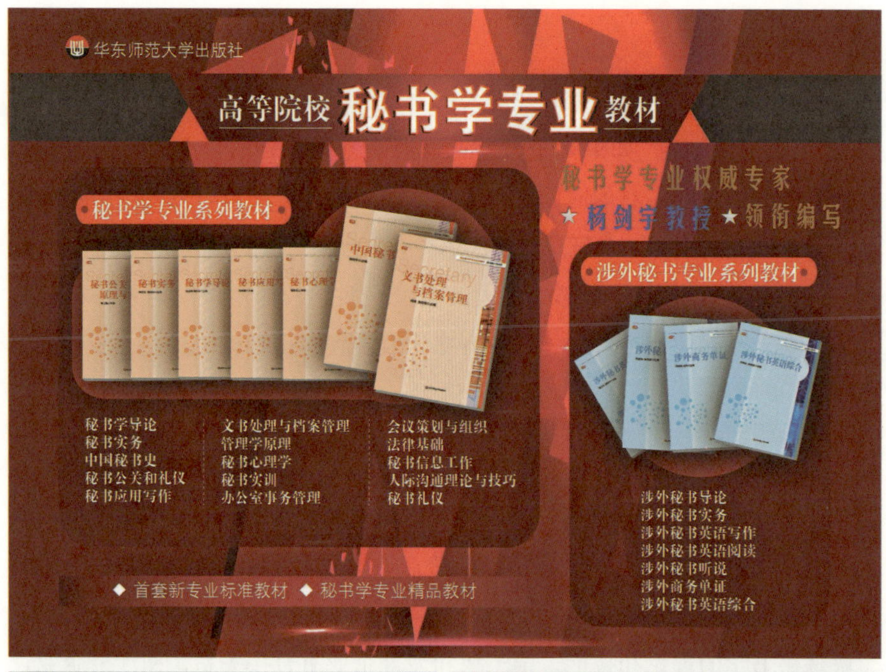

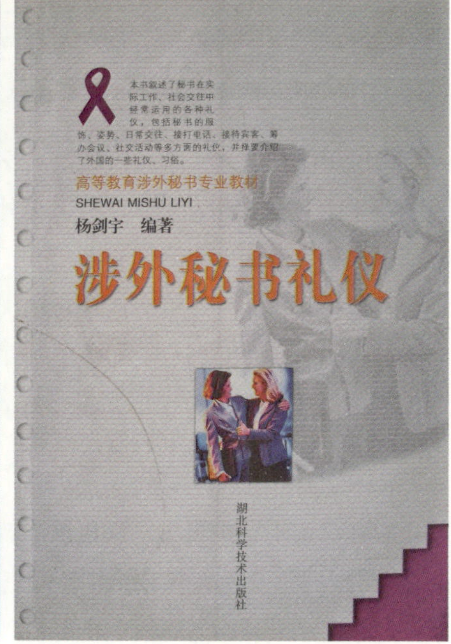

杨剑宇领衔编写的秘书学相关教材

师。学校就想把我引进到上外。因为上大这个专业就我一个在全国有影响的创立人和领军人物，如果走了，专业就会衰落下去，所以上大不愿放我离开。前后花了一年左右的时间，我才正式调入上外。所以，上外当时把对外汉语专业分成两块，一个班是对外汉语专业，还有一个班就是涉外秘书方向。我们这样做在全国同行中影响很大，全国好多学校的对外汉语系都模仿我们，设立一个专业一个方向，培养方案、教学大纲也都模仿我们，我们成了样板。

上外有着外语的专业优势，涉外秘书专业就可以借助这雄厚的外语学养背景。因为涉外秘书接触的上司、同事是外国人，所以他的工作语言当然就是外语。我来上外以后，根据学校的特点设置了新的培养目标和教学方案。我把上外涉外秘书专业的内容分为三大块：一块是外语，就是上外的本钱；一块是秘书学的理论和技能；第三块和涉外企业有直接关系，如涉外企业管理、涉外法规、涉外商务、涉外写作等。这样培养出来的学生很受欢迎，像西门子、贝尔、联合利华都抢着来要我们的毕业生。

当时市区东北片十所高校协作，各自推出两门热门课程作为晚间选修课，让十校学生选择，相互承认学分。上外推出的一门是外语，每年更换，包括德语、法语、日语，另一门常年不变，就是我讲授的“涉外秘书实务”这门课，在虹口校区里一个几百人座位的大礼堂，年年满座。因为这门课程讲授了涉外秘书在涉外单位、外资企业要干哪些事，具体怎么干，很实用，瞄准了用人市场的需求，对学生寻找实习单位和就业很有帮助。所以这门课很热门，一直上到我退休为止。

对外汉语现在更名为“汉语国际教育”。这个专业是由四个学校发起的：华东师范大学、上海外国语大学、北京外国语大学和北京语言大学。“对外汉语”这个名字一开始的时候争议很大。专业创立后，有一些老专家就有意见。他们认为汉语就是汉语，人家英语就是英语，哪有“对外”英语、“对内”英语的？我当时也认为这个名字不恰当，所以，后来这个专业被改为“汉语国际教育”。这个名称首先是明确了专业的对象和方向，即在国际上传播我们的文化，同时还直观地展示了这是一个国际化专业。

当初我们这个专业的培养目标是培养在高校里教外国人汉语的教师。之后因为留学生人数减少，加之高校对教师的学历要求越来越高，高校教师通常需要博士学位，本科毕业生的出路就成了问题。当时我就发了一篇很长的论文，谈对外汉语本科学生的出路：第一是设立对外汉语的硕士点、博士点，我退休时还没有博士点，只设立了硕士点，为硕士专业输送生源；第二是到外资企业的人力资源部下面的培训部，外国人来这里学习汉语，中国人学习英语，正好需要这样的双语人才；第三个出路是去国际学校教书；等等。

还有个问题就是这个专业发展太快。我是专业指导委员会的成员，全国凡是申报建立对外汉语专业的信息我都会看到。我退下来以前看到最后一个申请的是安徽省的黄山学院，当时也成功获批了，他们好像成为全国第 249 个拥有对外汉语专业的学校，后来教育部就“刹车”了，认为这个专业设立太多，毕业生出路无法保障。到现在为止，这个专业的出路还是存在问题。我去过全国 100 多所高校，好多学校的对外汉语专业也和我们一样设置，他们的培养方案、教学大纲都是模仿借鉴我们的。我刚刚从云南回来，那边开设对外汉语专业、秘书学专业的几所大学邀请我去讲学。

上外的对外汉语专业既要培养中国学生，又要教外国留学生汉语课。那时候对留学生来说叫“汉语言专业”，后来又有了经济本科、硕士、博士等。2003 年，上外的对外汉语专业从国际文化交流学院调整到国际教育学院。在国际文化交流学院时我是系主任，所以我也随之一起被调往国际教育学院。

采访者：您认为上外的对外汉语专业有哪些特点，具有哪些优势和劣势？

杨剑宇：最明显的特点就是我们的学生外语能力强。对外汉语专业的任务就是通过外语把我们中国的语言文化传播到国外。所以就上外对外汉语专业的学生而言，中国文化是基础，外语是工具、桥梁，必须两手都要硬。我们学校是语言类学校，学生的外语水平就比别人强很多。有的学校培养出的学生外语水平不行，那就和一般中文系的学生没什么区别了，等于是“挂羊头卖狗肉”。所以我说要划清对外汉语专业和汉语言文学专业之间的界限。我在任时，记得学校要求所有毕业生英语要达到专业八级，少数通不过的同学会感觉没面子。学生在英语过关的基础上，再学习第二外语、第三外语，这样的学生在就业市场自然很受欢迎。

涉外秘书专业由三块内容组成：除了外语，还有秘书理论和技能，再有涉外经济管理。社会很需要这样的人才，单位抢着来要我们学生的例子我可以举出很多很多。比如我们有一个姓张的上海女生，会法语、英语、日语，被外资大宾馆聘用。她在那里用英语接待欧美的顾客，用日语和内部领导（日资企业的日本人）、同事沟通，对法国人讲法语，对中国人讲普通话，对上海人讲上海话。老板对她特别满意，号召大家向懂五门语言的张小姐学习。还有一位 1997 届的上海学生李芳菲。她曾在日本实习一年，英语、德语、日语都很好，毕业后很快在西门子公司担任总裁秘书，没过几年就成为公司的中层领导。如今，有不少涉外秘书方向的毕业生担任外资企业的总裁或中层干部，如首届涉外秘书班的陈戎东，在校时被选为校学生会主席，现为一家大外贸公司的总裁。

因为当时涉外秘书方向的出路好，甚至当时还有学生向学校提议，在毕业证书上不要写“对外汉语专业”而是写“涉外秘书专业”。除了因为“涉外秘书专业”毕业生就业好，还因为西方没有外国语大学，认为对外汉语不算专业，而是一种技能，而涉外秘书专业可以归入管理类，便于申请国外相关专业的研究生。

采访者：作为秘书学的开创者和引领者，请您为我们分析这一专业的现实意义和将会面临的挑战。

杨剑宇：秘书是一个世界性的职业，而且是世界排名前三的职业，是人数最多的工作群体。秘书工作还有一个鲜明的特点，它是培养、储存、输送领导干部的一个岗位。秘书跟着领导锻炼一段时间后，懂得了怎样管理、指挥、控制全局以及如何领导。古今中外，皆是如此。比如，英国资产阶级革命中克伦威尔聘请著名文学家弥尔顿为秘书，克伦威尔执掌政权以后就把弥尔顿聘为国务卿；斯大林临死前确定的接班人是他的贴身秘书马林科夫；孙中山曾当过革命党首领杨衢云的秘书；宋庆龄是孙中山的秘书；毛泽东在中共一大上被选为大会秘书；邓小平在长征途中是中共中央秘书长；胡锦涛大学毕业后做了水电部第四工程局八一三分局秘书；等等。根据我的估计，现在我国40%以上的领导干部曾当过秘书，所以这是个很有研究价值的专业。

2010年退休后，我觉得还要推动秘书学专业的发展。这个专业实际上是以三个人为主要代表搞起来的，一个是成都学院（今成都大学）的，一个是安徽大学的，一个是我。我们三个因为建设该专业的贡献，在1993年获得了终身的国务院政府特殊津贴。另外两个老师十几年前去世了，就剩下我一个人。所以，我退休以后有了精力和时间，感到自己有推动专业发展的责任。我在吸收各方意见的基础上起草报告，向教育部申请把秘书学升为正式的本科专业。这已经是第三次申报，此前1992年和1998年的申报都失败了。我依据前两次申报失败的教训，提出了申报的对策、程序等建议。我花了一个多月收集各地资料，包括上海的资料、各地同仁们有价值的意见和资料，我自己起草申请报告，连自己的名字也没签，以学会名义，于8月份向教育部提交了报告。2012年，教育部正式批准报告，把秘书学列入了本科专业目录。之后我就到全国各个高校，向他们的校长、院长介绍这个新专业的优势。他们如果有兴趣，我就指导他们如何申报这个专业。北至大庆，南至三亚琼州学院（今海南热带海洋学院），东至鸡西的黑龙江工业学院，西至云贵川，我说服了好多校领导设置秘书学本科专业，并指导他们如何进行专业建设，以及如何推进专业发展。小到培养目标的制订，以及具体每一门主干课程怎么教学，我都给予指导。在这样的推进之下，到现在为止，全国有 150 多所大学设立了秘书学本科专业，有 25 所大学设置了秘书学或相关硕士点，两所大学（暨南大学和南京师范大学）设置了秘书学或相关博士点。所以这个专业目前发展很快。

我现在每年组织一次全国秘书学专业的学术研讨会，邀请各个院校的分管领导和秘书系的系主任，探讨这个专业面临的热点问题和解决难题的思路，以推进专业发展。之前因为疫情停了三年，目前已经是第十一届了。为解决师资问题，我在华东师大和江苏师大等地连续开办了六届秘书学骨干师资高级研修班。来参加培训班的都是博士，好多都已经是教授，级别最高的是二

2017 年 11 月 6 日，第四期全国高校秘书学专业高级研修班在华东师范大学合影，杨剑宇（前排左 5）

级教授。因为他们专业背景是汉语言文学，不懂秘书学，现在让他们担任秘书学系主任或者学科负责人，他们就要了解相关知识。每期培训持续一星期，我和他们讲这个学科怎么来的，怎样才能建设好，怎么一步步推进，一些主干课程怎么教学，怎么做相关学术研究等。所以现在大多数高校秘书系的系主任基本上都参加过我开展的相关培训。

2011 年 11 月，教育部中国高等教育培训中心知道秘书学专业即将诞生，需要先培养教师，请我去担任主讲教授。我在那里讲了五门主课，包括秘书学概论、秘书实务、秘书实训、秘书公关与礼仪、中国秘书史。主课堂设于北京，全国三十几个副省级以上的城市同步设立分课堂。我讲的时候，老师们都可以提问。每一门课要讲整整 12 个小时，对这门课的地位、性质、特点、现状、教授方法进行详细讲解，最后讲两节示范课。一些课程是我一个人讲，一些是和其他老师合讲，这样又培训了 200 多名骨干教师。中国高等教育培训中心有一面名师墙，上面都是北大、清华、人大那些学校的老师，上外只有我一个。倒也不是因为我有多么好，而是因为外语类他们可以就近请北京的老师来讲，但秘书学这个学科的三名创建者和推动者当时就只剩下我一个了。常有各校的校、院两级领导对我说："感谢你手把手帮我们建立起了这样一个不错的专业，你是这个专业的创建者和推动者。"而在我看来，上外所有的成就、荣誉是一个个具体教师的成就、荣誉累积起来的。反过来说，我个人的成就、荣誉也是上外成就、荣誉中的一点一滴。

秘书学专业的优势很明显，第一是出路好。高校培养的很多人才适用于某一行业，比如钢铁、化学等专业，一般到钢铁、化学企业单位就业，而秘书，全世界各行各业都需要，所以秘书学的就业面很广，我去的那么多高校的领导也都这么认为：这专业就业很好。第二，毕业生工作几年后被提拔的有很多。这个专业最大的问题是宣传不够。特别是招生的超前宣传不够。很多人不理解这个专业，认为秘书就是端茶倒水、搞搞接待、听听电话。实际上不是这么一回事，就像我刚才举例子说过的，很多领导人都曾做过秘书。所以很多学校请我去讲学，我就着重讲秘书学专业的优势和前景，也是为了扩大宣传。

采访者：您认为对外汉语和涉外秘书两个专业之间共通的地方在哪里？

杨剑宇：最明显的共通处有两点。第一，都是涉外。对外汉语教外国人汉语，向外国输出我们的中华文化，涉外秘书则是直接到各种涉外单位、外资企业工作。第二，都是应用文科。它们是应用性的，而非纯理论的。教育部多年以前就强调要压缩理论文科，扩展、强化应用文科。这两个共通点完全符合我们学校的办学方针。

采访者：您曾担任教育部全国自考委文史专业委员会委员、国家职业技能鉴定秘书专家委员会委员。请问这两个委员会有什么职能？您曾代表上外在其中起了哪些作用？

杨剑宇：我先说后一个职业鉴定委员会。教育部强调我们的办学方针要偏向应用。要应用就要实践，要学技能，比如公文如何处理，收文有八大环节，发文有八大环节，你只有实践过才会干。此外，还要组织比赛、技能考试等。我组织、主持过两次全国性的秘书学专业学生的知识技能大赛，首次大赛于 2017 年在上海举办，第二次在江苏师范大学举办，来了四五百人，近 70 个队参赛，在全国影响都很大，十分受欢迎。我们这个委员会的职能就是指导、引领全国专业学生的技能培养，同时还制定了当时的国家标准，如一级秘书、二级秘书等等。当时学生就可以按照这个标准来考资格证，后来国家取消了几百个资格证，秘书资格证也被一起取消了。

全国自考委文史专业委员会就是由全国在历史、中文（包括秘书学）等方面的领军人物组成，比如南京大学研究现当代文学的丁帆，南开大学常务副校长、研究古典文学的陈洪，语言学大家、北大的陆俭明，等等。我作为研究秘书学及对外汉语的专家加入其中。这个委员会的工作就是审查各个学校的培养方案，每年开一两次会，探讨各方面反馈过来的问题，由我们来提出解决方法。教育部对委员会也很重视。

采访者：您怎么看待秘书学未来的发展趋势?

杨剑宇：这个专业目前来看垮掉是不可能的，因为已经有 150 多所学校有秘书学本科专业，有两万多名专兼职教师从事专业教学工作，还有硕士点、博士点。这个专业已经形成了完整的体系，所以不会因为少一个人就轻易衰落了。另外，一个专业最根本的源泉是社会需求。根据麦可思统计，目前我们全国有 6 000 万秘书。就算只有 1% 的流动率，包括退休、出国、转职、升职、调走等等，那每年还需要 60 万秘书。而我们目前 150 多所学校，按照每个学校每届平均有 50 个毕业生，也就几千人，相比每年需要的人数差得非常

2021 年 4 月 21 日，杨剑宇（坐者）赴南昌师范学院指导该校文学院迎接秘书学专业学士学位授予资格评估工作

多。所以秘书学专业是否存在不需要担心，主要是办得好与不好的问题，关键是学校领导是否了解这个专业的优势和前景，以及是否支持。现在也有学校对这个专业停止招生。

采访者：您认为优秀的汉语国际教育教师需具备哪些品质？

杨剑宇：一个优秀的汉语国际教育教师除了政治品质以外，业务上最主要的还是我前面讲过的两个拳头都要硬，一个是外语，一个是中国文化。汉语国际教育的学生两个拳头都要硬，老师就更是如此。首先，老师要真诚，要关爱学生。其次，老师要有真本事。上外的学生大多来自重点中学，是老师的动力。老师要不断补充知识，充实自己，要给学生一滴水，自己得有一桶水，老师的专业水平必须强。我担任系主任的时候，引进了多位博士，强化师资队伍，任教的老师都是博士，强将手下无弱兵。第三，教学方法要好。我反对老师一直单纯口头讲授。我在很早的时候就已经使用 PPT 了，并且做得图文并茂。老师要活跃课堂气氛，积极组织课堂讨论。2001 年，学校搬到松江校区，我们专业的学生与留学生不在同一校区。此前，大家都在虹口校区，这就有一个很好的语言环境，汉语国际教育专业的学生能够与留学生进行沟通。很多学校都是将留学生与汉语国际教育的学生放到一个校区，结对子。学校搬到松江之后，我曾组织虹口校区的留学生去松江校区，与汉语国际教育的学生开展交流和联欢活动，中外学生都很高兴。

采访者：您教学生涯中有哪些印象深刻的学生？他们具备哪些特质？

杨剑宇：我们很多学生都来自名校（上外附中、南京外国语学校、杭州外国语学校和成都外国语学校等），还有很多来自省重点中学。每届学生招进来后，我都给他们讲大学的学习方法。高中是应试教育，而高校是通过专业教育培养专业人才。高中学习比较机械，主要是听老师讲，然后记下来，目的是让你考进好的大学。大学的学习宽松很多，所以很多学生没有转变思维，进校以后，上好课别的不管就去玩了，这是不对的。大学老师讲 10 页，你要去看 20 页，预习、复习不能少，应该去看相关的参考书，充分利用高校的图书馆。老师领进门，修行靠自己，大学的学习需要自觉，这是高中和大学学习的第一个区别。第二个区别是高中老师教的内容就是考的内容，不教的基本不会考。在大学里学生需要扩大自己的知识面，老师仅仅是点到为止。老师只是讲一个定理，学生要自己扩展，了解这个定理怎么来的，有哪些相关名家，有哪些不同意见。还有，在大学里学生要学会提问、质疑、辩论。高中和大学学习之间的差别还有很多，所以学生一入校，我就要给他们讲大学的学习方法、特点。

采访者：您认为汉语国际教育在讲好中国故事、构建中国国际形象方面该如何作为？

杨剑宇：它可以有很大的作为，因为一个大国不单是经济大国、国防大国，还得是文化大国。美国有美国文化输出到世界各地，英国有英语通行全世界。我们中华文化有几千年的积淀，完全可以吸引外国人。要把中国文化传出去，先锋尖兵就是我们对外汉语的学生。他们以外语为桥梁，以中华文化为本钱，把中国故事传播到国外去。我们的学生应当有这个意识。国家把汉语国际教育列入国家层面的战略方针，还专门成立国家汉办（今教育部中外语言交流合作中心）推动中国文化向外传播。汉语国际教育专业毕业生也可以到国外的孔子学院去教书和实习等等。

采访者：新时代学习外语的大学生面临前所未有的机遇和挑战，您对学校的发展和我们上外学子有哪些建议或寄语？

杨剑宇：对学校来说，上外从 1949 年的俄语单一语种学校，经过一代代人的努力，发展 70 多年到今天，成为一所全国数一数二的著名外语院校，凝聚了前辈们许多心血。但其他学校发展也都很快，所以我们不能松懈。大家谈到，学校也不可能所有专业都很强，但强的专业越多，学校名气就越响。

希望学校能做到人无我有，别人没有的专业，我们来创新，就像我们开创涉外秘书专业。不一定要纯外语的，理应建设“外语+”的复合型专业。第二是人有我精，别人有的专业我们要做得更好。

对学生而言，首先，大家能考进上外是很不容易的，要珍惜在上外读书的机会。其次，要把握这四年的时间，好好学习，掌握一些真本领。再者，要自主学习。我们一代代老师不断修改完善培养方案，现在的专业培养方案已经越来越科学，大家要抓住汉语、外语和跨文化交际这三大块下苦功。最后，要接触社会，提高社会生活的能力。我当系主任的时候，让每个学生都轮流当班干部，这样学生就积累起一定的工作经验，就业时也就更容易。国外的名牌大学看重学生的创新、领导、工作能力。

杨剑宇（中）与采访者合影

现在很多学生家庭经济都比较富足，所以我建议我们现在的辅导员和教学管理要加强对学生的道德品质、生活能力和工作能力的训练。大学不光是学习文化知识，还要积累生活经验、社会经验。专业知识方面我倒不担心，学生都很聪明，但生活方面还需要加强。我希望学生们能敬业地学习专业，精致地享受生活，平衡好生活与学习的关系。

2001 年，松江校区第一届学生开学典礼上，
林洵子作为教师代表致欢迎辞

上外复合型专业的成立与成长

林洵子

女，1949 年 8 月生，英语语言文学教授。1982 年毕业于齐齐哈尔师范学院外语系英语专业。1984 年公派赴美国百森商学院（Babson College）留学，1986 年获工商管理硕士学位。1982—1994 年任教于大连理工大学。1994 年调入上海外国语大学国际经济贸易管理学院（今国际金融贸易学院）任教。1999 年获美国富布莱特奖学金赴美从事课题研究。1997—1999 年任学院主管教学的副院长。2000—2006 年任学院院长。2006 年晋升教授，2010 年退休。曾任上海市第十二届人大代表。讲授财务管理、跨国公司金融管理等课程。主要

口 述 人：林洵子
采访整理：周源源、喻楚婷、陆英浩
采访时间：2023 年 10 月 18 日
采访地点：上海外国语大学虹口校区会议中心富士厅

研究领域为“专业 + 英语”复合型专业人才培养模式、跨国公司金融财务、创业研究。编有《财务管理》《新编商务英语》《商务英语简明教程》等，译有《变革》等。

采访者：请问上外是在怎样的社会经济文化背景下，提出创建复合型专业，培养复合型人才的？

林洵子：当时上外要办复合型专业，我以人才引进的方式从大连理工大学调入上外。我在上外这些年所从事的工作，不管是作为普通教师，还是后来担任主管教学的副院长、院长，以及退休以后所参与的工作，都与复合型专业有关。在教书的时候，我用双语教学，用英语讲授专业课；在承担管理责任的时候，我也极力推动学院提高复合型人才培养的实效性。对于学校如何办好复合型专业，我从非常具体的角度，比如说教学计划、课程设置、教学管理这些方面入手。我在上外工作将近 20 年，这些经历都与复合型专业建设及复合型人才培养有关。

我进入上外的时候，复合型专业和国际经济贸易管理学院（今国际金融贸易学院）实际上已经成立了。因为调任的过程比较长，我对上外的复合型专业提前有所了解。再加上我原来在大连理工大学也用双语讲授专业课，对我而言，这不是完全陌生的事情。上海作为中国改革开放的前沿城市，当时大量外资进入中国也首先登陆上海。20 世纪八九十年代，就可以看到很多外资企业，其中一些非常有名，比如世界 500 强的企业，一些则是在某方面比较突出，但并非最有名的新技术企业。这些企业需要大量人才为他们提供服务，或直接参与他们的业务。在这种情况下，需要大量懂得外语和专业知识的人才，他们不需要通过翻译便可以直接同外国员工沟通交流。企业规模比较小的时候可以通过翻译来完成工作，但随着环境规模越来越大，最有效的沟通方式还是面对面沟通。所以上外制定了培养“语言 + 专业”人才的办学战略，有经济管理专业、新闻传播专业，后来又有法学专业，这样可以直接向经济开放、改革开放第一线输送复合型人才。另一方面，从学校来讲，这也是学校发展的一大步。上外在此前四五十年时间里一直是单一语言类教学研究的学校。当时开始增加一些其他专业，如经济管理、法学、新闻传播，这些都是当时社会经济文化发展非常需要的专业。按照我的理解，从此以后上外便揭开了新的一页，这对学校来说意义重大。我当时没有直接参与复合型专业的创立，但对上外的情况有所了解。我觉得这是上外历史上浓墨重彩的一笔，包括现在所拥有的新发展，比如说中国学的研究和国别研究，也是在那时候的基础上发展起来的。我们不再是单一的语言类院校，除了各国语言文学的教学研究，又开始用语言作为工具，直接服务于经济建设、文化发展。

采访者：您原来在国际经贸管理学院工作。当时学院有学校在 1984 年最开始设置的第一批复合型专业——对外经济贸易，也叫国际经济与贸易，还有后续设置的工商管理、会计学、金融学、信息系统与信息管理五个专业。这些专业分别是在什么样的背景下成立的呢?

林洵子：从大的方面来说，这五个专业都是为适应社会上的经济发展和改革开放的需要而设立的。随着改革开放，经济发展越来越深入，这些专业逐渐设立起来，最早设立的是国际新闻专业和对外经济贸易专业。当时戴炜栋教授任英语系系主任。他就在英语系下设了对外经济贸易专业，直接为经济建设服务。实际上从英语专业学生的毕业去向看，很多学生毕业后也要进入企业，从事翻译一类的工作，慢慢接触业务以后，就转成业务干部。这个对外经济贸易专业就是国际经济贸易管理学院的基础。

随后大概在 1989 年，学院从对外汉语系吸收外事管理专业创建了工商管理专业。90 年代初期，又创建了会计专业。因为会计学有比较强的专业性，有专门的一套逻辑方法，不是教师通过自学或是进修听几门课就可以胜任教学工作的，所以一开始我们的会计学专业是和上海财经大学（简称“财大”）的会计学专业合办的。一、二年级在上外学习，主要给学生打下良好的英语基础，同时也上一些专业基础课程，如初级会计，这些课程由上外和财大派来的老师教授。三、四年级在财大学习，派上外的老师继续去教英语课，学生在财大完成专业主干课程的学习。随着我们的师资力量慢慢增强，1994 年我们开始单独招生。我也在这一年调入上外，给当年的新生授课。我对这一届学生印象深刻，很多人入学分数超过复旦大学分数线，在校期间也非常好学和刻苦。

1995 年我们成立了金融学专业。因为改革开放是逐步深入的，金融问题比较复杂，而且牵涉面风险都比较大，所以金融改革其实晚于其他方面的改革。1995 年以后金融改革发展较快，我们就适应形势创办了金融学。一开始我们计划命名专业为“国际金融”，为了符合教育部学科专业目录的名称就改成“金融学”。我们的金融学专业与此前的金融学专业不太一样，引入了很多种数据分析方法，如企业的估值、证券的估值等等。金融学是独立的专业，但我们会计专业所教授的分析、估值方法其实都可应用于金融学领域。所以两个专业成立有先后，但实际上是相互依存的。会计学提供一些方法，金融学又有其专业知识，如金融市场、金融产品等等，两个专业联系密切，是一种合理且高效的工作组合和管理方法。

2001 年，学院又增设了信息系统与信息管理专业，是为了适应当时计算机应用越来越深入和广泛的形势，即各行各业应用计算机技术收集信息进行使用和管理，需要很多相关人才。

每个专业的创办都与社会的经济文化发展密切联系，直接为改革开放服务。这也是我们学校从创建以来对接国家战略，对国家对社会的贡献。当时戴炜栋校长是我们学院的分管领导，非常关心鼓励我们。他对学校发展有着敏锐的观察力，才能做出创办复合型专业这样的重要决策。当时我们是全国第一所创办复合型专业的外语院校，其实是非常不容易的。

2002 年 6 月 12 日，林洵子（左）与毕业生合影

采访者：您能否回顾一下当时在创建复合型专业的过程中面临的问题，以及是如何解决这些问题的？

林洵子：首先是师资问题。新专业成立了，除外语教师之外，还必须有专业教师进行授课。其次是学时问题。相比同类院校的同类专业，如财大的国际经济贸易专业，大家都是四年制本科，我们有英语课，学生要通过四级、八级的专业考试，因此没有那么多专业课课时。学生有实习和课余活动的要求。他们需要有时间思考，才会对自己的专业有比较深入的理解，并有所创新。师资和学时问题是当时具体执行复合型专业的创办时面临的非常困难和迫切的两个问题。如何在同样的四年里完成必要的教学课时量呢？2004 年，我们学校通过了教育部的本科教学评估。当时评估组的管理学科组长说我们非常不容易，这是他对我们培养模式的肯定。我们专业课时大概相当于别的学校的 2/3，但我们还多了英语课程。我们学院的英语课程设置和英语专业的不一样，根据专业有所调整，整体更偏应用，更着重商务英语。建设专业这段时间我们一直在为解决这些客观上存在的实际困难而“搏斗”。对于师资短缺问题，我们有五条解决路径。

一是校内资源的挖掘整合。如原来外事管理专业的老师，他们的教育背景与经济管理、贸易有关系。他们在之前专业上的课偏重政府管理，现在转型为讲授企业管理。再加上英语系原来下设的国际贸易专业的老师，他们很多在对外贸易学院上过学或教过书，有专业教育的背景；或者有经济学背景，如我们的第一任院长薛蕃康老师在经济理论方面造诣很深，他的教学和研究为国际贸易专业的创办打下了坚实基础。徐正虎老院长是北京外贸学院毕业的，有相关专业背景。他原来在学校电教馆（今信息技术中心）担任领导，后来调任到学院当院长，成为外贸专业实务教学的领头人。

二是校际合作，与财大合办会计专业。比如说他们当时有与英国特许公认会计师公会（ACCA）联办的课外班，是那一年全球通过率最高的班级。班里有很多我们 1994 级的学生。20 世纪 90 年代，我们上外的学生素质非常高，有几年录取分数线甚至超过复旦、交大，所以这些学生的学习能力很强，也很刻苦。在校际合作的两年时间里，上外自己的教师培养工作也取得了一定的成效。

三是引进教师。我本人就是其中一位引进教师。还有一位教师本科是学英语的，又去读了法学，来我们这儿用双语上税法、经济法等课程。另一位老师来自华中科技大学，本科学的是科技英语，研究生读的是管理专业，凭借她的外语能力还在中欧国际工商学院承担课程翻译工作。她的学习能力非常强，在教学过程中吸取了很多中欧国际工商学院欧美教授讲课的方法、内容，并把它们引入到上外的教学工作中，所以她主讲的课程一直非常受学生欢迎。在引进人才之外，也有本校毕业的学生留校成为专业教师。我们把双语教学分成三个层次，对老师的要求不同，第一层是授课 50% 以上用英语，用原版教材，板书用英语，学院里包括我在内只有三个人能做到；第二层是用原版教材，板书用英语，但授课用中文；第三层是用原版教材，板书中英双语，配以中文讲授。后来逐渐引进更多教师，现在也有海归的教师，有双语教学能力的教师更多了。

四是通过各种途径培养人才。我刚来上外的时候，老师们可以根据自己的意愿申报一门课程，学校再出资送他们去别的大学听课，通过考核后就回来承担这门课的教学。早期我们就以这样的方式培养教师，但这种学习课程的方式专业性不够强，如一位教师旁听保险学，只能接触到基础的理论知识，无法学到具体业务技术，如精算内容。所以我和当时的院长何建民教授决定派送教师进行系统培养。他们只有学习了整个专业才能保证回来教授专业课的质量。当时校内外有很多对复合型专业的怀疑，认为我们英语放松了，专业方面又不强。一开始难免有质疑，但我们努力改变这种状况。一部分老师选择在职读博士学位，然后继续授课。

五是很长一段时间我们有外聘的兼职教授，特别是国际贸易专业。徐正虎院长的很多同学都在上海的外贸公司工作。他就聘请他们来学院担任国际经济贸易专业课程的教学工作，理论结合实践。他们能够在教学中融入企业实践的情况，对学生来说收获很大。通过这五条途径，我们逐步解决了师资困难的问题。

近年来，我了解到我们学院引进的教师水平更高，专业性更强了。当时我们要求自己学院的英语教师要跟英语学院的有所不同，要更多地关心国际国内的经济大事，要有些了解和思考。我们希望专业教师有较高的英语水平。我们确实有很多老师坚持这些要求到现在。采用原版教材进行学习是有一定好处的，虽然部分国际惯例的内容不一定完全符合国内的发展需要，但你总得了解人家怎么做。就算我们要打破他们的一些不规矩、不合理的做法，也要了解之后才知道用什么方法去打破。

另外还有课时问题。当时我们实在没办法按照常规给专业课安排足够的课时。像宏观经济学、微观经济学，别的学校分别是 72 学时，我们只有 54 学时。那位评审组的教授说，我们的专业课时设置是其他院校的 2/3，确实是这样。但课时减少 1/3，课程内容不能减少 1/3。一门学科的所有内容都应该涵盖在教师的教学范围之内，所以得从技术、操作、管理上想办法完成。我们对这方面抓得很紧，甚至有教师因没有完成全部任务受到停止教学一学期的处罚。那么如何实现用较少课时教授全部内容的任务？就我个人的经验来说，我教的一门课中间有一项基本分析方法，叫货币的时间价值，是经济学的基本内容，也是基础的决策分析方法。我们的好几门专业课都会涉及相关内容，都会花时间去讲基本方法，这种重复实际上是课时的浪费。我们当时号召，所有专业老师之间相互协调，看看有没有知识点重复的情况。我们商量哪节课主讲基础，哪节课进行应用性的拓展，等等，通过商议在课程内容之间进行整合。例如我和教管理会计的老师协商，由他来讲基本方法，我则仅用一个课时来讲应用，出一些题目让学生来解决，通过教师指导下的自学来节约课时。另外，我们充分利用多媒体教学进行授课。多媒体教学现在使用非常广泛，但当时学校有多媒体设备的教室不多。我们要求必须安排在多媒体教室上课，因为使用多媒体手段就节省了板书时间，这也是有效利用课时的方法。当时真的想尽一切办法，一定把 1/3 课时的内容差距弥补上。

还有就是教学管理。因为我们所有的专业教师都接受过专业教育。他们学习时的专业课时要比我们复合专业的同类专业课课时多，教学中会受到过去课程固定模式的影响。现在要做改革，对他们来说是有困难的。怎样保证他们不偷工减料，我们在教学管理上想了很多办法。每一门课的每一位老师，在每学期开学第一天，就要把整个学期的教学计划上交，详细说明要讲哪些内容，多少课时，提交教学进度表，学院会进行抽查。我去听课，先要看教学是否是教师当天既定要讲的内容，是否有拖沓，或者进度较慢的情况。这是有效的办法，对教师来说有一定压力，但这是确保他们保质保量、按时完成教学进度的必要措施。我在美国上学的时候，每一门课老师在开学的时候会发一张表，类似我们的教学进度表，每一课布置阅读与作业。我们上课前要把这些作业做完，而要会做则必须把书全部看完。上课的时候教师就让大家交流各自的作业，讲解题目的过程中就讲授了课程重点。一开始我不适应这种教学方法，后来觉得对学习很有帮助，回国后也试着在上外使用。但我们班级人数较多，无法照顾到每个学生，效果不是很好，只好放弃。

这样我们多管齐下解决了课时问题，平息了外界的质疑。现在许多外语院校都有了复合型专业。我们培养的学生走上社会后得到的评价也很好。

采访者：请问是什么理念支撑着你们完成办好复合型专业的使命？复合型专业的英语教学和专业教学有哪些特点？

林洵子：我觉得这种理念应当是对不同学科教学要求的正确认识。比如说对英语教学，我们认为需要掌握一定的语法基础、语音基础等等，学习语言的基本构成。但我们专业安排英语教学，不仅仅是将来要把它当工具使用，实际上还要打开门窗，让学生认识世界。其他地方的人们是怎么生活的？他们有怎样的历史、文化和社会现实呢？这些因素又是怎样反过来影响他们的经济发展的？我们的教材由专家们精心编写，帮助学生打下语言基础，让他们了解相关英语国家的文化，在将来与相关工作人员进行沟通交流时会更加有效。

我记得有一次新西兰总理海伦·克拉克（Helen Clark）来我校访问（2001 年 4 月 19 日）。当时我们有一个新西兰班，属于非学历教育，所以她会来学院演讲。演讲完有学生提问环节，有一个学生就提问："新西兰是岛国，领土面积不大，与他国相隔较远，畜牧业很发达，畜牧相关疾病的传染会对国家经济造成很大影响。万一有病毒传染进国内，要如何应对？"总理听了非常高兴，因为我们的学生通过学习对新西兰的情况有一定了解。我觉得这就是一个例子，你与语言使用者打交道时，关注他们国家的情况，就比较容易进行深入沟通。

在专业课教学中，教师比较容易产生肤浅的理解，好像把一门课程的技术方法传授给学生就可以了，但是我们今天所面对的世界，其实并不是这样的。没有人敢说学校可以教给你能用一辈子的知识，因为社会在发展，新事物在不断涌现。学校能给学生的，不是会计学上复式记账法怎么使用，因为可能有一天转用别的方法了。我们保持的一种理念，就是在向学生传授技术方法的同时，要教会学生如何学习，提高学生的学习能力，这才是将来出去能够适应社会的能力。比如我上课的时候，非常强调学生课前的预习，鼓励学生带着问题来听课，积极地而不是被动地听课。

一开始有的老师照本宣科，把原版教材翻译成中文讲。学生要学好这样的课不得不做好预习和复习。我们 1994 级第一次单独招生的会计专业学生就有非常强的自学能力，三年级时我给他们上课，讲东西一点就透。这一届学生真的特别刻苦认真。我记得开学以后，看到他们一群同学走在路上，捧着一本像砖头那么厚的书，和我说书太多来不及看了。这是一年级必然会碰到

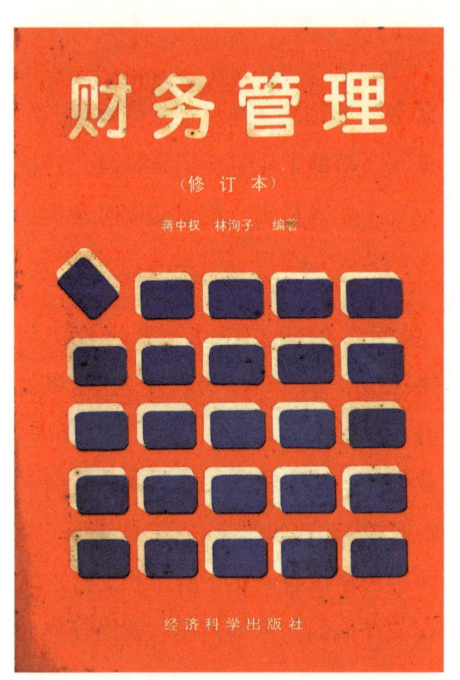

蒋中权，林洵子（编著）:《财务管理》，北京：经济科学出版社，1994 年

（美）杰里·约拉姆·温德、赫雷米·迈因（著）:《变革——未来企业》，林洵子、祝磊、沈浩云（译），上海：上海交通大学出版社，1999 年。

的问题，你现在学习不是在听故事，是要把英语作为语言，作为工具来学习专业知识。学生一开始会对单词术语不了解，还有原版教材的编写方法与中国教材不太一样，它不是用很专业的术语来表述，而是用很生动的日常生活事例来讲明专业知识所涵盖的道理。尽管这样，学生在理解上依然有很多困难，比如书来不及看。我会教他们一些方法，比如碰到一个生词，当时查了字典一会儿就忘了。所以第一次遇到这个单词的时候不要查字典，先猜一下含义，直到它出现三四次，觉得之前猜测不完全准的时候再查字典。这样记得更牢，阅读速度也可以大大提高。学生这样做了半个学期后，阅读就不是问题了。这些其实都是在基础的点滴中培养他们的自学能力。

在期末考前复习的时候，学生往往希望老师划重点。但我从不划重点，我会用两个课时按照课程内容本身的逻辑思路，将一学期的各个章节串联在一起，形成一个系统性的整体，这样可以使学生摆脱碎片化的思维模式，更好地把握完整框架以及各章节内容在此框架中的位置。我出考题时从不出要背的概念题，一般会出 20 分的选择题，考对某些概念、方法的理解，还有量化分析题。当然不同老师针对不同学习内容也有不同的教授方法。比如有位老师会在教基本方法时将不同国家的内容进行对比，让学生了解到有这么多千差万别的东西，都是将来工作中会遇到的，需要自己再去探索。培养学习能力是影响一辈子的事。

采访者：复合型人才培养模式对教和学都提出了更高要求，请问这一模式对教师和学生分别提出了哪些挑战，他们分别得到了怎样的成长和发展？

林洵子：在学院探索的过程中，学校领导也给了我们特别的关注和支持。我们与美国南卡罗来纳州的温斯洛普大学（Winthrop University）建立了校际交流。每年他们会派教师来教学，我们也派教师到他们那儿去。我们的教师负责教授与中国文化经济发展有关的课程。有一段时间他们派来的教师负责教授写作，因为英语是他们的母语，教这门课更能帮助学生。有教师主动要求去美国教学是为了多挣钱，我们只能遗憾地拒绝。教师们过去学习都是要抱着目的、带着任务去的，回来要开一门新课。学校要照顾教师的需要，但更要考虑到学院的学科发展。学院为专业教师定的课时费高于给英语教师的课时费，英语教师对此不理解。实际上专业课涵盖内容非常多，备课和批改作业的工作量都很大。所以我们也曾让英语教师有机会时去进修学一门专业课，让他们了解到上专业课程的不容易。

我们还有很多老师出去进修，接触了国外新的环境，回来会把他们学到的方法运用到教学管理实践当中。我们有位系主任从美国回来就提了很多好的建议，可以帮助我们提高管理效率。与他们一起工作，我觉得非常高兴。大家都是为了学科的发展，非常坚定地信任和了解培养复合型人才的战略目标，尽自己的努力实现目标。他们不再局限于学科思维，能够沟通交流。

对学生来说，要有国际视野。我们教师的工作量重，那么学生自然也不轻松。我退休以后还承担教务处督导工作，每次去听课，我也会跟学生做一些交流，告诉他们：学习是不容易的，你们会遇到很多挑战，但现在付出越多，将来收获越大。我们也积极为学生提供开阔国际视野的机会，比如在 20 世纪 90 年代末和 21 世纪初，已有学生去参加瑞士的达沃斯论坛。瑞士还有针对国际大学生的圣加仑国际经济论坛（St. Gallen Symposium）。当时有人向我提议，说你们的学生外语好，应该去参加这个。我后来就请他来给我们学生做了一次讲座。这次讲座以后，我们的学生就有了这个意识，此后每年都有学生积极参加论坛，最多的一年有 9 人参加（2006 年）。他们交论文以后就可以受邀请到论坛发言，和来自不同国家的学生交流。这对学生来说是开阔眼界的极好机会。

另外，我们的学生也会主动在网上找各种机会，比如有一次他们发现某个国际组织在中国举办大学生创业大赛，便来找我安排指导教师，咨询财务问题。后来他们在国内夺冠，获得前往西班牙巴塞罗那参加大赛的资格，夺得了优胜奖。拓宽国际视野对学生个人的经历来说很重要。这些活动的确有挑战性，但如果他们付出更多努力，也会得到更多机会。譬如1996级会计专业的一位班长，毕业后没有从事会计工作，先后到飞利浦、微软总部工作，后来又和朋友们离开公司自主创业，现在作为公司高管已取得很大成就。她所参与创建的公司已有潜力成为独角兽企业。在校时她就有很强的组织能力，对自己有很高要求。这些都得益于学校的培养，教育激发了她的潜能。

采访者：国际经济贸易管理学院在创立和建设复合型专业的过程中发展起来，您能否向我们介绍一下你们努力所取得的结果？

林洵子：直到如今，金贸学院（2006年国际经济贸易管理学院重组为国际金融贸易学院，简称“金贸学院”）的学生也依然是就业率高、就业层次高的。我看到20世纪90年代初期就业率基本上接近百分之百。有一半多的学生会进入跨国公司，起薪也比较高。“四大”会计师事务所（普华永道、德勤、毕马威、安永）在学生中非常有吸引力，收入高但也非常辛苦，常常加班。毕业生良好的就业情况又吸引了优质的生源，这也是我们培养优秀学生的基础。但不管生源如何，我们都能够将他们培养成比进校时更优秀的人才。就业率与生源质量是相互影响的。

普华永道是一家国际大型会计师事务所，香港的容永道先生是它的创始人之一。2000年左右，他设立了针对会计专业优异学生的奖学金，获奖者大约能获得一两万的奖励，高于我们其他所有奖项。上海所有拥有会计专业的学校都可以送学生去参加评选。我们学校当然也会去。候选人会先经过公司人员的初筛，然后容永道先生和他的团队进行进一步评选。他们每年都从香港过来，在上海亲自面试挺进最终环节的六个学生。我记得第一届和第三届的评选，第一名都是我们的学生。两次我都被邀请参加颁奖仪式，仪式后和容永道先生一起吃饭交谈。那时候容永道先生多次希望我介绍学校培养出这些优秀学生的经验。他认为尽管所有候选学生在专业知识方面都差不多，但

2016 年 6 月 11 日，上外金贸校友分会筹备会议参与人员合影，林洵子（第一排右 5），前上外校长、国贸系首任系主任戴炜栋（第一排右 6），前金贸学院院长徐正虎（第一排左 6），时任金贸学院院长章玉贵（第一排左 5），时任金贸学院党总支书记戴迪萍（第一排右 4）

我们的学生谈吐彬彬有礼，落落大方，总体素质非常高。每次我都跟他介绍我们学校，第一次介绍了复合型专业，他作为行业资深人士充分肯定了我们的模式。第二次我介绍了这几年新做了哪些工作，他非常赞赏我们的人才培养模式。通过近年来的校友活动，我们发现很多学生都自主创业取得成功。这也是企业和社会对我们人才培养模式的一种认可。

采访者：当今时代对上外提出了新的挑战。您对我们这个时代的上外学子，尤其是复合型专业的大学生有哪些建议？

林洵子：我自己本科读外语，后来又出国深造学习管理专业。当时一开始我要申请自费留学，后来因为教育部有政策，本科毕业必须工作两年才能出国，所以我工作以后由工作单位派遣出国。大连理工大学当时有中美政府间的合作项目，培训大中型企业的高级管理人才。我就在这个中心工作，一开始担任翻译。那时正是国家大量派遣留学生的时期，我通过了选拔考试然后被派去留学。考试主要考外语，但选拔我的理由并不是单看外语成绩。

我在大连理工大学培训中心工作到出国以前，中间有两年时间，在工作之余我进修了管理的各门基础课。在校内上这些课程无需费用，但也没有学分或其他相关学习经历证明。但我仍参加考试并顺利通过，那也是很艰苦的过程。因为作为国家经委（中华人民共和国国家经济委员会）下属的机构，他们翻译人手不够，我就会顶上，记得上班第二天我就出差到北京担任翻译了。出差是常事，所以我缺课很多，但我都会想办法努力把知识点都补上，出差时带着课本，也带着作业，碰到问题会请教他人。我们那一代人有了机会读书，都是拼命读的，那几年全力学习和工作。对学生来说，自己准备好接受挑战，抓住机会是最重要的，思想政治也很重要。如果你没有正确的灵魂，那你将来有再好的本事，你为谁服务呢？

2019 年 3 月 21 日，林洵子（后排右 7）在上外离退休干部集体祝寿会上

毕业以后我其实也有很多机会。我们那时候出去的人很少有回来的，但我回来了。大连理工大学党委在讨论我们那一批出国名单的时候，有很多争论。我当时 30 岁左右，又没有结婚，有人认为我出国了就像断了线的风筝不会回来了。我们党委书记是上海来的老地下党。他说不能因为有这种可能，你就不让人家去。我非常感谢他给了我这样一次机会，所以我想读完一定要回国。我家在国外有很多亲戚，可能比一般人留在国外更容易，但我所受的教育告诉我不能这样。我曾在农场当过小学老师和中学老师。那里的学生很难教，他们不知道大海、船、飞机，最多就知道火车。我知道中国这样的孩子还有很多，我不能拿着国家的钱读完了，就不回来了。前几年国外的亲戚回来看我，觉得我发展得很好，比留在国外获得的机会更多。我觉得学校对学生的思想政治教育不要讲套话，这没有说服力。学生中也会有小的闪光点，可以作为教育素材。要培养学生好的价值观，学生才肯吃苦。想轻轻松松取得成就是不可能的。

对学校来说，学科方面要根据时代的需求发展。不论招到什么样的学生，我们都要把他们培养出来，至少培养成比进校时更优秀的人。无论什么时候，走哪一步，都不容易。20 世纪 90 年代创办复合型专业的时候，我们就受到外界的质疑。因为只要你做一件人家没做过的事情，人家就会怀疑你。但是只要我们相信我们做的事情是对的，用心去做，就一定可以取得应有的成就。

到 2024 年 5 月，金贸学院已成立四十周年了。我们欣喜地看到，金贸学院的今日已远非当年的经贸管理学院可比。她的发展远远超出了我们当年的想象。这固然得益于国家发展给学院带来的机会和条件，但是没有现在领导班子的艰苦工作和创新思维，没有全体教师的上进、努力，这是不可能实现的。现在的金贸学院不仅本科招生规模更大了，学术研究生培养人数和质量都有所提高，还顺应形势要求，招收并培养了多届专业研究生，满足经济发展对高层次金融、贸易专业人才的需要，而且多次在全国性同层次同类专业的评比中获得优秀。虽然成就非凡，但是学院领导班子及整个学院的风格仍然是低调、扎实的。这样的风格是成大事者必须要有的。因此，我们完全可以相信学院的基业长青，未来可期。

林洵子（中）与采访者合影

我的上外经历：学习、成长和贡献

虞建华

1950 年生，浙江镇海人。教授，博士生导师，曾任上海外国语大学英语二系主任、法学院院长、文学研究院院长。历任教育部英语专业指导委员会委员、中国外国文学学会英语文学研究分会会长、中国英汉语比较研究会副会长、全国美国文学研究会常务理事等，担任《英美文学研究论丛》创刊主编 / 名誉主编和《外国语》《译林》《中南大学学报（社科版）》《英语研究》等杂志编委。出版著作包括《新西兰文学史》（教育部优秀学术专著奖）、《美国文学的第二次繁荣》、《英语短篇小说教程》（教育部精品教材）、《美国文学大

口 述 人：虞建华
采访整理：韩骏、俞悦、周家乐、周源源、陆英浩
采访时间：2021 年 3 月 8 日
采访地点：上海外国语大学虹口校区

辞典》（教育部哲学社会科学优秀成果一等奖）、《文思与品鉴》等九部，译著《五号屠场》等五部，主要学术刊物论文 60 余篇。曾获荣誉包括：国务院人事部颁发的“有突出贡献中青年专家”称号、教育部颁发的“全国优秀教师”、全国高校外语专业教学指导委员会颁发的“中国外语教学杰出贡献奖”等。

采访者：虞老师，您好。您是浙江镇海人，就读、任教和学术研究都在上外，上外对您来说应该是一个意义非凡的存在。您为何选择来到上海求学，您与上外的故事是如何开始的呢？

虞建华：浙江镇海是祖籍，我出生在上海，除了到安徽阜阳插队落户几年和到英国攻读博士的那几年，我学习和工作都在上海。从 1973 年进校当学生，便“从一而终”，连延聘和返聘一起，我在上外度过了近 50 年，直到最近退休。1970 年我去安徽阜阳农村插队落户，是一个六人插队小组的组长。我们组当时在生产等各方面表现还是很不错的，成为全县的先进队和知青模

范。我们不搞特殊，穿着破旧布衫和农民打成一片，跟农民一起下地干活，踏踏实实。到了春节，其他人急着回家，我就不回，既然到了那边就好好干。我于 1972 年在农村入党，到现在也已半个世纪了。后来推荐工农兵上大学，我算是工作表现比较优秀，获得了被推荐回上海就读的机会。

虽为推荐，但 1973 年的选拔也有笔试和口试。1966 年中学就停课了，但我自己一直在读书和学习。我当时填报了复旦中文系、上海的第一医学院和上外。选择中文系是我兴趣所在，我从小就有当作家的梦想，在农村也很关注当地的一些民风民俗，看看当地群众是怎么生活的，不时做一些笔录。我也曾被选送到合肥上过一段时间的文学创作学习班，发表过一些现在看来无甚价值的作品。最终接到通知被录取到上外——也许是在英语口试中表现较好的原因。我中学学的是俄语，但在我姐姐的帮助下也学了一些英语。我大姐虞芝萍 1964 年也毕业于上外，并留校任教，后去了洛阳解放军外国语学院。所以也可以说有点“家学渊源”。后来我选择的专业方向是外国文学，这方面还算颇有成就。能让自己心意所向的爱好与教学、学术研究领域合二而一，这是人生美事。

采访者：可以谈谈从您到上外读书再到留校任教之间的经历吗?

虞建华：读大学和大学毕业之后的那几年我非常努力，尽管别人也说我努力，但是自己用“非常”两字来形容这段日子的刻苦，我问心无愧。早晨 5 点左右起床进行阅读是常有的事。毕竟我英语起点还是很低，基础不扎实，我就踏踏实实做“补救”的工作，争取迎头赶上。当时的学制是三年，我 1976 年毕业后被分配在上外英语系任教——当时的毕业生没有选择工作的机会，通知下来去哪里工作就去哪里。记得我班有一个姓戴的同学，学业应该是该届全系最出色的之一，但接到通知莫名其妙地去浙江一个小县城的铁路小站工作。后来联合国招收译员，他考取后一直在纽约的联合国总部工作，最后也算是人尽其才了。我庆幸自己是个幸运儿，但突然成为大学教师，让我诚惶诚恐，觉得业务能力远远不够，底气不足，恐误人子弟，因此一边完成教学任务一边拼命学习提高自己。我自感当青年教师的那些年，我的专业能力提升比大学那几年更显著。

20 世纪 70 年代末，上外开始招收硕士研究生。我记得 1980 年全校共录取了九名，其中两名俄语专业、两名语言学专业和五名英语专业，我是其中之一。当时上硕士课程的中国教师不多，其中杨小石教授的修辞学和钱维藩教授的翻译学课程给我留下了深刻的印象。杨老师备课非常仔细，每节课都带来一叠授课内容的纸稿。钱老师慢条斯理，又十分幽默，上课时常常顺滑地将英语和中文、普通话和上海话结合在同一个句子中。但大多数任教硕士课程的是外教，我们五人的硕士论文导师有四人是外教。

拿到硕士学位五年后的 1988 年，我获得香港包玉刚基金赞助的“中英友好奖学金”，到英国的东安格利亚大学（又译东英格兰大学）攻读博士学位。那时我已晋升为副教授，当了英语二系的副主任，第一部专著《20 部美国小

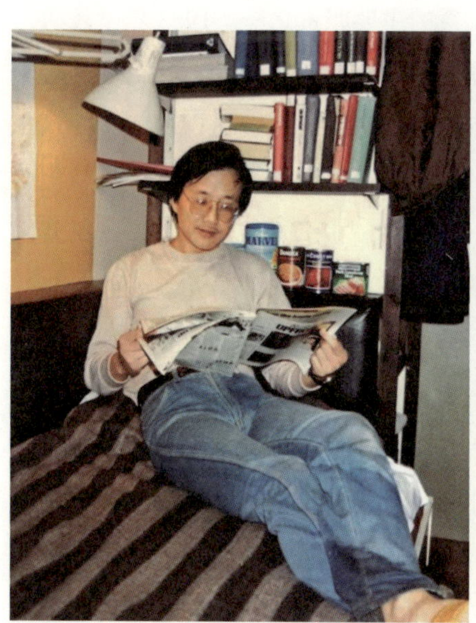

虞建华在英国攻读博士期间读报

虞建华在东安格利亚大学获博士学位

说名著评析》也已送交到出版社。在英国学习期间，我给自己制定了特殊的学习计划——每天下午六点开始，闭门谢客，不接电话，全身心投入工作，专注于高效完成每天的学习和研究任务，直至晚上十二点结束。我用了三年不到的时间，基本上完成了博士学习和博士论文的撰写，余下的时间一边慢慢修改完善，一边在图书馆或通过校际互借体系搜集资料，开始《新西兰文学史》的撰写。在英国度过三年半之后，我带着博士学位和尚需完善的书稿初稿回到上外。那是 1992 年 2 月 22 日，六天后英语二系改选，我开始担任系主任的工作。

采访者：1983 年，硕士毕业的您被调到成立伊始的英语二系。请问您在刚开始“中师班”的培训任务时，怀着怎样的心情和期许？可以谈谈您在回到英语二系之后对“中师班”工作的印象吗？

虞建华：“中师学历班”培训任务是国家教委下发红头文件委派的。“中师班”的教学和管理是新成立的英语二系的主要职责之一。1983 年学校决定成立基础部，从英语系调出秦小孟、张承谟、袁鹤娟、王兢、艾祖星等骨干教师和一些青年教师，另立门户，负责二外英语和辅修英语课教学，并承担国家教委下发的“中师本科学历班”的教学任务。我硕士学业完成后就被分派到新成立的基础部。大概不到两年，基础部就更名为英语二系。当时我国中等教育中的外语师资告急，合格的外语师资十分紧缺，边远地区更不用说。一方面教师的数量少，质量堪忧；另一方面受到勃然兴起的外资企业和外贸单位更高收入的吸引，很多外语教师，尤其是业务能力强的教师，离开了教学岗位。“中师班”的任务就是为边远地区重点高中的骨干教师创造进入名牌大学再学习的机会，提升学历和业务水平，稳定师资队伍。国家教委把这个任务交给北外、上外、广外、华中师大和华南师大五所高校，专门派发外教名额和培训所在单位的出国进修名额，每年召开一次五校相关负责人和英国文化委员会派遣的专家共同举行的协调工作会，十分重视。

上外把这个任务交给了英语二系。“中师班”学员必须具有大专学历——这在一些边远地区的中学几乎就是最高学历，通过两年全日制高强度的学习，提升外语水平和教学水平，授予本科学历，从而提高中学英语教学的师资水平。上外的招生地区是新疆、宁夏两个自治区，外加甘肃、辽宁和吉林三省。我到刚成立的英语二系之后的首要任务就是到甘肃兰州招生。那次招生给我留下了很深的印象。当时交通落后，很多考生从甘肃边远县城赶到兰州参加考试，需要两三天的车程。在和参考的青年教师交流的过程中，我对当地艰苦的教学条件有所了解，更对他们在艰苦环境中对教师岗位的坚持和对提升业务水平的渴望印象深刻。开始的时候每年招收 50 人左右，但是在招收地区的强烈要求下，最多的时候上外每届招收 100 人左右，到了“中师班”计划的后期，中学外语师资情况大大改善，招收人数也有所减少。学员们把新的教学观念带回学校，工作上也都有所成就。整整 15 届历时 17 年的“中师班”特别任务，上外为边远地区的重点中学培养了 700 多名骨干教师。这项工作是上海外国语大学为国家做出的特殊贡献，是上外历史中值得书写的一笔。我本人自始至终参与其中，并在大部分时间是这项工作的主要负责人，为此也很有成就感。在我当过班主任的毕业生中，刘剑是现任新疆维吾尔自治区教育厅一级巡视员，张军是国际知名语言学家、新西兰奥克兰大学教授，很多毕业生成了各自学校的校长或教导主任。

采访者：上外向来以其语言优势而出名，为国家输送了许多语言人才，1994 年学校由上海外国语学院更名为上海外国语大学。同年，学校成立国际经济法学院，任命您担任院长一职，作为国际经济法学院主要筹备人之一，请您和我们分享这一段经历。

虞建华：那几年上外教学改革力度很大。为响应国家号召，推动改革开放后的经济持续发展，高校承担着为国家经济社会发展培养大批人才的紧迫任务。上外已经成立了几个复合型专业的学院，如国际经贸学院、国际新闻传播学院，学院的毕业生们受到社会的广泛欢迎。学校也试探性地讨论创办一些其他复合型专业的可能性，也提到了成立以国际经济法为主要导向的法学专业的设想。1994 年，校领导找到我，说要筹备成立复合型新国际经济法专业，需要赶快上马，设立“法学 + 外语”的复合型新专业。谭晶华副校长告诉我，这是校领导的决定，不再讨论，由我担任筹备组组长，克服一切困难，学校全力支持。既然不再讨论，我也就硬着头皮做分配给我做的事情。

1994 年教育部批准上海外国语学院更名为上海外国语大学。学校的计划是将英语二系融入新成立的学院中，以强化这一涉外型复合专业的英语师资，并以英语二系的英语教师、行政管理人员、教学设施为基础，组合学校现有法学专业的教师，招聘引进新人，借用退休的，聘用国外的法学教师，想方设法把必需的法学师资聚合起来。学生来源方面，则是在 1995 年初由学校发文，1994 年入学的英语专业学生转为“法学 + 英语”的复合型专业，调整课程，补授第一年的专业课程，毕业授予法学学士学位。不愿转专业的学生可转至刚由英语一系更名的英语学院。学生中除一人外全部签字同意，学校正式下文立案，于是上外就有了历史上第一批法学专业的学生，上外的法学院正式挂牌。同年正式对外招生，高考生报名踊跃。

新学科在 1994 年底获得上级部门批准后，上外的国际经济法学院（后根据建议更名为法学院）成立，我被任命为院长。我对这个任命是有心理准备的——在学校让我当筹备组组长时就已估计到这样的可能性。校领导让我帮助学校解决困难，在没有合适人选的情况下先干起来。我是当时组建人员中唯一一名博士和教授，外语的复合部分可以尽力而为，但法学专业不是内行。我答应尽力张罗，组织协调，完成学校下达的任务，暂时做好服务管理工作，打下今后发展的基础，任满一届后便退出。当时一届的任期是三年，但后来又让我连任，担任了八年我自嘲为“办公室主任”的院长职务。隔行如隔山，法学是我陌生的领域，我不敢造次，在法学专业有关的任何方面我都不贸然做决定，虚心听取现有法学教师的意见建议，不断商量，尽可能由他们做最后决定，在创办过程中边干边学习了解，摸着石头过河。

我们对英语教学进行了压缩，尽量做到减课不减质，保持上外的语言特色和优势，让学生受益更多。起步时期的中心工作是法学教学规划的制定和专业教师队伍的落实和补强。我们需要谋篇布局，写出教学纲要，设计合理的课程，既要符合法学专业规定的基本要求，又要凸显上外的外语优势，还不能在课时量上突破教育部规定的上限。当时专业人员紧缺，困难重重，而我们又经验不足，虽然聚集了基本的专业教师队伍，但这些人才刚刚捏拢在一起——本校的、外聘的、退休的、国外的，很多方面都需要磨合，需要尝试。每一门必修课都要落实到有限的师资，好在法学教师、英语教师和党政人员齐心协力，互相补台。我尽量多和法学专业的教师商量，听取他们的意见，也不断把我们的想法与教务处协调沟通。全院新老教职员工共同努力，挖掘每个教师的潜能，发挥每个员工的作用，边实践边探索，走上了"法学+外语"的复合型教学新路，努力完成学校下达的任务，培养出合格的涉外法务人才。

上外的法学院在实践中发展，逐步走上正轨，获得了认可，获得了声誉。我们一起走过了最初最艰难的几年，迎来了上外首届法学专业毕业生。毕业生的就业情况非常好，英语能力突出的法学人才在外资企业、银行、律师事务所、国内大企业的法务部门都十分抢手。值得骄傲的是，最初几届法学专业学生，外语能力十分出色。我们的学生也参加英语专业八级考试，连续好几年平均成绩都仅低于英语学院学生平均成绩的1%之内，也就是说几乎平分秋色。

法学院初创和其后发展具有挑战性，但让人欣慰的是成效可见。我们形成了一个团结一心、互相协作、互相包容、和谐的大家庭。院领导班子和员工之间，党政之间，师生之间，法学教师和英语教师之间氛围融洽。大家共同付出，共同探索实践，共同承担责任。负责法学教学的副院长张小红，在学院成立和发展的很多方面起了关键作用，她虽然年轻，但在压力之下不辞辛劳，承担了繁重的教学和管理任务。法学院的成长也与董颖和王静前后两位总支书记的领导是分不开的，她们是领导者，也是黏合剂，对学院的教学行政工作始终报以帮扶、配合、支撑、补台的态度。她们的工作能力和工作艺术，让院长的工作有了依靠。我周围有这么一批以学院建设为己任的同事和任劳任怨的教师，这是在新专业设立的初创时期最让我感到欣慰的事情。

采访者： 离开法学院之后您到了文学研究院，可以聊聊您在文学研究院的工作吗？

虞建华： 在法学院当院长的八年时间里，尽管行政管理上花费时间和精力最多，但我一直把自己当作兼任院长的全职教师，从来都是全工作量教学，

虞建华在美国密歇根大学

虞建华在学术会议上

也抓紧利用晚上、周末和放假时间从事学术研究。记得当时一位资深教授曾向校领导建议说，这个从 20 世纪 80 年代就开始发表学术成果的海归博士，在法学院院长这个行政职务上投入了太多的时间，应当让他回归他的老本行。2004 年学校进行人员调整，我正式离开法学院，担任语言文学研究所的筹备组组长。上外的语言文学研究所原来有过，在教育部备过案，但后来“消亡”了。所以从严格意义上讲，我去做的是重组或重建的筹备工作。2004 年底挂牌后，我当了语言文学研究所（不久更名为研究院）第一任所长（院长），又开始有较多的时间专心从事自己的老本行，在直到退休的 17 年余年中自感颇有成就，对得起学校领导对我的信任，也被同事们戏称焕发了学术上的“第二春”。

我认为自己本质上是教师或科研人员，不善做行政。博士毕业回国之后，我的研究方向十分明确。我于 1993 年被评为教授，1996 年在法学院工作期间获得英语语言文学博士生导师的资格。我 1999 年在侯维瑞、汪义群两位资深教授的支持下创办了学术刊物《英美文学研究论丛》，现已是中文社会科学引文索引（CSSCI 集刊）核心刊物，享誉国内。组建语言文学研究所是上外的一个重要决策。一所好的高校需要有一批专门从事研究的人员，以不同的方式为学校做贡献，创造学校的无形资产。语言文学研究所后来又一分为二，分为语言和文学两个研究所，后又各自更名为研究院，为学校的科研和服务国家战略做出了积极贡献。我们承担了一系列的国家社科项目，也为学校赢得不少奖项。就拿 2020 年公布的第八届高等学校科学研究优秀成果奖（全国文科最高奖）来说，我校获得空前大丰收，1 个一等奖，3 个二等奖，3 个三等奖，其中文学研究院就占 1 个一等奖和 2 个二等奖，在高等级的一、二等奖中占全校的四分之三。其中我主编的《美国文学大辞典》很荣幸获上外历史上第一个国家级的一等奖。《美国文学大辞典》此前已经获得上海市哲学社科研究优秀成果二等奖。在文学研究所（院）期间，我主持了一项国家社科基金项目和一项国家社科基金重点项目。我编写的《英语短篇小说教程》2011 年获得教育部的精品教材奖，其修订慕课版 2021 年获首批上海高等教育精品教材奖，2023 年获“第二批国家一流本科课程 · 线上一流课程”。研究所（院）的其他成员也都做出了不错的成绩，其中许余龙、陈福康、查明建、宋炳辉、张煜、周敏、陈雷等都屡有出色的研究成果推出，为上外的科研发展做出了贡献。

采访者：您有什么寄语可以送给当代的青年们吗?

虞建华：我这个人不太会讲大道理，只讲小道理。但是小道理背后还是大道理——你应该全心全意为中国的教育事业服务，但你不一定要说这句话。我认为青年学子首先要为人正直，不要过多为自己的利益考虑，与人为善也会得到善报，要有责任感，该你做的就要把它做好，这是第一方面。第二要做个生活中的有心人。学习不光在课堂上和书本里，也在社会生活和交谈之间。作为有心人，你可以在生活中随时随地学习，要学会倾听，而非自己夸夸其谈；也要学会观察，养成一种敏锐性。第三要学会聪明地利用时间，大学这几年很珍贵，这是个关键的提升阶段，要好好利用时间，为了你自己，也为这个需要人才的社会做好准备，真正地掌握一点本领，这是你自己的，也是国家的——为国家服务你需要有一技之长，需要有金刚钻。第四要学会包容，一个人身处集体，无论是在家庭中、学校中还是工作岗位上，都不要以自己为中心，必须学会包容，学会谦让。第五要勤奋一点，不要让自己陷于慵懒无为的状态。这些都是做人的“小道理”，我觉得也是学会做人的基本。

虞建华在家中书房

上外赋予我
成长的智慧和力量

吴友富

男，1951年4月生，浙江温岭人，上海外国语大学教授、博士生导师。1977年于上海外国语学院（今上海外国语大学）毕业后留校任教，曾任上外英语系党总支书记、校长助理、校党委副书记、副校长、校党委书记，上海外国语大学附属外国语学校校长。曾任中国共产党上海市第七次、第八次代表大会代表，政协上海市第十一届委员会委员，全国外国语学校工作研究会理事长，中国公共关系协会副会长，上海市公共关系协会副会长，上海市场协会副理事，上海国际战略研究会副会长，《外国语》《外语电化教学》主编。主

口 述 人：吴友富

采访整理：周源源、陆英浩

采访时间：2024 年 4 月 26 日

采访地点：上海外国语大学虹口校区食堂东侧 301 室

要研究领域为企业管理、国际公共关系及国际战略沟通。出版著作《整合营销》《中国国家形象的塑造和传播》《新编现代管理理论与实践》等；译著包括《公共关系与实践》《媒体公关 12 法则》等；主编《国俗语义研究》、“全国外国语学校系列教材”、《中国公共关系 20 年发展报告》等；编著《全球化背景下中国企业海外经营的国际环境比较研究》等；发表《论管理意识与管理创新》等论文 50 多篇。获全国优秀教育工作者、国务院政府特殊津贴、中国公关教育突出贡献奖、上海市本科教学成果二等奖、上海市研究生教学成果二等奖。

采访者：吴书记您好，请您简要分享一下您在上外的求学、工作经历。

吴友富：我就读于上外英语系，1977 年毕业，之后在英语系担任了六年学生指导员，一直到 1983 年。我带过一届英语专业和两届新闻专业双学位学生，其间还做过系团总支书记，1982 年我还获评为上海市优秀辅导员。1983

年下半年，我代理英语系党总支书记。1984 年，我开始担任英语系党总支书记，可能是当时全上海最年轻的党总支书记之一。我记得时任市教卫工作党委书记陈铁迪开会的时候拍着我的肩膀，说："小吴啊，你是我们教卫系统最年轻的总支书记之一。"陈铁迪对高校情况很熟悉，她也知道英语系是当时上海外国语学院最大的一个系。那时候我们英语系的教工接近 200 人，学生有 1 000 多人，数量上差不多占学校一半规模。现在上外的很多院系都是从当年的英语系分出去的，比如新闻学院、管理学院、金贸学院、法学院等，对外汉语系、出国人员培训部的很多老师也来自英语系。

1986 年，我成为校党委委员，1990 年任校长助理，1991 年被选举为校党委副书记、副校长。1995 年我成为专任科研副校长，2004 年成为上海外国语大学党委书记。在专业方面，我于 1991 年被聘任为副教授，1997 年被聘任为正教授，2006 年左右被聘任为博士生导师，2007 年被评为二级教授。

通过这份履历，我感到我的整个人生和上外紧密相连，是上外给了我智慧。我不用"知识"这个词，因为知识只是一个方面，智慧比知识更重要，包括处理问题的方法、工作启示等等。除了智慧，上外还给了我力量，给了我成长的舞台。所以说像我们这一代人是深深感谢上外的。如果没有上外的话，我根本不可能有现在的成绩。

上外还曾两次派我出去访问学习。第一次是 1985 年，我到中国香港中文大学参加了香港工商管理协会举办的为期两个月的工商管理研讨班。第二次是作为访问学者到美国西雅图的奥林匹克高中、奥林匹克学院教学。同时，我给当地的 20 位中学老师开设了两个学分的"亚洲研究（Asia Studies）"相关在职研究生课程。由此我了解了美国全职中学老师学历教学的情况。

采访者：您曾在英语系提出"党的工作目标管理"，推出班主任工作制度，并安排主课教师担任班主任，这在当时的全国高校中应为首创，请您详细介绍这个战略。它最终取得了怎样的成效？

吴友富：我讲我的两段访问经历是因为和我的专业有关系。1985 年在香港中文大学学习现代管理的时候，我的老师讲到过目标管理，由此我基本了解了目标管理的原理，如目标设置、过程管理和目标评估。后来我做党总支工作，就考虑如何把目标管理理论运用到党的工作实践中。

我把基本的目标管理分为五个阶段。第一阶段是总支年度的管理目标，也就是总支的总体目标。总体目标是按照党中央的精神及校党委和总支现阶段的工作重点来设置的。第二阶段是目标分解，就是制订各个党支部的学期管理目标。第三阶段是目标进一步分解，称为个人管理目标。也就是根据总支、支部的目标再形成个人管理目标。个人是指总支委员、支部书记和有关党员（如工会主席和行政主任）。我们的目标管理一开始仅在党内进行，后来扩大到党外的行政人员。第四阶段是做好培训工作。在整个目标管理中形成共识非常重要，为此就需要培训。我当时在英语系党政干部会上开展过三次专题讲座，经充分讨论最终大家形成共识。第五阶段是评估目标管理的执行情况。一是进行期中评估，根据实际情况一两个月开展一次。二是学期结束时对每一个目标管理对象进行期末评估。总支主要负责总支委员、两个总支副书记还有支部书记的评估，其他各个层次各自进行考核。所以期末讲评会是整个目标管理中很重要的一项工作。总支工作由全系党员大会考评。

通过目标管理，当年英语系党的工作有几大突破。第一个是党员发展。当时中央和市委都有要求，希望把优秀的专业人士吸引到党内来。所以英语系把这一条作为党的战略工作目标。最后在教研室主任、教学骨干的党员发展工作中取得了很大突破。英语系党的力量比较强，不仅仅是号召力强，还体现在每一个党员所起的作用上，体现在教师中的骨干基本上都是党员。

第二个是班主任工作。当年的班主任日记就是这样产生的。我们的班主任每个学期都要写日记。英语系党总支工作的特色是骨干教师和主课教师担任班主任，这对学生的影响很大。像那时候李珮莹老师也来做班主任，而且做得非常认真。同时，总支每学期都编辑一份能反映一学期党政主要工作的信息简报。

第三个是教学工作。党的工作目标设置好以后，把整个工作氛围带上去了，同样也带动了教学科研的发展，系里的团队协作也有所提升。那时我参加了全市教卫系统领导干部培训班，学员有数百人。培训结束后，我撰写的《论党的工作目标管理》论文被评为上海市优秀论文。据我所知，被评为上海市优秀论文的一共就 30 篇。为此我还获得了一张奖状和一套现代管理的书。我特别要感谢的是时任英语系系主任的戴炜栋校长，没有他的支持，这项工作是不可能取得成功的。

采访者： 您是什么时候开始开展公共关系的教学和研究工作的？在这方面取得了哪些成绩？

吴友富： 全国知名的公关专家余明阳教授曾在一次研讨会上讲过这么一句话："全国公关看上海，上海公关看上外。"由此可见上外在上海乃至全国公关教育上的地位之高。一方面是上外开展公关教育的时间比较早，另一方面是涵盖了本科、硕士、博士一条龙的学历层次。此外，上外公共关系专业的科研产出比较大，还设有公关研究所。

我个人和公共关系的渊源主要来自五个方面。

一是 1985 年在香港中文大学上研讨班期间，我开始了解并关注公共关系。

二是源于上外国际新闻专业的开创者钱维藩教授对我的指导。钱先生不仅是英语翻译方面的权威，在新闻专业方面也有很深的造诣，解放前曾在《字林西报》担任编辑。他认为公共关系不仅是一个职业，同时还是一门学科，认为我可以在这方面继续发展。他还给我讲解公共关系的理论、实践及其特点等。在钱先生的指导下，我对公共关系逐渐产生了兴趣。所以说，钱先生是我走上公共关系教学科研道路的引路人，也可以说是我的导师。钱先生认为中国的公共关系起源不是 20 世纪 80 年代，那时只是加速发展了，起源应该追溯到第二次世界大战以后，因为二战以后，美军把公共关系这种新的理念带入了中国。当年他在《字林西报》的信息发布工作实际上就是公关。

三是通过明安香教授参与编写的《公共关系学概论》(中国社会科学院新闻研究所公共关系课题组编著，北京：科学普及出版社，1986 年）一书，我对公关传播有了一定了解。

四是参与《公共关系与实践》(杜·纽萨姆、艾伦·斯各特著，罗建国、梅德明、吴友富、张咏华译，上海：上海译文出版社，1989 年）一书的翻译，通过翻译我对整个公关有了全面了解。这是钱先生为发展、推动中国的公共关系教育而引进的专著，是国内公共关系领域最早的译著之一。钱先生也是为我们四个参与翻译的青年教师未来从事公共关系的教育研究打下基础。四名译者中，罗建国后来去了澳大利亚留学，前些时候听说在摩托罗拉公司从事公关工作，梅德明成为国内知名的英语教授，张咏华成为知名的新闻学教

吴友富参与翻译的《公共关系与实践》

授，真正从事公共关系研究和教育的就剩下我一个。

五是我于 1988—1989 年在美国做访问学者时，刚好房东奥尔森先生也在做公共关系的相关研究。他是当地教育局负责传播的主管，当时在做关于市教育局面向 2000 年教育发展战略的课题，其实就是一场教育发展方面的公共关系活动。而我那时也正在翻译《公共关系与实践》一书，正在为此搜集信息，所以我们很谈得来。通过参与他们的研讨以及口号、标识设计工作，我对公关实践有所了解。我当时还在看《公共关系》（*Public Relations*）一书，也经常与奥尔森先生探讨书中提及的相关内容。此外，在他的帮助下，我还在那里旁听了一些公共关系方面的讲座。

1987 年，我开始从事公共关系的教学工作。我从香港学习回来以后就给经贸专业学生开设企业管理课程，开始讲到一些公共关系相关的概念。1991 年，我为新闻专业的硕士班开设系统性的公共关系课程。1992 年先后为新闻、经贸、企业管理以及日语经贸专业的本科生开课。后来，随着教学团队不断扩大，上外的公共关系专业已经走在全国前列。对本科学生我开设公共关系与企业管理课程，对硕士研究生开设公共关系与整合营销课程，对博士开设国际战略沟通等课程。

我还从事多项公共关系的社会工作，曾任中国公共关系协会的副会长，全国公共关系学院院长、系主任联席会议的主任，教育部公共管理专业教学指导委员会新专业学科组组长等职务，这个学科组曾在上外挂牌。可以说那时全国公共关系的教学就是由上外带头的，一些重大标准的制订都安排在上外开会。

我目前已经出版的有关公关、管理方面的专著和编著有 20 多部，发表的论文有 50 多篇。包括《国俗语义研究》在内的几本书还进入了美国大学的图书馆馆藏。专著《新编现代管理理论与实践》的版权已被知识产权公司购买。我编著的《全球化背景下中国企业海外经营的国际环境比较研究》被英国帕斯国际出版公司（Paths International Ltd.）选中，并于 2021 年在国外出版发

2008 年 11 月 17 日，吴友富出席 2008 上海公共关系论坛

吴友富的部分专著、译著、编著

行（全英文）。所以我对上外特别有感情，如果不是依托上外这个平台，我也根本不可能有自己点滴的学术成就。人家认的是学校而不是个人。上外的老师一定只有借助这个平台，才能将自己发展得更好。

采访者：您在担任上外副校长期间曾兼任新闻传播学院的首任院长，请您讲讲您在任期间的工作。

吴友富：20 世纪 80 年代新闻专业成立的时候，我就一直和新闻专业在一起（担任辅导员）。公共关系专业一开始放在新闻学科下面。公共关系在国际惯例上可以放在传播学科下面，也可以放在管理学科下面，像美国的纽约大学就放在传播下面。出于这个原因，1993 年我参与筹建上外新闻传播学院并担任第一任院长。学院主要由三部分构成：原隶属于英语系的国际新闻专业、教育技术学专业、《上海学生英文报》，分别对应当年建设的设想，即懂新闻、懂技术、有实践经验的新闻工作者。

我在兼任新闻传播学院首任院长时主要做了三项工作：一是完善管理制度，二是完善课程体系，三是整合管理队伍。我现在的体会是我当时院长没做好。因为郭可担任新传院长期间，教育部来评估新闻专业时有专家的评价是“不入流”，认为我们的新闻专业学生外语确实很好，外语工具可以支撑做国际新闻，但就新闻而言不行。我们也因此很受打击，当然也从中吸取了教训，国际新闻首先重点是新闻。从复合型专业来讲，外语一定是工具，而真正最重要的是专业能力要突出。

采访者：20 世纪 90 年代初，您参与创建上海外国语大学附属浦东外国语学校（简称“浦东附中”或“浦外”），请您简要介绍您开展的相关工作。

吴友富：1985 年我在香港中文大学参加研讨班时，和被借调到新华社并担任香港分社副社长秘书工作的邬菊嫣老师有过交流。有一天她告知我们，新华社香港分社副社长李储文了解到李嘉诚想要做四五千万（人民币）的教育捐赠，因为李储文曾长期在上海工作，就希望李嘉诚能把这笔捐赠投给上海教育事业。1990 年左右，我和戴炜栋校长一起拜见时任上海市人民政府外事顾问的李储文，并为上外争取李嘉诚的教育捐赠。李储文非常和蔼可亲，听说我们的想法后也表示支持。他说，上海是改革开放的前沿，要培养涉外型人才，落实捐款应该问题不大。不久，我们就得到消息——李嘉诚同意把这笔捐款放在上海，并明确表示捐给上外。此外，他们有意向把这笔钱捐给上外附中。

上外党委充分讨论后认为，现有的上外附中因为空间有限，很难再有突破性发展。所以大家讨论后达成一致，到改革开放的热土——浦东建设一所新的上外附中。这所学校的规模会比现在的上外附中大，体制也更灵活，发展前景会更广阔。李嘉诚最终也同意了这一方案。

随后，学校安排我担任浦东附中筹建组的常务组长。浦东新区主要领导了解到这一项目后也非常高兴，并指定时任浦东新区社会发展局副局长赵开国和我对接。通过多次接触交谈，双方拟定了一个合同，在资产划分方面，合同明确规定，地面建筑属于上外，土地、地下建筑是浦东的。合同还有一条，明确上外派校长和主要的管理团队，包括教学副校长和外语教研室主任，浦东新区则负责办学指导、业务指导、编制、经费等。学校建筑的设计初稿出来之后，我就离开了筹备组，后来的工作都由时任上外副校长朱建国具体负责，他把浦东外国语学校办得很好（从 1996 年起，朱建国任浦外校长至今）。

有关浦东外国语学校的保送指标放在浦西上外附中这个问题我来说明一下，因为大家一直都很迷惑。2005 年前后，根据教育部的要求，小升初全部属地招生，当时上海市教委仅把上海市实验学校和上外附中作为例外学校。上外附中能作为例外学校是很不容易的。我们去和相关市领导讲国家、老一辈革命家办附中的初衷，附中的战略地位和意义，希望市政府能把上外附中列入例外学校。最后，在市政府的支持下，上外附中原有的招生模式得以保留，但市政府同时也明确浦东附中不能保留。后来，我们又向相关市领导争取。最后，我和教委负责基教的领导经过充分研讨提出了解决方案，即将浦东外国语学校更名为“上海外国语大学附属外国语学校（浦东分校）”，将其作为上外附中的浦东分校，所以浦外在教育部的编目中就是上外附中浦东分校。这就是为什么它现在还能在全市范围内招生并获得保送名额的背景。

采访者：1994—2004 年期间，您兼任上外附中校长一职。在附中校长任上，您做了哪些工作？

吴友富：我从 1994 年开始担任上外附中校长。当时我担任分管学校学生工作和其他行政工作的党委副书记、副校长，工作很忙，事情很多，所以我一开始不愿意接手这一工作，但戴校长多次找我沟通。我最终同意了学校党委的安排。

刚到上外附中时我就面临三大困境，第一是人才流失严重。受当时“下海”潮的影响，很多教师尤其是外语骨干教师都转行去企业工作了。英语教研室原本应该有三十几位教师，最少时仅有十几位教师。教师不够时只能通过并班上课来解决。第二是经费十分紧张。财务账上只有几十万，发工资都难以为继。第三是教职工的住房条件极差、极差、极差。为什么用三个“极差”？那是因为他们没有房子。上外附中属于上海外国语大学，每次分房时只给附中匀出 2—3 套，但附中有差不多 170 个编制，2—3 套房怎么分？但给 2—3 套已经很不容易了，因为大学的住房也很紧张。当时我去数学骨干老师家里，看到他们全家蜷缩在一个很差的小房子里，条件非常艰苦。所以说教师的积极性受到严重压抑。

到了 1995 年，学校在莫干山召开会议并提出上外附中的发展战略：第一，办学质量是学校生存、发展的生命；第二，办学特色是学校生存、发展的核心；第三，多层次办学是学校生存、发展的基础；第四，综合体制改革是学校生存、发展的保证。这一发展战略当时在全校范围内达成了共识。

在发展战略的指导下，上外附中又提出措施：管理学校和经营学校并举。管理学校，就是要搞质量、搞特色、搞教学和科研。经营学校，就是搞钱，因为当时附中面临没有钱就“死路一条”的局面。我刚担任校长时，有领导告诉我操场边有块土地（现在是学生宿舍、室内体育场、六层教学楼）计划要租出去，因为没有钱，一年租金30万。我后来不同意破墙开店，因为学校面积本来就小，如果破墙开店，办学空间更小了。

所以我来学校做的第一件事就是开展多层次办学增加学校收入，前后办了3—5所民办学校，比如克勒外国语学校、临海市外国语学校、上海民办日日学校等。克勒是前任附中校长办的，我来了以后强化了办学。

第二件事是明确学校的发展核心，也就是办学精神——校训。校训对学校的凝聚力建设是至关重要的。我们后来将附中校训凝聚为六个字——自强、至诚、志远。自强就是学校必须要自强不息。学校必须依靠党、依靠政府、依靠自身，自身就是全校师生。只有这样，学校才能生存和发展。至诚来自《中庸》，就是我们对党、对祖国、对人民要极端的忠诚，对整个社会、对家长、对学生要有诚信。志远，是志向远大。当年我们有一首校歌叫《飞向远方》，这个名字的意思就是志向远大，飞向远方，一是飞向祖国的四面八方，二是飞向世界的四面八方。

第三件事是明确办学宗旨。我们的办学宗旨是“服务祖国发展，服务人类进步”。服务祖国是一个前提，但作为一个外向型的外国语学校，一定要考虑到服务人类。这种提法，在全中国普教里面都极其少见。

第四件事是建设人才队伍。我做校长时抓住三个“千方百计”。一是千方百计引进人才。当时规定，凡是具有副高职称以上或者学校急需的人才，都能分给一套房子，还解决子女入学的问题。前面提到一开始学校教工住房非常紧张，但是到1998、1999年，我们通过多层次办学有了经济实力后，就陆续解决了老师们的住房问题。截至2002年，所有老师的住房问题都得到了解决。在全上海能做到这样的学校很少。二是千方百计培养人才。人才引进来还要培养。因为中学老师对学历要求没有大学那么高，知识和眼界等方面还存在不足，学校就花大代价让老师读在职研究生，还组织老师外出参观、访问以及出国考察等。三是千方百计提高教职工待遇。通过奖金、福利、住房等全面提升教职工的待遇。

第五件事是彰显学校特色，提升办学质量。我们提出的是培养外语特色、文理并重、综合发展的国际化预备英才。前面几个表述是传统的，最后一个表述是面向 21 世纪的，是中国加入世界贸易组织后人才培养目标维度上的改变。当时上海高中有十大名校，高考前都有模拟考试，称为“十校联考”。上外附中连续多年除了外语成绩第一以外，还获得语文第一、数学第一的好成绩。2004 年，附中学生朱元晨夺得了包括英特尔国际科学与工程大奖赛最高奖在内的多个国际、国内大奖，是第一个获此奖的中国内地学生。因为其办学特色及所取得的成果，上外附中被大家誉为“神仙学校”。2002 年，时任教育部副部长章新胜访问上外时，还去了上外附中，与学生进行外语交流。章部长是驻外的领导，外语实力很强。他发现我们学生的外语能力非常突出，后来也了解到上外附中进哈佛、耶鲁等世界名校的学生数量当时在全国是名列前茅的。中国加入世贸组织后，教育部想加快国际化外语人才培养的步伐，提出在全国外国语学校中搞保送生的设想。作为全国外国语学校工作研究会理事会理事长，我向章部长进一步汇报说理事会下的 14 所学校培养的学生都非常优秀。章部长就让我推荐一个保送学校的名单，最后，我推荐的几乎所有学校都列入了教育部当年的外国语学校保送学校名单。

第六件事就是我离任时，上外附中的国有资产增值 8 000 万。包含一座新的学生宿舍，价值 4 500 万。当年设计这个学生宿舍时，我就提出一定要考虑孩子的成长情况，因为发育期间会对自己的身体比较敏感，浴室不要开放式的，要注重保护隐私，所以学生宿舍的浴室是有隔离的。当时在全上海，这样的设计都是比较先进的。其他资产还包括黄色的小高层教学楼、八层天蓝色的国际部、地下操场建设以及购买了 0.6 亩的一块地（现在的学校网球场所在地）。

我这里还要特别感谢企业给我们的捐赠，比如紫江集团历年给上外附中、上外捐赠 2 000 万。而且紫江集团的沈雯董事长再三跟我强调不要宣传。他们就把这作为一种公益活动，就是出于一种情怀，当然捐赠也有我们个人关系很好的原因。前期的捐赠主要给上外附中，后期给上外。还有好几家类似的企业，每家大概捐赠数百万。除了企业捐赠之外，还有政府和社会各界的帮助。

另外很重要的就是我们的民办克勒外国语学校。上外和上外附中的老教职工们对这所学校是有感情的。克勒外国语学校是我的前任老校长在 1994 年和上海油墨厂联合创办的。我当校长以后，进一步发展了克勒外国语学校，明确了克勒外国语学校的发展定位。原来的克勒外国语学校设在上外附中里面，后来根据国家规定，即要有独立校舍、独立师资、独立财务等五个独立，我们又重新注册了克勒外国语学校。克勒外国语学校为上外附中做出了极大贡献。一是作为上外附中的“钱袋子”之一，每年给上外附中贡献 1 000 万以上。二是作为上外附中高中优质生源的基地。初三直升考的前 120 名（有时为 150 名）学生升入附中高中部，很多考到世界名校的学生初中都是在克勒就读的。三是作为上外附中的优质师资基地，从外面聘用的教师先在克勒上课，教学效果好的再转到上外附中。四是克勒还帮助解决了上外教职工子女的入学问题。

采访者：您在担任校党委书记期间，在学校的学科建设、人才培养、教学科研等方面做了哪些改革工作，取得了哪些成效？

吴友富：2004 年 7 月，我被任命为上外党委书记。在书记任命会上我讲了“三个一点”的观点。第一个“一点”，我做书记的时候上外的学科能上去一点。第二个“一点”，上外的整体声誉能上去一点。第三个“一点”，上外教职工的待遇能上去一点。后来我卸任的时候也讲了这“三个一点”，我在“三个一点”方面是问心无愧的。我做党委书记近十年，基本上做到了这三点。

2005 年前后，我代表上外党委提出党的建设重点放在四个方面：党风、学风、作风、政风。这是我当时提出的“四风”，后来形成了“四三二一”战

2005 年 4 月 28 日，吴友富（左）在中国共产党上海外国语大学第十二次代表大会上发言

略的“四”。此外，当时我们还注重抓好学校的三个核心竞争力。第一个核心竞争力是语言文学。语言文学是上外起家的基础，绝对要紧紧抓住不放。第二个核心竞争力是复合型专业。从未来发展的方向来看，上外将来要在复合型专业方面加大发展。因为当时中国加入世贸了，对复合型人才需求很大。第三个核心竞争力是国际化开放式办学。后来学校党委还进一步提出两个强校——学科强校和人才强校，就是要把学科做强，做好人才引进。人才引进无非就是感情留人、待遇留人、事业留人。最后再加上一个落脚点就是跨文化国际化人才的培养，最终形成了党委的“四三二一”发展战略。

“四三二一”发展战略提出以后，学校开展了系列教育改革工作。

第一项工作是 2006 年学校就明确提出要培养跨文化国际化人才，当时讲国际化人才培养的高校很少，在全国高校中我们是比较早提出这个观点的。我们不仅仅是提出口号，更重要的是付诸实践，由时任学科办副主任张祖忻制定了国际化人才培养方案。此外，学校还在英语学院开办了国际公务员班，要求这个班级的学生在语言上要精通一种，通晓 2—3 种；要懂一门专业，比如新闻专业、工商管理专业等，国际化不懂专业不行，语言只是工具；还要有在国际组织和国内组织中相关的实习经历。应该说，我们的国际公务员班在上海乃至全国也是首创。

第二项工作就是明确提出研究教学型外国语大学的发展路径。当年教育界对大学如何分类的讨论十分热烈，不同专家根据不同的标准提出了不同的分类，比如将大学分为研究型、研究教学型、教学研究型、教学型。我们顺应时代潮流，根据学校自身情况，认为我们要建设为研究教学型。当然提出这个口号严格意义上来讲在当年也是有点争议的，有些人认为国家教育部门不是这样的提法。但是我认为只要对学校发展有利，只要符合规律，我们就做了再说。在这个口号下，我们首先扩大了研究生的招生数量，其次就是努力提高教师的学历层次。当时党委明确，新任命的处级干部全部要求有硕士以上学历，专业岗位原则上全部要求有博士以上学历。20 世纪 70 年代、80 年代的干部必须按照这个做，后来我们基本都做到了。所以说我们全校的学历层次在短短的 5—8 年间有了飞速提高。

第三项工作是强化了学科梯队。通过学科梯队的建设和科研量的提升，上外全校的科研排位在同类学校中名列前茅，有几年甚至排在第一。

第四项工作是增设了国际关系博士点，还有 MBA 的专业硕士点。在同类高校里面，上外是第一家。当时很多学校仅有语言文学博士点，没有国际关系博士点。

第五项工作是感情留人、待遇留人、事业留人。在党代会报告里，我们明确提出，从 2005 年开始，在职教职员工每年增资 10%，离退休教职工享受 25%—30% 的共享经费。我们每年还有两次送温暖工程，学校提供专项经费。我们一年两次给每一个教职工送米、油、黑木耳。另外我们从捐赠经费里专

2011年5月5日，吴友富（左）在杨洁勉（右）上外特聘兼职教授聘任仪式上

2011年6月14日，吴友富（右）参加诺贝尔文学奖获得者、上外顾问教授马里奥·巴尔加斯·略萨（中）讲座

2012年9月28日，吴友富（右）会见俄罗斯圣彼得堡立法大会主席马卡洛夫（左）一行

门建立了“大病医疗”帮助基金，对教职工生大病不能报销的项目，学校再次给予补贴。

第六项工作是加强人才引进的力度，像我们国际关系博士点、MBA 硕士点设立，就是靠人才引进，比如当时的张曙光副校长、苏长河院长等人都是引进来的。

采访者：2007 年，学校制定了“格高致远，学贯中外”的校训，请您介绍校训背后的故事，以及校训对学校的发展有哪些积极意义。

吴友富：我们新校训的诞生基于两个原因，第一个原因是当年都在讨论高校校训理念雷同的问题。另外因为高校校训都是口号式的，没有文化内涵。我们的老校训是“文明、团结、求实、奋进”，制定于 20 世纪 80 年代初。我也参与了这个校训的讨论过程，对“团结”印象最深。校领导当时专门提出“团结”一定要放，因为经过“文化大革命”，教师、干部有些观点不太一致。那时的团结问题还是比较严重的，所以校训提倡“团结”可以说是时代的产物。第二个原因就是社会对上外人才培养的期望已经提高了。大家希望上外不仅仅是个语言学校，而应该是一个跨学科的、跨文化培养的综合型学校。在中国加入世贸组织以后，上外的发展也进入了一个新阶段。

2005 年的一个下午，上海市公关协会在上外逸夫会堂举办一个会议。我做了一个关于组织危机管理与组织形象的塑造和传播方面的讲座。主持会议的是原上海市委常委、统战部部长，时任上海市公共关系协会会长毛经权。讲座结束后，我正式宣布启动学校的校训征集活动。我讲组织形象塑造的时候，讲到了企业精神的产生过程和企业文化的建设。这和校训有关系，所以我们以这次讲座为契机，启动校训征集活动。活动具体由宣传部组织并统一汇总，经过三个月左右的征集，共收到 300 多条校训方案。经过各院系、各有关部门、工青妇、学生会等团体集体讨论，从 300 多条里面选出 30 条入围作品。工会、学生会、校友会和有关领导再从 30 条中选出五条。之后，校党政会从五条中选出两条，党委常委会再从两条中选出一条。我们在教代会汇报时还是两条，只是提出一个倾向性的意见。

有关校训征集和确立还有几个小插曲。对于“格高志远”，在党委会开会时候也有一个争议。原稿是“致”，“导致”的“致”。后来在讨论中我们提出这个字是虚拟词，没有意义，等于口号一样。“格”指道德高尚，这是有道理的。所以我建议改成“志向”的“志”，寓意志向远大。我当时又重复我在附中时候的理念，说我们外国语大学的学生应该服务国家，服务人民，志向远大。后来大家都认为“志远”比“致远”要好。对于“学贯中西”，教代会也有代表表示不妥，提出上外的学科不仅是西方的，阿拉伯语、日语、朝鲜语等这些不属于西方语言。与此同时，也有老专家专门写信给我说不能改，他指出汉语习惯中没有“学贯中外”，只有“学贯中西”，上外在语言方面更要严格符合语言规范。他是很知名的教授，文化素养深厚，说得也有道理，“学贯中外”是不规范的。但我们还是实事求是，根据实际情况采用民主的方法，交给教代会集体讨论并进行投票。最终全体通过“格高志远，学贯中外”这一校训。

为进一步凝聚共识，增强新校训的影响力，学校又组织“千人书写校训”的活动。我记得活动现场气氛非常热闹，全校书法好的师生几乎都参加了。后来在食堂门口摆了五六十幅作品，作品都非常精彩，场面也很壮观。大家在现场进行评选，我当时也去了现场，最终评出来的特等奖就是现在的校训字体。当时有两种意见，一种意见就是校训字体用鲁迅体，因为我们校名是鲁迅体。但最终大家认为还是要发挥教职工积极性，我们既然搞了千人书写校训活动，就是要用教职工的字体。所以校训字体是我们教职工和学生自己产生的，很有意义。

另外一个活动就是对校训进行多语种翻译，很多专家都参与了翻译活动，包括外国友人都给我们送来翻译。其他语种我没参加，但是我参与讨论了校训的英文翻译，可以说校训翻译实际上也聚集了集体智慧。

采访者：新时代外语院校发展面临前所未有的机遇和挑战，您对上外未来的发展有哪些建议和期待？对上外学子有哪些寄语？

吴友富：从校训来说，“格高志远”，就是希望我们的学生要有战略眼光，要有全球视野、国际眼光。然后是“学贯中外”，第一，我们学生应该具备语言的能力，要精通语言。这是针对做语言研究的学生。第二，复合型人才首先是专业能力，同时要有语言的运用能力、实践能力。两类人才是不一样的，所以我们要分类管理。第三，不管复合型也好，语言型也好，希望我们的学生能成为具有跨文化沟通能力的人才。最后希望我们的学生，包括我们的学校要坚定信念，能够为中华民族的伟大复兴做出贡献。

以上我是根据回忆所述，时间、地点、人物不一定十分精确，但基本情况就是这样的。

吴友富（右）接受采访

我经历的上外
改革与修志励行

杨　凡

男，1951 年生，1988 年从海军部队转业进入上外工作。1991—1995 年任人事处副处长，1995—2005 年任党委办公室主任，2000 年任上外党委常委，2005—2011 年任校长办公室主任。自 1993 年以来，先后参与和主持《上海外国语大学志（1949—1994）》《上海外国语大学志（1995—2014）》的编撰工作。

口 述 人：杨凡

采访整理：周源源、杨露萍、陆英浩

采访时间：2024年1月30日

采访地点：上海外国语大学虹口校区图书馆1楼

采访者：您是20世纪80年代从海军部队转业进入上外工作的，请您讲讲当初和上外结缘的故事。

杨凡：我从1968年开始当兵，到1988年脱下军装进入上外，刚好20年。1987年时，部队确定我转业，之后还要上报和走程序，约需半年时间。这些时间就给我们自己去跑单位，联系工作。那时，还没有像现在一样投个人简历，就请战友、朋友帮忙介绍单位。我当时就住西江湾路，也就是虹口体育场对面，离上外很近。再加上我曾很长时间在部队院校工作，对学校有亲近感。

我到上外后，时任校党委组织部部长王水娟（后任上外党委副书记）接待了我。她听说我在部队是个“笔杆子”，首先交给我一个协助部里老同志编“组织史”的任务，希望我能主笔并尽快编出初稿。一个月后我就交出了初稿。王老师认为我办事效率高，对我印象很好。她当时就向学校报告确定录用我。学校于是给市军队转业办公室写了一个正式的函表明要接收我。我到学校报到后并没有到组织部工作，而是到了人事处，因为王水娟已从组织部部长调任人事处处长。王水娟老师一直是我的“引路人”。

当时上外在做“校长负责制”的试点，这意味着处级以上行政干部任免等都由校长负责。所以我到学校以后，王水娟让我担任人事处干部科科长。这个科是为适应“校长负责制”而设立的，后来“校长负责制”改为“党委负责制”，这个科也就随之撤销了。在校领导和处长领导下，我专门负责考察、聘任行政系统的处级以上干部，包括系主任、副主任和行政部门的副处级以上干部。

采访者：您进校这个时期学校在人事管理制度方面有一些改革，如学术梯队建设，想请您介绍一下相关情况和改革的成效。

杨凡：我们学校20世纪80至90年代是人事改革比较激进的时期。这也是为了与学校的改革发展相适应。80年代中期，上外参照国家干部队伍的梯队建设模式，建设了教师培养的学术梯队，即二、三梯队。二梯队是指选择优秀的副教授，经过3—5年的培养冲上教授岗位。三梯队是选择优秀的讲师，经过3—5年的培养冲上副教授岗位。大家可能不理解，培养副教授、教授还需要这么费力吗？过去我们学校副教授、教授都是有限额的，名额少，教师基数大，评上非常困难，所以才会有这一制度力推一批优秀人才早上、快上。最初没有一梯队（一梯队就是已有教授职称的人员），我任人事处副处长后，副校长吴克礼老师就找我商量，提出组建一梯队，对有项目、有实力以及做出重要贡献的教授也授予荣誉与奖励。我就专门拟了一个条例报给方德兴老师（时任人事处处长），后来就把一梯队建立起来，使梯队组织结构完整。三个梯队不是人人都能进的，要通过专门的考核来筛选。老师要承担相关项目，每学期通过考核才能得到额外的奖金。所以当时梯队成员朱威烈教授曾经做了一个有趣的比喻，说这一年五百块钱就像煤球，拿在手上很烫，老师们重任在肩。这些奖金金额现在看来很少，但在当时还是蛮多的。梯队建设是上外首创，在全国影响都很大，听说当时得到了《光明日报》的报道。

除了建设学术梯队，我还参与制定了近亲回避制度。上外是上海市高校里第一个建立这一制度的。该制度实施后在校内引起很大反响。我还参与了中层干部的民主选聘工作。在这之前，所有的中层干部都是学校任命的。我参与的第一个实行民主选聘的院系是俄语系。当时，俄语系系主任倪波卸任后，通过民主选聘形式，顾柏林被选为新系主任。整个选举过程，包括投票、计票，都是我主持的，反响很好。我还负责组织开展了上外附中校长的民主选聘，在这次选举中，罗佩明从一名基层的德语教师直接被选为校长，《解放日报》还曾进行过报道。在当时各校还大多是任命制的情况下，上外普遍进行选聘是一项非常大的改革。

在这个基础上，我们人事处还在校党委、校领导主持下，积极规划和推进机构设置的综合改革。比如在机关，主要在党委方面，积极建设大部制；党办和宣传部合并为党宣办，设一个正职、两个副职；组织部和统战部合并为组统办；纪检办与监察处合署办公，保卫处与武装部合署办公，等等。经此，学校的 20 多个机构缩编为 17 个。在基层，把教学系提升成学院，并部分放权，比如学院成立后，向学校报备，可以在学校规定的编制内自主聘用讲师。同时，以前系都是副处级单位，而学院则是正处级。当时规定需要有 500 个学生才能成为学院，所以一开始只成立了英语学院和经贸学院。这一制度的后续发展也推动了院系的整合工作。

采访者： 1996 年，上外被列为“211 工程”学校，您当时是党办主任，请您介绍一下相关情况。

杨凡： 学校 1994 年底成立了“211 工程”申报领导小组，1995 年上报材料，1996 年教育部派人来预审。预审通过后，我们算是跨入了这个门槛。一开始，教育部认为语言类院校太单薄，体量较小，在国际上可比性较小。建设“211 工程”是要面向 21 世纪、重点建设 100 所左右的高等学校，所以教育部的视线主要在综合性的院校上。

20世纪90年代，戴炜栋教授接任校长后，上外领导班子对机遇的意识非常强。从1994年改名升格（校名由“上海外国语学院”改为“上海外国语大学”），1994年率先参与共建（上外被列为国家教委和上海市共同建设的首批学校之一），到1996年进入“211工程”，这三件大事，校领导都抓住了机遇，每一步都为上外争得了先机，推动上外迈上大台阶。比如，“211工程”第一期，我们并没有得到很多的教育部经费，因为当时就是想先要一个“名分”。我们是上海市共建高校，所以教育部拨多少款给上外，上海市都会一比一配资，比如教育部拨款100万元，那么上海市也会拨款100万元。因此，上外的发展得到了更多的便利条件。

我认为，加入“211工程”的好处有三个方面。第一个是能通盘规划和考虑学校的整体建设，并且考虑到学校建设的发展目标，各个部门能拧成一股绳，形成一个整体力量；第二个是对标目标任务，把学科、教学、科研、人才培养、师资梯队、公共服务一起推进，配比更科学，发展建设会更快；第三个是学校的社会效应更好，以“211”之名，便于我们从外校、外地吸引人才，对生源质量和学生毕业分配等方面都有积极影响。

1994年，成为上海市共建高校以后，学校可以从上海市获得经费，招生和服务也转向以上海市为主。那时我们招生，上海生源曾经占比70%。学校办新专业也是为上海“四个中心”建设服务，相继开设许多与经济、金融和信息管理等相关的专业。我们写文件都强调要服务国家战略，服务上海市发展战略。

采访者：2000年，学校启动松江校区建设工作，请问在新校区建设和管理中分别遇到哪些难题？

杨凡：我2000年进入校党委常委。春节刚过，我就接到通知，随三位校领导戴炜栋、谭晶华、盛裕良前往上海市委接受任务。时任市委副书记龚学平接见了我们，在场的还有殷一璀、市教卫书记等人。龚学平说市委要求上外到松江区办学，并提出对前往松江区办学可给予的相关政策支持。我们回来后学校就召开党委扩大会议、中层干部会议等一系列会议，统一思想。那时学生的思想没什么问题，因为老生都在虹口校区，没变化。主要是教职工有许多担心，他们觉得在虹口校区挺好的，为什么要去那么远？以及前往松江交通很不方便等等，顾虑很多。校领导就分工分头做思想工作，我也到相关学院给教师做思想工作。

当时，戴校长带我们一起去松江考察办学地点，那里还是一大片农田。我看了以后非常兴奋，上外虹口校区很小，而松江这边一片开阔，可以大有作为啊！

松江校区2000年开始建设，2001年正式启用，当时是2001级新生入驻松江校区。开学以后，我们就发现面临很多问题。一个是人气问题。松江校区人气不足，当时下午三点以后很多教职工就都回虹口区了，加之松江大学城的几所学校最开始都没有修围墙，安全也存在隐患。第二个是思想方面。不仅学生对学校提出诸多意见，教师的意见也不少。第三就是交通问题，那时还没有通地铁，从松江到市区的公共交通很不便利，遇到下雨、下雪等极端天气，交通就更加麻烦。除此之外，还有教学、基建、校园文化建设等各种问题。比如在校园文化方面，虹口校区有高年级学生带着开展社团活动，松江校区都是新生，社团活动开展较难。那时候的学生辅导员也特别辛苦。

针对这些问题，学校分别采取了相应措施。一是积极鼓励教职工到松江校区工作。二是切实解决交通问题，学校添置了往返两校区的大巴车保证教职工的通勤。三是定期组织虹口校区的高年级学生前往松江，带领新生开展相关的校园文化活动。四是松江校区实行一主三级值班制，即设一个主值班室、一个校领导值班室、一个管委会值班室和一个学生值班室。当时我是学校常委，每周在松江校区住三四天，所以经常受邀参加各种学生活动。那时候学生中有一个很活跃的社团叫“臻言堂”，定期汇集学生意见，并正式提交给学校，这也是大学生参与民主治校的一种形式。每次我都会参加他们组织的会议，并在会后把收集的意见分门别类，把学生意见分发给相关部门，该改正的改正，该解释的解释，我们再负责督办落实。我始终强调，学生的需求是我们最大的需求。比如当时学生反映，有些机关部门中午不办公，工作人员下午三点又回虹口校区了，学生只能利用课间或者请假来办事。所以我们后来就要求有关部门中午都要开门办公，为学生服务。我们还支持学生处设立心理辅导室。

我们在松江校区设立常设管委会，派遣常设人员驻扎，保证校区的日常运转。在全国外语院校的协作组会议上，我还专门介绍了这些经验。在全国的外语院校里，上外是第一所建设新校区的学校，后来其他外语院校在建设新校区时还借鉴了我们的经验。

采访者：您 2005 年调任校办主任一职，在任职期间，协调、组织过多项大型活动，如 2009 年的 60 周年校庆、2011 年的世界俄语大会等，请您给我们介绍一下这些活动的举办情况。

杨凡：以前的校庆活动筹备其实我都参与了，当时校办负责组织校庆，党办负责校长的发言稿。那时我是党办主任兼教育发展研究中心主任。教育发展研究中心是戴校长专门批准设立在党办的，由我领导，下面不设专职工作人员。后来我到校办工作，这个中心就跟随我又设在校办。我退休以后，这个机构就取消了。

60 周年校庆还是校办组织的，但我们对组织形式进行了一定的创新。以前是校办作为总协调，给各部门分派任务。这一次我们拉长了时间线，即从下半年开始就进入校庆时间，各院系组织的科研报告会等都纳入校庆活动里。此外，我们把校庆当天的庆典活动全部分解，各负其责。上午是庆典大会，下午是学生表演，校办主要负责庆典大会。

庆典大会上有领导发言、师生代表发言、校友代表发言、兄弟院校代表发言和校长的主旨报告，其中最出彩的是师生代表发言。以前我们会找一到两个师生代表作祝贺性发言。这一次，我想体现上外的国际化办学，于是找了六个人，包括四位留学生、一位中国学生和一位教师，分别围绕他们在上外的生活或如何实现自我价值来发言，留学生来源涵盖欧、美、亚、非等洲。这种创新的形式获得大家一致好评。以后办 80 周年校庆的时候我有个建议：可以请八名校友发言，每个人代表校史上的十年，从老到青，从而体现一种穿越与传承。

世界俄语大会是我退休前办的最后一次大型活动。俄语系时任领导和我说俄语大会非常重要，此前从没在亚洲开过，他争取到这个机会，希望校办帮忙协调。我表示责无旁贷。会前，我与俄语系加强联系，并召集各部门开会，从接站、住宿、餐饮、交通、礼仪、大小会场、环境布置、相关专业调课安排、拍照、报道、医疗保障、安全保障等，事无巨细，一一分配布置，并一一督办检查，落实情况。那几天，我天天住在松江，随时掌握情况，随时调配处置。

此次大会可谓盛况空前，时任俄罗斯总理普京发来了贺电，时任国务委员刘延东、时任教育部部长袁贵仁、时任教育部副部长兼中国俄语教学研究会会长刘利民、时任上海市市长韩正等领导都出席了这次大会，俄罗斯一方有教育科学部副部长和世界俄语学会会长出席。正式会议第二天早晨，刘利民副部长想在校园里转转，当时尚没有其他校领导在松江校区，我得知后赶快过去陪同，后来校党委书记吴友富也尽快赶了过来。刘利民部长对学校举办的此次会议给予了很高的评价，说上外这次会议办得圆满、滴水不漏，指出这是“举全校之力办了一场无与伦比的盛会”，刘利民部长的话也给了我们很大的鼓舞与鞭策。这也算是给我的职业生涯画上一个圆满的句号。

采访者：2011 年您退休后，还受聘担任校编志办公室专职副主任一职，主持第二轮校志修订。您基于怎样的初心接受了这一挑战？

杨凡：1987 年，我编过“组织史”。1993 年，我开始参与编写第一本校志，那时副校长耿龙明负责该校志主编工作，我担任人事处副处长。1994 年，耿校长把我调配过去专门做校志编写。以前在老行政楼办公的时候，人事处在二楼，校领导在三楼。他在三楼专门给我找了一个朝北的房间，我就在那里进行统编。那本校志包括大事记、正章 14 篇加附录，我负责统编 7 篇。最后的编审由耿校长负责。那本校志 1994 年编完，1995 年出版。

我从 1971 年在部队提干以后就一直从事文字工作。只不过我以前做的都是思想政治工作、党务工作，不太涉及行政工作。所以我认为编写校志不是太难，只要资料齐全，我就能按照规定编写完成。上外第一本校志编写时，是由学校自己负责的，编好后由外教社出版，所以只要校领导审核通过，就基本可以出版了。

2011 年我退休以后，曹德明校长希望我继续帮学校做点事。当时正好上海市发布了第二轮修志的文件，曹校长希望我接着编志。于是我就接下编志任务。一开始，我认为和上一次修志差不多，只要有基础资料，在上面改一改就行。我先做了编写大纲上报，却一直没得到回应，也不知怎么回事。后来我去市里开会才知道，上外第二轮修志被列入上海市地方志系列。修志是否列入市志序列，在体例要求上有很大区别。列入市志序列的修志要求会更严格。一是程序更严，从大纲开始，每一步都须经市志办审批。二是文体规范更严，纵向到底，横向到边，述而不议，条线清晰，文字准确，经得起历史检验。三是过审更严，不仅要在本单位过审，还须经市志办组织校外专家三次审查，出版社（市志办挑选的出版社）三次审查，方可正式确认出版。第一轮修志，上外志并没有进入上海市级专志序列，形式不够规范，所以第二轮上外修志实际上是第一次列入上海市级专志的修志。

面对更加严格的修志要求，我们缺乏相关经验，于是我就带着一名青年教师去其他学校调研。上海海洋大学最早编撰了《上海海洋大学百年志》，也最早通过上海市的审批，我们就去那里调研。他们编志办有八个人，顾问有十几个人，而我们当时只有两人，人员肯定不够。后来我就想办法找一些退

2019 年 12 月 4 日，参与校志编纂的部分老师在新校志发布会上合影

休的老同志来扩建队伍。我找老同志也有一个基本的选拔标准，一是要热爱上外；二是没有家庭负担；三是住在学校附近；四是有一定文字功底，思路清楚；五是身体健康，能够坚持坐班。修志确实很辛苦，所以有的老师不愿意来，有的来了之后也因为其他原因没能坚持到最后。

编志过程中我还发现一个问题。虽然我们这次编的只是 1995—2014 年这 20 年的内容，但现在很多部门工作人员换了一批又一批，许多机构拆拆并并，或者已经不叫原来的名字，所以和各部门的沟通上存在一定的困难。有的部门领导认为不了解在任前的相关工作，就只写他在任时期的事。我后来想了个办法，把所有的大纲编成细纲，即把具体的章、节、目该怎么写，一层层的意思都规定好，比如起码要有哪些内容，分别是什么。这样他们就可以按照我给的细纲找材料填进去。即使如此，有些材料找起来也还是很困难。比如 1999 年，学校撤销总务处，成立上外后勤实业发展中心，结果后勤找不到当时改制的文件，只找到校报上的一条新闻。我们编志书，要求上面写的每一条内容都要有档案资料出处，不然就不是信史了。我们就和部门反复交流，寻找材料，到最后，各部门慢慢也有了一些修志的意识。但这个过程还是非常困难和漫长的，稿件要经过反复修改，有的只能由我们来改。

第二轮修志碰到了两大难题：一是材料缺乏，二是各部门修志意识不强。针对这两个问题，在修志过程中，我们一点点攻坚克难。找资料时，老同志就一头扎进档案室、资料室，翻“陈年老账”，甚至连“待销毁”的材料都去反复翻看。发现有用的材料时，大家就像考古挖到宝贝一般兴奋。为了解决部门修志意识不强的问题，我们去帮助指导修志，反复阐述修志的意义，逢人便讲，并利用各种宣讲校史的机会进行宣传。现在上外已初步形成一种良性的修志氛围了。

修志完成后，我们就对学校的情况非常清楚了。这个做完以后，我们紧接着做资料长编。一开始我其实并不想做，但做着做着就越来越感兴趣。第一本资料长编涵盖的时间范围与志对应，是 1995—2014 年。当时为了赶上学

2019 年 12 月 4 日，杨凡（前排右 1）及其他上外代表与商务印书馆、上海地方志办公室代表在新校志发布会上合影

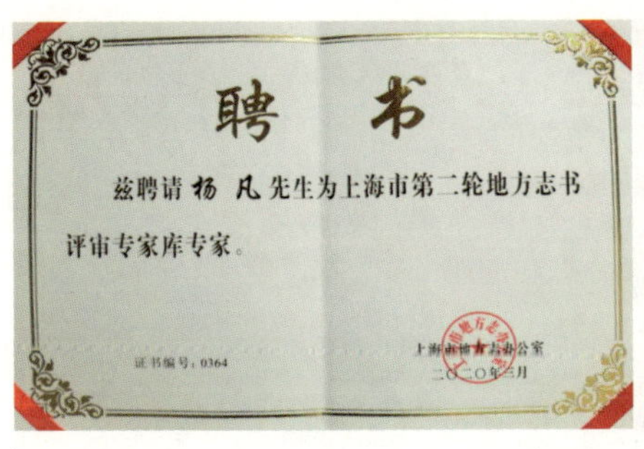
聘书

兹聘请杨凡先生为上海市第二轮地方志书评审专家库专家。

证书编号：0364

2020 年 3 月，杨凡被聘为上海市第二轮地方志书评审专家库专家

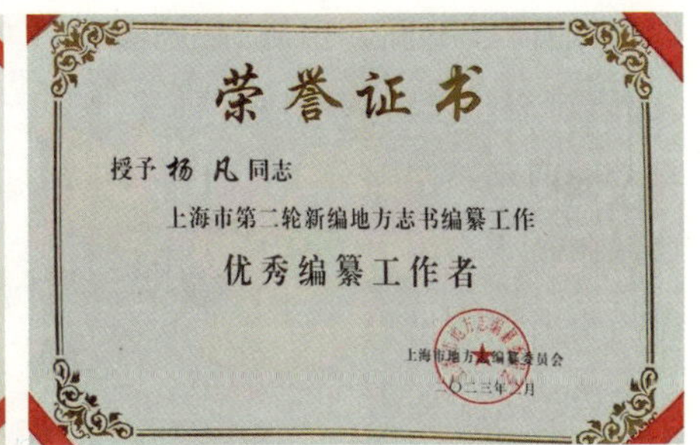
荣誉证书

授予杨凡同志

上海市第二轮新编地方志书编纂工作

优秀编纂工作者

2023 年 2 月，杨凡被评为上海市第二轮新编地方志书编纂工作优秀编纂工作者

校 70 周年校庆，资料长编做得很急，所幸最后在年底顺利出版，市志办对我们的评价也不错。编完以后，我感觉还不够完善。这本基本都是文字，没有图片。再回头看学校的第一部校志（1949—1994 年），里面缺的东西更多，甚至没有提及一些知名教授。为了完善校史，少留缺憾，我带领老同志再回过头去做 1949—1994 年的资料长编。我原来有一个目标，要编一本上外图志，于是在这部资料长编中确定了一个原则，即多放图片，使这部长编具有图志的意义。现在这部资料长编已全部出齐。

我负责校史编辑室工作，所以一直以来我都认为宣讲校史是我当仁不让的职责。在编修校志和资料长编的基础上，我每年会应邀给新进教师做校史讲座。为使大家便于接受，我以讲故事的形式来宣扬上外历史。讲过以后，我感触很深：我过去讲校史，就是讲学校的发展脉络，学生对此不太感兴趣。于是我在发展脉络里提取出五种上外精神，以此概括上外的文脉。现在我又把它上升为“一个初心，五种精神”，再加上近两年挖掘出的上外大师的故事，使讲座更能入耳入心。我们常说“不忘初心、牢记使命”。我们的使命很清楚，但我们的初心是什么？后来我看了很多材料，就找到了姜椿芳在开学典礼上的讲话。那段话就是我们的初心，我们以后的很多工作都是从这段话出发的。我也和李岩松校长说，今后上外人要强调这个初心。

2024 年 3 月 21 日，杨凡为上外西索文博协会志愿者作校史讲座

采访者：您在编写这些志书的过程中，有哪些事件或人物让您印象最深刻?

杨凡：主要有几个方面，一个是过去我一直认为上外学校比较小，历史比较短，所以文脉可能比别的学校差一些，几乎没有什么大师。通过深入挖掘历史资料，我体会到上外历史上是有大师的，或者说大师级人物的，如方重、徐仲年、厉麟似（原名厉家祥）、漆竹生等，再加上已故校领导，如姜椿芳、王季愚、胡孟浩等，上外可谓“星光灿烂”。这些人的历史和对上外的拳拳之心令我很感动。有一些大家，他们来上外之前就已经是著名教授了，完全可以躺在功劳簿上，但他们还在尽心尽力为国家、为上外做贡献。

上外德语专业筹备组组长厉麟似，在抗日战争艰难的时候积极投入抗日救亡工作。上海沦陷以后他没有撤退，面对日本人和汪伪政府的拉拢威逼，

杨凡在讲座中介绍漆竹生

他毫不退缩，发起“非暴力不合作”运动，在历史上评价很高。

方重，来上外之前就已经是非常知名的教授，在翻译、研究乔叟作品方面取得非凡成就，2018 年 5 月 14 日还入选了上海市社会科学界联合会公布的首批“上海社科大师”人选。

还有徐仲年，在受到错误批判的情况下，还能够坚信党的领导，坚信社会主义，带病坚持工作，积极完成领导交办的辞典编撰和翻译任务。

漆竹生，一开始我也不了解，但后来了解到他的经历，我十分敬佩！他是在“文化大革命”前就评上教授的上外教师中唯一一个坚持不懈追求入党的人。他来上外之前，在厦门大学任教时（1955 年）就写了入党申请书。后来因为种种原因，他被审查搁置了。直至 1985 年，他才被吸收加入中国共产党，那天他异常兴奋，写下了这样一段话：“1958 年一份张冠李戴的揭发材料，使我的入党问题遭到搁置。但我对党的信念从未动摇。”这颗坚持红色追求的滚烫的心深深地感动着我们！所以我也满怀崇敬之情地给师生们讲这些先辈们的故事。

采访者：习近平总书记强调“让历史说话，用史实发言”，您觉得怎样才能更好地实现这一点？学校在校史育人方面应该如何积极作为？

杨凡：第一，希望把校史学习和教育列入学生课程，哪怕是学分较少也没关系；或把它作为第二课堂开展相关教育活动。换言之，就是要有相应的制度要求，让每个院系把校史教育纳入教育体系。第二，校志还要继续编纂。志书是一个单位的根和魂的书面呈现方式，能增强大家对单位的归属感，努力为实现单位的进一步发展创造新前景，所以我们称它为“校园文化的基础工程”，不仅是存史资政，同时也有育人功能。我们现在写的东西，看这些的人很少。习近平当年任宁德地委书记的时候，上任第一件事就是去看地方志。他当时就强调了地方志的重要性。第三，作为校史工作者，一定要用各种各样的形式多讲校史，多宣传校史。希望学校要重视相关组织工作。第四，要后继有人。光靠我们这些老同志，总有止步的时候。我们现在即将开始第三轮修志，总要有人来接替已经上年纪的老同志。第三轮修志工作铺开后，各个院系、部门要写 2015—2029 年的内容。这份工作很枯燥，像我之前说的，修志的同志一定要热爱学校，要耐得住寂寞，甘坐冷板凳，还要有点文字功底，写的东西要使人信服，这很不容易。所以这事一定不能放松，要一棒一棒地接下去。

杨凡（中）与采访者合影

我在美丽的上外五十年

谭晶华

男，1951 年生，博士，教授，博士生导师。曾任上海外国语大学常务副校长、教育部高校专业外语教学指导委员会副主任兼日语分委员会主任、中国日本文学研究会会长、中国中日比较文学研究会副会长、上海翻译家协会会长、上海日本学会副会长、上海市辞书学会副会长、2009 版及 2019 版《辞海》外国文学科主编、上海作家协会理事、上海市文联副主席等职。现任国家哲学社会科学基金学科评审组专家、上海老教授协会副会长、上海作家协会理事。还曾担任 2008 年度国家社会科学基金项目“中国日语学习者语料库建设与研

口 述 人：谭晶华
采访整理：朱思霖、周源源、杨露萍、陆英浩
采访时间：2024 年 1 月 16 日
采访地点：上海外国语大学虹口校区会议中心富士厅

究”的项目负责人。著有小说《美人蕉》（获日本朝日新闻社和送书会举办的征文比赛教师组“最优秀作品奖”），专著《日本近代文学名作鉴赏》《川端康成传》，编著《日本近代文学史》，主编《日本文学辞典·作家与作品》，担任《外国现代派文学辞典》审稿人、编委及撰稿人，《大辞海·外国文学卷》分科主编及编写人，《简明日汉-汉日辞典》主编，《新编日汉微型词典》（主编，合著者）；任“十五”国家级规划教材《日语综合教程》（5-8 册）总主编，“十一五”国家级规划教材（50 册）总主编，“全国翻译专业资格（水平）考试指定教材”《日语口译笔译实务》（8 册）总主编；在国内及日本杂志上发表《远藤周作的文学与宗教》《濹东趣谈论》等论文 95 篇；并有《山之声》《二十四只眼睛》《冻河》《地狱之花》《瞽者谭》等文学名作的译著计 140 余种 500 余万字。1992 年起获国务院特殊津贴，2006 年获上海翻译家协会颁发“翻译成就奖”，2007 年被评为二级教授，2009 年被评为上海市高校教学名师，2015 年由上海文联授予“德艺双馨文艺工作者”荣誉称号，2017 年由教育部外国语言文学专业指导委员会中国日语教学研究会授予“中国日语教育终身成就奖”，2018 年由中国翻译协会授予“资深翻译家”称号。

采访者：请问您当初为什么会选择上外，选择日语专业？您是怎么学习日语的？

谭晶华：1974 年 10 月，我结束了在江西井冈山山区近六年的插队务农，怀里揣着上外英语系的录取通知书，兴冲冲地赶到上外英语系红大楼报到。谁知辅导员大手一挥说："你，到日语去报到！"我问："为什么呀？"他回答："请服从分配！"后来才知道是因为每个班的男女生比例需协调。我 1964 年 9 月考进华东师范大学第一附属中学后学过整整四个学期的俄语，无论是步行来回学校，还是坐公交外出，都在背单词、记语法、早读朗诵，所以在 17—23 岁间吃苦耐劳地"修理地球"之后得到学习外语的机会，我哪能不抓紧和珍惜啊？

采访者：您就读时哪些老师给您留下较为深刻的印象？这些老师身上具备哪些难能可贵的品质？对您后面的从教经历产生哪些积极影响？

谭晶华：我就读时被分到了三班，那是一个要去工厂、农村开门办学的教改实验班，师资力量配备很强。有三类老师对我的影响很大。首先是教了我们三年整的华侨老师俞彭年和日侨老师岩田昌子。20 世纪 50 年代后期，为支援国家建设，俞老师独自一人回国，考进复旦大学哲学系，毕业后分到上外教日语。他上课的逻辑性强，循序渐进，重点突出，效果很好。岩田老师二战后一直留居上海，除了语音语调纯正，还熟知日本社会文化，我对她讲述的专业知识印象深刻。其次是上外的三位台胞老教师。周明是台湾省"二·二八"起义的领导人之一，离休干部。他的中日文水平俱佳，陪日本朋友参观无锡、苏州，碑上的古诗词信口翻来，精确流畅。我还跟着日语教研室主任李进守当了几年教学秘书，他的授课方法、待人接物态度给后辈做出极好的榜样。1984 年我被选上了日语系副主任，因为我的中文基础尚可，而且写文章较快，就担任了系主任王宏的助手，主要负责撰稿及系里的教学和学生工作。王宏是一位非常有想法的老师，日语复合型专业最早就是由他牵头建设的。那时吴克礼副校长分管教学，胡孟浩校长是总抓手。1984—1987

年，我一直留在学校工作。1988—1989 年，我以进修的形式去日本研习。

我认为三类老教师值得学习，第一类为上外的日语专业建设奠定了良好的基础；第二类以其对学问、对建设国家的忠实态度，对我们影响极大；第三类是“文革”前毕业的老师，大概只有五六位，包括陈生保、周平、沈宇澄，他们都是 1962 届—1965 届的大学毕业生，这些国家培养的第一代大学生日语专业水平很高，在阅读、研究、翻译上都有自己的精通领域和长处，许多事情我们都是学着他们去做。归纳起来，这三类老师在各方面对我们都产生了难以忘怀的影响。

采访者：您大学毕业不久就翻译了中篇小说《看那灰色的马》，开启了 40 多年的翻译生涯。您后来还历任上海翻译家协会会长以及两届中国译协副会长等职务，2018 年获得中国译协授予的资深翻译家称号。在您看来，一位优秀的外语文学翻译应该具备哪些品质？现在学校成立了翻译研究院，您对研究院的发展有什么期望？

谭晶华：我报考中学的时候，全上海只有三个初高中五年制的市重点学校，其中虹口区占了两个，一个是华东师大一附中，另一个是复兴中学。复兴中学是偏理科的学校，而华东师大一附中更倾向于文科。因为我比较喜欢文科，小学的时候作文成绩也一直比较好，就考入了华东师大一附中。后来读大学，当时的专业主要是语言和文学方向，语言又分为语法、语音、词汇等，那些我学得也不错。但是，我觉得学习文学会对日本近代和古代社会文化有更好的了解，并且知识面会更广些，所以就选择了文学专业。大三时上翻译课的老华侨张诚找来五木宽之的中篇小说《黄金时代》，让大家分成几个组翻译以后，由我统稿，并试图给上海译文出版社的《摘译》(《外国文艺》前身）投稿。虽然最终没能发表，但那是我第一篇文学翻译的习作。

毕业以后，我在广交会（广州中国进出口商品交易会，简称“广交会”）当翻译。从广交会回来后，我被时任日阿系党总支书记王益康派到武汉武钢厂。那时武钢已经开始改革开放，引进了一些新日铁的新技术。最后一届风阳培训班的 30 多个学生在那里做现场翻译，当时需要有老师去管理，所以我在那里待了四个月，主要负责临时上课和处理一些现场事务。工作结束以后，我就回到了学校。那时在学校除了上专业课程，更多的时间是在读书。我一直在读文学书，读了以后便开始萌发翻译的念头。1979 年，时任系主任殷勤老师开始号召大家写文章、做科研，我就研究了一些川端康成的文学作品，写了一些文章，后来在学校 30 周年校庆时发表。

1979 年 9 月，我和莫邦富代表上外参加在东北师范大学召开的首届中国日本文学研讨会，期间结识了李景端先生（《译林》的首任总编）。他谦称自己原本搞经济管理工作，不是外国文学专业科班出身；他一再说明《译林》的办刊宗旨，希望所有老中青译者大力支持。当年青年译者的稿件投稿很难被期刊和出版社采用，但是《译林》的编辑们不讲论资排辈，大胆启用优秀年轻译者的稿件。我向他推荐了日本当代作家五木宽之的“直木奖”获奖作——《看那灰色的马》，认为该作品非常符合《译林》的宗旨和风格。李景端听了非常高兴，很快拍板采用，并将该译作发表在 1980 年正刊第 1 期头版，这对我是很大的鼓励。这部小说在《译林》成功刊出后，我得到 200 多元稿费。当时“赤膊”月薪是 45 元，译稿费每千字 6 元，这笔相当于我半年工资的稿费，成了 1982 年我至福州、泉州、厦门、杭州四地新婚旅行的资金，相当难忘。后来我又在《译林》上陆续发表了一系列日本近现代文学作品翻译，受到读者的欢迎。之后因为做了系主任，又做了学校的领导，教学和行政工作占用了不少精力，翻译的时间少了，但也从未中断。直到 2011 年退岗后，我又获得了很多自己钟爱的文学翻译时间。迄今为止，我已经翻译了文学作品 147 部（篇），500 余万字。

如何看待翻译？外语译者应该具备哪些品质？我认为，首先，作为一个译者，要有一份沉甸甸的责任，既要对作者负责，也要对读者负责，尤其是在维护本民族语言的纯粹性方面，译者有着义不容辞的责任。第二，要正确看待“直译”和“意译”，文学翻译不只是词语语义的翻译，还要考虑原作的风格、美感、诗意，文学作品的翻译尤其要注意这一点。第三，要站在作者和人物的立场上，以一种理解的态度去译，翻译要“离形得似”“入乎其内，出乎其外”（罗新璋语），在整体上把原作的风格非常到位、贴切地表达出来。第四，要恰当处理文学作品中情感与美感、外语与母语、精准与好看等矛盾的关系。从严复的“信达雅”主张到林少华的“才子、学者、工匠”型译法，从中国传统译论中的“案本—求信—神似—化境”到传统译论核心的“诚于译事，修辞立成，案本求信，以象达意，译以致用，文章正轨，以文行远”，这些都是对译者翻译水平的一种要求。

学校现在成立了翻译研究院，我认为这项工作应该做。作为外国语大学，我们立足的根本是语言文字的基础和专业的基础，学校有很多老师一直在做研究，如果能够把翻译研究院做好，在全国保持一定的领先地位的话，从长远来说，对上外的发展非常有益。

2019年1月16日，谭晶华（左5）出席上海市文学艺术界联合会第八届委员会第一次全体会议

采访者：您从学生时代就在日阿系学习，留校后从事了七年的教学秘书工作，之后又担任日语系副主任、主任，对日语专业、教学、科研等各方面都非常了解。请问您在担任日语系主任期间，做了哪些改革？取得了怎样的发展？

谭晶华：1977—1984 年，我从事教学秘书工作，管理教学事务；1984—1987 年，担任日语系副主任；1988—1989 年，赴日本进修研究；回校后，1989—1992 年，担任日语系主任；1992 年调至科研与研究生部任主任；1993—1994 年调至校办，担任校长助理；1994 年任副校长，管教学；后来任常务副校长。在任系主任期间，我主要是在前任领导的基础上完善他们提出的想法并将其落到实处。大概有以下几件事情。

一是开展复合型专业的建设。日语专业的这项工作主要由王宏教授牵头，我参与协助。王宏曾在东亚同文书院加入地下党，书院里有很多学生是日本人。在王宏担任系主任时，这些同学在日本都有了很高的地位，如私立大学的总监、理事长等。当时外国语言文学是单一的学科，按照教育部的要求，想升为大学必须要有两三个不同的学科。王宏经常去日本考察外国语大学，发现日本的这些学校都不是只有单一的语言专业，还有经贸、法律、会计、新传等专业，他认为中国在改革开放时代也应该走这条路。所以回国后，他就开展这项工作，我主要负责协助。当时这项工作在国内争议非常大，出现很多反对的声音，一些院校认为这样做没有意义，提出“两个半桶水不如一桶水”的观点。但是我们始终坚信，只有一个语言文学专业肯定是不行的，扩展学科建设才是大势所趋，这也是在我担任系主任期间一直坚持做的工作。经教育部批准，从 1984 年起，上外日语系就有语言文学和国际贸易两个专业，分别授予文学和经济学学士学位。

二是进行校际交流，这也是由王宏牵头开展的工作。20 世纪 80 年代初，教育部会给北外、上外、广外等学校提供校际交流机会，但是伴随着改革开放的脚步，资源不均的状况日渐凸显，很多西部院校无法得到交流的机会。后来，考虑到教育均衡的问题，教育部便将更多资源转向了边远地区，像我们这种沿海高校，教育部则开始倡导自主开展校际交流。王宏在日本的人脉和资源都比较广，他多次访问日本，与很多日本院校签署校际交流协定，这期间，我主要负责一些文字工作。那时候大家经常开玩笑说，“王宏跑日本像跑娘家一样”。最好的时候，我们与十几所比较好的日本大学建立了交流合作关系，因此上外毕业留校的教师获得了许多出国进修的机会，聘请外教、邀请专家来校讲学以及合作研究等问题也都迎刃而解。

1980年—1985年，上外很多老师到北京语言学院“大平班”学习。因为留校的青年教师比较多，上外日语系每年都会有10个左右的老师过去。大平班授课的老师是从日本派来的一流专家，我们进入“大平班”都要考试，课后还需要提交作文和报告。我是高级班的班长（第一、第二届没有高级班，第三届开始有高级班）。高级班是为培养高年级的老师而开设的，因为大家的日语水平不一样，如果一律从头开始的话不符合实际情况。想要进入高级班，除了需要参加统一考试，还要增加一门在读解、写作方面更加难的考试，最终再根据总成绩决定是否能够进入该班。第一年的高级班一共有30个人，其中6个人来自上外。学习班结束后，教育部来文称，这五年“大平班”的所有考试成绩，上外的日语老师均在前列。由此可见，校际交流对我校师资队伍的进步起到很大的推动作用。

三是加大科研建设。胡孟浩校长最早提出学术“梯队建设”的概念，并设立三梯队、二梯队。后来这个想法一直被延续下去，戴炜栋校长也很支持，上外的科研建设逐渐起步。当时没有一梯队，二梯队里面也只有少量“文革”之前毕业的资历较深的副教授或者教授。教师可以根据自己的日常工作情况以及教学任务、教材建设、论文发表的完成情况申请不同梯队，满足条件便可进入。之后，开始设立一梯队。当时成文的规定是完成一年教学计划和科研计划，一梯队教师可以拿到4万元，二梯队可拿2万元，三梯队教师则有1

万元，三年结算一次。也就是说，若三年下来都按时保质地完成了教学和科研任务，三梯队教师可以拿到 3 万元补助，二梯队教师可以拿到 6 万元，一梯队教师就可以拿到 12 万元。这在当时是一笔相当可观的收入，在一定程度上激发了教师从事科研的积极性。

四是健全了学习形式。恢复高考以后，社会上有很多人渴望汲取知识，提升自己的文化水平，但并不是所有人都能考进大学。为了满足社会的需求，让大家有书可读，上外健全了夜大学、网校、职校等不同的学习形式，学生可以根据自身情况选择适合自己的学习方式，比如本科考不上可以考专科，专科考上了可以专升本，诸如此类的建设都是在我担任系主任和教学校长的时期开展起来的。

采访者：您除了给本科生上课，还培养了 65 名硕士、29 名博士和 1 名博士后，您认为在对不同学历层次的外语专业学生的培养过程当中，或者是在实践当中，主要培养他们哪些方面的素养？

谭晶华：我教本科生的时间比较长。1983 年，我开始教授文学史，走过一段曲折的道路。作为年轻的助教，我上课还缺乏经验，总想把自己知道的知识全都讲给学生听，后来发现这种方法行不通，讲得太多，学生消化不了。相对于一股脑儿的灌输，讲清要点、以一带三，对于学生来讲更加适用。有了教授本科生的经验，1990 年以后，我便开始带硕士生。起初硕士生特别少，而且要等到上一批学生毕业之后才可以招下一批学生。20 世纪 90 年代后半期以后，研究生开始扩招，出现了学生多、老师少的状况，加上有些老师由于没有额外津贴而不愿意带太多学生，所以当时我和皮细庚老师带的学生最多，我主要指导文学，他教语言学。到了许慈惠主持学院工作时，学校条件逐渐开始好起来，政策也随之进行了调整，导师可以根据所带学生的数量获得相应的津贴，即带的研究生多，获得的补贴也多。这时候一些老师就开始要求平分学生，平分后每个老师只带两三个学生。在此之前，我和皮老师最多的时候每个人可以带六七个学生。不是所有的老师教学水平都一样，不同的老师受欢迎的程度也大不相同，所以平分以后就产生了新的问题，比如出现了有些老师的课程很少甚至没有同学选的情况。许慈惠认为要保持学校好的教学水平，好的老师一定要多出来上课。为了解决这一问题，她用开设必修课的办法让好的老师不分专业方向给所有的研究生上课，后来皮老师和我的课就成了必修课，在学院里广受欢迎。最初有的学生不喜欢文学，也不喜欢川端康成，听了我的课之后，他们开始喜欢日本文学和川端康成；后来不只是喜欢了，又衍变成热爱，有的还成了这方面的研究专家，这令我非常欣慰。

最早获批日语博士点是在 1989 年，那时博士点由国家和教育部直接指定，不需要申请。当时指定的日语博士点有两个，一个是北大的刘振瀛，一个是上外的王宏。由于王宏经常要去日本交流，精力有限，所以放弃了这次机会，由北大获批日语博士点。1989 年，刘振瀛赴上海邀请我报考他的博士，受限于我当时的英语水平及学位情况，我最终未能报考他的博士。第二年，他就去世了。刘振瀛去世后，徐昌华、潘金生、顾海根成为博导，但出于各种原因，这几位老师也一直没有招生。之后，教育部开始改变方针，二级学科博士点由直接指定变成申请制，北外、东北师大、上外、吉林大学（加上北大）五校相继获批日语博士点。我们的博士点是 2000 年被正式批准的，

谭晶华（右 1）出席上海外国语学院与京都外国语大学合作签字仪式

2001 年学校开始投放广告，2002 年正式招生。那时日语系有 4 位博导，其中 3 位是研究语言学的，研究文学的只有我一个。作为学科带头人，我每年可以招收 2 名博士，就这样我连续招收了 15 年。

本科生、硕士生、博士生是三种不同的学历层次。本科生要培养扎实的基础；硕士生要思路活跃，逻辑性强；博士生则要有所创新，对硕士生里面一些比较优秀的人才也可以提出这样的要求。

采访者：1994 年学校更名，从学院变成大学，从只有单一外国语言文学专业的学校变成应用文科类大学，学校也借此发生了很多变化。1994 年到 2011 年，您担任副校长一职，与此同时，您还是学科带头人。作为校领导，您是从更广的视野来看学校的发展。请您谈谈这些年当中学校改革和发展的状况。

谭晶华：首先，我认为这是几代人努力改革的结果。从胡孟浩校长开始就准备更改校名，开展复合型专业的建设，戴校长在这些方面也做了很多工作，我只是在前人的基础上做了一些具体的事情，归纳起来，大概有以下几点：

一是收费改革。1994 年，在戴校长的领导下，大家齐心合力完成这项工作。当时国家有改革的想法，但是还没有找到合适的方式。上外在全国率先试行新生收费制改革，打破了中华人民共和国成立以来大学生上学不付费的常规，这一举措在全国产生很大反响。

二是申请“211”工程。“211”和“985”是衡量院校档次的一个重要标准，在开展校际交流时，国外学校非常看重这个头衔，他们会根据“211”和“985”院校的名单来选择是否跟你合作，竞争非常残酷。可以说，这项工作的开展对学校的长远发展非常重要。2005 年，我们第一次迎接了教育部组织的专业教学评估。

三是继续开展复合型专业建设。20 世纪 90 年代末，这项工作取得决定性胜利。1998 年以后，教育部明确表态并发表专业指委会的白皮书，指出外语院校不能只有单一学科，要有不同的专业构成。这为外语院校的发展指明了方向。

四是拓展语种。这也是几年里面我们做的一件非常重要的事情。由于城市功能的不同，相较于北京的外交和文化功能，上海则更加侧重经济和金融功能，所以从语种来看，我校的外语种类历来相对比较少。进入 21 世纪以后，情况发生了很大变化，上海也响应国家的号召，意图走向世界。这就对上外提出了新要求。在戴校长的领导下，我们开始结合国家战略，有原则地去拓展一些新的语种。现在上外授课语种已有 54 种，波斯语、泰语、印地语、印尼语、越南语、希伯来语、土耳其语、荷兰语、瑞典语都是在我退休之前增加的。由于当时学习这些语种的学生特别少，只有北大和北外开设这些专业，所以我们会从他们那里选调过来一两个比较优秀的学生，教授低年

2001 年 5 月 18 日，谭晶华带领上外代表团访问马里兰大学，代表团成员左起依次为：史志康、朱威烈、谭晶华、张祖忻、张曙光

2005 年 1 月 11 日，谭晶华（前排左 2）参加“跨世纪学科带头人签约仪式”

级课程。高年级的师资则大多是到校际交流的学校去聘请老师，这些工作大多是我出去对接的。发展到现在，我们不仅有了 50 多个语种，还有 15 种冷门绝学语种和 5 个语言类专业。不断囊括好的语种，培养不同语种人才，服务国家发展，这个战略和构思就是在那段时间里定下来的。

采访者：本科生教学是一个学校的根本，您工作以来，相继担任日语系教学秘书、副主任、主任，后来又分管教学，可以说本科生教学一直伴随您工作的始终。请问您在分管本科生教学期间，本科生教学有哪些特点？针对本科生教学，学校采取了哪些改革措施？

谭晶华：如果把本科生教学分成三个阶段，那么首先是 20 世纪 80 年代，我认为这个阶段最主要的是稳定队伍，要保证一线有较好的师资，这样才能上好课，教好学生。当时由于学校缺乏老师，因此本科生里面优秀的学生就被留下任教。这些学生留校以后，工作和学习意识都很强，很多人又去读了硕士和博士，2000 年以后，他们基本上都取得了博士学位。

20 世纪 90 年代，主要抓基础，注重教学质量。那个时候我们都要去听课，在听课过程中就会发现一些不好的现象，比如有些老师对教学不够重视，讲完课立马走人。此类情况如果得不到良好解决，长此以往，对学校未来的发展非常不利。所以当时学校和教务处就出面干预，采取很多有效的措施去提高教学质量。此外，我们的生源抓得比较好，有相当一段时间，上外的本科生生源始终稳定在上海高校的前 3—5 位中。复合型专业的开展也取得了一定的成绩。另外比较有特点的就是我们的教材基础建设，外教社出版的教材使用量很大，在国内参加一些会议时，我经常会听到同行的夸赞，倒不光是恭维，也有老师会提出一些修改建议，可见他们是有选择的。我们的通用语种的教材建设和研究做得确实不错，去年又被教育部评为“国家外语教材建设重点研究基地”。我做“十一五”规划教材总主编时出版的那套日语教材，去年又出了第 49 和第 50 本新教材。这个数量非常大，可供大家选择的余地相对也大。

2000 年以后，一些新的教学形式出现，比如慕课，运用新的教学手段丰富教学内容。我们也紧随其后，设立双一流、微视频和慕课课程。最早的日语慕课在 2010 年经教育部批准，是由我跟高洁、徐旻老师一起做的关于日本近代文学的课程，一直使用到现在，反响很好。有了这些基础以后，我们又对其进行巩固和发展。我认为还是要把心思放在本科生教学上，这样才能跟上国家发展的大形势。

过去我们一直很看重专业教学大纲，大纲出来以后就会有修订。现在政策、标准不停地在变化，先是有评估，后来又有了国标、新文科等一系列的评价指标，大家有些把握不住方向。日语专业大纲经过第三次修订，现在已经修改完毕，但是还没有公开，没有印刷，也没有投向社会。万变不离其宗，我认为还是应该有一个定性的、能够比较长久存在的标准。但不是说不要变化，我们可以根据大形势做一些改良，也可以开展一些教学辅助性的活动，像过去的演讲比赛、作文比赛、翻译比赛等。最近上海市教委就有一个活动做得比较好，让中学生和大学生联合起来，用外语讲好中国故事，以比赛的形式来培养学生各方面的能力。这些都在一定程度上改变了过去比较机械的教学手段。我认为在能够达到最终目标的前提下，这些调整都是可以的，但是不能改变最根本的培养实质。

采访者： 新时代外语院校面临前所未有的机遇和挑战。一方面，招生面临困难。一些人认为外语类专业没有前途；招收的学生在素质方面跟20世纪90年代相比，呈现下坡趋势。另一方面，人工智能的发展淘汰了一批低端翻译，大家的英语水平普遍提升，单纯的英语可能就不能满足需求。在这样的条件下，外语类院校的语言特色在哪里？从专家学者的角度来讲，您认为我们学校或者我们的外语人才应该如何积极应对这些挑战？

谭晶华： 有些人认为外语就是一种沟通工具，学了也没有多大用处。针对这种观点，我认为，首先，要树立专业自信，不要否定自己的专业，不要承认自己的专业只是一种工具，外语专业更重要的还有其人文性和科学性。作为学校的领导，思路也一定要清晰。现在国家很重视上外和北外这样的语言研究类学校，我们要像过去一样注重最基础的专业人才培养，学校领导层里要有语言文学专业科班出身的专家，领导人员的构成比例要合理。其次，我们国家有一些绝对主义者，包括一些理工科院校的领导，有人居然认为外语可以直接被取消，听说现在已经有一些学校取消了英语和日语专业。目前，开设日语专业的学校有550多所，大概有二三十所暂停了日语专业的招生。开设英语专业的学校有1 000多所，可能也有数十所会取消。这会对社会产生一定的影响，但不会是决定性的影响，毕竟开设英语和日语专业的学校数量众多，并且这些年其他语种也在不断扩展。根据国家的发展适时进行一些调整是需要的，但从国家和民族“要走向世界”的长远的战略角度来看，取消外语专业是难以想象的，也是不可能发生的事情。此外，语言文学专业的基础不能丢，这是我们立足的根本。不要因为自己的不重视，或者社会上各种舆论的贬低，而在不知不觉当中放弃自己擅长的专业，这是最可悲的。这些人才攒到现在不容易，走到今天的发展规模更不容易。同时还要处理好和其他语种的关系，根据自身的实际情况找准未来发展的方向，不要盲目跟风。我们要努力培养出国家需要的、素质优异的跨文化交际的高端人才。希望我们的隐忧永远不要出现。我们要拓宽思路，有定力，抓基础，保质量，在长久的发展竞争当中站稳脚跟。

谭晶华（中）与采访者合影

铭记上外对我的培育

张祖忻

男，1952 年 5 月生，江苏海门人，上海外国语大学教育技术学教授。1972 年就读上外英语系，1975 年毕业后留校工作。1986 年参与筹建教育技术学专业。1997 年晋升教授。曾任上外传播系系主任、新闻传播学院院长、教育部高校教育技术学专业教学指导委员会委员、中国教育技术协会学术委员会委员等职。主要研究领域为教育技术学基本理论、教学系统设计与绩效改进。专著有《正确认识教育技术》《美国教育技术的理论及其演变》《绩效技术概论》等，主编《教学设计：原理与应用》（普通高等教育“十一五”国家级规

口 述 人：张祖忻

采访整理：周源源、陆英浩

采访时间：2024 年 1 月 12 日

采访地点：上海外国语大学虹口校区会议中心富士厅

划教材）等。获上海市劳动模范、全国师德先进个人等荣誉称号，获国务院政府特殊津贴。

采访者：您当初为什么选择上外？选择英语专业？

张祖忻：1972 年初，上海外国语学院在我插队落户的江苏海门招生，指定招收上海知识青年。同年 4 月，经推荐考核，我被录取，成为学校首届工农兵学员之一（在我们之前，上外还有个“试点班”），学习了三年半。我是被学校安排在英语专业学习的。作为一名下乡知青，能有上大学的机会，已经感到非常荣幸了，根本不考虑选择专业。当时人才紧缺，国家按照计划招生和分配就业。之前，我认为学习外语的人要聪明伶俐，自己并不适合，所以也不喜欢。但是，那时候我们比较淳朴，有一种使命感，那就是党安排我们学习，就一定要学好，以报效祖国。现在看来，我非常庆幸当初学习了英语。掌握了外语工具，使我毕业后能很快地进入教育技术领域，引进新的学术观点，开设新的专业课程，为学校培养复合型人才、推进教育学学科建设等方面作出了自己的贡献。

采访者：您当时是怎么学习英语的？当时英语教学有哪些特点？

张祖忻：每个人都有自己独特的学习方式。有的同学喜欢听老师讲课，跟着老师的节奏学习。而我更喜欢自学，学课文的进度往往比老师教的计划要快（当时课外学习材料极少，只能多学课文）。当然，这只是每个人的学习风格不同而已，学习风格没有优劣、对错之分。我学习很努力、很刻苦，周末和寒暑假基本上都用于学习，因为我深知自己基础薄弱。

当时英语教学条件很差，这是现在身处信息化时代的学生难以想象的。上课使用笨重的台式录音机放音，机器数量也有限。教我们的青年教师是上外英语系毕业留校的，她说在 20 世纪 60 年代上课时，还没有录音机供课堂教学使用。每逢考试，学生都会早早地挤在考场大教室门外，等候开门，想争一个前排的座位，这样，在主考老师念听写的单词或短文时，可以听得清楚一些。

当时的英语教学有两大特点。一个特点是老师们都反复强调，学习英语一定要勤学苦练，要记要背；除了课堂上师生互动练习以外，课外同学之间要生生互动、练习对话、相互帮助。大声朗读、拼写单词、背诵课文是基本要求之一。在校园里，同学们都会利用早操前和晚饭后的一段时间练习朗读。那时候，在学校操场跑道上能看到许多学生捧着书，或顺时针，或逆时针，边走边朗读。有些学生可能比较害羞，更愿意选择在校园的一些角落里练习朗读。这种认真学习的场面我至今难忘。晚饭以后，我们都会自发地组织学习小组，按照老师的要求相互检查课文的背诵情况，操练对话等。在我的学习小组里，英语基础好的同学会耐心地帮助来自广东的同学正音。在宿舍里、教室里、校园的草坪上，经常看到一些学生围坐在一起共同学习。当时，同学互帮互助是一种普遍现象。我认为，强调外语基本功训练是“老上外人”

的优良教学传统之一。

教学上的第二个特点是学校安排很多“走出去”的教学实践，当时叫“开门办学”。例如，我们在学农期间，英语老师每天会提前把录音准备好，用手提喇叭充当录音机的扩音器，给同学们播放英语录音。在农舍屋前的空地上，大家一边端着饭碗吃饭，一边听老师播放录音。教学内容一般是当天的英语新闻、学农活动安排、同学学农优秀事迹介绍等。学校会定期组织学生参加广交会等商务活动；安排学生接待外国友人，带领他们在上海观光购物，向他们介绍上海的发展等。记得 1974 年，我们班在上海工具厂学工期间，我被派去给干部技术人员上英语课。我们还去过上海工业展览会做英语口译。去之前，老师发给我们一本工业展览会各类展品的专业英语词汇，让

1975 年 1 月，参加上海工业展览会教学实践的师生合影，前排左 2 为朱嫣华老师

我们准备后去做展览会翻译。我光背单词就花了一个多星期。我们还参加了对中小学英语教师的英语培训。从外语教学改革的意义上说，当年的“开门办学”使学生在真实情境中提高了英语实践能力。

采访者：当年，英语系哪些老师给您留下较为深刻的印象？在您看来，这些老师身上具备哪些难能可贵的品质？这些品质对您后面的从教经历产生了哪些影响？

张祖忻：从一年级到三年级，担任我们班英语课教学并兼班主任的老师是施福宝、刘蝶兰和朱嫣华。顾宝珠老师年龄较大，教我们的时间较短。四位老师都给我们留下了深刻印象，也影响了我以后的教育教学观念。

我前两天专门为本次采访打电话给北京的老同学，大家对老师的印象可以总结为：教学以学生为本，尊重学生，关心学生；生活上与学生打成一片，亦师亦友。例如，我们到上海马陆去学农，住在农民家里。那时，农民家里一般都有用于置放农具杂物、堆放粮食等的房屋。我们晚上就住在农民腾出的空屋里，泥地上铺上厚厚的稻草就是我们的床。施福宝老师和我们学生一样，自带被子，在稻草铺上睡觉。施老师白天和我们一起劳动，晚上和我们男生住在一起，聊生活，谈学习，给我们讲他曾经参加抗美援朝做翻译的故事。除了上课时他是老师，剩下的时间我们同吃同住，亦师亦友。“开门办学”过程中，我们去给中小学老师上课，施老师和我们一起备课，指导我们教学的方法。顾宝珠老师那时年纪近六十了。她和我们一起去学校对面的市团校参加劳动，在校园的草坪除草。顾老师一边拔草，一边还给我们讲英语知识，帮助同学正音。我的同学们回忆道，刘蝶兰和朱嫣华老师在同学学习有困难时，都特别耐心，愿意花费大量时间帮助我们。这些可以说是上外老一辈教师教书育人的缩影，用现在的话说，他们有优秀的师德师风。

记得一位名人说过，“教育无非是一切已学过的内容都忘记后，所剩下的东西。”确实如此。当年，顾老师给我正了什么音，施老师给我们讲了什么语法，朱老师、刘老师给我们批改了哪些作业，我和我的老同学们似乎全都不记得了。但是，他们认真教学、尊重学生、关爱学生、亦师亦友，这些让我们至今记忆犹新，回想起来就像昨天发生的事。他们优秀的师德师风已经融入我们的血液中，成为我们日后成长的营养了。我们现在倡导“课程思政”，当年，老师们做到了。他们的一言一行就是一种价值引领，润物细无声、潜移默化地影响着我们。我从教后，对学生很好。他们毕业后和我开玩笑说：“张老师您具体教了什么我确实忘了，但我记得您教学要求高，认真负责，对我们总是面带微笑、平易近人，很尊重学生。”我的理念是，我们以好的师德师风对待学生，他们也会以同样的态度对待社会。

采访者：您还在学校外语电化教学馆从事英语教学和外语电教研究，主要工作内容包括哪些？取得了哪些让您觉得满意的成绩？

张祖忻：我 1975 年 7 月毕业后留校工作。根据学校当时的规定，我们去安徽凤阳“五七”干校锻炼了一年，参加劳动并承担一些教学工作。我被安排在电教室，主要负责管理电教教材的使用，同时承担首届英语培训班的一些英语听力课教学。可能是这段工作经历的缘故，1976 年我回到上海后，被安排在上外的上海外语电化教学馆工作。

据我所知，当时上外电教馆是国内第一幢电教大楼，全国各地高校的同行都来参观学习。我去那里工作时，电教馆的规模已经很大，有外语电教教研室、多间语言实验室、齐全的外语音像资料室、有一定专业水准的录音棚，还有一个很大的录音带复制车间。全国各地的学校都到这里订购录音带开展电化教学，当时上外电教馆负责全国很多外语类音像制作业务。

我在教研室工作，主要任务之一是对原版英语听力教材（如《新概念英语》《英语 900 句》等）、海外电台英语录音（如国外的英语新闻和一般语言教学节目等）、西方国家人士的英语讲座录音等进行审听把关，然后发给英语系的学生学习使用。上外电教馆经过上海市公安部门批准，可以收录外台节

1980 年 10 月，南斯拉夫萨格勒布电影资料馆代表团访问上外电教馆合影

目，目的是为教学提供外语听力资料。教研室有好几个语种的老师，分别负责收录、审听英、法、德、日等不同语种的材料。收录外台节目需要晚上工作，所以我们大都住在学校里。

当时，上外电教馆有个小电影场，位于现在的音像出版社大楼下面的西侧。每排观众座位前都有一个长条桌，为每个座位提供多个听音插座，后面电影放映间前有一排用于不同语种同声传译的隔音座位。放映外国原版电影时或开大会时，不同语种的学生可以在隔音座里练习同声传译。小电影场用途最广的是为学生提供不同语种、不同内容的听力练习材料。记得电教馆的朱纯老师每天亲自在门口黑板上写当天听音材料的目录和播放“频道”，为学生发放耳机，并热情指导。他的敬业精神和务实作风真是令人敬佩，如今想起来仍然很受感动。我从他身上学到很多。

一机部英语进修班全体师生

电教馆教学组配合英语系合办了上外“七·二一”工人大学，为上外教工普及英语。1977 年 9 月到 1978 年 8 月，上外英语系和电教馆合作，为第一机械工业部的干部和技术人员举办英语进修班，培养能参加国际科技学术会议的技术骨干。我的工作主要是上英语听力课和编写教材。第一期英语进修班有 17 人，都是老工程师。当年这些进修班成员的领导是江泽民同志（时任一机部外事局局长）。我印象中，江泽民同志还曾到我们 7 号楼（现该楼已拆除）的二楼来看望班上的学员。1978 年 9 月，又举办了第二期英语进修班，学习期限仍是一年，有 33 人参加。

1978 年 9 月到 1980 年 7 月，英语系和电教馆合作举办了英语电化教学试点班，教学组还因此被评为学校的“先进集体”。1980 年 10 月的《文汇报》上曾刊出《艾祖星大胆改革英语电化教学》，介绍了这次英语教学改革活

英语电化教学试点班师生

动。后来，我还配合李观仪教授为英语系一年级英语教学编制视听练习资料，参加了英语系的教学实验，称为“情景 · 模拟 · 交流”（Situation, Simulation, Communication，简称 SSC）。

采访者：1986 年，您参与创建教育技术学专业，请问这是基于怎样的背景？创建过程中遇到过哪些困难？

张祖忻：在电教馆实践的基础上，大家觉得有必要开展相关的科研，为电教理论建设作出贡献。我记得在 1979 年，高蕴琦老师和施行老师参与创办了刊物《外语电化教学》，现在它还是知名度很高的核心期刊。梅家驹教授组织大家编写了国内第一本《教育技术学词典》（上海辞书出版社 1991 年出版）。这里有必要介绍一下教育技术的概念。教育技术最初全称是“教育传播与技术”，起源于美国。我是国内最早把美国教育技术的理论引进介绍给国内同行的。教育技术学科建立在三个基础上：一是传播学，研究如何提高教育教学传播的效果和效率；二是心理学，关注如何把教育教学工作建立在科学的基础上；三是系统方法，要求从系统的角度整体上考虑教育教学问题，使教育教学系统的各个要素相辅相成。教育传播与技术是跨学科的理论与实践，是科学发展观在教育教学领域的运用。这是后来我们把系名定为“传播系”的理论依据。改革开放后，我们接触了很多新理念，发现电化教学馆和出版社做的工作就是教育传播与技术相关的工作。既然我们有那么强大的实践基地，又有科研能力，为什么不同时也承担培养人才的任务呢？当时学校也想转型，培养复合型人才。在这样的背景下，1985 年 1 月，梅家驹老师、高蕴琦老师和我三人组成了申报教育传播与技术专业的筹备小组。3 月，成立了教研室。9 月，建立了传播系，系主任为钱维藩教授，当时在小电影场召开了隆重的成立大会。

教育技术学专业初创时是学制三年的专科。上外电教馆、上外音像出版社和教育技术学专业三家合作的“产学研”模式使得上外在国内教育技术界的地位迅速提升。1986 年，国家教委电教局一位领导带队，清华大学、华南师大和上外各选派一名教师，组成首个中国政府官方代表团赴美国参加美国教育传播与技术年会。美方对此非常重视，专门制作了一部片子介绍中国，这是一个大型多媒体节目，还在大会上隆重介绍了中国代表团。在大会上，我们用英语做了关于中国教育技术发展的报告，反响非常热烈。会议期间，美国同行对上外电教馆、上外音像出版社和教育技术学专业三位一体，理论、实践、人才培养三结合的发展模式高度赞赏。几位在美国学界非常有影响力的前辈学者很热情地把当时最新出版的教学设计、教育技术学的一些专著送给我们，也帮我们宣传，提升了上外的知名度。美国同行的认同说明，学好英语能够使我们把自己的理念传递出去，讲好中国故事，使世界了解中国。

建立这个专业主要的困难还是师资力量较薄弱；另外，在很长时间内，

1986 年，张祖忻（左 2）在美国教育传播与技术年会上与国际同行交流

国内不了解这个新专业。在人们心目中，上外以语言类专业为主，所以报考我们专业的学生不多。我们从华东师范大学等高校招聘教师，从电教馆选调优秀专家任教，周秉勋院长也是从电教馆调任的。我的任务则是出国学习，带回新理念、新知识，慢慢改变和完善我们的做法。

采访者：1989 年，您在英国威尔士大学获教育技术学硕士学位；后来，您受国家公派，分别于 1994 年和 2002 年去美国印第安纳大学教学系统技术系和佛罗里达州立大学教育学院进行了访学和研究。这些学习和研究经历给您带来哪些收获?

张祖忻：最主要的收获是在专业发展和科研领域的开拓方面。我主要研究教育技术学基本理论、教学系统设计与绩效改进。我很自豪的是，在这些方面的研究和教学上，上外都是国内领先的。我想重点介绍一下我开设的教学设计、绩效技术方面的课程。首先是教学设计，这门学科在学校教育、企业培训、军事训练等领域有广阔的应用前景。我国引进教学设计这门学科的主要有两个领域的学者，一个是教育心理学和教学论的专家，如华东师大的一些教授，引进到他们的专业领域；另一个是我们教育技术界的专家，我校在这方面是国内教育技术界领先的。我们 1992 年编著出版的《教学设计——基本原理与方法》是国内这一领域的第一本教材。在我们编写出版教材的同时，国内有其他老师在学术会议上做过教学设计的介绍，但我们是扎扎实实地为本科生开设了课程。在 20 世纪 90 年代，我应邀去过许多大学，包括解放军军事学院，讲授教学设计的基本原理与方法，国内学术界对这门新兴学科的反响非常强烈。在这门课程建设的起步阶段，很多同行不理解，甚至不认可，但现在教学设计的原理与方法已成了全国教师教学技能大赛的评审标准。你可以看到，全国各地的教育机构都在开展教学设计培训。所以，我很高兴当年引进了这门学科。

第二门课程是绩效技术。我们为了拓宽教育技术学专业的口径，决定设置绩效技术的方向，办出专业特色。从理论上说，绩效技术起源于教育技术。绩效技术的理论与方法除了包括教学（培训）设计以外，还系统化地设计和开发完善人的工作绩效的其他干预措施。我在国内教育技术界学术会议上、在一些高校做了多场讲座，并在国内一些核心期刊上发表了相关论文，介绍绩效技术。在学校的支持下，我主编出版了《绩效技术概论》一书。我为本校教育技术学专业的本科生和研究生开设了绩效技术课程，该课程获得上海市优秀教学成果二等奖。国内学界认可我是中国绩效技术第一人。我们的学生包括后来的研究生掌握了这方面知识和技能后，就业面拓宽了。上外教育技术学专业至今仍然坚持自己的办学特色，取得了很好的办学成效。我担任教育部高校教育技术学专业教学指导委员会委员时，建议委员会将这个方向作为专业教学的标准之一，我的意见获得采纳。在国内一些高校，如北京师范大学的教育技术学学科点，后来设立了绩效技术的博士生研究方向。

采访者：您 1997 年至 2006 年任上外新闻传播学院院长，想请您介绍一下这期间您做的一些工作。

张祖忻：1983 年英语系开设了国际新闻班。1986 年，在上外电教馆的基础上建立了传播系。1993 年，学校将传播系、国际新闻专业和《上海学生英文报》三家单位合并，成立了新闻传播学院（简称“新传”）。第一任院长（任期 1993—1994 年）由时任校党委副书记吴友富兼任，周秉勋教授任常务副院长。1994 年，周秉勋教授担任正院长，我被聘为副院长，分管教学工作。我担任院长后，工作重点是专业发展和学科建设。

我想强调一下，我院长的工作离不开学院党总支的领导和支持。新传学院好比一幢大楼，初期建设的工作犹如深挖地基，在下面扎牢钢筋，浇铸巨量的水泥，但这些努力的成果是隐性的。学院第一任（1990—1995 年）党总支书记是王祥兴老师，而后在 1995 年至 2006 年由姚富民老师担任党总支书记。如果没有他们政治上的引领、组织上的保障、工作上的支持，我们的教学科研工作就不可能那么顺利。他们非常关心广大教职工，凝聚力工程做得特别好，将学院的老师们很好地团结起来。直到今天，新传的老教师们还称赞当年总支和工会的工作做得很温暖、很有人情味。当时，学院里任何一个教工或者其长辈病了，党政工负责人一定会上门慰问；总支书记带院长定期上门看望学院里的教授是个惯例。考虑到教职工平时忙于教学、科研和管理，相互之间沟通机会少，王祥兴和姚富民两位书记就积极安排集体旅游活动，让大家有机会相互交流、增进感情、促进团结。姚富民书记还帮助我们制定并实施了青年教师成才的实事工程，其中一条是建立科研激励机制，对科研成果（专著、教材和核心期刊论文）进行奖励。在 20 世纪 90 年代，学院的科研奖励力度是很大的，在学校里也是一种机制创新。吴友富书记来院里视察工作时，曾问我们，这样奖励，要是经费不够怎么办？我们说，如果那样，我们的目的就达到了。后来，新传的科研水平确实有所提升。我们当时达成了一个共识，就是在学院范围内的评优评奖，党政一把手都不参加，学院层面向上推荐的所有评优、评奖和增资的机会都必须留给其他老师。学院另一项重要的基础工作是学生思想工作和管理。姚富民老师做学生工作是"润物细无声"，对学生一片真心，在学生中朋友特别多，能很清楚地说出每个学生的情况；后来的张荣根副书记做学生工作也很投入，深受学生欢迎。我特别感谢几位党总支书记的无私奉献精神和深入细致的工作，他们默默无闻地把教师和学生两块基础工作做好了，我才能安心从事专业发展和学科建设。

总体上，我在院长任上拓宽了教育技术学专业的方向，使它更符合市场经济的需求；筹建了广告学和广播电视新闻学两个新专业，并制定教学计划，组织师资队伍，落实教学实习基地，培养青年教师，抓教学科研规划的制定与实施；建立了教育技术学硕士点。新闻学专业和硕士点建设成就主要归功于时任副院长郭可教授和他的新闻学专业团队。学院的教学科研形成了较齐全的规模。

在人才培养上，我们当时的思路是：新传学院的新闻学、广播电视新闻学、广告学、教育技术学四个专业的共同根基是"传播"，所以我们按新闻传播、社会传播、商业传播和教育传播四个模块培养人才，毕业生主要能从事新闻采编、广电节目编导主持、广告策划和客户主管、教育教学节目编制。这些正是一家电视台除了艺术传播以外所需的人才。我们提出，各专业要打造自己的核心竞争力，培养学生"以特色谋职业，以素质求发展"。

我想重点介绍一下广告学专业（1998 年获批）的建设，因为它在培养人才上形成了自己的核心竞争力。1993 年，周秉勋院长为了拓展教育技术学专业学生的知识面，带领我组织教师队伍，在教务处开设国际广告辅修专业，共有 8 门课程。周秉勋院长是创建广告学专业的主要倡导者，这个辅修专业就是后来广告学专业的雏形。广告学科基本上是国外引进的。建设辅修专业过程非常艰苦，教学资料奇缺，周秉勋院长带着我去参加上海所有营销学、广告学的书展，一本本地选购图书，购置了数以千计的教学参考书和教材，建成了资料室。当年周院长建设这个辅修专业，不仅身体力行，还努力学习广告学知识，亲自为学生开课。在他强烈的事业心的感染下，我开始筹建广告学专业的工作。我和教务处杨永康副处长专程去国家教委了解办新专业的要求，还到南开大学等高校去做调研。在制定培养方案时，我们首先开展社会调查，采访广告行业专家、用人单位，包括国际广告公司的人力资源主管等。我们参加广告行业的相关会议，与专家们建立了不错的关系。通过大量交流，我们了解了用人单位所需要的毕业生应具备的素质和能力。有一家外企广告公司的负责人和我说，他们担心我们用传统理念培养学生，这样，毕业生到用人单位之后，他们反而还需要重新培训。在广泛调研的基础上，我们确定培养能胜任国际广告公司的客户主管（AE）和策略部工作的人才。这样的人才需要外语基本功扎实，能开拓国际广告业务。我们的人才培养定位得到多家国际广告公司高管的赞同，复旦大学新闻学院广告学专业负责人也高度认可我们的思路。

我们在了解社会对国际广告人才的实际需求的基础上，以调研数据为依据制定教学计划，建设面向 21 世纪的广告学专业课程体系。2005 年，我主持的“基于需要分析的广告学专业课程体系的设计、开发与实施”获上海市教学成果三等奖。

在此，我要衷心感谢时任校图书馆馆长施永龄教授和沈志强老师，他们有力地帮助了我们打造广告学专业的国际化特色。当时他们负责亚洲基金会赠书管理工作，主动为我们提供了大量市场营销学、国际广告、当代广告学等方面的原版教材。沈老师当时是具体联系我的，一有新书送到，他就立刻通知我去挑选。我们有些广告学专业的同学在国际广告公司实习时，会带着这些原版教材上班，当上级给他们布置策划任务时，他们就查阅教材，按与国际接轨的要求拟订方案。这种学习能力得到实习单位的赞赏。

总结一下，上外广告学专业的核心竞争力有四个要素：一是随着国家的改革开放，社会需要国际广告人才；二是我们有外语教学优势和各种相关学习资源（如原版教材、英语授课能力、国际广告实习基地等），能培养这样的人才去满足社会需求；三是我们培养“外语+”复合型国际化人才的能力是长期积累而形成的，这是其他学校短时内难以企及的；四是我们重视素质培养，使学生所学知识和技能可以迁移到其他领域中，适应经济、社会的发展。后来广告学专业毕业生事业上的成功案例证明我们当年的思路是正确的。这里我要感谢国际工商管理学院范徵院长，是他帮助我认识了核心竞争力的内涵。

采访者：新时代使外语院校面临前所未有的机遇和挑战，您认为学校应该如何积极应对？

张祖忻：我是从事教育学专业的，所以从人才培养这个方面谈谈我的想法和建议。我认为，面对机遇和挑战，我们要回归教育教学本真，坚持立德树人，注重基础训练，打造办学特色。

首先，学校要落实立德树人的根本任务，努力帮助学生塑造正确的世界观、人生观和价值观（“三观”）。大学提供给学生的不仅是专业技能的培训，而应该是全人教育（whole person education）。当人们说“某人是大学生”“某人受过高等教育”时，他们心目中指的是“格高志远”的人。注意，“格高志远”是不分专业的。我们分析问题时常会说，“这是受到了社会大环境的影响”，那么，我们自己难道不是“大环境”的组成部分吗？当前，大家都强调，高校要“适应社会需求”。我认为，高等教育同时还有“引领社会发展”的责任。“格高志远”的教育是我校人才培养的应有之义。但是，要想帮助学生塑造正确的“三观”，就要追求教学卓越，使学生做到“学贯中外”。

第二，教学上要进一步加强基础训练，注重外语基本功和其他的专业基础知识和技能的培养；强化通识教育，增加跨学科的选修，使学生具有丰富的知识储备，“学贯中外”。“老上外人”强调并狠抓外语基本功训练的优良教学传统应该得到继承。

有人认为，在信息化时代，要强调“高阶学习”，培养学生的思辨能力、批判性思维等。这无疑是对的。坚持能力为重，培养学生善于解决问题的实践能力，是我校当前教学改革的一个重点。但我想说明的是，记忆知识的学习与“高阶学习”是不同类型的学习，两者不是“低阶”和“高阶”的关系。高阶的认知能力不可能凭空培养，必须以具体学科知识的掌握为基础。试想，一个不了解历史知识的人，怎么可能“以史为鉴”呢？不了解相关区域与国别的知识，就不可能“诠释世界”，为领导提供国际形势发展趋势的预判和决策依据。外语基础不扎实的话，如何评判机器翻译成果的准确性？

再说立德树人，所谓塑造正确的“三观”，实质上也是帮助学生正确认识世界，了解事物的客观规律，培养分析、综合、评价、决策和行动的能力。而这些“高阶”能力的培养，需要扎实的知识基础。例如，只有知道“什么是重要的、正确的，为什么”“应该如何做”等知识，学生才能以正确的价值观（注意，我们向学生传授的价值观本身就是一种知识体系）去评判事物，做出行为选择，承担相应的社会责任。从这个意义上说，我理解的校训“格高志远”和“学贯中外”是一个有机整体，要求我们将价值塑造、知识传授和能力培养三者融为一体。

第三，我认为学校各专业都应打造自身的核心竞争力，使学校办出特色。科学技术的发展及其给学校教育带来的影响是很难预判的，我们要拓宽专业口径，完善教学方法，转变教师角色，努力适应经济社会发展的新需求。例如，现在有 AI 翻译软件了，我们的外语教学就要更加注重对学生思辨能力的培养，使他们能评判机器翻译的质量。

同时，由于经济社会的快速发展带来新需求，而且需求变化得很快，所以我建议，学校要强调对学生基本素质、学习能力尤其是迁移能力的培养，这也是一种积极应对。我们教育技术学专业有许多学生毕业后“专业不对口”，但是他们凭借自己的学习能力，将所学的知识与技能迁移到企业、商业和新闻工作中，事业做得非常成功，证明了这一点。

1996 年，皮细庚担任日语系系主任时的工作照

情系上外
五十余载

皮细庚

男，1952 年 6 月生，教授，博士生导师。1972 年进入上海外国语学院学习，后留校任教。1981 年赴日本东京外国语大学进修，1989 年任日本法政大学客座研究员，1994 年任日本长崎活水女子大学客座教授，1999 年任日本爱知大学特任教授。历任日语系副主任、日语系主任、日本文化经济学院院长等职。曾获上海市新长征突击手、上海市劳动模范、上海市育才奖等荣誉称号或奖项，享受国务院政府特殊津贴；2019 年获中国日语教育终身成就奖。长期从事日语教学工作，先后独立开设本科生各类基础课、日语实用语法课、日语

采编人员：王丽纪子、邹语然、沈文菁、周源源、陆英浩
采访时间：2021 年 5 月 8 日
采访地点：上海外国语大学松江校区八号教学楼 8115

古典语法课，硕士研究生日本语学课、日本古典语法课、日语语法学课及博士生各类研究课程。坚持探索国内外日语学界最新研究动向，对日本语言学进行了系统研究，注重分析社会、文化发展对语言的影响。

采访者：1972 年国家还未恢复高考，是怎样的机缘使您进入上外学习日语？当时上外在大家心目中的地位如何？

皮细庚：1972 年，国内部分高等院校开始试点招收第一届工农兵学员，我有幸来到上海外国语学院。当时，去哪里上大学、上什么大学、读什么专业等都是由国家定的。可以上学，而且是上大学，这在当时已很不容易，更何况是在上外这样一所重点大学，所以我非常珍惜这个机会。

采访者：请您分享您上学时期的校园生活和学习，您当初有哪些特长爱好？

皮细庚：1972 年 4 月，我进入上外。年底时学校举办了冬季长跑比赛。那时我对长跑、短跑这些运动项目完全没有概念，所以比赛时只是一个劲儿地闷着头跑，最后竟获得了第三名。前两名是学校田径队队员，因此我被邀请加入学校田径队。1973 年上海市大学生田径运动会上，我作为上外田径队选手参加一万米长跑项目。到了 1974 年，我作为上海市大学生田径队选手参加了上海市田径运动会，项目也是一万米长跑。我个人认为自己对于长跑项目也没有什么技巧，只会一股劲坚持到最后。

我这种“好面子”“硬撑”的个性，一直贯穿于我的教学生涯。我从 1975 年任教到 2017 年退休，哪怕身体不适也不会请假，不会耽误教学和其他工作。

采访者：您当初为什么会选择留校任教？

皮细庚：1975 年我毕业后，本该去武汉钢铁厂当日语翻译。武汉钢铁厂是我国最早由日本支援建设的钢铁厂。后来基于多方面原因，我最终的毕业去向为留校任教。

刚毕业时，我还去了安徽凤阳上外“五七”干校，进行“再教育、再劳动、再改造”。当时国家需要大量外语人才，外语教育的渠道也拓宽了。国家在北京、上海等地选拔了一批优秀高中生，免去插队落户，直接从高中进入大学，接受试点培养。上外在安徽凤阳办了“五七”干校，这些学生在“五七”干校的“外语培训班”边劳动边学习，我则一边劳动一边担任一年级的日语老师，这是我教学生涯的起点。当时，我每天的工作主要分为三部分——劳动、上课、批改作业。我一边学习一边工作，跟学员们也是亦师亦友的关系。可能也是基于这一原因，干校决定把我的“再改造”延长一年，但后来因为时局发生变化，我于 1976 年 10 月回到上外。

恢复高考后，我遵从学校安排，担任一年级的精读课教师。那时我与同学们同吃同住，从早操、早朗读、上课到晚自修，我都和他们在一起学习、生活、玩乐，这一年对我来说也是意义重大。现在回想起来真是“初生牛犊不怕虎”——刚刚毕业便开始承担主干课程。虽然那时年纪尚轻，但我还是尽心尽力地做好学校安排的所有工作。

采访者：您在日语学科的建设方面主要做了哪些工作？分别取得哪些成效？

皮细庚：当时国家迫切需要擅长“听、说、读、写、译”的五会人才。我们有听力课、会话课、精读课，也有写作训练，前四“会”有着落，可“译”这方面不容乐观——那时候甚至不但未开设翻译课，就连文学课、语法课也都没有，所以充实课程成了首要任务。

1977 年，学校开始开设翻译课，由周明老师主讲。周明老师点名要我协助他。周老师写下每一讲的讲义内容，我则为之寻找相关的翻译例句，待周老师确认后我再把讲义刻钢板印成教材。周老师之后出版的《日汉翻译教程》可以说是国内最早的日语专业翻译教材，至今仍被很多高校使用。虽然这一教材后来经过了多次修订，但其中仍保留了一些我当年收集的例句。那一年，我同时还负责给最后一届工农兵学员上大二年级的精读课。

随后，学校又安排王宏老师开设日语语法课，并指定我担任王老师的助手。彼时国内还鲜有系统的日语语法课，因此这门课程的开设极为重要。在王宏老师的指导下，我担任每一讲的讲义编写工作。我决定采用日本国内的学校语法体系来开设这门课程。我在制作了一个概要性的教学大纲后，再负责编写每一讲的讲义提纲和寻找关键例句，经王老师审稿后打印成教材。经过一年的积累，我终于在 1979 年完成了语法课教程的讲义提纲及每一课的讲义概要、例句、练习等的编写。

1979 年，为推动中日两国间的文化教育交流，日本文部省派遣了六位专家来到上外。通过担任他们的翻译工作，我从他们那里学到很多，日语的理解和表达能力等得到提升。

采访者：您是1981年上外第一批赴日留学交流的青年教师，而20世纪80年代初到90年代初是中日关系的“蜜月期”，所以这次交流应该离不开当时政策的支持，当时的时代背景和赴日留学的情况是怎样的呢？

皮细庚：1980年，日本首相大平正芳提出在北京开设“中国日语教师培训班”（俗称“大平班”）。我幸运地通过了第一次选拔考试，准备去“大平班”学习。

可是没过多久，教育部又发出另一个通知——日本文部省首次面向中国日语教师招收日本国费研究生，全国仅有四个名额。教育部指定十二所大学各派出一名老师参加日本大使馆命题的考试，最终录取前四名。我作为上外指派的教师参加了这一考试，并获得了第一名，获得了去东京外国语大学留学一年的机会，也就放弃了北京“大平班”的学习机会。

在日本学习期间，我特别珍惜这样的学习机会，选了3门研究生课程，同时还选了14门本科生课程。从星期一到星期六，我几乎全天都待在学校，每节课必到，每天都非常忙碌。所以，这一年的学习收获非常大。

1982年，中国社科院打算开设日本研究所，他们希望由教育部出面让我留在日本继续读研、读博后再回国。可我清楚自己是得到上外的培养才有了走出国门的机会，当然应该知恩图报，所以我最后还是按期回到母校担任教学工作。

采访者：您回国后开始承担“研究生班”的教学工作，“研究生班”在当时是怎样开设起来的呢？授课有哪些特点？

皮细庚：我回国后主要担任语法课的教学工作。当时要给三四个班上语法课。1983年，学校又增加了自学考试，我主要负责语法课程的命题、阅卷等，这个工作量很大。

当时全国只有吉林大学、北京大学、北京外国语学院及上外四所学校招收日语研究生，名额也少，所以教育部指定上外承担各校青年教师的研究生培训，因此又叫“助教班”。学校要把教学课程设置报给教育部，因为当时课程有所欠缺，系里就把我在日本学的两门课列入课程表。由于当时我自己还是个助教，只能以教学相长的姿态投入到研究生班的教学中。第一门课是日语概论，从语音、文字、词汇、语法逐项展开。当时国内从来没有人讲过这些，研究生班的青年教师们反映说“这个课太好了”。我上课时经常举一些古典语法相关的例子，他们说“古典语法我们也要听”。就这样，我给两届研究生班均上了两门课。

采访者：您是怎样看待教师这一事业的？20 世纪 90 年代日语系更名为日本文化经济学院，当时是怎样的情况？在您后来的教学中，有什么印象深刻的事情吗？

皮细庚：虽说我当老师是出于偶然，但我努力“做一行爱一行”，并且越来越热爱教育事业，非常有“干劲”。对我而言，当老师就和农民种地一样，我的水稻能长得更好，我便满足了。

上外日语系在全国有较大影响力。由于开设了复合型学科“日语国际贸易专业”，在学校的支持下，我们筹备了半年，在 1998 年成立了日本文化经济学院。当时，这件事在日语教育界引起了一阵轰动，人们对此大为称赞。单一的所谓“小语种”独立成为一个学院，类似的事情放到现在也是几乎不可能实现的。

我后来的工作，除担任日语系主任、学院院长外，主要负责指导硕士和博士研究生。2003 年开始，硕士研究生扩招，日院招收的学生数量一下子从原来的 5—8 名变成 30—40 名，后来甚至更多。我的工作量很大，非常辛苦，但我仍兢兢业业地指导学生。现在还可以看到，我每年为他们审阅论文时，都会做密密麻麻的批注。2008—2009 学年我还带过一个本科生四年级的精读课，这个班原来考试不及格的现象比较多，但通过我们的共同努力，最终全员都通过了毕业考试，这让我欣喜和感动。我发现通过我的努力和方法、我的真心，可以带动这些学生。所以说我喜欢教书，喜欢学生，作为一个老师，我一辈子都热爱自己的工作。

采访者：您曾编写《新编日语语法教程》、《日语概说》、《日语古典语法》、《日汉常用词典》(合著)、《日汉大词典》等，我们知道搞研究和编教材都是非常辛苦的，当时您是基于怎样的考量呢？

皮细庚：从1978年开始，我就在王宏老师的指导下编写语法课讲义。经过几轮的使用和修改，1985年外教社提出要出版这本语法教材，一是为了学校自身教学所用，二是当时有很多其他大学已经在用这些材料的油印版本了。除此之外，自学考试的人也很多，他们也需要教材学习，油印教材代

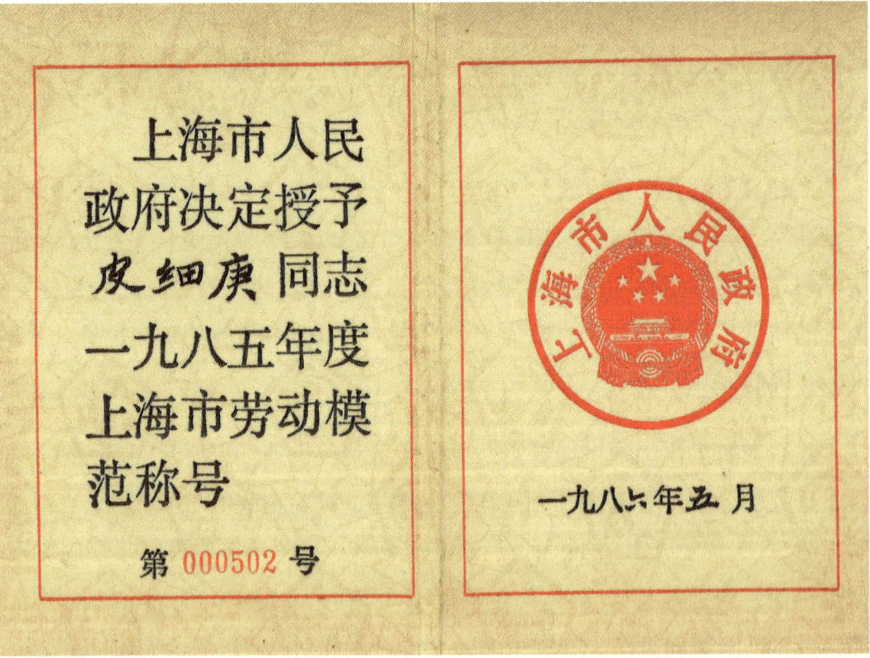

1986年5月，皮细庚获上海市劳动模范称号

价太高。因此，1985 年底，日语系决定出版这本教材，并于 1986 年修订后交给了出版社。这本语法教材对日语学习者打好基础帮助很大。它的出版不仅得到王宏老师的指导，也得益于很多中国教师和日本专家的帮助，应该说在国内日语教育界有一定的影响力，迄今每年都在再版，主要用于本科日语专业语法教学，有些学校还用作考研参考用书。后来，我撰写的专著《日语概说》也于 1997 年出版，迄今为止，一直是国内研究生课程教学和考研参考用书。

搞研究和编教材确实都很辛苦，可以说，这么多年我始终都没有"偷过懒"，学校和组织也给了我很多的关心，给予我足够的支持。

采访者：上外日语教育一直走在国内前沿，您认为其贡献具体体现在哪些方面？在推进上外日语学科发展的过程中，您亲历了哪些重大事件？

皮细庚：一个学科在国内学界的地位和声望，是一代代人共同努力积累的结果，很难说在哪一方面、哪一件事上是上外日语学科的贡献。但有些事情是能够反映一个学科的地位的。比如前面说的助教研究生班的事，并不是随便哪个学校就能受教育部委托。在 20 世纪 80 年代，全国只有少数几个日语语言文学硕士点，黄河以南的大学中，有的学校有导师可以招收硕士研究生，但这些学生必须要到上外来申请答辩，并由我校授予学位。

1981 年，教育部指定北京大学担任中国日语教学研究会的会长学校，上外是四个副会长学校之一。虽然北大是会长学校，但由于经费、人力等各种原因，很难展开活动。当时中日关系在中国对外关系中非常重要，教育行政主管部门和学界都希望能举办一些活动。后来学会综合大家意见，决定由上外举办全国性的日语学术研讨会，也许这个想法现在不值一提，可在当时这是一项积极的、突破性的工作。我们从日本邀请了五位有名的日语专家，国内也有四十多位资深教师参加。此次会议上，上外日语系的李进守教授（时任学会副会长）担任大会主席，我被临时指定为大会秘书长。这次会议在日语界乃至在整个外语界产生了巨大影响，也正是由于这次会议的成功举办，教育部决定于1986年底改选中国日语教学研究会的正、副会长，最终王宏教授被选任会长，我则担任秘书长。随后几年，除了承担日常教学和日语系副主任的工作外，我主要投入了学会工作。在这期间，刚好国内各高校有一批即将退休的日语老教师，他们在整个教学生涯中都没有去过日本，于是大家都齐声呼吁上外能组织他们前往日本。于是，我们就组织了一个“老教师赴日进修考察团”，申请了日本国际交流基金的赞助，并请日本的校际交流学校帮助解决部分住宿、交通问题，又让国内各高校承担一部分费用，最后确定了由14位老教师组成“日语教师赴日进修考察团”，由我陪着前往日本访问了两周。这在当时也是非常轰动的一件事，大家都非常感激上外的精心组织。有的学校虽然没有老教师入选，但他们知道上外在努力为日语界做出相应的贡献。我们还帮助东北区、华北区、华东区、华南区分会组织各种活动，这些工作都影响了国内的日语学科发展。

在日语语言文学本科建设方面，上外日语的课程设置、教材建设和师资培养始终走在国内前沿。日语语言文学专业的各类课程在20世纪80年代就基本建设齐全，有各年级精读、泛读、会话、听力、报刊阅读、写作、口译、翻译、日本概况、文学、语法、古典、日语概论等各类课程；与此同时，鼓励任课教师编写教材。上外日语的精读教材在20世纪70年代是油印本，到80年代初期由俞彭年老师领头编写第1—4册精读课教材，到80年代中期由陈生保老师领头编写第5—8册精读课教材。整套教材在国内日语界大受欢迎，特别是第1—4册据说为国内70%以上的学校采用。20世纪90年代初期周平老师领头重新编写精读第1—4册，仍然为国内半数以上学校采用，其他各门课程的教材也大多为国内广泛采用。应该说上外日语的课程设置和教材编写为中国日语教育的发展作出了很大贡献，迄今为止仍旧具有很大的影响力。我本人20世纪80年代出版的《新编日语语法教程》和20世纪90年代出版的专著《日语概说》，在国内也具有一定的影响力。

值得一提的是，上外是国内最早建设复合型学科的外语类院校。日语国际贸易专业是我校于20世纪80年代开设的第一批复合型专业，因为这在当时是一种完全创新的办学形式，直到90年代中后期仍然受到不少学校的质疑。但事实证明，上外的复合型办学道路符合社会需求，也顺应了那一时期外语人才培养目标改革所需。设立日语国际贸易专业同样需要开设课程并建设配套教材。作为复合型专业，我们一方面依仗学校相关专业的援助，做到校内资源共享；另一方面积极培养日语专业师资，以开设与日本相关的课程。从20世纪80年代中期我们系开始向日本的相关学校派遣教师留学，学习相关课程后回国开设课程，到20世纪80年代末期已经开设了日本经济概论、日本金融、日本商法、日本簿记等各门课程，并由任课教师编写相关教材。

上外是国内最早与日本开展校际交流的学校之一。校际交流最早的目的主要是培养师资，像前面所说的日语国际贸易专业的师资培养就得益于校际交流。我们自20世纪80年代初期开始与日本的大学开展校际交流，先后与日本十多所大学签订了校际交流合作协议，其中始终保持人员（教师与学生）交流的有法政大学、京都外国语大学、东京外国语大学、大阪外国语大学（后并入大阪大学）、名古屋外国语大学、名古屋大学、活水女子大学、梅花女子大学、北陆大学等。后来校际交流逐渐转向全面的交流，包括师资交流、留学生交流、学术交流互访等活动。留学生交流其实有个意外的收获，受其影响，在20世纪90年代初期上外在上海高校中是外国留学生最多的，当然其中主要是来自日本的留学生。另外还有一件事，也是由校际交流活动带来的收获，那就是“日语演讲比赛”的产生。1987年初京都外国语大学的理事长提出想在上海外国语学院举办日语演讲比赛，邀请各大学日语专业的学生参加，获得前三名（或前五名）的学生由他们邀请去日本访问一周。我们当然很乐意接受建议。记得比赛是在虹口校区12号楼的大会议厅（现在叫多功能厅）。那天天气很热，我们在舞台四周和台下放了20多台电风扇，气氛确实热烈。我们学校的学生拿了第一名，其他各校拿了奖的和没拿奖的

荣誉证书

HONOR CERTIFICATE

皮细庚 教授：

中国日语教育终身成就奖

教育部高等学校外国语言文学类专业教学指导委员会
日语专业教学指导分委员会
二〇一九年十一月二日

中国日语教学研究会
二〇一九年十一月二日

2019 年 11 月 2 日，皮细庚获中国日语教育终身成就奖

都兴高采烈。从此以后就有了“演讲比赛”这个说法。就这样，上外对日本的校际交流引起了国内各高校的关注，同时也推动了其他语种的校际交流活动。

采访者：最后，请问皮老师可以给上外学子提些希望吗？

皮细庚：我想对日本文化经济学院谈一点我的希望，一句话：巩固优势，开拓奋进。

我们的日语语言文学专业在国内同类专业中可以说是很强的，这是我们的优势，同时也是有助于日语国际贸易专业立足的优势。我们的学生首先要热爱自己的专业，要努力去学习日本语言文学，打下扎实的日语基本功。无论是日语能力考试，还是全国日语专四、专八考试，我们都要争取平均得分名列前茅，否则再怎么说自己有优势都是虚的。

关于“开拓奋进”，我希望无论是日语语言文学专业还是日语国际贸易专业都要与时俱进。据我所知，现在北大、北外等大学的日语专业也都强调要让学生了解日本的文化、社会、政治、经济等各方面的知识。日本是我国的邻国，与我国有千丝万缕的关系，我认为我们的学生有责任去了解日本，并在中日关系的各种活动中发挥应有的作用。

我和上外
朝鲜语专业的发展

金基石

男，1953 年 1 月生，上海外国语大学教授，亚非语言文学、汉语国际教育专业博士生导师，中央民族大学等十多所大学兼职教授，《民族语文》《中国朝鲜语文》等国内外十多家期刊的顾问 / 编委，上海市语文学会副会长，国家教材委员会专家。1982 年 1 月延边大学汉语专业毕业，1998 年 6 月在延边大学获朝文专业博士学位，1998 年 1 月晋升为教授。主要研究方向为汉韩语言对比、汉韩语言文字关系史、汉语国际教育研究等。主持 7 项国家、省部级科研项目和上海外国语大学重大项目。独立或合著《朝鲜韵书与明清音系》

口 述 人：金基石

采访整理：金慧婷、李佳朋、徐蕴怡；周源源、王媛、陆英浩

采访时间：2021 年 6 月 16 日；2023 年 10 月 26 日

采访地点：上海外国语大学东方语学院文献中心；
上海外国语大学世界语言博物馆

《对外汉语教学的理论与实践》等专著、教材或工具书十余部，在《中国语文》《民族语文》等国内外学术期刊上发表论文 100 余篇。

采访者：金教授您好，您是 2004 年调入上海外国语大学朝鲜语系工作的，在此之前您主要从事汉语研究。请问您从汉语研究转向朝鲜语研究的契机是什么？

金基石：这一研究转向与我的研究方向是密切相关的。当时，上外为了提升学科建设的层次，正计划引进一批学科带头人。我之所以答应来到上外，是因为我对自己在朝鲜语方面的教学和研究抱有一定的信心和兴趣。我本科毕业于延边大学的汉语专业，但延大的汉语专业其实是朝汉双语专业，专业课程除汉语外，还包括了朝鲜语语法、朝鲜语文学史、朝汉翻译等，我在那里经过了系统的专业学习。硕士阶段，我从事朝汉语对比研究，除了汉语研究以外，也需要对朝鲜语进行学习和研究。博士阶段，我就是“真正的”朝

鲜语专业学生了，但是我的研究方向仍旧与汉语密切相关——朝鲜语和汉语的音韵对比、现代朝鲜语、中世朝鲜语、现代汉语、古代汉语、汉语史、朝鲜语发展史等。所以当时（2004 年）上外邀请我，我就答应了。

采访者：您在延大从事汉语专业的教学，担任中文核心期刊《汉语学习》主编。您觉得来到上外之后的工作与此前的教学、科研经历有哪些不同？面对这一角色转换，您经历了哪些困难和挑战？

金基石：我是 1977 年恢复高考后的第一届大学生。我本科毕业的时候，《汉语学习》刚刚创办，这个杂志的初衷是给朝鲜族汉语教师提供汉语学习和研究的园地。我一留校就参与了《汉语学习》的编辑工作，可以说是见证了它的成长：从 32 开到 16 开，从 64 页到 112 页；纸张越来越大，学术论文越来越专业，最后成长为中文核心期刊（CSSCI）。《汉语学习》刚创立时，各专栏都是为第二语言教学服务的，其中"语言对比"这个专栏就是我负责的。所以来到上外之后，虽然在教学对象和内容上经历了一个"角色转换"，但对我个人而言，研究方向上的转换并不是很大。

来上外后更多的压力来自本科生教学。我在延边大学的时候，从来没有给朝鲜语本科生上过课。但来到上外之后，我担任朝鲜语系的系主任，所以为了掌握专业的整体情况，除了文学课之外的课，如基础朝鲜语、精读、泛读、翻译、写作……我全部教了一遍。（当时）7 月份办手续，9 月份就开始上课，备课时间很紧张，再加上当时我们还有玉佛寺朝鲜语培训等社会培训类课程，一周 20 节课。那段时间我是一点一点熬过来的，每天备课，重新复习朝鲜语语法。虽然在硕士、博士阶段曾经学过，但是为了保证教学质量，我还是下了一番功夫，系统地复习这些最基础的东西，进一步巩固和完善自己的知识结构。来到上外的第二年（2005 年），我牵头启动了"新世纪高等学校韩国语专业本科生系列教材"的编写工作。作为总主编，我当时召集了全国的朝鲜语学者，开了几次编委会，共同编写这套系列教材。

2011 年 8 月 22 日，金基石（左）获国内韩国学研究领域最高奖项“卧龙学术奖”

除此之外，上海对我来说是一个相对陌生的环境，南方湿热的气候也还需要适应。所以当时很多韩国教授听说我调到了上外，都说：“金老师胆子真大，50 岁的人了居然还挪地方！”

采访者：您编纂的这套“新世纪高等学校韩国语专业本科生系列教材”包括哪几个板块？这套教材的出版对上外的韩国语专业的教学有哪些推动作用？

金基石：我 2004 年来到上外任教后，第一件事就是组织编写教材，从语言、文学、文化、翻译、国别和区域研究相关的专业理论和实践这几个板块分别进行编写，目的是培养学生的专业能力，扩大国际视野。专业课程一般分为外语技能课程和专业知识课程。根据教育部要求，专业课程课时需占总专业总课时的 50%—80%，外语技能课程包括“听、说、读、写、译”这几个模块。按照学科来分类，知识课程包括语言学、对象国的文学、翻译学、

2014 年 4 月，金基石被选为韩国《时事月刊》（*Newstoday*）封面人物，是第一位成为该杂志封面人物的中国教育界人士

国别区域研究，跨文化、论文写作基本研究方法这些内容的课程，编写的内容主要以专业基础课为主。

最先完成编写的是语法教材，这一教材对本科生难度较高，因此后来主要用于研究生的课程。听力教材分为初、中、高级，出版后一直很受师生欢迎。除此之外，还有韩语视听说教程、韩语翻译教程、韩国文学作品选读。最近几年，我们正在编写《中国文化简易教程》，目的是使我们的学生能用韩国语讲中国故事，讲中国文化。

采访者：感谢金教授系统地为我们介绍了“新世纪高等学校韩国语专业本科生系列教材”的概况。这一套教材目前出版了多少本书呢？上外目前在使用这套教材吗？

金基石：大概是十几本。在这些教材中，我们付出最多心血的是语法教程，编写时我们就坚持要自主创作，不能抄别人的东西。

上外目前在用这套教材。我刚来到上外的时候，朝鲜语专业用的是韩国延世大学的教材，语料非常真实地道。因此，当初我也建议引进韩国的教材，但在引进过程中必须符合我们的国情，和时政联系在一起。延世大学这套教材引进后，我们发现教材存在一些国情和文化导向等方面的问题。因此，我们就根据自己的思路对这些教材进行适当修订，让它符合我国国情，但修订以后的版权还属于延世大学。

采访者：关于教材是要多方面进行考量，包括其内容的难易程度、是否符合我们的国情等。

金基石：除自己编写教材之外，我们还引进韩语版的世界经典教材选读。世界经典就是其他国家出版社出版的教材里可以称得上是世界经典的内容，这是全人类的文化瑰宝。韩语版世界经典教材系列共包括初级、中级、高级

2015 年 6 月 4 日，金基石在第七届广东地区韩国语教育工作者协会定期学术会议上代表与会嘉宾致贺词

2016 年 9 月 27 日，金基石在大连外国语大学代表教育部语信司专家组，做《公共服务领域朝-韩文译写规范鉴定报告》

各两本，每一本 30 万字左右。这个工作是英语专业先启动的，据说英语版的世界经典选读很受欢迎，很多中学都把它选作必读书目，其他语种的编写后面也开始陆续启动。我们和大外等国内大学联合编写韩国语版本，按照我们的思路来选篇、介绍教材、设置练习题等。我们的编写组是初级、中级和高级各三人，最后由我和赵新建教授来审核。引进经典选读教材后，我们的教材体系就更丰富了。

采访者：请问朝鲜语和韩国语有什么区别?

金基石：我经常被问到这个问题。其实，朝鲜语跟韩国语本质上是同一种语言，这只是一个主体性问题，朝鲜称之为“朝鲜语”，韩国则称之为“韩国语”。语言是相同的语言，判断两种语言是否相同，关键是看其基本词汇和基本语法结构是否一致。

朝鲜语和韩国语的区别在于规范不一样，如词汇的规范和语音的规范。韩国人讲韩国语和朝鲜人讲朝鲜语的语调是有区别的，教材、语法体系和语法术语也有区别。我从小学习朝鲜语，甚至博士读的都是朝鲜语专业，但最初我到韩国去讲学时，也会偶尔有忘记改变词汇使用和语调的问题。

上外的朝鲜语专业讲授的其实是韩国语，但当年教育部在语种专业备案时的正式名称为“朝鲜语”。所以，虽然我在延边大学也学了朝鲜语语法，但为了更好地做好韩国语的教学工作，我来上外后还强化了韩国语的学习。在学习过程中，需要克服的困难就是习惯，要改变习惯。接触韩国人的时候，我就记得要注意发音、选词等问题。我去韩国做讲座、参加学术会议的时候，很多韩国人不太了解，问我韩国语水平怎么会这么高。其实韩国语就像是我的母语一样，只需要在朝鲜语的基础上注意适应韩国语的语法规范，实际的使用要更加符合韩国人的表达习惯。

采访者：您创立了上外朝鲜语专业完整的学科体系。请问当时朝鲜语专业乃至东方语学院在学科建设、课程设置等方面是怎样的面貌？在之后的硕士、博士学位点以及博士后流动站设立等方面又经历了哪些发展历程？

金基石：我刚来上外的时候，东方语学院的代表性语种是阿拉伯语，学院所在的建筑都是伊斯兰风格的。当时泰语、希伯来语等专业也是刚刚创立，亚非语的师资力量还相当薄弱，学科的综合实力和影响力还很不足。可以说，那时候东院学科只有两类：阿拉伯语专业和其他亚非语专业。彼时朝鲜语系虽然已经成立 10 年，专业建设相对成熟，但是学科层次还比较低，只有本科，每年招一个班。所以来到上外的第二年，我就跟李春虎、金忠实、程彤等老师一起，申报了亚非语言文学硕士点，设立朝鲜语言、朝鲜文化、波斯语言文化等三个方向。我们的优势就是学科齐全，亚非语言团队覆盖面广，因此硕士点当年就获批成功了，当时在上海乃至长三角地区是唯一建立亚非语硕士点的高校。

亚非语言文学硕士点批下来之后，我们第二年就开始招生。在如何招生的问题上我们也有所创新。因为硕士生导师必须要具备副教授职称，当时我们团队中一名印度尼西亚语老师职称还只是讲师，所以当时就以我的名义招了一些印度尼西亚语的学生。但我并不懂印度尼西亚语，只能传授给学生方法论；学校的外教辅以指导，开题审核的时候我把关，并安排他们去印度尼西亚访学，最后他们也成功拿到了硕士学位。

2001 年，我就在延边大学评上了朝鲜语专业的博士生导师，研究方向是朝汉语对比。2004 年，来到上外之后，因为当时没有对应的博士点，我只能通过挂靠在外国语言学及应用语言学专业下增设朝汉语言对比研究方向，招收博士生。考虑到这种挂靠形式不利于学校的整体学科建设，所以在学校的支持下，我在已有硕士点的基础上集齐朝鲜语言、朝鲜文化、波斯文化、第二语言教育四个研究方向，成功申请到了亚非语言文学博士点。这一博士点的成立有效提升了东方语学院非通用语种的人才培养层次，也逐渐消除了以前部分小语种存在的“本科生教本科生”或“硕士生教本科生”的现象。

自此之后，韩国语专业的金慧婷、刘静等老师以及泰语专业的朱蒙等老师都是我们的亚非语专业博士点培养出来的。2009 年开始，我作为合作导师在我校外国语言文学博士后流动站招收博士后，高陆洋是第一位出站博士后。之后上外出站的博士后有东方语学院的赵新建、崔松虎、李润京（外教）老师，国际交流学院的鹿钦佞、桑紫宏（师资博士后），高翻学院的昔秀颖老师等。近几年，李春虎教授名下的朝鲜文学专业也陆续有金镛镇等师资博士后进站，大大提升了学科层次和师资队伍的学术素养。

采访者：针对语言类专业的本、硕、博不同层次的学生，您认为外语院校应该分别注重培养他们哪些方面的素养？他们应该从哪些方面来提升自身的能力？

金基石：在培养目标和要求这个方面，本科生和研究生的具体要求存在差异，但也有很多共性。本科生阶段要注重打基础，听、说、读、写、译的基本功训练是最重要的，还有发音能力的训练也要不断加强。硕士生要着重培养科研意识和科研能力，多阅读专业书籍，看书时要多问为什么。本科生到硕士生的阶段需要转换自己的角色。本科生习惯跟着老师的思维走；硕士生要积极思考，多提出问题；博士生阶段要培养独立思考的习惯，培养追求真理的精神，建立自己的知识体系。

但是不管是本科生、硕士生还是博士生，都要有人文精神、人文关怀。除此之外，不能忽视中文学习、中文词汇量的积累以及对中国文化的理解。对母语、对本国文化的理解是非常重要的，没有人文精神和人文关怀的外语教育是失败的，因为我们要培养的是爱国的、爱中国文化的学生，学生不能忘记自己的根基。

语言水平提高的关键还是要多背诵，这是我们老祖宗流传下来的智慧。现在教育手段逐渐发达，各种各样的媒体出现，对背诵的要求也逐渐下降。老一辈知识分子学习中国文化时，将背诵作为非常重要的学习手段。现在的孩子受各种社会因素影响，心态比较浮躁，会不愿意背诵。我始终强调背诵是基本功。我小学二年级时开始学习汉语，刚开始并不会说汉语，当时我的老师教导我说把《新华字典》背诵下来汉语水平就能提高，于是我就不断地背诵，翻烂了好几本《新华字典》。

采访者：新时代外语类专业大学生在生涯发展方面面临一些机遇和挑战，您对他们有哪些建议？

金基石：一方面，我认为不管是社会再发达，机器的翻译手段再先进，小语种人才也还是必需的。比如说，一个大学一年可能培养十几个或者几个小语种的人才，这是我们必需的人才储备，我们需要有一批精通不同国家文化的专家。虽然各国国家领导人大部分精通英语，但国际交往中若是能够用其本国语言与之交流，就能拉近双方的距离。因此，小语种是一定需要的，也是会不断发展的，至于是大的发展还是小的发展取决于国家的需要。从一所重点大学或者是上海这座国际化大都市的角度来看，非常需要培养这方面的人才。

另一方面，需要对语言类人才加强有关对象国的国情、文化的教育。现在非常热门的一个话题是区域国别，我们培养的学生知识面要非常广，提倡大类课、新文科。

采访者：经过20多年的发展，朝鲜语专业乃至整个东方语学院，一代代老师和学生在专业教学与学习、科研、生活等方面有哪些变化让您记忆犹新？

金基石：朝鲜语里有句俗语，“십 년이면 강산도 변한다”（十年江山变），我来上外近20年，上外、东院、朝鲜语专业各个方面的变化可太大了。现在我每每来到东院都感慨万千，教学环境太好了。以前我们基本上没有PPT的概念，老师们还都习惯于写板书，现在可不仅是PPT了，还有各种多媒体教学设备和手段，大大提高了我们的教学质量和效率。另一方面，学科建设的内涵比以前更丰富了，比如“区域国别研究”，是我们以前不曾听说过的。而令我印象最深的，还是老师们科研意识的提升。我以前一直是负责学院科研和研究生工作的副院长。当时我们计划出一本《东方学术论坛》（论文集），开会动员、征集稿件费了很大工夫；而现在老师们的科研劲头都很足。当然，我们也要认识到小语种专业的特殊性，衡量科研成果不能搞“一刀切”，不能让固化的评价标准浇灭教师们的科研热情。

采访者：从学校的发展历程来看，您觉得当前东方语学院（尤其是朝鲜语专业）处于什么样的发展阶段？在哪些方面还大有可为？

金基石：我之前提到，我刚来上外时，东院的非通用语实力还比较薄弱，但是经过多年的发展，学院的非通用语种队伍逐渐壮大，影响力也逐渐上升。

2008 年，东院的非通用语种作为一个整体申报了教育部特色学科，并顺利通过了审批。到今天，上外东方语学院在全国非通用语群里已经有了一定的学术地位，上外非通用语种的实力是不容小觑的。

就朝鲜语专业而言，我认为其发展也已经步入了正轨。我们最大的特色就是朝汉语言对比，这方面的研究成果和研究实力在全国甚至国际上都是拿得出手的。赵新建老师的“朝汉语对比”慕课项目已经做到第二期，影响力也越来越大。今后，如果我们继续拓展朝汉语言对比研究的深度和广度，上外将有望成为名副其实的国内外“朝汉对比语言学的重镇”。另一方面，我们上外的朝鲜语专业在韩国各高校中的口碑很好。我们的很多博士生都成功拿到了教育部的项目资格，赴首尔大学等韩国顶尖高校深造，并因认真刻苦、成绩优异而广受好评。

2018 年 6 月 27 日，金基石（前排左 4）与出席山东大学“海外韩国学种子项目名家讲坛”的师生合影

采访者：刚才您提到了上外朝鲜语系学生在韩国的各大名校也受到好评。请问您刚来上外时，学生们的出国进修情况是怎样的？今天我们大部分学生能够去首尔大学、延世大学这样的国际名校深造，您能否分享一下在与国外名校洽谈合作时的一些难忘的回忆？

金基石：起初同我们合作的韩国高校只有釜山外国语大学一所。上海和釜山是姊妹城市，在政府的帮助和支持下，我们和釜山外大建立了交流合作关系。除此之外，韩国韩文学会还曾在上外举办了全国的韩语演讲比赛，这也让我们与更多的国内外高校有了接触。

我来到上外之后，为了给学生们提供更多去对象国交流学习的机会和选择，决心扩大对外交流合作的“朋友圈”。我们抓住一切机会与韩国高校进行沟通。每次只要有韩国代表团来，我就和他们聊交流合作的相关事宜。基于平等的国际交流原则，我向校领导建议，我们应该建立一套对等的交换机制：我们派 5 个学生去韩国，他们也能派 5 个学生过来，并且给予同等的学费减免等福利，这对于深化对外交流关系、提升上外的国际化程度和全球化视野大有裨益。所以在学校的大力支持下，这套交换机制一直沿用至今，我们朝鲜语专业的对外交流合作也因此迈上了一个新台阶。另外，我们也多次前往韩国，感受韩国的文化和生活，与各高校洽谈合作。例如我们向教育部申报的“韩国社会与文化中外合作办学项目”，教育部为我们提供资金支持，我们聘请韩国教授来给研究生上课，主讲文化方向，但文学、语言、翻译等方向的研究生也旁听，大家都受益匪浅。在大家的共同努力下，上外朝鲜语专业学科实力不断增强，学科知名度日益提高。我们与首尔大学、延世大学、梨花女子大学、韩国外国语大学等韩国名校也都建立了友好而深厚的合作关系，如联合举办学术会议等等，朝鲜语专业的对外交流层次也有了质的提升。

采访者：您对朝鲜语专业乃至东方语学院的新时代大学生，在专业学习、个人发展等方面有哪些寄托和希望？

金基石：我认为学习一门小语种，最重要的是“热爱”。只有热爱你所学的专业，才能有继续前进的动力和潜心研究的定力。而长久的热爱则源于了解，了解这门语言及其对象国的风土人情、民俗文化。另外，一定要注重夯实专业基础，不管未来是从事科研还是其他相关工作，只有专业基础过硬，才能走得长远，走得稳当。新时期我们面临着新的机遇和挑战。希望我们的学生能充分利用现在这么好的学习条件，保持学习热情，不忘初心，朝着自己的目标坚定前行。

在上外百花园
耕耘西语半世纪

陆经生

男，1953 年 6 月生，西班牙语教授，博士生导师，西班牙皇家学院海外通讯院士。1976 年于上海外国语学院西班牙语专业毕业。1976—1978 年于墨西哥学院留学，归国后任教于上海外国语学院。曾任上海外国语大学西方语学院副院长、西方语系主任，亚洲西班牙语学者协会主席，全国高校外语类专业教学指导委员会副主任、西班牙语分委员会主任等职。主要研究领域为西班牙语语言学、汉西对比和教学法。出版著作包括《中国的西班牙语教学和研究》《西班牙语介词》等，参加《新汉西词典》《新世纪西汉大辞典》《大辞

口 述 人：陆经生
采访整理：周源源、王杨
采访时间：2023 年 10 月 8 日
采访地点：上海外国语大学虹口校区会议中心富士厅

海·外国文学卷》等辞书的编写及《博尔赫斯全集》的翻译。主编“十一五”国家级规划教材“新世纪高校西班牙语专业本科生系列教材”。获国际西班牙语大会“城市金钥匙奖”等奖项以及西班牙国王文化成就骑士勋章等荣誉。

采访者：陆老师您好，您 1973 年就读于上外西班牙语专业，请问您当时为什么会报考上外？

陆经生：1970 年 4 月，我从上海上山下乡到内蒙古呼伦贝尔盟（时属黑龙江省）扎赉特旗的保安沼农场做知青，当然很想有参军、读书这样的机会。1973 年，国家扩大高等学校招生，我们整个农场分配到三个上海高校名额，分别是复旦大学的中文系、上外的西班牙语专业，还有上师大的英语专业。当时我在场部政治处任青年干事，场部的一些老同事还有省里派来的招生组老师都建议我报考上外西班牙语专业，因为当时西班牙语专业比较冷门，竞争少一些。

西班牙语是我和周围人以前从未关注过也根本不了解的。我选择报考西班牙语专业的原因之一就是它属于冷门、小众专业。当时在符合报考条件的知青中，我属于年龄相对小的。年龄小意味着上学读书的时间不如比我早几届的人多，但是学外语专业就能扬长避短。还有另外一个原因，就是我其实1966年小学毕业时被保送上外附中，当时已经做好了入学面试和体检，但上外附中因“文革”而中止招生，我与上外附中失之交臂。这次报考也算是我与外语学习续缘了。所以我在回答为何选择西班牙语专业的提问时总是说：“No elegí español, me eligieron para español.”（不是我选择西班牙语，而是我被选来学西班牙语的。）

1973年9月入校后我才知道，1960年中国和古巴建立外交关系，实现了中国和拉丁美洲国家外交关系零的突破。1970年起，中国相继与智利、秘鲁、墨西哥、阿根廷、西班牙等西语国家建交，因此国家需要大批西班牙语人才。1973年4月，墨西哥总统访华，我才知道墨西哥讲西班牙语。1973年9月11日，智利发生军事政变，我从新闻报道了解到智利也讲西班牙语，发现那么多国家讲西班牙语，都与我未来的学业密切相关。

到上外就读后，我非常珍惜这样的读书机会，唯有刻苦用功才能提高自己的学业水平，争取一个比较好的专业发展前途。虽然家就在上海，但我经常周末不回家，寒暑假也有一半时间留在学校读书学习。那时候的教学设备比较简陋，上海外国语学院算比较好的了，因为特别重视听说能力的培养，每个班级配有一台大磁盘录音机，周末和假期我就经常独用这台录音机练习听力。当时教授的课程不多，主要训练听、说、读、写、译的语言基本功。我们没有专门的文学课，包括拉美概况课上外的西语老师还没力量上，学校就聘请了复旦大学拉美研究室的方幼封老师来教授。

在翻译能力培养方面，除了专设的翻译课，1976年毕业实践时，我们这届西语学生在老师的指导下参与翻译了秘鲁小说 *Los peces de oro*，中文译名

《金鱼》。为了配合小说的翻译，系里组织我们利用开门办学的机会去复兴岛，跟着上海远洋渔业公司的渔船出海，在东海公海上参加捕鱼作业20来天，目的是亲身体验小说中反映的秘鲁渔民生活，了解渔船构造和捕鱼过程。我有幸被选入由工人、学生和教师代表组成的前言写作组，还专门到复旦大学拉美研究室去查阅拉美相关资料，在人民文学出版社编辑王央乐先生指导下完成了前言的撰写。

采访者：您刚才讲到，学外语就是要多听多说，请您介绍一下学习西班牙语的方法。

陆经生：我意识到，学语言必定要用到语言学理论和语法知识。入学后我就从图书馆借来了高名凯、石安石的《语言学概论》和胡裕树的《现代汉语》等著作进行阅读自习，吸取理论和方法，指导西语学习。比如，运用构词法理论对西语词汇作词素分析，有助于正确理解词义、熟记生词、扩大词汇量、举一反三，取得事半功倍的学习效果；运用句法理论中的成分分析法正确理解并掌握西班牙语复杂的语法形式结构。对于课程学习，我很注重课前预习，把新课里的内容全部理出来，包括生词、语法和文化内容等，自己先查词典理解课文，查不到或不理解的就留到课上问老师，与老师对话互动。我专门准备了两个笔记本，一本用于课堂内外随读随听随记，另一本用于整理这些内容，这是我必须要背诵熟记的。

学语言需要操练熟记，语言素材通过眼睛（看）或耳朵（听）传输到大脑（加工），再由大脑控制嘴巴（说），必须通过反复训练做到感官自然相通才算掌握。语言本身确实具有技能特征，我觉得这个技能是很重要的。我很注重晨读，每天要比别人早起半小时，到虹口校园老健身房旁边的花园小径心无旁骛地朗读、背诵。另外，每天新内容记下来后，在晚饭前后我独自一人到操场上边走边背诵，先遮住中文注解，看着外文回想中文词义；再遮住外文，看着中文回想外文词语，几遍下来就储存在脑子里了。靠着大量背诵，我积攒了很多西语词汇和语法、文化知识。在一次西班牙语测试中，我第一个交卷，全卷只有一个拼写错误，就是把“mundo”写成了“mondo”，差一点满分，我不无懊丧。分析错误原因，还是发音欠准——西班牙语字母“u”在发音方法上比汉语拼音“u”嘴唇更用力，松弛了就容易与“o”混淆。此后我更加重视发音辨音和正确书写等基本功的训练。

采访者：1976 年 9 月，您刚毕业就获得前往墨西哥学院留学的机会，当时的出国进修机会应该非常难得，您是如何抓住这个机遇的？

陆经生：1972 年墨西哥与中国建交后，1973 年 4 月墨西哥总统路易斯·埃切维里亚（Luis Echeverría Álvarez）访华。中国政府专门提出，希望墨西哥帮助我国培养西班牙语人才。自 1975 年开始，每年墨西哥总统府都会邀请 10 名中国学生去墨西哥留学。1976 年 3 月，系领导找我谈话，问我是否愿意留校当老师。那个年代，当大学教师并不是热门选项，但我表示愿意留校任教，然后领导才告诉我有一个机会前往墨西哥留学。原来教育部下达名额时限定从应届毕业生中选拔留学人员，为本校培养教师。当时出国机会实属凤毛麟角，能获得这个名额对我来说太幸运了。由此我体会到，一个人想要取得事业成功须有两个因素：一个是个人的努力，另一个就是机遇。有努力没有机遇，这叫生不逢时、怀才不遇；但有了机遇而不作努力，就是糟蹋机遇。

墨西哥学院（El Colegio de México）是一所非常有名的人文社会科学高等研究机构，在人才培养方面只招收硕士和博士研究生，一般不会有学生政治运动。学院有一个亚洲和北非研究中心，是拉丁美洲最重要的汉语和中国问题教学研究基地，曾走出好几位墨西哥驻中国大使、参赞。由于我们是总统邀请的客人，墨西哥政府就把我们安排在这里，让我们可以一心一意读书学习。我们这一批来自北京和上海高校以及国家机关的 9 名西语学生于 9 月下旬抵达墨西哥城，开始为期两年的留学经历。墨西哥政府和校方给予中国留学生热情接待和特别关照，任期只剩最后几个月的埃切维利亚总统参加了学院新址的开学典礼，特别把中国留学生叫到身边亲切交谈。埃切维利亚总统卸任后还两次把我们两届近 20 名中国留学生请到家里作客。继任总统洛佩斯·波蒂略计划 1978 年 10 月访问中国。为了表示对中国的友好，他在出访的数月前把中国留学生请到总统府亲切会见，墨西哥媒体对此做了专门报道。我当时的同学、后来的同事和生活伴侣缪建华作为学生代表在总统接见中致答谢辞。

我再次抓住了这次千载难逢的学习机会，通过适当的方法刻苦用功。为了尽快读懂当地报刊文章，听懂电视广播节目，我在头两个月把墨西哥总统的国情咨文从头到尾全文精读，因为里面既有语言，又有墨西哥社会政治经济和内政外交的全方位知识。自己理解不了的疑问我就本着“三人行必有我师”的理念问老师、同学、朋友，记在笔记本上的生词和新知识则利用一天两次往返学校的乘车时间进行背诵熟记，这取得了很好的学习效果。通过在墨西哥学院两年的学习，我的西班牙语沟通能力得到了很大提高，掌握了语言学和西班牙语语言研究的基本理论和方法，增加了对墨西哥和拉美历史和社会文化的了解，扩大了专业知识面，为我后来的西班牙语专业教学研究和组织学科建设和发展打下了深厚扎实的基础。

采访者：1988 年，您又由学校选派到哥伦比亚首都波哥大市的市立大学教授中国近代史和现代汉语。这与您在上外教授的课程完全不同，这一经历对您今后的西班牙语教学研究有什么影响？

陆经生：这个项目要感谢我的前任（指上外西语系主任）徐瑞华老师。他于 1984—1989 年在哥伦比亚攻读博士学位，是中国第一位西班牙语专业博士。通过积极沟通，他于 1988 年协助上外与波哥大市立大学签订了校际合作协议，双方互派老师授课。学校因此选派我于 1988 年 10 月首先赴任。当时波哥大市立大学开设了 20 世纪世界革命的课程，主要讲俄国十月革命、中华人民共和国的成立和 1959 年古巴革命。此前有一位本地老师讲授中国革命史，但讲得很抽象，因为他本来对相关知识了解不多。那边看到中国派了老师过去，就让我来讲这门课。他原来讲的题目是“中国革命”，我把内容扩充了，因为单讲中国 1949 年取得胜利的革命不够，还必须要介绍这场革命的背景和影响。于是我讲中国近代史，第一讲做了中国历史概述，然后用一个学期的时间，从鸦片战争开始讲到最新的改革开放。

当初我还是很有危机感的，因为我是学校派出的第一个老师，觉得只能成功不能失败；如果失败，不仅学校荣誉受损，我自己也会感觉脸上无光。在我们之前，北京有个单位与哥伦比亚国立大学开展师资交流，但没有做好，导致一年以后项目就断了。有了这个前车之鉴，我就想着这个项目绝对不能在我这里断掉。我还承担汉语选学课，这种课程不需要很高的学术水平，主要是讲究教学方法，要想办法吸引住学生。那里的学生对中文和中国文化很好奇，第一周上课有 100 多人报名，但第二周就少掉一半，过一周又少掉一半，最后只剩下十来个人。这十来个人应该说是汉语课的铁杆粉丝，所以坚持了下来。我很担心接下去没人选学，项目断掉，所以想了很多办法来激发学生的学习兴趣。其一，当时没有汉语教材，我就以最快速度自编了一本现代汉语课本——参照一本英语版汉语课本做针对性的改编，由学校出版部门影印成册，用作汉语课教材。其二，我给学生做了很多汉西对比，对比西班牙语讲汉语语音、词汇、语法，便于学生理解接受，也能提高学生的兴趣。其三，我还带着学生一起参与课外交流活动。学校图书馆没什么相关图书，我就求助中国驻哥伦比亚大使馆文化处，争取到 100 多册中国出版的外宣书籍，有汉语的，也有西班牙语的，赠送给学校图书馆。

此外，我向学校建议可以做“今日中国”（“China Hoy”）系列讲座，提出 6 个题目：中国的改革、汉语、中国的西班牙语学科、中国的统一、中国与拉美交往、中国的教育。这个提议得到校方支持，学校科研处、语文系和社会学系联合举办讲座并安排场所，还专门印制了折页宣传资料和海报。

这一系列讲座是为了配合汉语教学。学校贴出海报后，吸引了众多校内外师生参加。汉语的悠久历史和汉字的功能魅力引起了听众的极大兴趣，特别是汉字的象形和会意。汉语学习难在汉字方面，我就对比西班牙语的构词法介绍汉字的造字法。我指出，采用把汉字拆分为偏旁部首的学习方法，对汉字的掌握就可以举一反三，达到事半功倍的效果。我举了“木”字为例。“木”就是树木的意思。我写出“木”从甲骨文到现代汉字的象形会意演变，形象地描述字形“上面有树枝，下面有树根，中间是树干”。然后我把两个“木”放在一起写成“林”，问两棵树在一起可以表示什么意思？一名教师轻声说：“Es bosque.”（是树林。）我在“林”上又加了个“木”，请听众推断是什么意思，那位老师立即站起来大声说道：“¡Es selva!”（是森林！），全场爆发一阵掌声和笑声。我随即问道：“¿Es difícil o fácil aprender el chino?”（汉语好学还是难学？）这位老师当即回答：“Aprender el chino no es tan difícil como se supone.”（汉语学习并非想象中那么难。）我觉得这句话很实在、有说服力，就引用它印在了现代汉语课本的封底，以激励学生学习汉语。

向母语为西班牙语的学生教授汉字，可以把西班牙语的构词法运用到汉语的造字法，对汉字偏旁部首等构成成分作拆分组合分析，就可以按规律成串地认知汉字。我觉得当地学生用这个方法学习汉语效果很好。就是从那个时候起，我开始研究汉西对比，当时还写了篇有关汉西语音对比及教学中难点的论文（“Estudio contrastivo entre sistemas fonológicos chino y español”），发表在市立大学校刊上。1989 年底回国后，我把这篇论文进一步深化和扩充，又用中文写了篇论文——《汉语和西班牙语语音对比——兼析各自作为外语学习的语音难点》，发表在《外国语》1991 年第 6 期。这方面的研究在中国西语学界是比较早的，现在这个领域的研究更深了。我前几年培养毕业的博士生沈怡（现在上外西语专业任教），已针对这一主题撰写并发表了专著《西班牙语语音教程》。所以说，正是这次波哥大市立大学的任教经历，促使我关注并开始做汉西对比研究。

我在哥伦比亚还特别注重讲好中国故事。在一年多的时间里，我编写了一本教材，发表了三篇文章，做了很多场讲座，引起了当地中国研究学界和我国驻哥伦比亚大使馆的关注。哥伦比亚国立大学国际关系研究院听说市立大学来了一位中国专家，便邀请我去做了一场“中国的改革开放”的讲座。研究人员把讲座和问答环节的内容编写成稿，1989 年 6 月 9 日在当地第二大报纸《观察家报》（*Espectador*）用了三分之二的版面刊登了其中有关经济改革的内容，标题为“中国专家谈打破铁饭碗”（Especialista chino：Se rompe el Tazón de Hierro）。

EL ESPECTADOR

DEL MUNDO

Sección B

Especialista chino

Se rompe el Tazón de Hierro

Lu Jingsheng, profesor de la universidad de Shangai, en una entrevista realizada antes de los acontecimientos de la plaza de Tian Anmen, explicó en qué consistió la reforma económica en su país.

Instituto de Estudios Políticos y Relaciones Internacionales Universidad Nacional
BOGOTA

—I.E.P: Se habla de perestroika soviética y ahora también de perestroika china. ¿Cuál ha sido allí el proceso?

—L.J: El equivalente de perestroika en chino es kaigé y empezó en China antes de la soviética, en el año 78, después de la revolución cultural.

La revolución cultural china se consideró como una catástrofe, un desastre para la nación y así lo consideró el Partido Comunista Chino que sostuvo que el socialismo debía tener una base económica sólida y no descansar exclusivamente en un principio político.

—I.E.P: ¿Cómo definiría los tipos de propiedad existentes hoy en China?

—L.J: Después de la fundación de la República Popular China, en los primeros años, aun existía la propiedad privada en gran proporción. Junto a ella se comenzaba a fortalecer la propiedad colectiva. Después de varios años en 1956 y 1957 el partido realizó una transformación socialista en lo económico mediante el pago de intereses a plazos y adquirió muchas empresas, hasta que en 1968 y 1969 estas empresas pasaron totalmente al Estado.

En los años setenta casi no existía propiedad privada, solamente algunas pequeñas tiendas. Con la reforma, el gobierno comenzó a estimular a los individuos a crear sus empresas, sus tiendas, sus negocios. A estas personas en China, se les llama trabajadores individuales.

—I.E.P: ¿Una familia puede tener dos, tres o diez empresas?

—L.J: El gobierno considera, que la empresa privada aún no ha adquirido el porcentaje debido, por lo que la sigue estimulando. El porcentaje que ocupa el sector privado dentro de la economía nacional, es de un 3% del cual la mayor parte lo ocupa el comercio. El gobierno aún no ha pensando en un tope y por eso sigue estimulando el sector.

—I.E.P: ¿Hay límites al tamaño de la propiedad territorial?

—L.J: La tierra aún no se vende libremente, a excepción de algunos terrenos que el gobierno pone en venta. La tierra para el cultivo sigue siendo propiedad colectiva.

—I.E.P: ¿En qué consisten las cuatro modernizaciones de la reforma económica?

—L.J: Las 4 modernizaciones, planteadas en vida de Mao, deberían cumplirse a fines de este siglo. Pero la revolución cultural y los movimientos políticos dejaban de lado la construcción económica. Después de la revolución cultural se planteó de nuevo esta meta: modernización de la agricultura, la industria, la tecnología y de la defensa nacional. Hay además proyectos concretos: cuadruplicar el Producto Nacional que para fines de este siglo debe llegar a unos 800 dólares (actualmente es de unos 300 dólares).

Otra meta es lograr, para mediados del siglo próximo, el nivel de los países del segundo mundo (Europa Occidental, Japón). Dentro de esta perspectiva el partido ha planteado que la etapa actual es la primaria en esta reforma de por lo menos 100 años (1950-2050).

—I.E.P: Se ha oído que en China existen ciudades o zonas modelo para adelantar estas reformas. ¿Hay acaso zonas excluidas de la reforma?

—L.J: La reforma china se empezó primero en el campo. En la ciudad, desde 1979 se han establecido cuatro zonas económicas de manejo especial, en el sur de China, porque son las provincias que tienen más contacto con el mundo exterior. Históricamente, los chinos que salieron del país, procedían de allí fundamentalmente. Además tienen enfrente a Hong Kong y a Taiwan.

En el año 82 no sólo se tomó la decisión de la reforma sino también de la apertura, porque la reforma tiene que ver con la apertura hacia la inversión extranjera y la tecnología. Por eso se establecieron cuatro zonas donde se aplica una política favorable con más autonomía para decidir sobre inversión extranjera y crear empresas privadas.

La inversión extranjera en China se hace de tres maneras: la primera es la empresa de administración mixta con capital chino y extranjero. La segunda es de cooperación, donde la empresa extranjera invierte y China

Profesor Lu Jingsheng

1989 年 6 月 9 日，刊登了陆经生照片和讲座内容的哥伦比亚《观察家报》

哥伦比亚外交部有个发展高级研究院（Instituto de Altos Estudios para el Desarrollo），与哥伦比亚开放大学（Universidad Externado de Colombia）联合开设“当代政治、经济和国际问题分析”硕士课程，也邀请我去做了“‘一国两制’构想与中国的统一”的讲座。研究院院长是法国巴黎政治学院的专家，认识时任中国驻哥伦比亚大使王嵎生。王大使得知后就让我针对这个主题先用中文写一篇文章，由他亲自修改，然后我再编译成西语版本。文章的中文版本在当地华侨当中广为传播。西语版本的用途主要有两个：一是让我给使馆西语人员做讲座，现场演示怎么用西班牙语介绍台湾问题；二是由大使馆出面联系，发表在当地影响力很大的《外交和国际商务杂志》（*Magazín diplomático y negocios internacionales*）1989 年第 13 期上。

此外，系列讲座之一的“El hispanismo en China”（中国的西班牙语学科）讲稿经修订后，发表在市立大学校刊 1989 年 7 月号。这是中国学者在海外发表的第一篇全面介绍中国西班牙语语言文化多领域教学研究的文章，也是后来我扩大中国西语学科史研究、在多个国际场合介绍中国西语学科事业发展和成就的奠基石。

以上课程和讲座帮助很多当地学者、学生直接了解中国社会和文化（当地称为“中国革命”），帮助市立大学扩大了社会影响。为此，在我结束工作任期时，市立大学校务委员会通过决议，举办仪式授予我荣誉奖牌和奖状，波哥大市政府的《新闻公报》上登载了这一消息。

1989 年底，我按期回国。到上外报到时，学校为此很开心，时任院长（校长）胡孟浩说：“我们又回来一个！”

采访者：您的第三段出国经历就是 1993—1994 年前往西班牙马德里康普顿斯大学访学。这次访学您有哪些收获？

陆经生：这个机会非常好，我感觉收获很大，对我后面专业上的发展和组织学科建设起到了很好的作用。1989 年底从哥伦比亚回来后不久，我就担任西语系副主任，系主任是徐瑞华老师。1993 年徐老师为我申请到国家留基委奖学金，到西班牙马德里康普顿斯大学做访问学者。我选学了该校文学院的对外西班牙语教学法博士课程，了解教学法理论和对外西语教学理论和方法，其中就包括语言对比研究。我接触到西班牙语语言学领域的许多专家和权威学者，为我之后拓展国际交流积累了很好的人脉。

当时博士入学面试我的是康普顿斯大学文学院西班牙语系的系主任拉撒路·莫拉（Fernado Lázarro Mora）教授。他爸爸拉撒路·卡雷特（Fernando Lázaro Carreter）是很有名气的西班牙语言文学权威学者，时任西班牙皇家学院院长（1991—1998 年）。这也算是书香门第、子承父业了。文学院院长桑切斯·洛瓦托（Jesús Sánchez Lobato）教授也是很有名的西班牙语语法、语言学和外语教学法专家，我 2012 年把他请来上外讲学，聘请他为博士生倪茂华的联合博导。2017 年退休时，他的学术界同行撰写学术论文汇编成 *La generosidad y la palabra, Estudios dedicados al profesor Jesús Sánchez Lobato*（2017，SGEL），也邀请我撰写论文“Distancia lingüística entre chino y español: contrastes y estrategias”收入文集。

在康普顿斯大学我还与年轻的西班牙汉语学者马康淑（Consuelo Marcos Martínez）建立了学术交流关系。她专攻汉语和中国文化教学研究，近年来担任康普顿斯大学东方研究中心主任，致力于研究和传播中国文化，2022 年荣获由西班牙著名友华组织知华讲堂授予的第六届“知华讲堂奖”。我曾经邀请她来上外做学术交流，推荐多名中国西语年轻学子拜她为师做博士论文。她与我校承办的马德里孔子学院多有来往，是上外和中国西语学界与康普顿斯大学和西班牙中国研究学界开展合作交流的重要联络人和推进者。

我特别关注并想进一步了解西班牙皇家学院。正好皇家学院有几位老院士开设了几门面向社会的课程，康普顿斯大学文学院博士课程承认其学分。本着结识大师、深度了解皇家学院的想法，我报名选修了两门课，一门是“西班牙语方言学”，由著名语言学家、皇家学院前任院长阿尔瓦·洛佩斯（Manuel Alvar López，1988—1991 年在任）讲授；另一门是“《皇家学院词典》历史”，由《皇家学院词典》编纂委员会主席萨尔瓦多·卡哈（Gregorio Salvador Caja）院士讲授。我一直关注作为西班牙语语言文学研究最高权威机构的西班牙皇家学院，曾于 1984 年在《世界图书》杂志上发表了《西班牙皇家语言学院及其出版物》一文，这是国内第一篇介绍该机构的文章。这次通过在皇家学院本部选修这两门课程，我从内部更加深入了解了学院的运作和学术活动，开始了直接接触与交往。

1992 年，塞万提斯学院刚建立，规模还不大，总部位于阿尔卡拉古城。上外与具有 500 多年历史的阿尔卡拉大学开展校际合作交流项目有 20 多年了。塞万提斯学院虽然是个新建机构，但与皇家学院平行运作，密切配合，专门从事西班牙语国际推广。我就去其总部登门拜访。接待我的是塞万提斯学院教学部主任、西班牙语语言学知名学者布莱夸（Manuel Blecua）教授。那时，他们不太了解中国大陆的西班牙语教学情况，对韩国和日本了解比较多，因为它们战后经济发展起步早，日韩的西班牙语专业学生到西班牙留学也比中国早一二十年。听明我的来意后，他们感到既新奇又惊喜，说会尽可能给我们提供帮助。巧合的是，康普顿斯文学院院长桑切斯·洛瓦托教授曾参加了《塞万提斯学院西班牙语教学大纲》的审稿工作，在对外西语教学法课上做过介绍。我向布莱夸教授介绍了中国西语教学界正在编制的《高校西班牙语专业教学大纲》，他很兴奋。1994 年 3 月塞万提斯学院的大纲正式出版后，他寄了一本给我，还附了一封签名信函。后来我们了解到，布莱夸教授 2003 年当选皇家学院院士，2010—2014 年担任院长。2013 年我邀请他来上海参加了上外主办的亚洲西班牙语学者协会第八届国际研讨会。

内布利哈大学也专门开展对外西语教学教师的硕士博士培养，1994 年上半年专门举办 Aula de español（西班牙语课堂）系列讲座和研讨会，两周一次，持续一个学期。我以做一场关于汉西对比和教学运用的讲座换取免费参加全部系列讲座的资格。在这期间，主办方曾组织一场辩论，主题是“结构训练或句型操练有没有必要？”。交际法讲究的是按照实际交际场景需要组织语言能力教学训练，而传统教学法主张根据语言本体结构成分安排教学内容。我认为交际法是有益的，但结构训练对于我们母语为汉语的学生是必需的，所以正方在陈述观点时我就点头表示赞同。她很高兴有听众支持自己，让我发言表达观点。我从汉西之间存在的语言文化的巨大差异出发，举例说明二者的形式结构差异，指出汉语没有动词变位，也没有性数语法标记；而西班牙语词法标记繁多，句法结构复杂严格，向母语为汉语的学生教西班牙语不做基本功训练是肯定不行的。正方教师一听有点兴奋，提问：“有谁知道西班牙语的动词变位有多少种形式？”现场只有我一人举手回答说有 115—118 种变化，因为我之前做过研究，在场的人听了都觉得非常惊奇。

正是因为这个小插曲，辩论结束后，在场的一位女士——西班牙国际电台专题节目《一个无边界的语言》（指西班牙语的全球推广）的主持人当即来找我。她邀请我去电台做有关中国西班牙语教学的录播，说此前曾邀请玛丽亚·莱塞亚（María Lecea）去讲过这个主题。在中国西班牙语教学初创时期，莱塞亚女士于 1955 年到北外教书，被称为“中国西班牙语之母”，1986 年荣获西班牙国王授予的“智慧阿方索十世勋章”，1992 年荣获中国政府友谊奖。我在电台做的录音采访被编辑成约 15 分钟的节目，于 1994 年 6 月 2 日播出。我的一些西班牙朋友很兴奋地告诉我：“陆，我们在电台听到你的声音了！”

当时中国和西班牙文化交流刚起步，位于马德里的西班牙中国之友协会（Asociación Amigos de China）在推动汉语教学和组织文化交流方面发挥重要作用。他们先邀请我做了关于汉语学习和中国西班牙语教学研究的讲座，然后又请我撰写《中国西班牙语教学研究》（汉西双语版），向西班牙教育部申请立项资助，于 2000 年出版。

我于 1994 年底回国返校，1995 年春节后接替徐瑞华老师担任西语系主任一职。

采访者：您是哪一年评上博士生导师的？

陆经生：我是 2004 年评上的。西班牙语专业本身没有博士学位授予权，因为申请博士点要求学科点至少有三个研究方向的教授，而我当时是系里最年轻的教授，因为几位老教授先后退休，所以我们始终没有达到这个要求。进入 21 世纪后，上外西班牙语专业师资队伍年龄和学历断档问题日益凸显，急需补充年轻教师，也急需培养西班牙语博士来提升年轻教师的学历层次。2004 年，在学校的支持下，我通过语言研究院的外国语言学和应用语言学博士点申请到博士生导师资格，并于 2005 年招收了第一批博士生于漫、陈芷和

2007 年 4 月 4 日，西班牙第一副首相兼首相府大臣玛利亚·特雷萨·费尔南德斯·德拉维加（Maria Teresa Fernandez de la Vega）访问上外与学校接待人员合影，左起：陆经生、李基安、时任西班牙驻华大使卡洛斯·布拉斯科（Carlos Blasco）、谭晶华、德拉维加、曹德明、于漫、杨凡、孙信伟

张鹏。有了博士点就可以更好地培养我校自己的师资力量，留住好的人才。因为之前国内只有北大和北外有西班牙语语言文学博士点，上外教师要申请攻读博士学位就必须先辞职，这样的话很可能导致优秀人才流失。2017 年我招收的“关门弟子”丁昕云和张礼骏已于前两年毕业，我一共培养了 16 名博士和 2 名博士后。

我的目标是为上外西语专业培养高级人才，因此 16 名博士生中有 15 名是本校西班牙语专业年轻教师。考虑到这些博士都由我培养出来，可能会造成人才专业方向单一，导致专业学识范围狭窄，我想了一个解决方案，那就是与国内外知名学者进行联合培养。我为第二批招收的博士生周莉和唐雯联系了校内语言学与应用语言学梅德明博导（外语教学法）和金立鑫博导（语言类型学），让我的博士生选修他们的博士课程，参加他们的科研团队。这些博士生后来都发表了学术论文，出版了专著。

招收了第三批博士生后，我就开始联系国外联合博导。一开始西班牙的专家学者对联合培养存在疑虑，主要是对我们的培养水平和能力有疑虑。在和阿尔卡拉大学洽谈联合培养博士项目时，对方几位教师就问我出于什么目的。我对他们说：“我们中国有个成语叫‘井底之蛙’，讲的是井底下的青蛙也可以看到一片天，但只能看到井口那么大一块，看不到其前后左右的场景。请你们来联合培养就是要让我们的博士生扩大学科视野，深化学术研究。”与会人员觉得这个比喻很有趣也很有意义，有一名叫曼努尔·莱奥内蒂（Manuel Leonetti）的老师表示愿意合作。我和博士生曹羽菲查询发现他是一位很有成就的西班牙语语言学教授，在西班牙语语法研究的里程碑著作——《西班牙语描写语法》（1999）中居然收录其两篇论文，而且研究课题正好切合曹羽菲计划的博士论文选题。我们于 2010 年 5 月邀请莱奥内蒂教授来校讲学和交流两周，曹羽菲随后申请学校专项资助前往阿尔卡拉大学访学，在莱奥内蒂教授指导下进行博士研究。双方对合作都很满意，曹羽菲的学位论文最后还成功入选上海市优秀博士论文。

陆经生（左）荣获由西班牙国王胡安·卡洛斯签署、西班牙政府颁发的“文化成就骑士勋章”。2013 年 11 月，在上外校长曹德明（中）见证下，西班牙驻沪总领事奥尔蒂斯（右）代表西班牙国王和政府将勋章和奖状授予陆经生。

国外联合博导项目后来进展非常顺利。通过西班牙同行引荐，我先后联系聘请了多位知名学者担任联合博导。这些学者有研究语言学理论的，有研究语音、语法、语用等语言本体的，有研究语言政策的，区域范围涵盖西班牙和拉美地区，各方面都有，都是学界翘楚。这种联合培养模式比较具有创新性，也取得了很好的效果。

在联合培养模式中，我们先把国外联合博导请进来短期讲学，并与博士生一起交流确定研究课题。博士生完成国内课程后去国外访学一年，在联合博导的指导之下重点进行文献调研和理论学习，回来后再跟着我做实证调研和分析论证等拓展、深化研究。

在博士生的研究课题方面，我认为我们的研究应该搞出自己的特色和专

2017 年，联合博导瓦伦西亚大学语言学学科带头人洛佩斯教授（右 5）来上外讲学，与陆经生（右 4）及学校西语教师团队合影

长，如仅仅研究西班牙语或者汉语，我们肯定不如西班牙语和汉语方面的专家，但是做汉西对比研究和应用那就是“舍我其谁”了。汉西对比研究成果的应用主要是集中在翻译和教学领域，可以直接运用于教学和西语应用实践。联合博导来校讲学也面向硕士研究生，让硕士生也可近距离聆听国外知名学者的讲课，在海外留学一般也难以有这样的经历。因此我在硕博士培养方面取得了一定成绩，分别有一篇博士论文和两篇硕士论文获评上海市优秀论文。

采访者：对于本、硕、博不同层次的学生，您认为应分别侧重培养他们哪些方面的能力？

陆经生：我认为零起点语种专业的本科生，首先要培养好的就是语言能力，要有宽泛的相关语言文化知识，还要通过多种实践活动培养实际工作能力。本科生重点是学习专业基本知识（aprender），一些优秀的本科生可以做些创新研究。一般来讲，本科生的毕业论文能按照规范格式把学科领域的一个问题陈述清楚，就可以通过了。硕士研究生就要学会做研究（aprender a investigar），要善于发现问题，开展相关调研，分析问题并提出解决方案，在论文撰写上要有创新意义（algo nuevo）和独立研究（algo propio）。我们有好几名硕士研究生在读期间就在《西班牙语论丛》等集刊上发表论文，又逐步扩展到在墨西哥和西班牙等国外学术期刊上发表论文。博士生需要做深入的研究项目（investigar）；设计选题时必须比较全面地了解本学科领域的发展历史和现状、面临的主要问题，最好选取既有学术意义又有应用价值的课题；博士论文必须要有思考的深度和分析的力度，严格遵循学术规范，对本学科建设发展有一定的影响和贡献。

采访者：2007 年，在第四届国际西班牙语大会的闭幕式上，您和时任西班牙皇家学院的院长以及其他四位学者被主办方授予了城市金钥匙奖章和证书，以表彰你们在西班牙语语言文化研究和传播方面的成就，您认为您能获此殊荣的主要原因是什么？

陆经生：我获奖的最主要原因是中国西班牙语教学研究事业的发展、中国和西班牙以及拉美西语国家交往快速发展的形势。2007 年，中国的西班牙语教学规模、教材等基础建设和国际合作交流都发展起来了，受到了西班牙等主要西语国家的关注。西班牙于 2006 年在北京成立了塞万提斯学院，2007 年在上海建立了塞万提斯图书馆，在中国推动西班牙语语言文化传播活动。

就我个人而言，上外给我提供了两个很好的专业发展平台：第一个是 1995—2014 年担任上外西方语系主任，第二个是 1997—2018 年受聘为教育部高校外语类专业教学指导委员会副主任及西班牙语分委员会主任，第二个平台更大些。进入 21 世纪后，中国的西班牙语专业教学规模快速发展，到 2006 年左右，已经从十几个高校专业点增长到五十来个专业点，这引起了西班牙有关方面的关注。

2018 年 11 月，陆经生（第一排右 10）主持 2018 年全国高校西班牙语专业教学研讨会

国际西班牙语大会由西班牙皇家学院和塞万提斯学院联合举办，可以说是全球西班牙语语言文化领域最高层次的国际会议。2007 年举办第四届大会，设立了一个主题为“西语世界之外的西班牙语教学”的分论坛，邀请欧洲、亚洲、澳洲、拉美、非洲各一名代表做演讲报告。我被北京塞万提斯学院推荐作为亚洲代表参会。我的发言题目为“在孔子故土传播塞万提斯语言”，介绍了中国西班牙语教学界多年来所做的工作和取得的成绩。我们在汉西对比的基础上研究中国西班牙语教学发展策略，提出自己的理论和方法主张，比较有新意。这次发言的内容是我多年研究的一个积累。

当时有 1 000 多名参会者，只有我一张充满异国情调的东方脸，颇为引人注目。再者，我的报告确实引起了听众的好奇和兴趣，在会议闭幕大会宣读表彰六名“杰出学者”并颁发“城市金钥匙”奖时居然提到我的名字。我当时怕听错坐着没动，直到坐我旁边的康普顿斯大学文学院院长洛瓦托教授提示，我才上台去领奖和拍照。

SECCIÓN D

CONGRESO DE LA LENGUA

VIERNES 30 DE MARZO DE 2007

CULMINÓ CONGRESO DE LA LENGUA

Fueron cuatro días Fantásticos

REDACCIÓN CULTURAL
El Universal

Fueron cuatro días fantásticos.

Lástima que no se pudiera tener el don de la ubicuidad. Así lo expresó en la clausura del IV Congreso Internacional de la Lengua Española, el director del Instituto Cervantes, César Antonio Molina.

El expositor evocó al poeta y ensayista argentino Jorge Luis Borges, quien sin abandonar su visión del mundo sudamericano, fue un autor universal.

Era criticado en su país porque no parecía ser argentino. Mientras era leído en muchos lugares del mundo, sin que pareciera latinoamericano.

"Uno de los fantasmas que nos ha perseguido durante mucho tiempo a argentinos y españoles, a mexicanos y chilenos, a colombianos y uruguayos y, en definitiva, a la veintena de países que se expresa en español.

"El fantasma procede del romanticismo, cuyo mundo literario y ensayístico nos convirtió en seres apasionados, encerrados en sí mismos y exóticos", señaló Molina.

"El mito ha sido tan intenso que ha llegado casi a nuestros días e incluso nosotros mismos terminamos en muchos momentos por creérnoslo. Pero una cosa es la identidad cultural, que se desea, se construye y se elige libremente, y otra los clichés impuestos desde fuera".

"El problema del exotismo es justamente ese: que te expulsa a las tinieblas exteriores y te convierte en blanco de tópicos, juicios sumarios y verdades a medias. Sólo hay dos formas de combatirlo: por un lado, hay que abrirse al mundo para ponerse en contacto con otras culturas y absorber lo que de mejor encontremos en ellas; por otro, tenemos que darnos a conocer y mostrar nosotros mismos aquello que realmente somos y hacemos. En suma, debemos seguir el ejemplo de Borges".

"Aquí mismo se han ofrecido datos y números impactantes, y hemos comprobado de primera mano el desarrollo que ha conseguido el español en países como Senegal y China, en apariencia tan lejos del mundo hispánico.

Se ha puesto de manifiesto de nuevo la necesidad perentoria de más profesores de español como lengua extranjera, lo que por otra parte constituye una de las mejores salidas profesionales para miles de nuestros jóvenes".

"El congreso termina, y en realidad poco se puede decir de él ahora mismo. Porque es tan abrumadora la cantidad y calidad de las ponencias que se han presentado que todos necesitaremos algún tiempo para asimilar los datos, análisis, noticias y propuestas, así como para saber de qué se trató en aquellas sesiones a las que no pudimos asistir por carecer del don de la ubicuidad".

El Congreso Internacional de la Lengua Española, se cumplirá en el año 2010, fecha que coincidirá con el bicentenario de la independencia de Chile.

La agenda local del congreso promovido de manera ejemplar por la Alcaldía de Cartagena, continuará en la mañana de hoy, con la intervención de la poeta Gioconda Belli, a las 10 de la mañana en el Aula Máxima de Derecho de la Universidad de Cartagena. A las 3:30 de esta tarde se cumplirá el recital de Dora Castellanos en la sede del Claustro de la Merced (al lado del Teatro Heredia).

A las 7 de esta noche en el Claustro de Santo Domingo, se presentará de manera gratuita el Colegio del Cuerpo con su nuevo montaje basado en la novela Rencor, de Óscar Collazos.

VÍCTOR GARCÍA DE LA CONCHA, Director de la Real Academia de la Lengua Española y Presidente de la Asociación de Academias de la Lengua Española durante su intervención.

EL ALCALDE NICOLÁS CURI [illegible]

LLAVES DE LA CIUDAD [illegible]

2007 年，卡塔赫纳当地报纸报道第四届国际西班牙语大会，刊登了陆经生获奖照片（右下）

这次还有三件很有意思的事。一件是会议结束后我利用半天时间游览了具有“加勒比海明珠”美誉的卡塔赫纳古城。在进入一家绿宝石商店时，一个店员说认识我，还拿出来一张当天的日报。原来是报纸上报道了这次会议，并刊登了两张授奖照片，一张是西班牙皇家学院时任院长，另一张便是我。店员热情地把报纸送给我留作纪念。

第二件事是新华社驻哥伦比亚记者听说有一名中国学者参加了这个重要国际会议，就找我做了专访。我说：“中国的西班牙语教学会越来越热！”记者就以这句话作为标题发了一篇报道，先是发在新华社网站，后来外交部、商务部甚至中央人民政府网站都转发了，足见当时国内各方面对西班牙语人

中华人民共和国中央人民政府

The Central People's Government of the People's Republic of China

www.GOV.cn

网站首页 | 今日中国 | 中国概况 | 法律法规 | 公文公报 | 政务互动 | 政府建设 | 工作动态 | 人事任免 | 新闻发布

当前位置： 首页>> 中外交往

中国学者表示：西班牙语学习在中国将越来越热

中央政府门户网站 www.gov.cn 2007年03月31日 来源：新华社

新华社哥伦比亚卡塔赫纳３月３０日电（记者林如萱 许云鹏）中国西葡研究会主席陆经生日前表示，得益于中国与西班牙和拉美国家在经贸、文化、教育等领域双边交流的持续增长，西班牙语学习在中国将越来越热。

为参加第四届世界西语大会而来到哥伦比亚北部城市卡塔赫纳的陆经生在接受新华社记者采访时说，拉美对中国而言意味着巨大的市场和丰富的自然资源，中国和拉美的贸易往来在中国进入世贸之后增长尤其明显；西班牙政府自本世纪初加大了与中国发展关系的力度，双方在经贸、旅游、教育、文化、科技等方面的交流合作也非常频繁。这是在中国西语热能持续下去的主要原因。

陆经生说，２００８年的北京奥运会和２０１０的上海世博会对西班牙语翻译和服务人员的需求也同样带动了中国的西班牙语教学。他说，目前中国至少有３６所高校将西班牙语列为本科专业，２００６年的招生人数比上一年翻了一番。

西班牙语是仅次于英语的第二大交流语言，世界２１个国家的近５亿人口以西班牙语为母语。

在２６日至２９日举行的第四届世界西班牙语大会上，西班牙皇家语言学院和塞万提斯学院对中国的西语发展前景给予了高度的评价和肯定，并表示希望与中国加强合作与交流。

2007 年 3 月 31 日，中华人民共和国中央人民政府网站发布新华社对陆经生参加第四届国际西语大会的报道

才的迫切需求和对西班牙语专业发展的高度关注。

第三件事是我参加的分论坛会议结束后，国际西班牙语学者协会主席——一位法国巴黎大学的西班牙语学者也和我取得了联系。他邀请我在即将在巴黎举办的协会第十六届代表大会上做学术报告。

采访者：西方语系包括西班牙语、意大利语、葡萄牙语、希腊语、荷兰语等多个语种专业。在担任西方语系系主任期间，您在包括学科建设、人才培养、师资队伍、国际合作等方面做了哪些改革，取得哪些成效？

陆经生：首先，西班牙语虽然是世界上名列前茅的通用语种，但在我国发展规模还有限，社会上还普遍认为是小语种，西方语系还有希腊语和荷兰语等更是小语种。我认为整个西方语系要有凝聚力。我经常强调我们小语种专业如果再分散、各自为政，那学科力量就会更小更弱；我们只有拧成一股劲，合力搞学科建设，才可能引起重视，所以我特别注重建设一个和睦的西方语多语种大家庭。在担任西方语系主任期间，我在学科建设方面总结出三个短句来概括："人无我有，人有我优，人优我特。"

人无我有。比如说，希腊语那时候全国独此一家，当然现在已经有好几家了。进入新世纪后，我们建立了国内唯一的语言学及应用语言学西汉语言对比研究与应用博士研究方向。国内对西班牙语语音学研究不多，而我们培养的博士沈怡老师已经出版了《西班牙语语音教程》(上海：上海外语教育出版社，2021 年)。

人有我优。截至 2023 年，全国高校西班牙语本科专业点数已增至 106 个。在强手林立的中国西班牙语专业百花园里，我们要做得更好，形成专业学科的优势。一方面，我们的教学和学生培养一定要做好，要培养一些尖子生。我们主持创建了高校西班牙语专业四级、专业八级水平测试。我们系里定的目标就是在西班牙语专四测试中，个人前三名或者前五名一定要有我们上外的学生，学校平均成绩一定要进入前四名（一般包括北大、南大、北外、上外），跌出这个圈子我们就要认真检查自己的教学工作。北大和南大西班牙语专业教学力量不如我们强，但招生规模小，生源比我们好。北外招生规模与我们差不多，但办学时间长，教学力量略强，经验比我们更丰富些。我们在专四测试成绩方面有过个人总分和专业点平均分第一的纪录，大部分时候是位于前四名之列，能够保持稳定就很好。另一方面，我们在科研上要加倍努力争取领先。我们培养的博士生学术研究取得了很好的成绩，如曹羽菲2014年在海外SSCI刊物上发表了论文，实现了中国西班牙语学科在国际核心期刊发表论文零的突破；全系西班牙语教师发表的国际核心期刊论文在国内西班牙语专业点中名列前茅。值得一提的还有，在迄今为止已举办的四届外研社“教学之星”决赛和两届“四有杯”全国高校西葡语教学技能决赛中，西班牙语组有五届冠军是上外培养的硕博研究生。

人优我特。特，就是我们的专业建设要做出特色来。上外早在20世纪80年代就率先开创“外语+专业”复合型人才培养模式。西方语系各语种专业也同时实施了“主修外语+辅修英语”的复合型教学改革，形成上外小语种人才培养特色，受到社会用人单位的欢迎。进入新世纪后，国内外语类专业探索专业转型、创新培养模式、办出专业特色。我向我校法语和德语专业中外合作办学项目学习取经，在开展国际交流时与多所西班牙大学商讨洽谈建立合作办学项目，最终和阿尔卡拉大学达成合作协议，以“西班牙语+企业管理”的专业方向联合培养学生，于2013年成功获得教育部批准，成为教育部认可的全国高校西班牙语专业第一个中外合作办学项目，形成了上外西班牙语专业本科人才培养的特色，拓宽了学生学历深造和职业发展的路径。

采访者：您被西班牙皇家学院聘为外籍院士，目前中国仅有两位获此殊荣，您是凭借怎样的实力获评此称号的？

陆经生：西班牙皇家学院创建于1713年，是西班牙语语言文学研究最高权威机构。学院正式院士有40余名，还设有国内外通讯院士，其遴选需要正式院士推荐，而获得推荐的前提是具有学科知名度，得到学院和院士的充分了解。

前面讲到，我于1984年发表了国内第一篇介绍西班牙皇家学院的文章。1993—1994学年我在西班牙访学时选修了皇家学院开设的博士课程，与前院长阿尔瓦院士和学院词典委员会主席萨尔瓦多院士也算结下了师生关系。1997年受聘为教指委西班牙语分委员会主任后，我与负责西班牙语国际推广的西班牙塞万提斯学院等机构和学者建立了广泛的学术交流关系。2004年，我与西班牙学者达里奥·比利亚努埃瓦（Darío Villanueva）教授（2014年当选皇家学院院长）共同参加了多次学术交流活动。2013年，我作为亚洲西班牙语学者协会主席，承担主办2013年协会第八届国际研讨会的任务，邀请了时任皇家学院院长来华参会。皇家学院前任院长、时任塞万提斯学院院长加西亚·德拉孔恰（Víctor García de la Concha）院士虽因时间冲突未能亲临现场参会，但他特地为会议录制了视频致辞。此外，2011年6月14日，我主持了诺贝尔文学奖得主马里奥·巴尔加斯·略萨在上外虹口校区举行的演讲会“一个作家的证词”。他拥有西班牙和秘鲁双重国籍，于1994年入选西班牙皇家学院院士。

2017年1月，陆经生（左）应邀列席西班牙皇家学院院士全会，与诺贝尔文学奖获得者略萨院士（中）和《新编西班牙语语法》总主编博斯克院士（右）合影

2015 年，陆经生（右）作为中国代表团成员在马德里郊外王宫受到西班牙国王费利佩六世（左）接见

基于以上我与西班牙皇家学院的直接学术交往，更重要的是中国西班牙语教学研究快速发展及其巨大成就赢得了国际声誉，我于 2016 年 4 月 23 日在皇家学院院士全会上当选外籍通讯院士。和我一同当选的中国学者是时任中国社科院外国文学研究所所长、中国外国文学学会会长陈众议。西班牙皇家学院通讯院士是一个非常难得的专业学术荣誉，学院会邀请海外院士参加重要庆典和学术会议。

采访者：西班牙皇家学院和您以及上外有着很深的渊源。2018 年 11 月 28 日，上外与西班牙皇家学院签署了关于建立战略合作关系、推进中西语言文化联合研究中心建设的合作协议。您在这个过程中起了哪些推动作用？

陆经生： 2018 年 1 月，教育部颁布《普通高中课程方案和课程标准》（2017 年版），把西班牙语纳入了中学课程。之前的高中课程方案只有英语、日语、俄语，现在把西班牙语和德语、法语一起纳入课程体系，使其正式成为高考外语语种。西班牙驻华大使馆知道后非常兴奋，觉得西班牙语在中国的影响力提升了。西班牙驻华大使在 2018 年 3 月回国述职休假时专门拜访皇家学院，介绍西班牙语在中国的发展。时任院长比利亚努埃瓦对此也很感兴趣，于 2018 年 3 月 16 日给我写了一封邮件询问详情。我在回复里做了比较详细的介绍，院长就提出愿意为中国的西班牙语教学发展作出贡献。

当时我知道学校已组团将于 6 月去西班牙等国访问，由副校长冯庆华带队，前往阿尔卡拉大学商谈合作交流相关事宜。我与国际交流处做了沟通后，他们决定顺访皇家学院，探寻合作机遇。我就开始协助双方约定上外代表团

2018 年 6 月，陆经生（第二排左 2）协助上外代表团访问西班牙皇家学院，与院长比利亚努埃瓦（前排左 3）洽谈合作

拜访皇家学院的具体日期和时间。皇家学院院长邀请我以海外院士身份访问学院，在场参与双方交流洽谈。在 6 月 3 日上外代表团与皇家学院的合作交流洽谈会上，我适时做提示介绍，引导双方达成建立合作关系的意向。

当年 9 月，上外邀请皇家学院组团来我校访问，并借此机会举办“中国西班牙语教学国际研讨会”，向国内西语学界推介西班牙皇家学院，同时展示中国西班牙语学界的学科建设成就。经双方协商签订了“学术交流框架协议”和“合作建立上外—西班牙皇家学院联合研究中心的协议”，举行了“上外—西班牙皇家学院联合研究中心”揭牌仪式。9 月 23 日下午，上海塞万提斯图书馆馆长易玛女士邀请皇家学院代表团前去做讲座，并邀请我参加晚宴。其间我提到习近平主席 11 月底要去阿根廷参加 G20 会议，途中会有访问西班牙的行程安排。院长听到这个信息就说，回国后将与西班牙王室联系，把签订双方合作的第三个协议安排进习近平主席对西班牙国事访问的日程中。

2018 年 9 月，上外邀请皇家学院代表团来校访问，出席“中国西班牙语教学国际研讨会”，陆经生（左 1）

我知道皇家学院与西班牙王室和政府关系密切，这件事一定能做到，但我担心国内有关领导部门不同意这样的安排，所以第二天就向国际交流处处长张红玲教授报告此事，建议学校做好必要的沟通协调工作。学校最后得到教育部和外交部的支持。于是，2018 年 11 月 28 日，在国家主席习近平和西班牙首相桑切斯的共同见证下，上外校长李岩松和西班牙皇家学院院长比利亚努埃瓦签署了两校合作的第三个协议，即关于建立战略合作关系、推进中西语言文化联合研究中心建设的合作协议，这对上外来说也是高水平国际合作交流的标志性事件。

采访者：新时代外语院校人才培养面临诸多机遇和挑战，您有哪些建议?

陆经生： 2023 年 9 月底，上海外语教育出版社在四川大学召开了第四届全国西班牙语院长 / 系主任高级论坛，邀请我参会并发言，简要回顾中国西班牙语教育 70 年来取得的成绩和面临的挑战。在我看来，目前不仅外语类专

2023 年 9 月 27 日，陆经生（左 2）应邀在第四届全国西班牙语院长 / 系主任高级论坛上发言作回顾、展望和寄语

业，还有很多文科专业都面临巨大的挑战。社会上有人对外语专业等相关文科专业不大友好，做了不适当的引导。高考填报志愿趋向功利化，以求取安逸舒适的工作岗位为导向，所以涌现出大学毕业生热衷于考公务员而罔顾国家全面发展需求的现象。

党的二十大确定了要推动高水平对外开放。在我看来，世界如此之大，只要继续对外开放国策，外语专业就有发展机遇。相对来讲，国内西班牙语专业原来规模比较小，随着中国与西班牙和拉美西语国家的政治、经济、社会、文化交往越来越密切，西班牙语人才需求的规模和质量也会相应增加和提高。全球西班牙语国家数量众多，地大物博，资源丰富，市场容量巨大，是中外交往的重要区域。从这个意义来讲，西班牙语专业还是需要不断发展的，我们还是要从以下几个方面做好工作。

第一，要守正固本。现在对外语专业学生毕业时的要求或期望值不断提高，要求他们成为“精通语言、掌握专业的复合型人才”“具有全球视野和世界眼光的高层次国际化人才”等等。但是不容忽视的事实是，西班牙语及很多非英语专业学生在入校时的专业知识能力是零起点。要把入学时一脸懵懂的“零基础”的西语“小白”培养成为能正确流利地交际的西语“达人”，在教学的基础阶段必须花费大量的时间精力培养学生打好语言基本功，也就是语音、语法和词汇基本知识和听、说、读、写、译的语言基本技能。我们的专业学生必须能够用西班牙语进行流畅的沟通，这是他们的绝活、看家本领，是踏上社会就业的敲门砖。我们乐见学生手握“金砖”敲开职业发展的大门。

第二，要与时俱进，创新改革。要意识到新时代、新征程对人才具有新需求和新要求。外语专业人才培养目标已与以前不一样，以前是语言好会翻译就可以了，现在都要深入到专业和行业领域。要主动“创新转型”，拥抱现代科技，扩大充实西班牙语学科的内涵，培养具有世界眼光、中国情怀、科技赋能的外语新人，对接服务国家大政方针。我很赞同“外语＋专业”的人才培养模式，所以希望上外的“西班牙语＋企业管理”专业能够办好。另外，我认为对外语人才家国情怀、国际视野的培养要落到实处。要开设相应课程，在课程设置、教材编写、师资培养等方面要有相应举措。要正确处理守正和创新的辩证关系：无守正，我们将失去学科专业的立足之本；不创新，我们则会迷失方向，被滚滚向前的历史车轮碾压而淘汰。但创新一定要落到实处，空谈是没有意义的。

第三，领导教育教学的管理部门应该制定科学合理的机制举措，推动新理念、新要求的落地实施。以课程思政为例，想要把课程与思政结合起来，就要有支持课程开设和教材建设的举措。要把思政内容融入专业知识和教学体系中，达到润物细无声的效果。比如说西班牙语专业的基础课，包括泛读课、听力课等，有很大空间可以加入课程思政内容，但是要花力气做好课文选篇和定期更新的工作，要推动鼓励最优秀的老师来编写教材。但现在教材编写的成果认定分量比较轻，在评价体系上缺乏支持力度，应当解决这个结构性矛盾。

第四，在百年未有之大变局的国际形势下，为对接构建人类命运共同体的中国方案，我们还要加大力气培养学生志在四方，拥有奋斗、奉献精神。我们这代人年轻时社会上倡导“到农村去，到边疆去，到祖国最需要的地方去”。对于今天的外语专业学生，我们能不能教育、引导他们积极地“到基层一线去，到世界各地去，到国家和企业最需要的地方去”？年轻时吃点苦，做出业绩，可以为未来的职业发展以及最大限度地实现个人价值和社会价值积累经验。应大力宣扬那些响应国家号召、对接社会需求、勇于前往偏远艰苦的地方工作并做出成就的范例。学校要加强这方面的引导和教育。

2018 年 3 月李维屏在中国高校外语学科发展联盟成立大会上发言

“博观约取，厚积薄发”的文学研究路

李维屏

男，1953 年 6 月生，教授，博士生导师。1977 年本科毕业于复旦大学外文系，1983 年获上海外国语学院（今上海外国语大学）英语语言文学硕士学位，1987 年获澳大利亚悉尼大学英美文学硕士学位，1991 年获上海外国语学院英语语言文学博士学位。1996 年作为“富布莱特”学者赴美国匹兹堡大学访学，2001 年被英国曼彻斯特大学聘为“荣誉研究员”并赴该校访学。2000 年入选教育部“跨世纪优秀人才”，享受国务院特殊津贴。出版各类著作 40 余部，在国内外发表论文 80 余篇，先后主持近 10 个国家项目和教育部项目。曾任

采访整理：赵文靓、田珂源、陈之涵、周源源、陆英浩
采访时间：2021 年 5 月 14 日
采访地点：上海外国语大学虹口校区办公室

英语学院党总支书记、副院长，校学科规划与建设办公室副主任。现任英语学科学术委员会主任、外语学科学术委员会主任、上海市外国文学学会会长、党工组组长、中国高校外语学科发展联盟秘书长、中国高校外国文学跨学科研究委员会主任委员、“英美文学研究论丛”主编、国家社科基金重大项目首席专家等职务。

采访者：李教授您好！1970 年您在江西瑞金县插队落户，当时为何会做出去大学读书的决定，又是怎样进入复旦外文系读书的呢？

李维屏： 首先谢谢你们的采访，我觉得学校推出这样一个项目，对学校的历史进行梳理很有意义。我们应该熟悉党史、建国史、改革开放史，也要了解学校和学院的历史。我是一个普通教师，像其他教师一样，读书，工作；再读书，再工作；做学问，追理想，几十年如一日。每一个教师的发展大致都要经历这样漫长的历程。

首先我要谈的就是当初在农村插队落户时，为何要选择上大学这个问题。1970 年 4 月我到江西省瑞金县（现为瑞金市）插队落户。当时瑞金是很落后的。我生活和劳动的地方是泽覃公社，那是毛泽东的弟弟毛泽覃牺牲的地方。那里是红色革命根据地，但是非常贫穷。那是一个赤贫的年代，有的地方连煤油灯都用不起，更别提电灯了。作为成千上万知识青年中的一员，我想自己就应该好好劳动，融入这样一片广阔天地中。所以我当时是比较努力、比较刻苦的。我刚去时确实不习惯，后来努力发展，还担任了生产队长。从五谷不分的上海知识青年到成为农村的生产队长，当时我才 17 岁，这在当地产生了较大的反响。我继续努力，跟他们一起尽己所能地去改造环境，去生产，去提高生活水平……我是尽心尽力的。我带领整个生产队苦干了一年后，生产队粮食总产量比前一年增长了 24%。赣州地区领导想要进一步培养我，于是我就被抽调到宁都县担任一个农场的场长，在那边又干了一年。

1972 年，李维屏（中）在江西省瑞金县泽覃公社担任生产队长时留影

在农场工作期间，我经常叩问自己，在这样的环境中，我该怎么去更好地发展、更好地为社会做贡献呢？后来我就考虑能不能再进一步提升自己，去大学读书。我非常热爱学习，工作之余经常会读马列著作，并从中学到很多道理。我当时仅仅是个初中毕业生，所以我就对自己提出一个继续发展的要求。当时我在当地还算是比较出名的，报纸和电台都宣传过我的事迹，好多劳模会、先进积极分子表彰会上都有关于我的介绍。为帮助解决知识青年在插队落户时遇到的一些问题，当时全国各地都有“上山下乡”办公室或慰问团。他们在各地调查情况，协调关系。于是我就对上海派到赣州地区的慰问团表达了要上大学读书的想法。他们对我表示支持，于是就帮我多方协调，并帮我整理档案材料，最后我就获得了前往复旦大学读书的机会。

到复旦大学外文系读书时我 22 岁，这个年龄也还是比较适合学外语的。我觉得自己的选择非常正确。尽管没有英语基础，但我觉得自己还是能学好。复旦大学那届外文系英语专业学生有 60 个左右，我大概就是第 60 位报到的，是最晚到的一个学生。因为九月是农忙季节，农场里有很多事情都要处理，不能说走就走。当时在校园里是不能随便看英语文献、外国文学作品或文学批评理论这类书籍的。于是我就找机会自己学习，只要有一点时间就拼命地读书，抓业务学习。比如晚上在图书馆里自修时，除了带着用于政治学习的报纸杂志，我还会带上英语专业书。我给自己提出一个口号：“校内损失校外补，平时损失假期补。”所以一到周末和寒暑假，我就如饥似渴地读书。

刚上大学时，我的英语几乎是零起点。工农兵学员的年龄差距很大，年龄最大的和最小的可能差十几岁。睡在我上铺的那个同学是高中毕业生，学过几年英语。他翻到我们英语教材的最后一篇课文，随口就能朗读，而当时的我甚至连第一课都感到很陌生。后来，通过“校内损失校外补，平时损失假期补”的方式，我的业务水平很快得到提升。即将毕业时，我的英语水平已经是名列前茅了。所以我觉得学生本人的努力非常重要。在任何时候，只要你努力，埋头向前赶，都有机会赶上别人，这是我在大学期间刻苦学习的体会。

采访者：您从复旦毕业后，为什么会选择在上外攻读硕士和博士学位呢？

李维屏： 当时我们毕业后的工作是由国家统一分配，学生本人是不能选择的。由于我曾经在江西插队，担任过国营知青农场场长，加之江西高校缺少外语老师，于是复旦大学将我分配到江西工学院。当时我内心比较失落，毕竟大学毕业后我想留在上海。当时大部分来复旦读书的上海知青都留在上海了，回到原地工作的上海知青只有两三个。毕业分配方案宣布结束后，我一个人闷闷不乐地回到寝室，收拾好行李后独自默默地离开了复旦校园。走出校门的那一刻，我不由自主地回头看了看“复旦大学”这四个字，心里暗暗发誓：将来总有一天我还要回来的。我当时的确萌生了这样的念头。我认为自己还是蛮有理想信念的。

当时江西工学院各方面条件都比较差。我刚到那里时，没分到宿舍，只能先住在教室里。有时候回顾历史，再对比现在，不难发现，改革开放以来我国教育事业的发展可谓突飞猛进，这种巨大的变化真是来之不易。其实，20 世纪 70 年代，我国大学教育的落后不仅体现在物质条件方面，还体现在学科体系、教育水平和研究能力方面。当时大学（尤其是地方大学）的教育状况让人感到十分沮丧，大学教师基本上没有出国学习和深造的经历，业务能力差，外语水平低，学校缺乏研究生教育。当时的我很难想象自己能有多大的发展空间，摆脱困境的唯一办法便是读书和深造。1977 年，我国恢复了高考招生。在次年恢复研究生招生之前，我给时任中共中央副主席邓小平写了一封信，信中提到，“‘四人帮’被粉碎后，国家百废待兴，需要人才。教育要上去，很有必要恢复研究生制度。要给那些具有发展潜力又希望深造的年轻学子提供机会。”不久，江西省委办公厅给我回信，说我写给邓小平同志的信收到了，国家正在研究这个问题，并对我的建议表示感谢。

1978 年，我国开始全面实行研究生招生制度。我觉得这与我写的那封信并无直接关系，我相信写这种信的绝不会只有我一个人，应该是上层已经有所考虑了。当然这封信里有我的个人诉求，因为我自己想考研究生。研究生招生政策恢复后，我连续考了三年，直到 1980 年才考进上外。当时上外就英语、俄语和语言学三个专业招研究生，共录取了十人：英语专业有七人，其中有虞建华，还有我太太杨理达；语言学专业招了两人；俄语招了一人，是老校长胡孟浩教授的学生。当时的社会氛围变了，大家都知道应该好好读书，争取早点成才，报效国家。

采访者：您对刚入学时的上外英语学院有什么印象？

李维屏：我在上外读硕士的这三年是花了大力气的，脑子里都一直在想着文学专业相关的事情。当时上外英语系的师资力量雄厚，有许多令我敬

1981 年，李维屏（前排左 2）在上外攻读硕士学位时与美国教授和同班同学合影（前排右 1 为虞建华，后排左 2 为李维屏夫人杨理达）

仰的老师。他们大都英语流利，语音优美，教学认真。英语系的研究生不仅勤奋好学，人文素养也很高。记得当时同学们中午在食堂排队买饭时，互相之间经常会念几句英语诗歌，如 T. S. 艾略特（T. S. Eliot）的《J. 阿尔弗雷德·普鲁弗洛克的情歌》（*The Love Song of J. Alfred Prufrock*）。一旦有人念了，其他人就立刻心领神会，知道那是艾略特的诗歌。又如，我太太举办生日派对那天，我们几个同学和复旦外文系的一个研究生到她家里祝贺。大家用英语庆祝生日并交流学习体会，不时说几句谚语或格言，当时的这种氛围非常好。在校园里，我和室友吃完晚饭到操场散步，也会用英语聊天。在这样的氛围中读书真的让人获益匪浅，所以大家学业进步很快。硕士毕业以后，我总算留在了上海，和太太一起被分配到华东化工学院（现华东理工大学）任教。

采访者：您有过多次出国学习、访学、交流的经历，对于漫长的异国学术路，您有什么收获和感悟可以与我们分享吗？

李维屏：1986 年 2 月，我有幸获得国家教委（中华人民共和国国家教育委员会，今教育部）公派到澳大利亚悉尼大学留学的机会，这是我首次出国。在 20 世纪 80 年代获得公派出国的机会是非常不容易的，也很光荣。我在悉尼大学发奋读书，认真听课，参加了很多学术会议和社会活动。后来我获得（荣誉）硕士学位。当时我就想，如果我要深入开展外国文学研究、进一步提高学术水平、对人才培养能发挥更好作用的话，就必须要有长远的发展目光，必须要攻读博士学位。

1988 年 9 月，我考入上外攻读博士学位。其实我不是上外录取的第一个博士生，但我是第一个获得英语语言文学博士学位的。在读博士期间，我一如既往地勤奋治学，刻苦钻研。我认为学者当以立学为本，尤其是在高校工作的教师，如果没有学问，就很难发展。我对自己的学术研究一直非常重视。1991 年 6 月，我获得了博士学位，随后留在上外工作，迄今已超过 30 年。

1986 年 10 月，李维屏（左）与导师侯维瑞教授（右）在澳大利亚合影

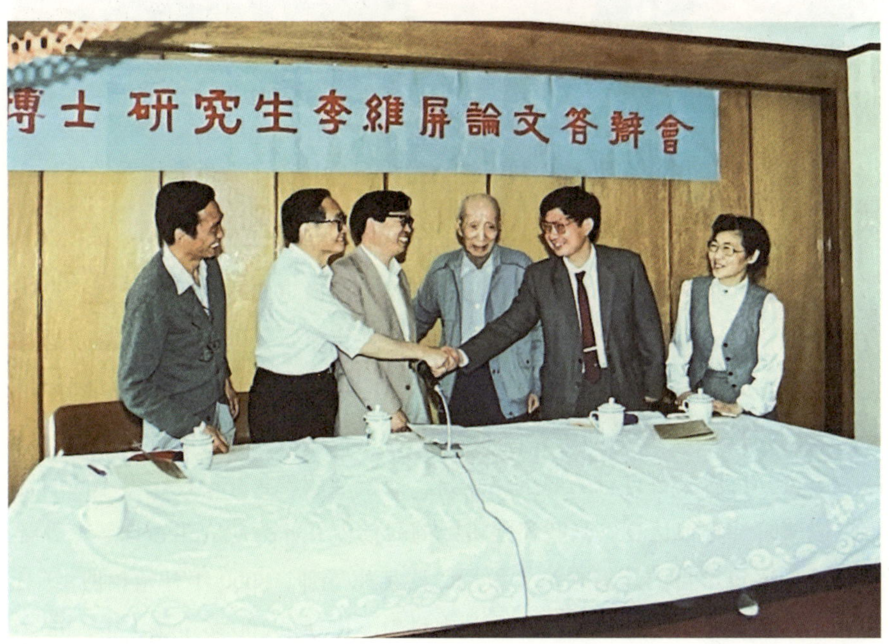

1991 年 5 月，李维屏（右 2）在博士论文答辩会上

1991 年 9 月，李维屏（右）与时任上外校长戴炜栋（左）在博士学位授予仪式上合影

采访者：自 1991 年留校任教以来，您指导并培养了大量的优秀学生，在教书育人方面，您最大的感受是什么？

李维屏：我觉得一个教师在自己的岗位上，最重要的就是要把这三尺讲台拿下来，这是最起码的要求。有些人知识还算丰富，但是不够敬业，这样肯定当不了好老师。在我看来，想站稳这个三尺讲台，就应该做到“两个足够”：足够的知识、足够的敬业精神。作为一名教师，这两样东西一定要有，缺一不可。我历来对自己的要求比较高。留校之后，我开设过很多不同的课程，授课时一直很认真。当我还是讲师的时候就开始为研究生授课了，教学经历还是比较丰富的。后来当了教授、博士生导师，2000 年开始招博士生。在上外英语学院，我大约教了 15 年的本科生，指导了 100 多个硕士生，98 个博士（后），我应该是我国大学中一门（学科）之下指导博士生最多的博导之

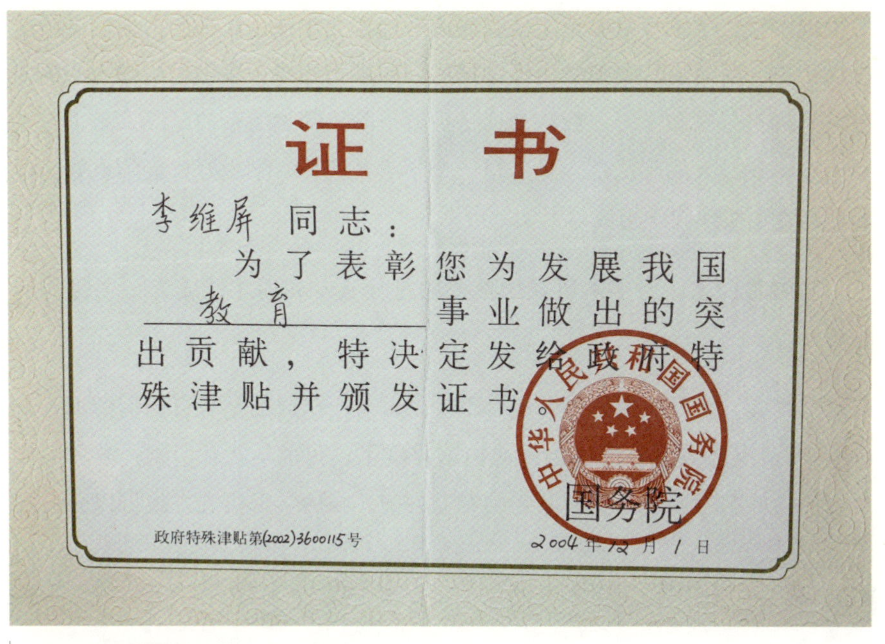
证书

李维屏 同志：

为了表彰您为发展我国教育事业做出的突出贡献，特决定发给政府特殊津贴并颁发证书。

中华人民共和国国务院

国务院

政府特殊津贴第(2002)3600115号

2004年12月1日

2004 年，李维屏获国务院政府特殊津贴

一。2021 年我又招了两个博士生。长期以来，我一直比较重视博士生的培养质量。我的学生曾连续三年获得上海市优秀博士论文奖，《文汇报》特为此写了一篇题为《上外金牌博导李维屏》的文章。此外，我还重视培养学生的研究能力、问题意识和思辨能力，注重培养他们的人文素质。研究生的人格和人文素质同样重要。品学兼优的学生毕业以后更易被社会接受，会有比较好的发展。

同时，我也比较注重后博士阶段的交流及师生关系建构。以往学生毕业离开学校后，最多跟老师通通书信，一封信来去得个把月。现在不一样了，我博士微信群（屏风聚）里有 100 多个同门好友，大家经常在群里交流思想，分享经验，互相学习，这就有了归属感和正能量。要让学生知道，老师一直在关心他们的发展，希望他们不断进取。获得博士学位意味着步入了一个新

的发展阶段。学生一旦有论文要发表或有课题要申报，我都会为他们做一些参谋，提一些建议。我和学生经常把同门的各类好事、喜讯等激励人心的内容发到群里分享和学习。我认为这是后博士阶段师生关系的延续。教书育人几十年，我最大的感受是，师生是一个学术共同体，学生好，老师也好，这样便能真正实现教学相长。

采访者：您认为学术研究最重要的是什么？如何才能成为一名优秀的学者？

李维屏：我办公室的书橱里有不少书，有一排放的是我自己写的书，其中有 20 多本已被上外世界语言博物馆收藏了。我很早就意识到，学者应该要有清晰的学术面貌，要有明确的专业方向。我的学术研究大致可以分为四

李维屏办公室的书橱

个阶段。第一阶段，我研究的是詹姆斯·乔伊斯（James Joyce），这是在攻读硕士、博士学位时期打下的基础，我的博士论文就是关于乔伊斯和弗吉尼亚·伍尔夫（Virginia Woolf）小说的时间与意识的关系。乔伊斯是现代世界文坛巨匠，在西方文学界的影响非常大。在我当初做这方面研究的时候，国内对乔伊斯的研究是非常少的。20 世纪 80 年代初，这些西方现代主义作家对于我们来说是相当陌生的，因为此前对他们的研究非常少。我在研究上拿乔伊斯作为一个点，以点带面，点上突破，面上开花。研究了乔伊斯之后，第二阶段就形成了，即英美现代主义文学。我撰写了《英美意识流小说》和《英美现代主义文学概观》两部著作。第三阶段聚焦英国小说研究，其间我出版了《英国小说艺术史》《英国小说史》和《英国小说人物史》三部著作。第四阶段是引领团队开展英美文学专史研究。"英国文学专史系列研究"包括《英国文学思想史》《英国文学批评史》《英国短篇小说史》《英国女性小说史》以及《英国传记发展史》等学术著作。我还带领学术团队从事美国文学专史研究，撰写了五部学术著作。除了最后一部《美国印第安文学史》之外，其余四部主题与"英国文学专史系列研究"相同。

简言之，我从乔伊斯起步，随后是现代主义文学，再到英国小说，最后是专史研究。我目前还在做两个国家社科基金项目，其中一个是我们上外英语学院英美文学研究方向的第一个国家社科重大项目，是对接习主席倡导的构建人类命运共同体的理念，系统研究英国文学的命运共同体表征与审美沿革。

近年来，我主要从事以下几个方面的工作。

一是上海外国语大学外语学科的建设与发展。近几年来，我担任英语学科学术委员会主任和外语学科学术委员会主任，深知学科建设任重道远。上外的外语学科在国内具有很高的地位，是学科发展的风向标，对全国的外语学科建设具有重要影响。

二是我国"双一流建设"背景下的外语学科发展。在我的建议下，学校于 2018 年 3 月成立中国高校外语学科发展联盟（以下称“联盟”），上外是理事长单位，我是这个联盟的秘书长。为引导我国外语学科“分类建设，特色发展”，联盟设立了三个委员会，即师范类院校委员会、理工类院校委员会、财经类院校委员会。在此基础上，联盟还建立了三个学术研究委员会，即外国文学跨学科研究委员会、语言学跨学科研究委员会以及外语教材与课程建设委员会。

三是上海市外国文学学会的建设。上海过去是没有外国文学学会的，我想，上海是我国外国文学研究的重镇，具有良好的学术传统，历史上出现了很多外国文学的专家和翻译家，现在又有很多优秀的学者。于是，2017 年 3 月，我们申请成立了外国文学学会，旨在为上海的外国文学研究和文化事业的发展做一些贡献。

四是“英美文学研究论丛”（CSSCI 集刊）的建设与发展。我自 2005 年起担任该论丛主编，在编辑部同仁的共同努力下，取得了可喜的成绩。目前，这本我国唯一的专门发表英美文学研究成果的刊物已经在学术界有着良好的学术声誉。

采访者：您认为目前我国外语学科建设和外国文学发展面临的主要问题有哪些？对于这些问题，能谈谈您的见解吗？

李维屏：首先我要谈的是新时代外语学科的作用问题。我觉得我们要树立“大外语”的概念，但这不是像我们高校以往的大学英语的概念。“大外语”是要走出原来的“一亩三分地”，要为国家的发展战略和人类文明的发展作出贡献。国家现在提倡的“一带一路”、中外人文交流、“讲好中国故事”和“构建人类命运共同体”的理念，这些都需要外语学科参与建构。过去外语学习强调的是外语的工具性和应用性，而忽略了其人文性和创新性。在新时代背景下，外语的学习与研究不只是教学生听说读写译，这是远远不够的，新时代外语的作用应该得到进一步的发挥。外语专业的学生需要有丰富的知

2023年5月，在南方科技大学举行的第四届中国高校外国文学研究高峰论坛专家合影，李维屏（前排左3）

识和深厚的人文底蕴，这样才能适应社会的发展。“大外语”能使外语学科发挥更大的作用，发挥出比其他学科更大的作用。我们的高校应该把外语的内涵做大，把它的作用充分发挥出来。此外，我们培养人才的水平和质量需要有新的高度。我相信通过我们的学科建设，我们的外语学科会步入一个非常好的发展阶段。

采访者：您目前主持的国家社科基金重大项目，即“英国文学的命运共同体表征与审美研究”，您是如何看待这个课题的？

李维屏：我设计这个课题是因为国家很需要这种研究。我们提倡构建人类命运共同体，需要对国外的命运共同体有所了解。其实，命运共同体早就存在了，经典文本中有很多关于共同体的书写，但不同时代的共同体具有不同的诉求以及不同的利益链和价值观。比方说，有的共同体是由经济利益维系，有的是基于一种家族关系或血缘关系，而有的则是基于政治因素。有时，共同体会是虚构或想象的，如“乌托邦”便是一个幻想的共同体。16 世纪的英国作家托马斯·莫尔就有这样一种幻想。因为对现实不满，人们就会追求理想中的共同体。每个时代都有不同的共同体。到了 20 世纪，西方社会危机四伏，问题更严重了。尤其是两次世界大战爆发以后，西方整个价值观裂变了。同时，在机械文明的阴影下，普通百姓出现了严重的异化感。我们不难发现，现代英国文学史上以共同体为表现对象的作品日益增多，如中产阶级共同体、现代女性共同体、知识分子共同体等，各自有不同的诉求。随着时代的变化，共同体的追求、价值取向以及组织形态都发生了很大的变化。这不仅影响了作家的创作，也影响了读者的审美，所有这些都需要我们深入研究。

采访者： 您一直都有着坚定的信念，但如今的青年学生相较于您那时候，遇到的诱惑或挑战更多，您对现在的青年学生有哪些建议？

李维屏： 一个人的理想信念很重要。如果一个人要发展，必须要有一种精神力量，这就是理想信念。尽管现在的青年人跟我们过去所经历的事情不

李维屏（左）在办公室接受采访

一样了，但还是要有理想信念。如果一个人缺乏方向、没有理想的话，那会很糟糕的。有奋斗目标，就会有追求，有奔头。我觉得如今的青年人要知道，他们处于一个非常好的时代，但他们有时候还会抱怨工作难、房价高、压力大。他们也需要想一想，这些所谓的压力，同当年西南联大的师生们所面临的困难相比是不可同日而语的。现在我们正处于中华民族全面复兴的伟大时代，年轻人一定要融入时代潮流，砥砺前行，努力实现自己的理想。我要强调的是，从事人文学科尤其是外国文学研究的人，既要有家国情怀，也要懂得人生的意义，重视生命的价值。年轻人应珍惜当下，发奋学习，执着追求事业，立志成为一个对国家和民族有用的人。

沐浴时代春风：从战士到博士
——上外五十年转型的见证者与参与者

汪　宁

男，1954 年 8 月生，江苏南京人，教授，博士生导师。1972 年 4 月进入上外就读俄罗斯语言文学专业，1975 年 7 月毕业留校，1989 年 7 月获苏联社会学专业硕士学位，2002 年 7 月在华东师范大学获法学博士学位。曾任上

采访整理：江思佳、俞朵儿、周源源、陆英浩

采访日期：2021 年 5 月 14 日

采访地点：上海外国语大学虹口校区

外国际关系与外交事务研究院研究员、教育部国别与区域研究培育基地上外俄罗斯研究中心主任、上海俄罗斯东欧中亚学会副会长。主要研究领域为：国际关系理论、外交学、大国关系、俄罗斯东欧中亚政治、文化等。学术著作主要有：《俄罗斯私有化评说》《普京的俄罗斯“新思想”》《“给我 20 年……”——解读普京》《俄罗斯文化复兴战略》等，发表学术论文数十篇。2012 年获上外育才奖，2013 年获上外白玉兰教书育人奖。

采访者：您十几岁时当兵来到上海，如何看待这一机缘？

汪宁：我是 1970 届初中毕业生，是在 1970 年 12 月 26 日毛主席生日那一天穿上绿军装的，所以记住了这个重要的日子。在我记忆的碎片中，还清晰地保存着这样的场景：12 月底的一天夜晚，我的父母把我送到江苏省委大院，然后我们一群穿上军装的新兵乘上大巴出发到下关车站，下车时我差点把还没戴习惯的军帽落在大巴车上。我们乘上晚上 10 点 55 分的列车离开南

京，第二天清晨到达上海，开始了全新的独立生活。还记得，在南汇县大团镇沈家码头，第一天早晨出操，东海边上刺骨的寒风吹得我们这些新兵脸上生疼，眼泪直流，即是人生的第一场风雨。后来我当过机枪手，每天扛着七公斤半的轻机枪跑步训练。后来又当上饮食兵，为全连做饭；成为警卫员，为首长服务。军营生活磨砺了我的身躯和意志，为我后来面对人生道路的艰辛打下坚实的基础，成为我人生起步的强大资本。

如果没有穿上军装，我也一定不会有后来的机缘成为工农兵大学生。我是 1972 年 4 月份进入上外的，那是我人生中最重要的时间点，因为在几天前的 3 月 27 日，我正式被批准成为一名光荣的中国共产党党员。当时我非常兴奋和激动，入党和上大学，人生中的两件大事，几乎是同一时间降临到我身上。我的战友和家人在第一时间祝贺我"双喜临门"。也正是从那一天开始，我感到自己肩负重任，暗下决心一定要经得起考验，不辜负党的希望，做一个名副其实的共产党员。

校门口操练（旗手为 1 班魏振军，第一排左为军宣队员季步才，右为工宣队师傅赵月英和欧玉标）

我是穿着军装跨进上外的。那时，“文化大革命”还没有结束，部分高等院校刚刚恢复招生。我们是恢复招生的第一届，叫“工农兵大学生”，但没有经过全国统一考试。这是中国教育史上极其重要的大事件。为了庆贺，也是为了记录下这个重要的历史时刻，学校组织了盛大的入校仪式，敲锣打鼓，热闹非凡。我们扛着红旗，背着书包，在学校大门口来回操练了好几次，俄语系办公室的老师用镜头记录下了这段历史。

似乎只是转眼间，我在上外已经度过了 50 多个春夏秋冬，见证并参与了学校 50 余年来的发展。我们是工农兵学员，是在“文化大革命”期间被推荐进入大学学习的，是中国特殊的历史发展阶段的产物。1968 年 7 月 22 日，《人民日报》刊载了一篇题为《从上海机床厂看培养工程技术人员的道路》的调查报告以及 1968 年 7 月 21 日毛泽东为该文所写的编者按。在编者按中，毛主席作出批示：“大学还是要办的……要从有实践经验的工人农民中选拔学生，到学校学几年以后，又回到生产实践中去。”毛主席的这段话被称为“七二一指示”。我们这些从工农兵中选拔，通过群众推荐、领导批准和学校复审相结合的招生方法进入高等院校的大学生，被称为“工农兵大学生”。

不过学俄语并不是我自愿的，完全是国际形势和国家发展的迫切需要。我记得，那天我正在位于南汇县大团镇上的部队团部的大门口站岗，一位干部股的干事走过来问我：“小汪，你有没有学过俄语？会不会卷舌头 P？”我赶忙立正敬礼报告说，我中学学的是英语，不会卷舌音。但第二天他便让我填写一张表格。我在志愿一栏只写了“我志愿学外语”。但这名干事收到表格之后让我赶紧把“外语”改成“俄语”。我当时用橡皮蘸着口水，几乎要把那张表格纸擦破了，才把那个“外”字擦掉，重新用钢笔更改为“我志愿学俄语”。我的部队隶属于上海警备区，当年上海警备区派到上外的共有 6 人，除了我学俄语之外，还有 1 个学德语，1 个学法语，2 个学英语，1 个学葡萄牙语。50 年前我就这么意外地来到了上外，又与俄语结缘，然后再与俄罗斯结缘，现在回想起来非常感慨。

我们每一个工农兵学员都怀有一个理想，就是学好外语，学好俄语，报效国家。大家都充满激情，互相比拼谁的学习更好，所以当时校园里学习的风气非常浓厚。我没有想到毕业以后会留在学校工作。作为一名军人，我当时一心想学好俄语，然后到反帝反修的第一线去。我们都做好了上前线的思想准备。当时的毕业典礼上，好几位学生代表积极发言，季元龙同学还写下了血书，表示要到祖国最需要的地方去，因此我当时对留校任教很抵触。7 月份毕业后，我一直拖着没有办相关手续，而是回到部队去找我的领导，找到政委、团长。政委是一位山东人，名字叫刘宝玉。他严肃地对我说："小汪，共产党员要服从党的分配，党叫干啥就干啥。"于是 1975 年 10 月，拖了三个月，我不得不到部队办理了转业手续，正式脱下军装到学校报到。我从穿上军装到脱下军装一共只有五年时间，感觉军装还没有穿够，直到现在，我的绿军装、红帽徽、红领章和那件伴随着我站岗放哨过的军大衣，还整整齐齐地躺在大衣柜里，没舍得处理掉。"一不怕苦，二不怕死"，时刻听从党的召唤，服从命令听指挥，遇到困难就上，见到荣誉要让，这些早年在部队接受

1975 年汪宁在学校大门（西江湾路）前留影

到的教育，成为我的座右铭，影响了我的一生。

50多年来，我亲眼见证了上外在中国改革开放的历史大潮中蓬勃发展，从一所单一专业的外语类高校，转型发展成为拥有多学科、复合型专业的“双一流”建设高校。非常荣幸的是，我有机会亲身参与了上外的学科建设和转型升级，贡献了自己的绵薄之力。

采访者：您在安徽凤阳上外“五七”干校的经历对您产生了哪些影响？

汪宁：我在安徽凤阳我们学校的“五七”干校待了有一年半时间，比其他同学都长。干校培训班二连由俄语和西班牙语两个专业的学员组成，简称“西俄连”，连长是西语专业的陈玉明，支部书记是王澜涛，副连长是俄语专业的付文圆，我担任支部副书记。我与西俄语专业培训班第一、二、三期学员的关系都非常好，大家都是兄弟姐妹。

第二期西俄语系培训班学员在干校大操场上合影（背景为干校宿舍）

1976 年 8 月，汪宁（左）、杨雷英（中）、高明秀（右）于凤阳干校幸福塘前合影

1975 年 7 月 20 日，全体党支部委员在上海广中路照相馆合影，前排左起：朱丽云老师、总支书记赵月英、阿尔巴尼亚语班长陈英丽，后排左起：五班庞建政、二班汪宁、四班严志义、副书记曾文理老师

喜欢待在干校的主要原因是可以拥有大量时间安心学习，享受和培训班学员一样的待遇：上午上课，我坐在后面旁听；下午参加劳动。因为工农兵大学生学制只有三年，学习时间非常少，从零开始学习俄语，这点时间显然是远远不够的。除此之外，我们每个学期还要到工厂、农村、部队去接受工农兵再教育一个月。在三年多的时间里，上海杨浦区国棉十九厂、上海红卫造纸厂、上港三区、马桥人民公社、崇明岛上海警备区富民农场等地，都留下过我们的足迹和汗水。我当时十分清楚，就凭学到的这点俄语知识，显然不能适应今后的工作需要。劳动之余，我就坐在西俄语系连部办公室的草屋里，阅读俄罗斯原版《真理报》，我的俄语阅读水平也因此得到很大提高。现在回想起干校的那口由培训班一期学员挖出来的幸福塘、建起的两层高的宿舍楼、大草屋连部、食堂、机耕站，以及那些充满青春活力和汗水的脸庞仍然十分亲切，尤其是每周一、三、五晚上，大家排队用铅桶利用发电机冷却水洗澡的情景都还是历历在目，满满的幸福感。

采访者：“五七”干校对凤阳的发展有什么帮助吗？

汪宁：从上海到“五七”干校，首先要乘火车到临淮关或者蚌埠站，再转乘长途汽车到凤阳县，然后再乘车到大庙镇。从大庙镇到干校所在的上周生产队，还有大约10来里路程。到达镇上通常是下午时间，所以赶不上一天只有两班的公交车，从镇上到干校只能步行。如果是晚上才到镇上，就只能打电话到干校党总支，请领导派一辆手扶拖拉机去镇上接。我有过好几次从镇上步行回干校的经历，途中要经过朱元璋母亲的墓地“明皇陵”，然后再走下一个大坡过一条小河，再爬坡上去，看到一棵标志性的大树，那就是到干校了。谈到“五七”干校对凤阳发展的帮助，我想主要包括以下几个方面。

一是为封闭落后的凤阳地区带去了一股大城市的气息。凤阳地处皖北，经济发展十分落后。上海设在凤阳县的高校干校有好几所，造房子用的建筑材料和生活用品都是从上海拉过去的，成本很高。大量上海人的到来促进了当地自由市场的发展。作为党支部副书记，我曾带着同学到离干校最近的上

汪宁在凤阳“五七”干校机耕队

周生产队农民家，与他们同吃、同住、同劳动，亲眼看到大多数农民家里极其简陋，那种境遇让人心酸。我们打地铺睡在农民家的堂屋里，条件非常艰苦，但我们都坚持下来了。这是一段令我们永远难忘的经历。

上外建在大庙的“五七”干校在当地引起过轰动，由于建起了三排两层的宿舍楼，像部队营房一样，中间有个足球场，还设有小卖部、拖拉机站和发电站，被当地人称之为“小上海”。据说，附近有的老乡一辈子没看见过小汽车、拖拉机，没有爬过楼房，就结伴跑来看拖拉机，然后再爬到楼上面走一圈。

二是在精神文化生活方面的影响。因为培训班学员都经过精挑细选，几乎都是来自上海各中学的精英，很多人多才多艺，给当时文化生活停滞、枯燥单调的凤阳县乃至蚌埠市带来了蓬勃朝气。干校还专门组织了文艺小分队，在朱威烈老师的指导下，排练出非常精彩的歌舞节目，演出水平堪比当时的专业团体。小分队到部队和工厂企业演出，在凤阳县和蚌埠市影响非常大。

三是为蚌埠地区繁忙的春运提供人力支持。春运期间，上海铁路局蚌埠铁路段向干校求援，请干校派出学员担任临时列车员，以解决春运期间列车员不足的问题。我有过两次春运期间担任临时列车员的经历。第二次应该是在 1977 年，受干校党总支的派遣，担任党支部书记的我带着几十名培训班学员，打着背包，兴奋地加入春运列车员的队伍中，同行的还有英语系张廷琛老师。担任临时列车员虽然很累、很辛苦，但同学们没有叫苦叫累，工作尽心尽力，与带自己的师傅以及列车段各级领导相处得非常融洽，春运结束后还经常应邀去他们家中做客。

担任临时列车员的工作场景

可以说，凤阳山、幸福塘、明皇陵、大庙镇、蚌埠列车段，还有安徽的土特产，都在我们的青春岁月中留下了难以磨灭的记忆。

采访者：在您 1972—1975 年的本科阶段专业学习中，学习内容主要包括哪些？当时的学习条件如何？

汪宁：我们是“文革”当中的第一届，可能是因为没有经过高考，所以入校比较早，4 月进校，5 月就开始上课。我们班一共有 18 名学员，大多数以前都没接触过俄语，从零开始。当时学习条件非常差。首先是没有教材，学习内容基本上都是老师们自己编写、经审批后再打印出来的资料；其次，由于教材主要是《人民日报》和《红旗》杂志等报刊的一些社论或重要文章的俄语翻译内容，我们的学习是从革命口号和政治术语开始的，原汁原味的俄罗斯语言文学作品学得不多。

上课场景

但非常幸运的是，上外俄语系的每一位老师的业务能力都非常强。他们都是经过苏联专家的严格要求和训练培养出来的，有好多老师在苏联留学过，俄语水平非常高，对我们的要求也很严。不过俄语确实太难学了，俄语语法据说是世界上最复杂的，变格变位把我们搞得稀里糊涂。我们这些人从零开始学，又是以政治词汇为主，学习的初期阶段感觉非常吃力，有好几位同学大卷舌音发不出来，每天刷牙时就在嘴巴里含上一口水，然后抖动舌头进行练习。好在勤能补拙，功夫不负有心人，大家最后也都练出来了。

同学们当时学习都非常勤奋。很多同学每天清晨五六点左右起床，手里都拿着教材围着操场边走边读，读到六点半再全系五个班列队集合围着操场跑步，做广播操；早饭后马上赶到教室早自修，每天很晚才回宿舍。即使是躺在床上，大家也都在默默背单词。十点后宿舍统一熄灯，但还有同学打着

俄语系学员操场上的晨练（5个班长轮流值班喊口令，全系5个班共有91名学员，其中有21名军人，队列操是全校的样板）

俄语系 1972 级 2 班和 4 班马列学习小组开展学习交流，左起：顾聿工、薛波、严志义、汪宁、丁炳福

在国棉十九厂接受工人阶级再教育、对工人师傅进行家访时听一家三代工人师傅讲述过去的故事

手电筒继续学习。大家都在暗暗比拼，看谁读的书多，谁记住的单词多，谁的学习成绩最好。图书馆、教室，以及整个校园里，处处可见手不释卷大声朗读的同学。身处浓郁的学习氛围中，大家都把全部精力投入到专业学习中。遗憾的是，当时可供学习参考的外语资源非常有限。

我们每个班级还都建立了马列学习小组，每天利用午饭后时间学习一个小时。许多马克思主义的经典著作，如《资本论》《反杜林论》《国家与革命》等，我就是在那时通读的。每周还会举行全系学习交流会，每个班级派代表发言交流，互相比拼。

采访者：您本科毕业后加入了上外俄语系的词典编写组，可以描述一下这段经历吗？

汪宁：这也是我毕业留校工作后特别难忘的经历。

从凤阳干校回上海后，我被分到了俄语系词典组工作。此前，我对词典组并不了解，只知道在系里走廊尽头那个最不引人注目的办公室里，有一群年纪较大的老师整天埋头于书本和辞书之中。当我自己也成为一名词典组编写人员，慢慢对这些年长的老师有所了解之后，才惊奇地发现，他们都是俄语学界的拔尖人才。他们代表着上外，与当时国内俄语人才聚集的北京外国语学院和黑龙江大学构成了中国俄语学界的三大重要基地。我记住的名字如顾柏林、张超人、郑泽生、吴克礼、祝一鸣、周祖礼、朱宾贤、瞿璋、陈惠珍、杨绍彤、殷鸿翔、胡国安、姚以恩、陈恩东等，这些老师对我这个小学弟非常和蔼可亲，是我走上工作岗位之后最早也是一起工作时间最久的良师和前辈，都称得上俄语专业的翘楚；每位老师都有自己的特长。所以直到今天，我仍然记得他们亲切的形象。我也感到非常荣幸能有机会与这些俄语界前辈做同事，同时也深受他们敬业精神的强烈感染。

囊括 12 万个单字条目和多字条目、涵盖汉语基本词汇和多种语域常用专业词语的《汉俄大词典》，是上外的杰出成果之一，在俄语学界影响极大。这部词典凝结了老一辈上外俄语专家学者们的心血，体现出他们深厚的学术造诣和高尚的学术品德，是俄语系老、中、青三代历经半个多世纪、长期从事俄语教学和研究所积累的学识、才智和语言能力的结晶，堪称词典学界最大、最权威的汉俄双语词典之一。

采访者：1986 年上外的苏联研究所依托俄语语言文学专业硕士点招收首届苏联国情研究专业方向硕士研究生。您当时为什么选择这一专业呢？

汪宁：“文革”结束后，学校恢复招收硕士研究生。每年俄语系研究生考试时，我都担任考场工作人员，在现场监考。考试结束后，我每年也都会自己尝试着做这些考卷。头几年，我都觉得那些考题难度非常大，不知如何作答。所以我对那些报考研究生的人充满了敬佩之心，认为他们是勇于攀登

1983 年 5 月上外教师篮球队合影，前排左起：施永龄、周亦明、王信之、朱威烈、蒋伟平、李良佑，后排左起：王澜涛、汪宁、蔡幼生

学术高峰的人，我也要学习他们。后来经过近十年的准备，我认为到了可以去试一试的时候了。1983 年我报了名，结果也并不意外，最终没能考上。不过我心态很平和，当时只是想找一下感觉而已，也可以了解自己的不足之处。1984 年，我在北京外国语学院进修，一边进修一边复习。虽然第二次再遭滑铁卢，不过和前一年相比感觉进步了，离目标靠近了一大步。那时专业选择余地很小，只有翻译学、俄语语法和俄罗斯文学等几个专业，报考人数多且整体水平非常高，因为俄语曾经是中华人民共和国建立后的第一外语，可谓人才济济、竞争激烈。

1985 年，上外的苏联问题研究室更名为苏联研究所，并开始招收硕士研究生，专业方向是苏联社会学。1986 年，我和胡传荣一起，成为上外苏联国情学（现在叫“区域国别研究”）专业的第一届研究生，指导老师是浦允南、

浦允南赠给汪宁的照片：1990 年，浦允南夫妇在孙女任教的美国康州大学校园中

朱有钰和金宗美三位教授。

浦允南教授是苏联研究所第一任所长，非常厉害，精通西班牙语、俄语和英语，当时还担任中国西班牙语葡萄牙语教学研究会会长。我收获最大、读书最多的经历就是跟着几位导师学习的这一阶段。通过大量阅读西方经典，我的思想发生了巨大的变化。那时也没有专门的教室，我们每周的专业课都是到浦先生的家里去上的，现在仍然记忆犹新。我们在浦先生指导下对照原文阅读西方哲学的专业书籍。在一次阅读讨论的过程中，他认为我们那本教材中有一段翻译不够准确，提出来让我们讨论。经过逐字逐句与原文对照之后，我们发现，译者的理解的确是不正确的。当时我十分惭愧：自己作为一名俄语专业的研究生，为什么没有发现这样的错误！那本书至今仍保留在我的书架上，里面记录着不少当时的学习心得。那是对我影响最大最深的一本书。

1989 年 6 月，上海外国语学院 1989 年毕业研究生合影留念，汪宁（3 排左 4）、胡孟浩（1 排左 7）

另外两位导师，朱有钰和金宗美，她们是国内当时少有的研究苏联社会学的专家，除了她俩外应该只有中国社科院的一位老师了。朱老师和金老师把我们引进了社会学的大门，为我们日后从事俄罗斯国情研究奠定了非常良好的基础，对国际问题研究也帮助极大。后来我的研究都是受益于当时几位老师的指导和引领，即把整个世界看作是一个国际大社会，运用社会学的理论方法和视角进行分析和研究。

客观上，我们也成为上外本土培养的从外国语言文学转型到区域国别研究的第一批硕士研究生，苏联研究所借此成为上外政治学的起点，也是上外国际关系与公共事务学院的基础。

采访者：您写了两本关于普京的著作，《普京的俄罗斯“新思想”》和《“给我 20 年……”——解读普京》，为什么以普京为您的研究重心呢？

汪宁：那是我博士阶段的学习成果。1999 年，在学校的支持下，我考入华东师范大学攻读博士学位。同年 8 月，普京出任俄罗斯总理，不久又接任俄罗斯总统（2000 年 3 月），那时候，我们国内对他的了解并不多，所以对这位俄罗斯新任领导人特别感兴趣。俄罗斯的国家领导人大多数都是人高马大的大块头，尤其是叶利钦总统。我的博士生导师是姜琦，一位德高望重的国际政治学大师，他研究国际共产主义运动数十年，政治嗅觉非常敏锐。姜老师当时就预言，俄罗斯将会发生非常重要的变化，要我关注普京。我也觉得这个小个子总统很有意思，他上任后采取了很多新的治国措施，与他的前任大相径庭，于是我就开始关注普京的一言一行。在导师的支持和引领下，我决定把这位俄罗斯新任总统作为博士论文的研究对象。我发现他提出的“俄罗斯新思想”别具一格，与传统的苏联领导人的观点大不相同。所谓“新思想”究竟有哪些内容？“新”在何处？在《普京的俄罗斯“新思想”》一书中，我进行了初步探讨和分析。从 1922 年成立到 1991 年解体，苏联作为世界上第一个社会主义国家，一共存在了 69 年，产生过 8 位国家领导人。我关注的是，作为俄罗斯第二任民选总统的普京，他与前任不一样的地方表现在哪里？在短短的两年时间里，他提出了很多思想与政策，形成了一个比较完整的体系。不过，当时最引起我好奇的是有关他那句“给我20年……”的豪言。当时很多媒体都在报道这句话，我很想知道，这是他在什么情况下讲的？为什么是20年，而不是8年、10年、30年？背景是什么？原文是如何表述的？我咨询过许多俄罗斯学者和普通百姓，他们都表示从未听到过这句话，在报刊上也找不到。所以我质疑，这句话并非出自普京之口。那到底从哪里来的呢？最后我发现，这句话的出处源自俄国末代沙皇尼古拉二世时期的总理斯托雷平，一位俄罗斯历史上著名的改革家。他在接受记者采访的时候十分感慨地表示：“给我们20年的稳定，我就将改变俄罗斯，重建俄罗斯。”所以，报刊媒体并不正确，普京根本没有说过这句话。不过，我也注意到，中央电视台记者水均益在采访普京的时候，曾直接问他：“普京先生，您说过‘给我20年，还你一个强大的俄罗斯’……？”时，他也没有否认。所

毕业典礼时汪宁（右）与博士生导师姜琦（左）合影

以我猜想，普京接受并认同斯托雷平的思想，同样也抱有改变俄罗斯的雄心壮志，这也触动了我对其进一步研究的想法。如果把他的“俄罗斯新思想”作为新生的俄罗斯的国家思想，是理论；从理论到实践，再到结果，深入进行跟踪研究，一直到他卸任为止，可以成为研究普京执政的“三部曲”。姜琦老师非常支持我的研究思路。在导师的帮助下，我最终把普京作为长期的研究对象。我可能是国内最早从学术的视角开始研究普京的学者。

一个国家的领导人决定着这个国家的发展方向，没有普京就没有俄罗斯，就像没有斯大林就不可能建成一个强大的苏联。所以，研究一个国家的领导人，实际上就是研究这个国家的政治、经济、历史、文化。我认为，通过研究一个领袖人物，并从这个视角来展开对这个国家以及整个区域国别的综合性全面研究，是一种行之有效的研究方法。这就是领袖学。2011 年上外的俄罗斯研究中心成立。上外的特点是语言文化底蕴深厚，如果能够从语言文化入手，深入拓展到这个国家的政治、经济、社会生活等领域，一定可以有所作为。因此，俄罗斯研究中心的工作重点就确定为研究俄罗斯文化，所有影响俄罗斯人的思维方式、国家构建、体制制度建设的内容，都在我们关注和研究的范围之内。对中心进行这样的定位，就是想充分利用上外的语言优势，逐渐吸引更多的人来对俄罗斯的国情进行研究，最后做大做深，做出特色。所谓“大文化”，就是研究俄罗斯所处的文化大环境，研究影响俄罗斯的国家发展、俄罗斯人的思维方式，影响普京思想形成的基因是什么。简单说是研究他个人，实际上就是研究俄罗斯的文化，以及俄罗斯文化在世界文明文化体系中的地位和作用、俄罗斯与其他国家之间的关系和互动。

采访者：您曾多次前往俄罗斯游学，也是莫斯科大学的高访学者和俄罗斯人民友谊大学的访问学者，这几次游学经历中您印象最深刻的人或事是什么？对您的研究有什么启发吗？

汪宁：我去俄罗斯的次数是蛮多的。作为普访和高访学者，我去过莫斯科大学两次，俄罗斯人民友谊大学一次，还有过几次参加国际会议的经历；每次收获都非常大，分别完成了三个研究课题，出版了三部学术专著。可以说，访学帮助我进入了学术研究高峰时期。所以，研究外国国情，一定要走出去，扎根进行深入的田野调查，才能做得好，做出特色来。

莫斯科大学给我的印象非常深。作为俄罗斯最有实力的高等院校，它的学术资源非常雄厚。在莫大最大的享受，就是几乎每天都有各种各样的学术讲座和报告可以听，报告人多是大牌政治家、政府官员或学者。如果问我到俄罗斯学到了什么，那一定是俄罗斯老师严谨的治学态度、扎实深厚的理论功底和优秀的个人气质，让我看到了自己的差距。俄罗斯教师在课上侃侃而谈，不用看讲稿，可以连续讲上几个小时。俄罗斯（苏联）的一些政治家，列宁也好，斯大林也好，都是杰出的演说家。相比之下，我觉得中国学生缺少的就是勇敢表达自己思想的精神。我们的教育主要是灌输型的，激发和鼓励学生拥有自己思想的机会不多。学生不能只听老师讲，还需要大胆表达自己的观点。而我们的学生常常也不太勇于说出自己的想法。

受到俄罗斯老师的启发，后来我在课堂上就对学生也提出要求。比如：你有没有问题？你没有问题问我，我有问题问你。你要对我刚刚的讲课内容提出意见，你对我表达的观点是否认同？不同意的理由是什么？你认为这个观点不对我们就进行辩论和讨论，如此等等。实践证明，用这样的教学方法授课，特别是对研究生，效果不错。这是从俄罗斯老师那里学来的。

采访者：上外俄罗斯研究中心是 2011 年 12 月开始筹备建立的，协调结合了不同学科与研究资源组建而成，并获批成为教育部首批区域国别研究培育基地。可以介绍一下您在俄罗斯研究中心的创办中所做的工作吗？

汪宁：上外俄罗斯研究中心的建立，是中国外交事业发展到一个新阶段的迫切需要以及学校学科转型发展的必然结果。因为俄罗斯语言文化教学和研究是上外的强项和传统，将上外称为中国俄罗斯学的元起点（之一）也不为过。本来上外最初就叫“华东人民革命大学附设上海俄文学校”，为新中国培养了一代又一代俄语人才；上外俄语老师人才济济，俄语水平都非常高；上外的苏联社会学和苏联教育学课程在国内的学术界更是独具特色。所以上外是区域国别研究起步最早的高校之一。俄罗斯研究中心是在苏联研究所的基础上建立起来的，我有幸被学校任命为第一任中心主任。当时苏联研究所已成功转型扩展成国际问题研究所；还有一个大的背景，那就是中国外交进入重要时期，已有的国情研究已无法满足国家的需要，教育部决定在高等院校中建立 100 个区域国别研究（培育）基地（智库）。上外校领导果断抓住这一历史发展机遇，第一时间提出申请，首批获准建立了三个培育基地：英国研究中心、俄罗斯研究中心和欧盟研究中心，占据了上海市五个首批培育基地中的大半。

在教育部和学校领导的大力推动以及俄语系的积极参与下，我们信心满满，也称得上是兵强马壮。上外拥有强大的俄语人才后备力量，拥有国际关系和外交学硕博士学科点，每年培养出的硕士、博士多达几十人，校内具有俄罗斯留学经历、分布在其他院系的各类人才也很多。当然，我们也存在自己的不足之处，那就是除了语言文学以外，其他领域的研究相对不足。从成立的第一天起，我们就讨论制定了中心章程，确定了短期（1 年）和中长期（3—5 年）工作计划和发展目标。我们聘请了多位国内俄罗斯研究领域的著名专家学者入盟，如北京大学国际关系学院关贵海教授、复旦大学国际问题研究院赵华胜教授、复旦大学经济学院唐朱昌教授、上海社科院俄罗斯研究中心潘大渭教授、上海国际问题研究院的李新教授等，请他们担任中心顾问和兼职研究员，建立国内俄罗斯研究学术圈。我们也积极利用校内资源，邀请时任语言研究院院长赵蓉辉教授、文学研究院院长郑体武教授等拥有俄语教育背景的相关老师做中心的兼职研究员，力图把俄罗斯研究做好做大做强，并逐渐影响、渗透到整个语言文化教学中。此外，中心还聘请了俄罗斯驻沪总领事的夫人及多位外国专家做兼职研究员和名誉教授，经常邀请他们来校授课或做学术报告；邀请国外青年学者来中心做客座研究员，其中包括哈萨克斯坦和波兰的青年学者。随着“一带一路”倡议的实施，俄罗斯研究中心很快利用自身的优势资源与共建国家科研机构和高等院校建立学术关系网，充分利用上外在海外承办的孔子学院与所在学校积极互动。上外俄罗斯研究中心青年学者的身影也活跃在国内学术研讨会或青年论坛上。我指导过的硕博士研究生也涵盖了除土库曼斯坦以外来自其他四个中亚国家和俄罗斯的外国留学生，其中哈萨克斯坦的学生数量最多。

现在想来，俄罗斯研究中心能够得到较好发展的主要原因在于，第一，目标明确，计划清楚。第二，天时地利人和。天时，是中国的发展为国际问题研究开创了最好的环境；地利，是上外的学科建设为国际问题研究提供了充足的人才保障；人和，是中心团队齐心协力、团结一致，两位中心副主任特别给力：时任俄语系系主任章自力充分利用自己的人脉和各种资源，身体力行地积极组织和参加各类国际交流活动；杨波教授更是不遗余力地利用自己的语言优势和学术资源，除了自己积极参加国内外学术活动以外，还带领其学生参加各种学术交流活动，扩大了上外的知名度，把上外俄罗斯研究推向深入。此外，校内科研处、研究生部（院）等部门也给我们提供了很大的支持和帮助。以上这些因素保障了俄罗斯中心的短期和中长期工作计划超额完成，在学术论文和学术专著发表、研究报告数量和社会服务、学术交流等指标方面，都超过了计划预期，为之后的发展打下了很好的基础。第三，学校的率先成功转型。上外多学科的发展，特别是在国际关系学、中东学、外交学、国际政治学、语言学、国际传媒学等学科方面发挥的国内领头羊作用，为俄罗斯研究的深化提供了有力的理论和学科支持，为上外特色的学科构建奠定了基础。如果说区域国别作为一门学科已经正式建立，上外的俄罗斯学（涵盖一个大国和两个区域：中亚和中东欧地区）则是中国区域国别研究的先行者，是上外一代代俄语前辈砥砺前行、努力奋斗的结果。在当前“百年未有之大变局”中，更需要我们一代新人的加倍努力。

采访者：请您介绍上外俄罗斯研究的发展现状。

汪宁：我比较担心后继乏人。每年俄罗斯东欧中亚学院俄语专业培养的学生有 50 多名，硕士、博士加起来足有二三十人之多。然而，参加我们中心活动的同学并不多。我也不知道具体是什么原因。学术研究很枯燥，需要怀有敬畏之心和“十年冷板凳”的思想准备才能做好。

顺便一提的是，俄语系升级更名为“俄罗斯东欧中亚学院”也许是听取了俄罗斯研究中心向学校提出的建议。我们的设想是：在打好语言文学的基础之上，通过对俄罗斯的深入研究，能引领学科建设朝着多学科的方向发展，把中亚和中东欧国家的语言文化和国情包含在内，形成一个完整的俄罗斯学研究。其中，语言是基础，是敲门砖。没有掌握过硬的语言技能，任何区域国别研究都无从谈起。

上外拥有这样的学科优势，发展空间非常大，前景非常广阔。当前“百年未有之大变局”为俄罗斯学创造了非常有利的大环境，我们的平台优势明显。我以为，现在是俄罗斯研究（俄罗斯学）区域国别研究发展的最佳时机。希望我们这个学科发展得越来越好，再攀新高峰，做出上外的特色来。

上外德语学科发展的见证与参与

卫茂平

男，1954 年 11 月生，上海外国语大学德语语言文学教授，博士生导师。1982 年毕业于上海外国语学院德语专业，后留校任教。1989 年获德国海德堡大学哲学博士学位。曾任上外西方语学院院长、德语系系主任，教育部高等学校外语专业教学指导委员会德语分会副主任委员，中国外国文学学会德语文学研究分会副会长，中国外国文学学会理事，中国比较文学学会理事，国家社会科学基金重大项目“《歌德全集》翻译”首席专家。主要研究领域为德国近现代文学、中德文学关系史。主编“新世纪高等学校德语专业本科生系列教

口 述 人：卫茂平
采访整理：周源源、陆英浩
采访时间：2023 年 9 月 25 日
采访地点：卫茂平寓所

材”，著作或译作有《中国对德国文学影响史述》《新腔重弹旧调的余响》《君特·艾希与中国》《青年维特之烦恼》等 40 多部。其中，著作《德语文学汉译史考辨》获上海市第八届哲学社会科学优秀成果奖（著作）二等奖、第四届中国高校人文社会科学研究优秀成果奖（外国文学）（著作）二等奖。2000 年获宝钢优秀教师奖，2010 年获“上海市先进工作者”称号。获德国洪堡基金会研究奖学金和国务院政府特殊津贴。

采访者：您于 1978—1982 年就读于上外德语专业，请问当时上外的德语教学有哪些特点？您是怎么学习德语的？

卫茂平：我 1972 年中学毕业，当时还在“文革”时期，依照国家安排我去务工了。想来也是很巧的一件事，当时我的一位中学老师知道我的情况后可能觉得可惜，就主动让我跟她爱人学德语。那位老师的爱人正好是上外的德语老师。后来差不多两年时间，我一方面跟着老师学，另一方面努力自学，将德语基础都过了一遍。但因为当时看不到升学的希望，同时自己学习的重心又在乐器上，我就放弃了德语。到 1977 年年底，高考重新恢复了，但我知道自己可能不太符合个别录取条件，第一次并没有报考。到 1978 年第二次高考时，我在父亲的劝说下才决定报考，类别选的是文科，语言就选择了德语，就这样在上外正式学德语。我想当时要是那位中学老师的爱人教法语的话，我可能就学法语了，所以学德语并不是我的主动选择，而是命运使然。

当年我入学时，德语还没有独立成系，而是和法语一起组成德法系。当时我们大家学习都非常努力。就拿晨读来说，当时我们大清早吃完早饭后，每个人都会找一个角落，背单词背书，一直到开始上课。那时想要比其他人考试高两三分，需要加倍努力才行。但现在学校晨读的习惯也逐渐消失了，我觉得挺遗憾的。关键是现在学习条件和学习态度和当年都不一样了。那时候的老师也非常敬业，当时我们所在的德法系位于现在的财大中山北一路校区，老师们住在青年教工宿舍。每天晚自修时，常常不是他们来找我们，就是我们去找他们，师生关系非常融洽，学习氛围非常浓。那时德语一共两个班，每个班才十几个人。我们班是 13 个人，是很小规模的一个班。当年我上学时年龄已经算是偏大了，还好我一直坚持看书，看历史、语文、地理和德语等等，所以考文科也能够成功。

采访者：上外 1980 年与海德堡大学建立了正式校际合作关系，这是我校与国外大学开展得最早的合作办学，您对这一项目是否了解？ 1986 年您前往海德堡大学深造，这一段出国学习经历为您带来哪些收获？

卫茂平：我之前看到一篇报道，里面提及上外与海德堡大学建立校际合作关系是在 1981 年 1 月。虽然我没看到原始的材料，但在 20 世纪 80 年代初两校之间肯定已经开始有校际交流了。当时的德语系（代）主任是郑积耀，所以郑老师应该是我们与海大校际合作的中方牵头人。这一校际交流的关系一直延续到今天，也是非常不容易。我也是通过这个项目于 1986 年去海大进行交流学习的。好像我 1978—1982 年在读期间，德语专业就从德法系中独立出来单独建系，那时的系主任是谭余志。1986 年，谭老师在我动身去德国前，托人给我捎来一封信，当时应该是附在别人的信函中捎过来的，所以信封已经不在了，但这封信我还一直保留着。他在信里告诉我可通过西伯利亚大铁道从莫斯科去德国，这样的话可以省一大笔费用。当时谭老师似是半卸任状态，因为他自己也在海德堡大学进修。他寄信告知我如何去德国的详细路线及相关注意事项，事无巨细，让我非常感动。后来我还是乘坐飞机前往德国，我现在还保留着当时的飞机票，单程票价将近 4 000 元人民币，这笔费用在当时完全是“天价”，因为那时很多人的工资一个月也才几十块钱，所以回想这段往事也是非常感慨的。

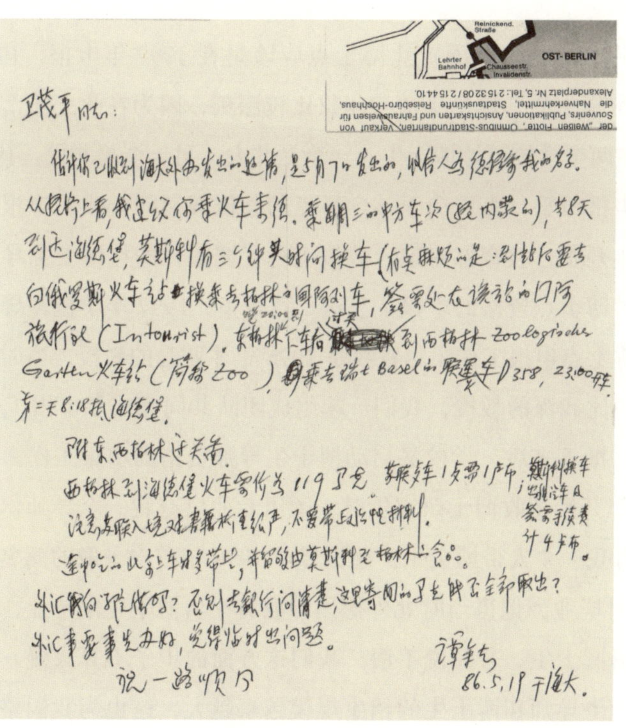

卫茂平同志：

估计你已收到海大外办发出的通知，是5月7日发出的，收信人为德籍华人我的名字。从报价上看，我建议你乘火车去德，乘星期三的中方车次（经内蒙古），共8天到达海德堡，莫斯科有三个钟头时间换车（有点麻烦的是：到站后要去白俄罗斯火车站换乘去柏林的国际列车，签票处在该站的国际旅行社（Intourist）。东柏林下车后（晚20:00到）过关到西柏林 Zoologischer Garten 火车站（简称 Zoo），乘去瑞士 Basel 的联运车 D358，23:00开车。第二天8:18抵海德堡。

附东西柏林过关图。

西柏林到海德堡火车票价为119马克。苏联火车1天需1卢布；莫斯科换车出站汽车及签票手续费计4卢布。

注意苏联入境对书籍检查很严，不要带上政治性材料。

途中吃的东西上车时多带些，并留些由莫斯科至柏林的食品。

外汇能向学院借吗？否则去银行问清楚，这里寄回的马克能否全部取出？外汇事要事先办好，免得临时出问题。

祝一路顺风

谭余志

86.5.19 于海大.

1986 年 5 月 19 日，谭余志写给卫茂平的信到德国的第一年，我拿的是校际交流的奖学金。到期之前，我又申请到另一个德国基金会的奖学金，通过这笔奖学金，我在海大继续攻读了博士学位。其实当时本科读完后，我是没有继续深造的想法的，因为毕业时我已经年纪不小，觉得该成家立业了。但留校任教几年后，还是感受到提升学历的压力，我就在德国拿到博士学位再回国，那是 1989 年年底的事了。在德国学习期间，我在主科德语文学、副科英语语言文学和历史学这三门专业课上，均遇到过杰出的老师，他们的敬业精神对我影响尤深。

采访者：上外德语语言文学博士点于 1998 年获批成功，您在该博士点申报工作中主要承担了哪些工作？您认为在该博士点申报中我校具备哪些优势同时面临哪些困难？

卫茂平：上外的德语专业博士点应该是在 1997 年申报，1998 年获批，1999 年开始招生的。这个事情我印象比较深刻，因为在此之前，全国高校德语专业只在两个学校可招博士生，一个是北大，另一个是北外。1997 年之前，博士点的申报似乎一直取决于该学科点的某位教授能否成功申报当博导。应该是从这年开始，教育部对这一政策进行了调整，即将博士生导师资格申报改为各学科博士点资格的申报。在这一背景下，1997 年学校领导让我牵头德语学科的博士点申报工作，尽管我是 1996 年才晋升的教授。当时系里还有另外两位资历比我深的教授，我们一起组成团队共同完成了申报工作。1998 年博士点申请批下来后，学校又启动博士生导师资格的申报工作。出于各种原因，1999 年开始招收博士研究生时，德语专业只有我一个导师，后面连续几年也就只有我一个人带博士生。德语专业 1999 年首次录取的两名博士生都于 2002 年按时毕业。记得当时北外德语专业有一名博士生刚毕业，有人说是本土首位德语博士生。若此说不谬，我们这方面的步子不算太慢。到后来，上外德语博士生导师和博士生的招生规模越来越大，这也为我们整个学科点的建设提供了非常有利的条件。

采访者：作为德语语言文学的博士生导师，您从教 30 多年来带出了 40 多名博士生。您认为一名优秀的语言类专业博士应具备哪些素养？您在培养博士生方面有哪些心得？

卫茂平：我认为一名优秀的博士生要有独立的工作能力及广阔的知识面，但实现这些都有一定的难度。无论是一般学生还是博士生，都有资质比较好的，也有资质一般的，那么我的目标就是让学生尽早有独立工作的能力。对于这方面我一直觉得老师能做的并不多，能帮一点是一点，但主要还是看学生自己，包括写论文，这也是提高学生独立工作能力的契机。

每个人的天资不一样，目标方向也不一样，我觉得让他们针对各自的情况培养自己独立工作的能力是最重要的。我招收的博士生中相当一部分是来自全国各地各高校的青年教师，也就是在职的人较多，从硕士直升读博士的这部分人的比例比较少。随着学科的发展，各个学校对教师学历的要求也在提高，但我还是更看重独立工作能力。在博士生培养过程中，导师能够提供一定的机会与指导，但最后能做出多大的成绩，还是得看学生个人。

采访者：您于 1999 年促成了上外德语系与德国拜罗伊特大学成功合作，共同培养德语 / 经济学复合专业人才，这应该是上外通过中外合作办学形式培养“语言 + 专业”复合型人才的首个项目。在项目申报过程中，您觉得最大的难题是什么？该项目对德语人才培养有哪些积极意义？

卫茂平：随着我国改革开放的进一步深入，国家对高校的学科改革也提出了更多要求。那时候全国各个语言专业，包括德语，都在搞改革，用语言加经济、加法律等等的都有，但都存在一个普遍的问题，那就是学校只提供课程，不提供学位，甚至很多授课教师也是在边教边学。20 世纪 90 年代，经济是一个热门学科，上外也早就想做“语言 +”的改革。在德语系中真正的开拓者其实是谭余志，他为了办好采用中外合作办学模式的“德语 + 经济”复合型专业，从 80 年代起就陆续送了好几个青年教师（似乎还包括硕士研究生）去德国攻读经济学学位。但这些老师出去研学后就没再回国，“德语＋经济”这个设想也就没能成功，我想这件事最后对谭老师的打击还是蛮大的。当时，全国各地很多大学增设了这一方向，但我觉得仅仅在语言专业上增设方向或教一些经济词汇没多大用处，必须要作为一个专业来建设。

1999 年，在学校庆祝建校 50 周年的日子里，我作为德语系主任，与德国拜罗伊特大学的一位副校长再次提出想要合作培养复合型人才这个意向，并在校庆期间共同签署了一份合作办学协议，在第二年就开始启动“德语＋经济学”项目。我们当时主张“两条腿走路”，拜罗伊特大学派老师过来授课，我们派青年教师过去进修经济学。这个进修和此前不同，不是全方位的学位进修，而是仅仅进修某一门经济学相关课程。最后，这些前往德国进修的青

卫茂平在中国台湾辅仁大学德语系讲学

2012 年 10 月 1 日，卫茂平在瑞士尼采故居前

年教师都顺利完成任务并全部继续回国任教。这个项目就做成功了，现在的进修学生还能拿到双学位证书。整个项目的推进中我们克服了很多困难，德方也特别投入，给了我们很大帮助。当时我们的一位经济学老师突然生病，负责该项目的德方合作教授就临时把他的助教派来上课。我在机场接到他后，这个助教告诉我说他也在生病，还给了我一张纸条，上面写着如若犯病需要医生对他采取哪些措施。这件事对我触动特别大，也可以看出德方老师非常敬业，也是非常想把这个项目办好。经过多年的培养和运作，我们自己也培养了一批经济学老师，尤其是第一批学生中有两名学成后回校任教，这个项目的教师队伍也就逐步稳定了。当时全国也有很多专业开设了经济学的选修课，我就觉得我们上外要做就要做得不一样，要能直接上专业课，而且要让这些学生最后能拿到学位。我们这个项目是 2000 年开始招生，每年招收一个

班级，现在 20 多年了，一直没断过。当时和其他一些外校的老师谈论上外的这个模式时，他们总是赞不绝口。值得一提的是，这个项目成功获批后，谭余志老师应该是非常欣慰的，这是他一直以来想要推动的工作。所以尽管项目获批后谭老师已经退休了，但他还会经常去给这个项目的学生“开小灶”，给他们补课或答疑解惑，这些都是没有任何报酬的。虽然我和谭老师就此事交流不多，但他做的事真的令我特别感动。

后来也经常有其他兄弟院校的人来向我讨教这个项目的经验。我可以毫无保留地告诉他们我们的方法，但据我了解，他们没办法复制我们的成功经验。主要原因在于，他们缺一个像我们这个项目中遇到的那样尽心负责的德国合作方，我们的合作方拜罗伊特大学把这个项目当成他们的一个事业在做。此外，德国该项目的负责教授也是特别懂行的一个人，他曾问我担不担心加了经济学会影响到本来的德国语言文学。我说不怕，因为我们在招收学生的时候，四个班里只划了一个给经济学班，另外三个班还是攻读语言文学，因为我知道我们主要还是以语言文学为主，经济学只是我们专业的补充。这个项目还得益于谭余志老师前期的所有工作铺垫，尤其是他在教师培养中的一些经验积累使我们少走了很多弯路，比如我们没让出国进修的青年教师攻读学位，而是只攻读一门课，兼顾了教师的专业性和稳定性。“德语 + 经济学”复合专业的建立和推进，不仅给我们德语专业的学生提供了一种新的发展机会，也为做强和做大我们的德语专业提供了一种新的可能。

采访者： 在担任德语系系主任期间，您在德语专业的师资队伍建设方面做了哪些工作，取得哪些成果?

卫茂平： 大概从 20 世纪 80 年代起到 90 年代，高校老师的学历开始逐步受到重视。我对这件事一直是比较敏感的。当上外获得德语学科博士点时，我其实最关注的就是解决当时遗留的教师学历问题。当时，德语系相当一部分教师本科毕业后就留校工作，我想让这些青年教师在职读硕士和博士，提升他们的学历层次和研究水平。在我从德语系主任这个位置退下之前，德语专业教师已经达到了百分之百有博士学位。一方面，这些青年教师本人也相当辛苦，他们都是边工作边读书的，课时量几乎没有减少，但他们读研或读博大部分都能按时毕业，还有个别老师甚至提前毕业。另一方面，我觉得我这件事也是做得非常有价值，在我退休的时候，德语学科应该是上外首个所有专业教师都有博士学位的学科。

采访者：由您主持的歌德全集项目于 2014 年获得国家社会科学基金重大项目立项，这也是上外获批的第一个国家社会科学基金重大项目。请您介绍一下这个项目的申报背景，以及项目对推动上外德语学科的发展有哪些重要意义。

卫茂平：在此之前，上外在国家社科重大项目的记录这块是空白的。曾经在申报之前也有相关领导来问过我，跟我探讨这一可能性，我当时婉言谢绝了，因为考虑到德语专业当时并不是本校的重点学科，虽然按人均来算德语专业的科研实力还是很靠前的，但我基于多方面的顾虑也不愿牵头申报。此外，因为这样的项目确实兹事体大，所以我心里其实也一直下不了决心。后来在学校相关领导的极力推动下，我才下决心将翻译歌德全集作为社科重大项目申报。

这里头有一个故事，也是和谭余志老师相关的。多年前，谭老师曾用我的名义拟了一份文稿，他应该是注意到我 1999 年的时候在一份报纸上发表的关于翻译歌德全集的一篇文章，他就自己做了研究，把对整个翻译过程的设想、进度等都写了下来，并在 2001 年的时候拿给了我，让我继续往下操作，并建议我去找当时北京商务印书馆的负责人，一位上外德语专业的校友，去做这个项目。但当时我不敢动，这个项目太大了，我也知道难点在哪里。谭老师甚至连德国的版本都帮我找好了，最后我们选用的确实也是他在文稿里设想的那个版本。其实我在那篇报纸文章里只是提到了这件事，并没有细说，我也没想到谭老师会看那份报纸，只能说他真的特别关注德语学科的发展。所以其实谭老师才是启动这个项目的真正推动者。我虽然早有这样的想法，但还是谭老师拿来的这份文稿令我下决心去做这件事。

这个项目涉及的量太大，当时现存的作品也大多是重译，没有译过的就一直没译，要是决定开始这一项目，必须要考虑到量的问题，也就是花费时长和收尾的问题。我拿到谭老师这份文稿时虽然没有付诸行动，但这也成了我的一个念想。后来新的校领导再提申报社科重大项目的时候，我也还在任，我就想，要做的话就做这个歌德项目好了。首先，歌德在国内很有名；其次，上外先前也一直没做过这类重大项目；最后，因为我已从一个德国基金会那里获赠德国最新一版最完整的歌德作品全集，于是就决定来做了。这个项目是 2014 年 11 月立的项，已经两次获准延长。因为体量大，有上百名译者参加，难度很大，但我们一定会完成它。而我个人也相信，该项目的立项、推进和完成，一定是上外德语专业的一个里程碑事件。

采访者：2023 年，德国魏玛歌德学会（Goethe-Gesellschaft）授予您德国歌德协会的最高荣誉“歌德金奖章”（Goldene Goethe-Medaille）。这个奖项对您来说有什么重要意义？您如何理解中外人文交流互鉴的意义？

卫茂平：我觉得这个奖章主要是肯定了我们正在做的这个歌德项目，因为德国魏玛歌德学会有着非常漫长的历史，它从 19 世纪一直延续到现在，颁发奖章也主要是为了奖励做歌德研究的一些人。歌德著作的汉译选集在我们之前有三部：六卷本是上海的，十卷本是北京的，十四卷本的是河北石家庄的。但我们现在这个项目的规模又完全不一样了，我们选用的最新版本，一共有四十几卷，除去国内已有的一些译本，还包括许多从未有过汉译的新内容，所以翻译难度也很大。因此德国魏玛歌德学会知道后感到敬佩，并高度关注我们工作的进展，颁发了这个奖项。虽然这个奖给的是我个人，但奖励的是我们这个项目团队，因为很难有另一个国家能做成这么大的一个翻译项目。这里我还要提到外教社的大力支持。当时的社领导也是非常有魄力，在他的推动下，外教社 2016 年出版了本项目的蓝本——德国法兰克福版《歌德全集》的德文影印版，为我们助力开道。这个奖项的意义就在于：一旦该项目完成，它将是世界上首个最完整的《歌德全集》外语译本。

2023 年 6 月 1 日，卫茂平在德国魏玛“歌德金奖章”颁奖仪式上致谢发言

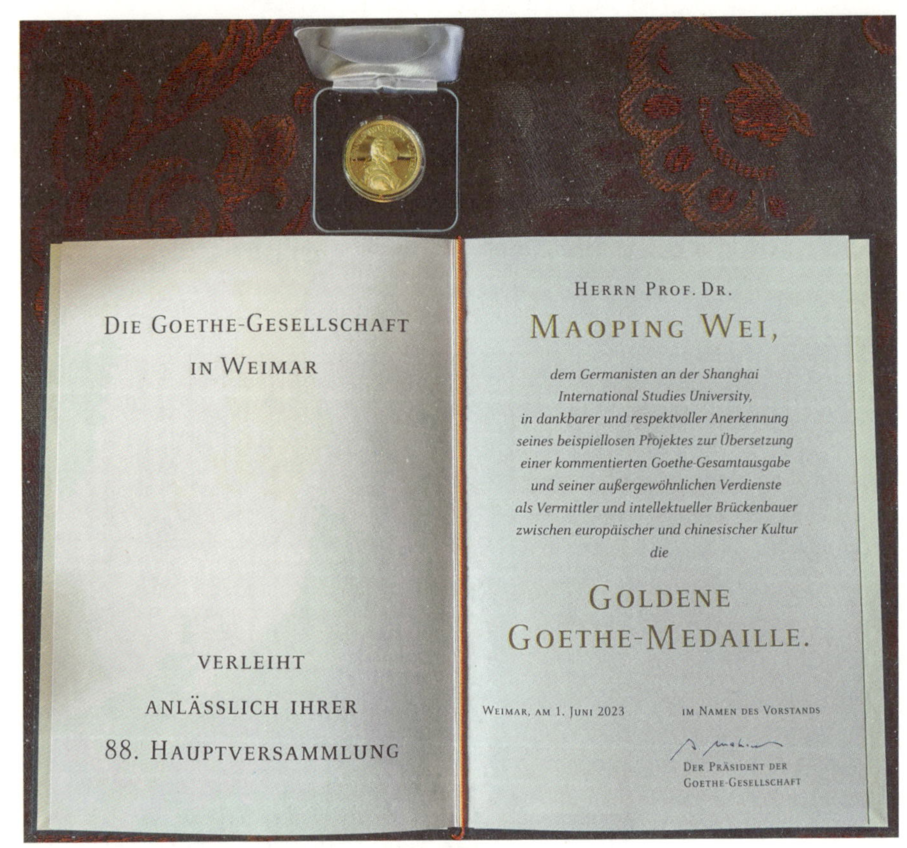

“歌德金奖章”与证书

采访者：您对新时代的上外学子尤其是语言类专业的大学生有哪些建议？

卫茂平：现代技术的发展让我们获得了很多资源，人们学外语的途径也越来越多，各种教材和设备等都更新换代得非常快。但我总觉得，技术的发展不能替代人的一般学习过程与规律。记得我还在任时，曾邀请部分退休的老教师参加座谈，有位老教师就和我说：“现在的学习资源越来越多，学习条件越来越好，各种机会也越来越多，但你敢保证你们的德语比我们好吗？”这句话对我的刺激特别大，让我开始警惕——社会的发展和技术手段的发展真的能改变学习过程吗？最后我感觉并不能。

学习手段的更新并不代表学习过程与素质、水平的提高。学习本身自有规律，我觉得我们应该尊重古老的学习规则，尽管技术手段在更新，但是学习的基本过程是跳不过去的，尤其是涉及成人学外语，还是要踏踏实实地从背单词开始，背范文，多看书。学习能力的提高和技术发展不是同步的，技术往往会湮没人的一些思维与能力，我们也得预防这个情况。

专注音像
助力上外

孟庆和

男，1954 年 12 月生于上海，籍贯山东蓬莱，中共党员，编审。1977 年 2 月毕业于上海外国语学院（今上海外国语大学）俄语专业。1981 年 9 月参与创办《中国俄语教学》。曾任上海外语音像出版社社长，中国音像协会副会长、顾问，《外语电化教学》副主编，中国教育技术协会外语专业委员会常务理事，上外机关党总支书记，上外校友会、上外教育发展基金会秘书长，上外校友杂志《上外人》创刊主编。现任上海仲宏（陈毅）公益基金会咨询委员。在“求是理论网”“光明网”发表《陈毅谈外语教育》。获“上海出版人奖”“全国百佳出版工作者”称号。

口 述 人：孟庆和

采访整理：周源源、杨悦、袁哲、朱书瑶、田珂源

采访日期：2021 年 4 月 30 日

采访地点：上海外国语大学虹口校区

采访者：孟老师您好！您此前参与编撰了《文脉守望》第一、第二辑。从主持编撰者到这次作为被采访对象，您既是口述校史的见证者，也是记录者，有没有哪些经历让您记忆犹新呢？您对学校文脉的进一步挖掘和梳理有哪些建议？

孟庆和：我虽然比你们在学校的时间长一点，但对校史的了解还不够全面，通过《文脉守望》的采访和编辑出版，我对校史有了进一步的新的认识。虽然我们学校和其他一些高校相比，历史可能没有那么长，但是 70 多年来有很多事件和人物值得我们纪念。上外作为与中华人民共和国同龄的一所有影响力的外国语大学，为我们国家的外语教育事业作出了巨大贡献，她的故事很值得我们去挖掘、去回忆、去记录，以此来推动我们今后的工作，尽快建成世界一流的外国语大学。编撰口述史，既是对学校历史发展的生动记录，也是促进学校未来发展的一个契机。

就如何更好地做好学校的文脉挖掘和梳理而言，我的建议包括以下几个

方面。

一是让师生员工知晓“上外从哪里来”。华东人民革命大学附设上海俄文学校是上外的源头，也是上外的起点。这一时期的前辈们筚路蓝缕、艰苦奋斗的创业精神，是上外人要永远继承和发扬的。

在学生采访的录音材料中，我们发现，当被采访者已经说明了自己是哪一年进入上海俄文学校（或上海俄专）后，采访者（学生）还会不断向被采访者提出同样一个问题：“您是什么时候进上外的？”但被采访的老师一直不予回答，因为该老师已在访谈中不止一次地提到他进上海俄专的时间了。而学生认为俄专不是上外本身，所以他就不断地问：“您是什么时候进上外的？”因此，我在《文脉守望》第一辑中，将书中提到的华东人民革命大学附设上海俄文学校、外文专修学校，以及上海俄文专修学校、上海俄文专科学校这四所学校的校名统一注释为“今上海外国语大学”，这样就解决了“上外”从哪里来的问题。

二是口述史料与文字史料相互印证，力求史料的准确性。《文脉守望》第一、第二辑采访的对象很多是 80 到 90 岁的老同志，由于记忆力减退的原因，他们免不了在所讲述故事发生的时间、地点上产生一些差错。这就需要编辑人员从学校已有的档案材料中以及过去已经出版的报章杂志中去寻找相关内容，进行比对，印证相关内容的准确性。有些校友还主动提供了寻找这些历史材料的线索。

特别值得重视的是，对一些重要历史人物的生卒年月必须做到准确无误。有的校友在回忆陈毅元帅夫人张茜在我校工作和学习的文章中说：“张茜于 1972 年逝世。”我在最后发稿时发现了这一问题。张茜的逝世时间应为 1974 年，你不能让她提前两年逝世吧。这是一件非常严肃的事情，万万不可粗心大意。

三是政治上严格把关。在编辑过程中，凡是涉及历史上政治事件的表述，坚决以党中央《关于若干历史问题的决议》《关于建国以来党的若干历史问题的决议》以及有关中央文件为准，在政治上与党中央保持高度一致。总之，编辑《文脉守望》的目的是为校友立言，为校史作证，为实现中华民族伟大复兴提供精神动力。这也是与国家同呼吸、共命运的上海外国语大学的职责所在，义不容辞。

采访者：您曾任上海外语音像出版社社长，请问音像社当时是在一个什么背景下成立的？

孟庆和：上外在20世纪50年代就成立了语言实验室。这个语言实验室慢慢就发展成了风行全国的电化教室，全面开展了外语听说教学。上外深深地体会到利用现代教育技术和设备来提升外语听说能力的必要性，以及在培养高精尖的外语翻译人才中，需要注重口语、听力的培养，强调语音、语调的标准性，这一点就决定了上外的外语电化教学领先全国水平。1964年，经国家高等教育部批准，我国第一幢外语电化教学大楼（今音像社老楼）在上外动工兴建。

1973年6月，经有关部门批准，这幢大楼挂上了“上海外语电化教学馆”的牌子，成为当时国内唯一的单科性专业电化教育机构。

到1983年初，电教工作人员队伍比初建时扩大了四倍，初步建成了一个集教学、科研、生产于一体的外语教学单位，形成了一支由教师、工程技术人员、情报资料人员、行政管理人员组成的外语电教队伍，拥有电影、电视、幻灯、收讯、录音、录像等现代化教育技术手段和近3 000平方米的电教用房。电教馆收集了近5 000小时的外语录音教材母带和近1 200小时的外语电影和录像节目，为我国大中小学提供了16毫米黑白外语教学电影片共451万米、彩色和黑白外语教学幻灯片1 515万张，灌制外语和汉语拼音教学唱片6万余套共66万张，复制各种录音磁带共30万盒，为建立音像社打下了扎实的基础。

1983年，我校最早向教育部和广播电视部提出申请建立一所编辑制作外语音像制品的出版社，促进上外和全国的外语教学。同年4月申请就得到广电部的批准，中国第一家教育类音像出版社——上海外语音像出版社在上外诞生，我们再一次走在了全国高等院校的前列。我们拥有的大量外语录音录像资料经过编辑整理以后，作为正式出版物向全国大中小学公开发行，以提高整个社会的外语教学水平，满足广大学生和家长的需求。上海外语音像出版社于 1983 年 5 月召开成立大会，至 1983 年底的短短半年中，共出版发行了各种外语教学录音带折合 C-60 标准带共 50 余万盒、外语教学唱片 20 万套约 100 万张、外语教学电影片 30 万米（见《中国外语教育史》，上海：上海外语教育出版社，1986 年）。

在开展教学实验的同时，上外从理论高度对外语电化教育进行研究，编辑出版了我国第一本外语教育技术类全国核心期刊——《外语电化教学》。

采访者：音像社最初是面向学校出版外语教学制品的，但是随着改革开放的发展，音像社产品走向了市场，走向了社会，音像社是如何顺应时代发展的呢?

孟庆和：1995 年，教育部、国家新闻出版署组织了“全国优秀教育音像制品评奖标准”起草工作，我成为主要起草成员之一。这对促进上外音像社产品质量更上一层楼提供了重要的契机。以这个标准为准绳，音像社从产品的物质原料、内容质量、载体形式等方面严格把关，使“爱未来”音像电子产品的声誉进一步提升，并在全国优秀教育音像制品奖等奖项评比中多次获奖，甚至多次成为获奖大户。

1997 年 7 月 9 日至 10 日，中共中央宣传部、国家广播电影电视部、国家新闻出版署在北京召开“多出优秀音像制品座谈会”，全国文艺类、科技类、教育类音像出版单位的代表与会，时任中共中央政治局委员、国务委员李铁映出席会议并讲话。我作为科教界的唯一代表，在大会上做了经验介绍，引起全国音像出版界的高度关切。当晚，中央电视台新闻联播节目对此次会议做了报道。

2006 年，孟庆和（右）与时任上海市新闻出版局副局长楼荣敏（左）陪同中国音像协会会长、原国家新闻出版总署副署长于永湛（中）视察上外

2001 年上外音像社出版的我国第一部六种语言配音、六种文字字幕的 DVD 光盘——《走进新上海》，获第四届全国优秀教育音像制品一等奖。2002 年在中央电视台播出的《日语口译基础》电视教学片，获国家音像制品奖提名奖。在央视播出的我国第一部三维动画教材配套电视教学片《新世纪小学英语》，获中国广播电视学会优秀教育教学节目一等奖。2006 年，《多维童话英语》CD-ROM 光盘获首届中华优秀出版物优秀电子出版物提名奖等。2007 年，“爱未来”商标再次被上海市工商行政管理局认定为“上海市著名商标”。

音像社出版品种从单一的大中小学外语课本录音带发展成为 14 个系列产品，包括了专业外语、大学英语、中小学英语、儿童英语、经贸英语、职业英语、外语语音、外语口语、外语听力、外语测试、外语歌曲、对外汉语、中国文化、全国学生音乐欣赏曲库等，成为我国出版外语音像品种最多的音像出版社。出版载体从幻灯片、塑料唱片、电影教学片、录音带、录像带，发展到 CD、VCD、DVD、CR-ROM 等新兴音像电子载体，600 多个音像电子产品可供常年销售。

采访者：音像社曾经自筹资金从国外引进一些先进设备，请您跟我们分享其中的故事。

孟庆和：我们的音像出版社与图书出版社很大的不同在于，我们从一开始就是利用现代化的设备来制作产品的，而设备的购置动辄上万元，甚至上百万元，资金投入巨大。20 世纪 80 年代我们甚至还没有数码全轨迹录音设备。由于我们早期使用的复制机质量不高，产量很低，而要扩大出版规模，增加数量，出版速度要跟上读者的需求，就必须拥有高档先进的设备。在这

1999 年，孟庆和（左坐者）与美国金头脑录影带公司签约

2002 年 5 月 24 日，为表彰孟庆和（左）在中美文化交流中所作的贡献，美国加州西好莱坞市市长史蒂夫·马丁（Steve Martin）（右）向其颁发荣誉证书

种情况下，我们自筹资金数百万，在教育部的大力支持下，从瑞士进口了最先进的数码轨迹录音设备，从美国引进了大型快速复制系列设备，从日本、德国引进了成套专业级摄影和数码编辑设备；同时，我们建造了高质量的专业演播室和录音棚，在国内同行中处于领先地位。为了提高母带的录音质量，我们请了一些著名的播音员，也请了我们学校的外国专家参加灌音。这样，我们整个音像出版物录制的水平和质量就上去了。

2002 年，经国家保密局批准，上外音像社成为国家秘密载体定点复制单位，当时是上海乃至全国唯一的磁介质保密复制单位，承担了全国大学英语四、六级考试，外语专业考试以及上海市高考英语听力试题的录制任务；2004 年承担了上海市高校计算机等级考试用软盘的复制任务。二十多年来，上外音像社从未发生任何泄密事故，得到上海市国家保密局的赞赏。

2004 年，经国家新闻出版总署批准，上外音像社成立了一个可以单独挂牌的出版单位——上海外语电子出版社，实行“两块牌子、一套班子”的管理模式，成为当时全国唯一有独立名号的外语教育电子网络出版单位，为上外音像社出版载体和出版内容的进一步拓宽和发展打下了基础。

采访者：音像社实施的是品牌战略，在全国教育音像业率先注册了“爱未来”商标，请问这一商标名是如何确立起来的呢？

孟庆和：我们很早就有了品牌意识，特别是在市场经济的环境下，为了扩大我们产品的影响，我们决定注册商标。

我们把商标取名为“爱未来”，是为了响应当年国家“面向现代化，面向世界，面向未来”的号召。

1989 年我们注册商标的时候，作为世界语教授的时任社长魏原枢提出要用世界语中“热爱未来”的首字母同时又是“音像”的英文首字母“AV”作为我们商标的基本标志，并配以地球为背景，意为走向世界。经过一段时间的使用，根据我的提议，在原有商标下方标注“爱未来”中文字，并重新在工商局登记注册，形成了现在的商标形式。我们的广告语是：“爱未来伴随你走向世界。”当年凡是学过大学英语的、学过中小学英语课本的、听过我们录音带的师生，都能在录音结尾处听到这句广告语，所以人人都知道“爱未来”。

为了扩大“爱未来”品牌的影响，我们每年暑假在全国的外文书店、新华书店、音像书店开展“爱未来外语音像制品全国大联展”。我们的“爱未来”外语音像制品的销量曾经处于全国第一的位置。所以我最近碰到一些校友，他们都说对“爱未来”印象很深刻。

有了更好的产品，并不等于有了更好的市场。面对市场经济的竞争现实，仅依靠本社销售人员有限的“出击”，不可能解决全国各地销售中出现的不利因素，音像社在全国各地新华书店、外文书店、音像书店的大力支持下，成立了一个供销一体、互惠互利的销售团体——上海外语音像（出版发行）集团，凡参加集团的销售单位均须遵守集团章程，并享有折扣优惠。音像社社长是集团理事长，每年召开一次集团大会，介绍上外新产品，互通销售信息，奖励销售单位，使上外音像社的全国销售网点达到500多个。每年暑假，各成员单位均参与举办"爱未来外语音像制品全国大联展"，有力地促进了"爱未来"音像制品在全国的出版发行。2000年6月20日，教育部社科司复函确认："你社出版的'爱未来'牌音像制品在全国教育音像出版行业中销售量占第一位，销售利润占第一位。"

2000年10月，音像社首次参加了法兰克福国际书展，与世界各地的出版商进行了广泛的接触和业务洽谈，时任中宣部副部长龚心瀚参观了上外音像社展台。同年10月，音像社出版的《西班牙语三百句》《葡萄牙语三百句》等出现在法国巴黎书店的货架上，实现了走向国际市场的重要一步。

2000年10月，孟庆和（左）在法兰克福国际书展上向时任中央宣传部副部长龚心瀚（右）介绍参展情况

2004年4月，由中国音像协会主办、上海外语音像出版社协办的“第八届全国教育电子音像出版物订货会”在上海光大会展中心成功举办。这是历届最正规、规模最大的一次全国订货会，体现了中国教育音像电子出版物与国际接轨的一面。教育部、国家新闻出版总署、上海市新闻出版局有关领导出席了开幕式，央视、上视等媒体均进行报道，进一步扩大了上外音像社在全国的影响力。

采访者:《外语电化教学》这一期刊对音像社的发展不可或缺。我们了解到这一刊物有过两次改刊，包括1982年由半年刊转季刊、2002年由季刊转成双月刊。请问这两次改刊的主要原因是什么？它是否体现了国内外语教学研究的某种趋势?

孟庆和: 20世纪60年代，国外外语教学的先进技术，特别是利用电教设备开展新的外语教学的方法已经比较流行。当时我们国内教育技术还比较落后，怎么利用这些新技术、新设备，开展外语教学新方式、新方法的研究，是一个新课题。在我国改革开放之初，随着外语教育的快速发展，迫切需要有这样的学术期刊来交流教学经验，提高外语教学水平。

1979年，经教育部批准，《外语电化教学》创刊。然而对于能不能有足够的稿件、足够的撰稿人，编辑部心里没有底，所以先搞了半年刊，不久搞了季刊。1993年起，我担任《外语电化教学》编辑部主任；2002年我担任了《外语电化教学》的副主编兼编辑部主任，实际上是执行主编，负责这本学术期刊的全面工作。

在新世纪初，出现了计算机辅助外语教学的新情况，我们需要交流利用计算机进行外语电化教学的新经验以及一些国外最新研究成果。我们一开始不成熟，不知道如何加强计算机辅助外语教学以适应互联网时代的发展，而这也成为当时值得关注和研究的新课题，也促成了我们决定把季刊改成双月刊。当时我觉得我们的外语教学进入了一个新发展阶段，要让电子计算机与互联网参与到教学当中，通过新技术、新手段、新方法来进一步提高外语教学的质量。《外语电化教学》是最早被认定为全国核心期刊的外语学术刊物之一，改成双月刊后，适应了广大外语教师发表学术研究成果的迫切需要。

2002 年，由我主编，全国各主要高校专家、教授参与撰写的我国第一部教育音像出版论文集《教育音像出版理论与实践》由复旦大学出版社出版发行，填补了我国教育音像出版理论研究的空白，得到有关部门和业内人士的好评。

采访者：您曾担任上外基金会、校友会秘书长，请问您在任期间主要开展了哪些工作，分别取得哪些成效？

孟庆和： 2008 年 5 月，我转任上外机关党总支书记。2009 年 5 月，学校任命我担任上外教育发展基金会秘书长、上外校友会秘书长，兼任机关党总支书记。

上外基金会和校友会过去也做了一些工作，但尚未走上正规发展的道路。基金会之前已在市有关部门申请注册登记，但未获批准，因此，我校的基金会不能享受国家有关部门对高校基金会的优惠政策。上任伊始，校领导要求我想方设法尽快完成申请注册登记。我上任后的第一件头等大事，就是与上海市有关部门联系，并取得他们的支持。终于在当年年底，我们就获得了上海市民政局颁发的“基金会法人登记证书”，并成立了以校党委书记为理事长的新一届基金会理事会，使上外基金会成为具有独立法人资格的社会慈善组织。2010 年，我校获捐款 300 万元，并获教育部配比资金 300 万元，打响了上外基金会工作的第一炮。

为了维护与捐赠单位的友好关系，我们专程拜访了各有关单位，加强与各理事单位的沟通与合作，每年举行一次全体理事会议，使基金会工作逐步走上持续发展的轨道。另外，2011 年，在校长的支持下，我们将与校友联系沟通的校内刊物《上海外国语大学校友通讯》更名为《上外人》，由我担任主编并定期出版。校友刊物的更名，“上外人”这个称号，获得了海内外校友和师生员工的好评。

我们将过去几十年留存的老校友通讯录分地区、分城市进行了整理，并存入电脑。为了恢复与老校友的联系，我专程前往北京登门拜访参加建校时期工作的全国人大常委会原副秘书长、中央外事办原主任李钟英夫妇，中共中央编译局原常务副局长、顾问顾锦屏，原国家副主席荣毅仁的秘书庄寿仓，新华社原副社长马胜荣，以及时任中国国际经济交流中心副理事长、商务部原副部长魏建国，原中国驻韩国大使邱国洪，中国驻俄罗斯大使张汉晖等。

上海外国语大学是在中华人民共和国成立后第一任上海市市长陈毅的倡议和指导下建立的。为缅怀陈毅对我国外语教育事业的巨大贡献，在陈毅元帅的女儿丛军（陈姗姗）的鼎力相助下，我以上外校友会的名义于 2011 年 5 月在北京召开了“陈毅外语教育思想座谈会”，多位外交部资深前驻外大使、外交干部参加了座谈会。与会者深情地回顾了当年陈毅关于外语、外交人才培养的重要讲话，以及对我国外语院校的培养目标、教学方针、教学改革所作的精辟论述。回沪后，我查阅了陈毅在上海俄文学校（今上海外国语大学的前身）的讲话精神以及相关的档案史料，撰写了《陈毅谈外语教育》一文，并于 2011 年 9 月 6 日至 9 日先后在“求是理论网”“光明网”“凤凰网”“上海教育新闻网”等网站上全文发表。此次披露的陈毅关于外语教育的谈话和报告的内容多为首次公开发表，引起了外语教育界及社会的关注。

2009 年建校 60 周年前夕，经校领导批复、同意，北京的上外一、二期校友发起自筹资金，在上外虹口校区竖立姜椿芳老校长纪念铜像，我与北京老校友一起对铜像设立的地点、位置等进行了确认，并与我校基建处对铜像基座的建设达成一致意见。同年 12 月，上外举行了隆重的姜椿芳纪念铜像落成典礼，我担任典礼的司仪。创校校长铜像的竖立，是我校发展史上的一件大事，为上外校园文化建设开辟了新篇章。为了开好校庆 60 周年大会，我多方

2009 年 10 月 28 日，孟庆和（左 2）与草婴（坐者）及姜椿芳的三个女儿等人在上海图书馆一楼大厅合影

2011 年 6 月 15 日，孟庆和（右）在北京拜访全国人大常委会原副秘书长李钟英（左）

2015 年 8 月 26 日，抗战胜利 70 周年之际，孟庆和（左）与陈毅长子陈昊苏（右）在上海锦江小礼堂合影

联系并邀请到了时任国务院新闻办公室副主任王国庆校友出席，为校庆大会增光添彩。

我在校友会工作期间，重新建立了上外江苏校友会、上外南通校友会、上外江西校友会，首次建立了上外香港校友会、上外美国校友会，并着手筹办上外日本校友会等；同时还创建了上海外国语大学教育发展基金会和上海外国语大学校友会网站，做了一些较为扎实的基础工作。

采访者：您是上外发展的见证人，从您的角度看，上外在发展过程中有哪些变与不变，您对上外又有哪些期许呢？

孟庆和：上外是随着我们国家的发展变化而变化的。我们学校的发展始终围绕着服务国家战略而发展变化，但是有一点是不变的：我认为上外的外语基础要比一般的学校更好一些，这是不变的，所以我们叫外国语大学。如果这一点没有了，恐怕我们会失去一些优势。如果说是国际问题的研究，综合性大学的国际问题研究可能有时候更强一些，但是我们的优势就是可以利用熟练掌握的外国语得到第一手的资料，我们可能会比他们更及时迅速地得到一些更深入更直接的信息。我们国外研究的一些成果，可以避免很多翻译不准确带来的问题。因此，我们的国别区域研究也可能会独树一帜、别开生面。这样上外才能真正成为一所国别区域全球知识领域特色鲜明的世界一流外国语大学。

我与上外的复合型专业同成长、共发展

陈传兴

男，1955 年 3 月生于上海，籍贯浙江绍兴。中共党员，教授。1977 年 2 月毕业于复旦大学英语专业，1982 年研究生毕业于安徽大学国际贸易专业，1990 年获英国格拉斯哥大学国际金融专业硕士学位。曾担任国际经济贸易系副主任，校学术委员会委员，校教学督导组副组长，上海市教委学位论文评审专家，教育部学位论文、人才计划评审专家。1991 年获“上海市高等院校优秀青年教师”称号。曾获上海外国语大学优秀教学成果奖、卡西欧优秀论文奖、上海汽车工业教育基金会出版资助和优秀研究成果奖、上外 MBA 教学

口 述 人：陈传兴
采访整理：潘美芹、杜嘉毅、姜婕、王新利
采访时间：2021 年 5 月 16 日
采访地点：上海外国语大学虹口校区 1 号楼 201 室

一等奖。出版学术著作 4 部，在 CSSCI 等期刊上发表学术论文共 60 多篇，独立承担完成教育部、上海市政府咨询决策、上海市教委重大研究课题等 10 项。

采访者：您曾经在复旦大学和安徽大学学习和工作过，请问您是哪一年进入上外从事教学科研工作的?

陈传兴：为顺应我国的改革开放发展形势，1984 年上外在全国外语院校中率先开设了国际经济与贸易（简称“国贸”）专业，并招聘和引进国贸专业师资。我 1977 年毕业于复旦大学外语系英语专业，1982 年研究生毕业于安徽大学经济系国际贸易专业，1985 年作为人才被引进到上外从事国贸专业的教学和研究。上外设立国贸专业既顺应了改革开放发展战略的需要，也是上外从单一外语语言文学向多学科外语院校发展的重大决策，是培养既懂外语又懂国际贸易的复合人才的重大举措。在校领导的大力支持下，在系领导的带领下，经过师生共同努力，上外的国际贸易专业在短短的几年时间内得到了长足发展，成为受到上海市教委好评的上海六所高校的国际贸易专业之一。上外的国贸专业得到社会的高度认可，考生踊跃报名，高考录取分数线在全市名列前茅，毕业生受到社会及用人单位的高度认可与好评。现在回过头来看，事实证明，上外开设国际贸易专业的重大决策是无比正确的，也为我的职业发展提供了重要的平台。可以说，作为参与者，我与上外的复合型专业同成长，共发展。

采访者：国际贸易专业是上外开设的第二个复合型专业，随后学校开设了多个复合型专业。作为参与者，请您简单描述复合型专业的筹建和发展情况。

陈传兴：国际贸易专业于 1984 年开设后不久，外事管理、对外汉语、教育技术、国际会计、金融等专业相继开设并开始招生。如何办好复合型专业成为学校工作的重中之重。校领导高度重视，专门组织召开多次研讨会，集思广益，群策群力，积极探索复合型专业的发展之道。在筹建过程中，我们遇到了很多需要探讨和解决的问题，比方说复合型专业培养方案和课程设置的问题。上外是一所具有外国语言文学教学和科研独特优势的院校，拥有丰富的教师资源和教学资源。如何充分利用和发挥上外的语言教学优势，如何将语言优势同国际贸易专业有机结合，是复合型专业需要研究解决的问题。国贸专业的培养方案和课程设置既要达到英语专业八级考试的要求，又要符合国际贸易专业课程设置和教学课时的基本要求。在这方面我们进行了有益探索。在最初的国贸专业培养方案和课程设置中，基本上是前两年学生以英语学习为主，后两年以专业学习为主，形成了第一阶段的复合模式。

2004 年教育部对我校本科教学质量进行评估时，专家们充分肯定了复合型专业的培养模式，同时也提出了一些问题。比如，与其他高校国贸专业相比，我们的培养方案和课程设置中，英语教学课时占比过高，专业课程教学课时占比过低。专家建议，要适当增加专业课程的教学课时，达到教育部对国贸专业课程教学的基本要求。为此，根据专家的建议，在保证学生英语水平达到专业八级水平的前提下，我们一方面相对减少基础英语（如泛读视听说）和外国文学课程教学课时，从而提高专业课程教学课时的比重；另一方面我们还开设了一些经贸专业英语课程，尤其是在部分专业课程中采用双语教学和全英语教学。这样做既能确保专业课程的教学课时，又能提高学生的专业英语水平；更重要的是，实现了语言与专业的复合，从原来的简单松散型复合到更为紧密有机的融合的过渡。经过多年的努力打造，我校复合型专业不少课程被上海市教委列为全英语教学示范课程，有的复合型专业被列为全英语教学示范专业。这是上外复合型专业的特色和优势。

采访者：您觉得上外复合型专业取得较好发展的主要原因包括哪些方面?

陈传兴：上外复合型专业的发展取得了重大成果，要说主要原因，依我之见，主要可以归纳为四点。第一，国家的改革开放发展战略。这一战略不仅为我校融入世界、增强同国外大学的交流与合作提供了良机，可以更好地发挥外语院校的优势，而且为我校开办复合型专业、培养一大批经贸人才提供了难得的历史机遇。第二，历届校领导的英明决策。校领导高瞻远瞩，审时度势，紧紧抓住改革开放政策的历史机遇，将国家改革开放政策与学校的发展战略紧密联系在一起，顺应改革开放的潮流，根据自身的特点与优势，在全国高等外语院校中率先开设国际贸易等一批复合型专业，为国家培养输送了一大批涉外专业人才。第三，外语和专业的有机融合。上外充分发挥了语言教学、教学资源和教师资源的优势。经过多年探索和打造，复合型专业形成了自身独特的培养方案和课程体系，部分专业课程采用双语和全英语教学。第四，广大教师的辛勤付出。上外拥有一大批既有海外留学背景又有丰富教学经验的教师，他们忠诚于教育事业，不仅承担繁重的教学任务，还积极参与教学和学术研究，取得了丰硕成果，为上外的复合型专业发展作出了重要贡献。

采访者：2006 年国际经贸管理学院拆分为国际金融贸易学院和国际工商管理学院，拆分后的国际工商管理学院面临哪些机遇和挑战？

陈传兴： 1988 年国贸专业从英语系分离，成立了国际贸易系，1993 年成立国际经贸管理学院。2006 年国际经贸管理学院拆分为两个学院，即国际金融贸易学院和国际工商管理学院。国际工商管理学院下设两个专业：工商管理专业和信息管理专业。后来又开设了专业目录以外的公共关系学专业。国际工商管理学院的学科发展从成立至今大致经历了本科、工商管理硕士（MBA）和博士点三个重要阶段。

第一阶段是加强本科学科建设。管院的三个专业成立时间短，专业基础较弱，底子薄，师资力量不足。针对这些短板与不足，学院着重采取了如下举措。第一，以学科建设为抓手。根据教育部和上海市教委有关专业目录的规定和要求，借鉴国内外著名大学的经验和做法，结合本校的特点和优势，对三个本科专业的培养方案、课程设置和教学计划进行了调整、充实和优化，力求解决存在的短板和不足之处，使培养方案和课程体系更趋合理和完善。第二，加强师资队伍建设。一方面积极调动全院教师的教学积极性和主观能动性，在全院范围内调配教师资源，合理安排教学工作量，充分发挥教师的潜能。另一方面大力引进师资，充实师资队伍，师资力量明显增强。第三，加强课程建设，打造骨干和重点课程，培育双语和全英语教学课程，提升教学质量。第四，加强教学和学术研究，积极动员、鼓励和组织教师以团队形式参与国家级、省部级和校级科研项目的申报，对项目获得者给予表彰和奖励。第五，制定和健全一系列规章制度，强化教学和行政管理，努力做到有案可查、按章办事、规范操作。经过多年的不懈努力和精心打造，三个本科专业得到了长足发展，其中工商管理专业被列为上海市一级重点学科，公共关系学专业入选上海市一流本科专业建设点。

第二阶段是积极申报和精心打造 MBA 项目。在校领导的全力支持下，在学院领导的带领下，通过学院的精心设计和全体教师的共同努力，我院申报的 MBA 项目获批并被评委专家评为第一名。自开办以来，MBA 学生规模逐年扩大。我校 MBA 以独特的优势和良好的教学质量深受学生的喜爱，受到社会和用人单位的高度认可和好评。MBA 项目不仅为提升本科教学质量创造了更好的条件，还为申报博士点奠定了重要基础。

第三个阶段是申报博士点。管院以科研项目为抓手，打造高质量尤其是标志性科研成果。学院领导想方设法调动教师的科研积极性，大力引进国内外优秀科研人才，全力引导和支持教师的科研工作，精心培育科研项目。经过多年的精心打造，管院取得了丰硕的科研成果。近几年来，每年有多项国家级和省部级项目获批，管院教师在国内外顶级刊物上发表学术论文数篇。2018 年管院获批了一级博士点，此后又获批博士后流动站。

采访者：正如您刚才所说，近年来大批的青年教师加入管院，您教学经验丰富，也是学校的教学督导，您能给他们一些建议吗？

陈传兴：随着国际工商管理学院的迅速发展，越来越多的优秀博士生加入教师队伍。有一次在对新进教师进行培训时，发现在座的有二十几位新进教师，我感到非常高兴。许多新教师的加盟为管院注入了新鲜血液，为学院的未来发展提供了人力资源保障，同时也说明管院的发展得到社会的广泛的高度的认可。新进教师拥有博士学位，学术功底深厚，科研能力强，科研成果显著，但缺少教学实践和经验。我作为教学督导，结合自己的教学体会，谈几条建议。

第一，教学要理论联系实际。管理学是一门实践应用性强的学科。教师不仅要讲解课本的理论知识，更重要的是要理论联系实际，将理论知识同社会和实际相结合，运用理论分析实际问题，通过实际问题分析归纳出理论要点。这不仅有助于学生更好地掌握理论知识，而且能增强学生的实践应用能力。课堂案例分析是一种理论联系实际的教学方法。

第二，注重课堂教学质量。课堂教学是教学质量保障的第一现场。教师首先要认真撰写教学大纲和教学计划，确定教学进度，精心设计每堂课的教学目标、内容和知识点。课前要精心备课，做到心中有数；课堂上要注重知识点的讲解，观察学生的理解状态，启发学生提问并为学生答疑解惑；课后要总结课堂教学的效果、成就与不足。

第三，注重学生思维能力的培养。教师要树立授人以渔的教育理念，不仅要传授理论知识，更要注重培养学生的逻辑思维能力，提高理论素养，增强分析问题和解决问题的能力，为学生未来的职业发展打下扎实的基础。

陈传兴教授在接受采访

第四，树立以学生为本的理念。传道授业是教师的天职。教师首先要加强自我修养，以身作则，身教重于言教。要注重学生道德情操的培养，教导学生树立正确的道德观、人生观和世界观。要以学生为本，既要严格要求学生，教育学生养成课前预习、课堂记笔记和课后复习的良好习惯，积极调动和发挥学生的主观能动性；又要关心爱护学生，帮助学生解决学习上的困难与问题，培养学生具备良好的心理素质，使学生在德智体方面健康成长，成为国家的栋梁之材。

守正与创新：亲历上外改革发展五十载

曹德明

男，1955 年 6 月生，中共党员，上海外国语大学二级教授、博士生导师，现任教育部外语专业教学指导委员会副主任委员和法语专业教学指导分委员会主任委员、国家教材委员会专家委员会委员、中国法语教学研究会会长等职。先后任法语系副主任、主任，西方语学院院长，上海外国语大学党委副书记、副校长、校长等职。1977 年毕业于上海外国语学院（今上海外国语大学）法语系，毕业后留校任教至今。1981—1984 年留学法国，先后获深入研究文凭（DEA）和法语语言学博士学位。曾讲授过的课程有：法语专

口 述 人：曹德明
采访整理：张佳涵、李想
采访时间：2021 年 8 月 18 日
采访地点：上海外国语大学虹口校区食堂东侧 203 室

业基础课、高年级写作课、法国文学、法语语言学、法语词汇学、法语语义学等。1990 年获教育部霍英东教育基金奖"青年教师奖"，1996 年获宝钢教育基金奖"优秀教师奖"，2001 年获法国政府教育与学术金棕榈军官级勋章，2007 年获上海市"教学名师奖"，2015 年获法国政府教育与学术金棕榈统帅级勋章；主编的《法语综合教程》(学生用书 1—2 册）于 2021 年获首届全国优秀教材奖。他致力于法语语言文学方面的研究，研究论文有《语言规范与语言的多样性》《词汇的文化内涵与翻译》等 30 余篇。出版《现代法语词汇学》《法汉实用分类词典》《加拿大文学词典》"法语渐进系列"等论著、辞书、教材等 10 多部。发表有《女士乐园》《阿达拉·勒内》《社会语言学》《从巴黎到耶路撒冷》《伏尔泰中短篇小说集》《写作》等近 20 本翻译作品。

采访者：曹老师，您好！我们在资料中了解到，您进入上海外国语学院法语专业的时间恰好是在学校正式恢复招生、增设数门外语专业的第二年。请问您当时为什么会在众多语言专业中选择法语专业就读呢？

曹德明：我学习法语专业可能就是一种缘分。我读大学的时候国家正处于“文革”十年动乱后期，那时还处于计划经济时代，读大学哪个具体专业个人是没有选择权的。我们经过了入学考试，当时收到的录取通知书上面写的是你被分配到法语专业，所以我就读法语专业是“命运”的安排。

2015 年 3 月 30 日，曹德明（中）获颁法国政府教育与学术金棕榈统帅勋章，肖云上（右 1）获颁军官勋章，陈伟（左 1）获颁骑士勋章

采访者：您作为 20 世纪 70 年代上外教学重建与改革的亲历者，能给我们分享一下您大学时期印象比较深刻的见闻或者经历吗？

曹德明：在我们读大学的时代，国家是按照毛主席的指示来开展大学生招录工作的。所有中学生在毕业后必须要有两年的社会工作经验（务工、务农或者是参军）才能进大学深造。像我们应届毕业生直接进大学，就缺少两年的劳动时间，所以当时就有一个比较特殊的教育体制——“五七”干校。上外在安徽凤阳地区专门有一个“五七”干校，1972 年开始上海市在 20 多万中学毕业生中招收了 600 名学生，分配到复旦、华师大和上外三个高校作为外语培训班学生学习外语，每校 200 人。后来又连续招收了两届，每一届都是 600 人。我是第一届，在那里我们边劳动，边学习，在当地参加劳动，积累社会工作经验。我们在“五七”干校共度过了四年半时间，前两年是以劳动为主，劳动时间大概占三分之二，上课读书时间比较少，大家都是争分夺秒地在学习。

当时，我们学校在“五七”干校有将近 600 亩土地，在那里我们种蔬菜、种棉花、种水稻、养猪。学员们都是按照专业进行编制，德法语算一个连，日阿语是一个连，西俄语是一个连，英语分成两个连。我们在德法连里面主要是负责两项工作，一个是种棉花，还有一个是养猪、养鸡，劳动非常充实。这些都是印象比较深刻的经历。

采访者：你们在“五七”干校时是怎么学习外语的？有哪些老师给您留下较为深刻的印象？

曹德明：那时候，我们一般都是天还没亮就赶紧起来早读，劳动的时候操练对话，晚上熄灯以后还要在手电筒微弱的光线下看书、做作业。我们没有课桌，每间宿舍里两边各有四个铺位，上课时大家就坐在床沿上听课，在膝盖上做笔记。但这样的环境丝毫没有影响我们读书的积极性。当时除了课本和《北京周报》《中国建设》以外几乎没有什么可读的材料。后来，我通过一个认识的图书管理员从图书馆借到了我的第一本法国小说——法国作家都德的《小东西》。对于一个刚学习了两年的学生而言，小说每一页都有许多生词，只能借助词典非常缓慢地阅读。我用了好几个月的时间才艰难地“啃”

完了人生第一部法语原著，并开始了阅读原著的历程。

大学四年期间，我抓住一切机会阅读能找到的法语书刊和文章，利用一切时间坐在录音机旁听录音训练听力。我还清楚地记得，当时我们一个班总共 23 人，共享一个大的台式转盘录音机，磁带常常反复播放各类法语学术会议实录、老师朗读的课文。可以说只要有人在，录音机总是开着；每隔一年多，我们才可以回一次上海，但是回家并不意味着学习的中断。清晨五六点，我就起来收听中国国际广播电台训练听力。经过四年的勤奋努力，我顺利完成了学业，并留校任教。

当时我们法语系的师资力量很强，都是教授和教学骨干。我印象非常深刻的老师有束景哲老师，他当时是教学骨干，给我们上了一年多的课。束老师外语基本功非常扎实，教学方式非常规范，他和我们学习在一起，生活在一起，所以我们的感情非常深厚。白天大部分时间他也参加劳动，其他时间

词典编纂现场，左起：徐伯康、张以群、岳杨烈、余匡复、林鼎生、曹德明、杨寿国

就给我们上课，课后还要给我们批改作业，指导我们的语言学习，纠正错误。他非常负责任，和学生们关系处得很好，学生们对他非常尊敬。

著名教授漆竹生老师也给我们留下了深刻的印象。当时他给我们低年级学生上课，对学生要求很严格，所以学生对他是又敬又怕。但和他深入接触以后，会发现他是一个特别可爱的人，除了给我们上课以外，还参加体育活动。两位老师的授课给我们当时的语言学习打下了坚实的基础。

采访者：您在毕业之后留校任教，直到 1981 年出国留学，此时也正好是改革开放初期，能分享一下当时是怎样一个契机让您有机会出国留学吗？您为什么会做出这样的选择？您在留法期间有什么印象比较深刻的见闻或者经历吗？

曹德明：党的十一届三中全会制定了中国改革开放的政策。从 1980 年开始，我们国家就开始选派一部分学生到国外去留学。我是 1981 年人选的，是比较早的一批公派留学生。当时要申请去法国留学，要经历层层选拔，既有学校的考试，还有教育部的考试，经选拔后我获准去法国南部靠近马赛的普罗旺斯大学（即艾克斯—马赛一大）学习。

那时候能够出国留学是非常难得的机会，我非常珍惜。当时在整个城市里面，我们国家就只有两个学生，一个是北京的同学，还有一个就是我。我们当时都是以只争朝夕的紧迫感拼命学习。

我们最初出去的时候是以旁听生的身份去进修，但我觉得自己当时年纪不大，更应该珍惜来之不易的学习机会，所以我先后注册了硕士和博士学位学习，最终在法国顺利完成了所有学业。

在法国读书期间对我影响比较大的，是法国的教学理念和学习方式跟我们国内当时的教学方式完全不一样。从教学理念来讲，学校比较重视培养学生的研究能力，研讨性的课程比较多。虽然当时我主要是在攻读硕士生，但是也旁听了许多本科生的课程。我发现法国本科生的课程也是有很多研讨性质的。老师会先出题，学生做准备，大量阅读，然后针对课题进行小组讨论，做陈述这种方式比较多。

在本科阶段，我发现他们主要比较注重学生对一些问题的观点陈述，侧重能力培养；在研究生阶段更是以讨论问题为主，所以研究生课程都叫研讨课。

采访者：您在留学归来之后，是否明显感觉到改革开放政策给学校带来了翻天覆地的变化？您对这些变化最强烈的感受是什么？

曹德明：我 1984 年年初回国，我们国家已经发生日新月异的变化，我们大学也同样如此。比如说我出国留学的时候，我们学校还基本上是纯语言的

2012 年 4 月 11 日，曹德明（左）在授予土耳其时任总理雷杰普·塔伊普·埃尔多安名誉博士学位授予仪式上

教学，主要是以外语的单一的、专业性的教育为主体。后来学校紧密围绕国家改革开放对人才需求的变化，积极开拓，开启了复合型人才培养的改革道路，从最早开始的外语加新闻专业，到外语加国贸、管理、金融、法律等其他专业。我觉得这条改革的道路走得很对，所以我们上外的毕业生在就业市场上一直广受好评。

在后来的发展中，我们学校又进一步拓宽了培养途径，积极布局，走国际化道路，目前与全世界 400 多所高校建立了校际交流。从全国范围来看，我们的同学是非常幸福的，因为在校期间出国留学和国际交流的机会非常多，这既得益于国家的改革开放政策，也离不开学校坚定走国际化办学道路。从实践效果来看，经历过国际教育的学生，无论是语言能力还是国际视野都得到了全方位的拓展，综合素质得到了全面提升。

采访者：2001—2017 年，您历任学校党委副书记、副校长、校长等校领导职务，请您谈谈这一期间学校的改革与发展情况。

曹德明：做党委副书记的时候主要是负责学生工作。当时稳定的压力非常大，尤其是新校区还没有完全建成时。我们是边建设边教学，加上当时国际形势比较动荡，在管理上处于比较紧张的状态。学校已经在进行复合型人才培养、课程改革等等。我们学校是最早实行学制改革和收费改革的高校，学制由五年缩短为四年后课时大大超过了国家的标准，所以进行了课程改革，这也是一个比较长的过程。

学生在校期间除在本校修读英语、德语、法语、日语等语言类专业外，同时辅修国际政治、新闻传播、国际金融、法学等专业。学校还成立了卓越学院，培养卓越的国际化拔尖创新人才，最优秀的学生可在 7—8 年时间内获得博士学位。

同时，所有外国语言文学类本科专业实行双外语制教学，在非语言类专业中全面实施双学位 / 双专业培养机制（专业 + 英语）。自 2016 级起本科生开始实行完全学分制，实施三年至六年的弹性学制。

为了培养学生应用语言的能力，学校积极搭建实习平台，非常注重校园文化建设。我在做党委副书记的时候努力将校园活动向专业领域拓展，比如保留至今的校园品牌活动“莎士比亚戏剧之夜”“法兰西戏剧节”等等，都是将每个语种的文化精华和学生校园文化相结合，在第二课堂展现自我的同时提升了专业能力，提高了学生的积极性。这种学生活动形式的创新也受到了全校学生和专业老师的欢迎。

我们读书的那个时代生活相对艰苦，少有书读。如今可以阅读的书越来越多，大家却不像以前那样珍惜，所以我担任校长后，特别提倡在校园里营造多读书的氛围，希望学生们能够在文化快餐遍布的时代沉下心来，甘心在书海中遨游。

“校长读书奖”正是为促进校园读书文化、鼓励学生潜心研习而设立。我们希望通过举办这个活动“让校园书香气浓一点，浮躁气少一点”。作为一个学术活动项目，其目的并不仅限于比赛，而是要通过这一赛事培养大学生的阅读习惯，营造良好的学术、科研氛围。因此，从第一届校长读书奖至今，我每年都亲身参与，亲自指导，期待“校长读书奖”能有助于培养大学人文精神，成为促进师生之间畅达交流的路径与平台。通过八年的实践，我们欣喜地发现，这项活动的设立初衷基本得到了实现。2010 年我校的“校长读书奖”获得了教育部高校校园文化建设优秀成果二等奖。

此外，“校长读书奖”还带动了“耕读园”读书会、新生书架推荐、学生文化沙龙等一系列活动，形成了导读、阅读、精读、写作、研讨、深入研究的“一条龙”式的本科生研究促进流程，为实践大学核心的“全人教育”精神提供了良好平台。

学校始终将国际化办学和教育对外开放视为核心发展战略，努力拓展学生的国际视野，积极打造“国际化特色人才培养创新平台”，开设多个卓越人才培养实验班，既“请进来”又“走出去”，积极开展国际学术交流与合作。我离任时，学校已先后与56个国家和地区的380多所大学和机构建立了合作关系，与联合国、欧盟等国际组织都保持了密切的交流往来；在校生出国游学的比例平均已经接近50%，很多小语种专业学生甚至达到100%。

基于上述的一系列改革措施，上外培养的毕业生基本功扎实，应用语言的能力也很强，这也使得学校的就业得以良性循环，毕业生深受用人单位的欢迎，上外的就业率在全国范围内都是排名非常靠前的。

在师资培养方面，学校也非常注重教师的国际化培养，给教师提供了很多海外交流的平台和机会；在职称评审上要求教师晋升高级职称必须要有海外进修或者工作的经历，这对教师的国际化也产生了积极影响。此外，对于管理干部、非外语类的研究人员我们也连续几年组织了语言能力培训班，使得青年研究人员在外语表达上能有突破，赴境外参加学术交流和研讨会可以用外语沟通交流，当时教育部对这个项目也给予了高度评价。

采访者：除担任上外校长以外，您还是中国法语教学研究会会长、教育部外指委法语分委员会主任委员，为中国法语界的发展也作出了巨大贡献。我们也特别想了解您在任期间中国法语界发展的历程，特别是比较重要的时间节点和“高光时刻”，您是否可以和我们一同分享？

曹德明：中国法语专业教学历史非常悠久，可以追根溯源到17世纪初。最早的法语教学源于法国传教士来中国传教的需要，主要是对中国信徒进行语言教育，后来到京师同文馆成立时就有法语教育。中华人民共和国建立后，特别是1964年中法建交前后，国家政策开始注重培养外语人才，教育部也接连发布了几个文件，都是关于外语教育改革的意见，所以在那个时候中国的外语专业就陆续发展起来。到“文革”初期，全国已有将近十几所学校设立了法语专业。

我们上外的法语专业创始于 1956 年，“文革”期间我们法语专业跟其他外语专业一样停办了一段时间。到“文革”结束以后，中国已经确定了到 20 世纪末要实现“四化”这么一个宏伟的目标，所以当时提出的口号就是为“四化”学外语，外语也进入了一个高速发展的春天，我们国家的法语专业也是如此。到 1998 年，我担任中国法语教学研究会会长的时候，中国已经有 23 所高校开设了法语专业。到 21 世纪初，随着改革开放不断深入，我们需要发展的领域越来越多，培养的规格也在不断提高，所以法语专业发展非常迅速。

从目前不完全统计的数字来看，全国有专业法语教学点的院校大概在 160 所左右。我们每年举办各类研讨会，学生的招生规模和办学规模已经发生了

2006 年 3 月，曹德明在第二届中国外语教学法国际研讨会上

很大变化。除了规模变化以外，法语专业的教学模式和培养模式也发生了巨大变化，已经从单科性的语言教学发展为语言加专业、语言加其他方向性辅修课程；有主辅修制，还有双外语教育模式。

前几年，国家制定了高校外语类本科专业国家标准和法语专业教育指南，法语专业和其他外语专业一样有了国家标准，国标对外语专业内涵拓展有了明确界定，除了外国语言学、外国文学、翻译三个传统方向以外，还有比较文学与跨文化交际和国别区域研究方向。

我们法语教育也是一样，随着中国和法语地区国家交流的日益密切，无论是在文学、艺术、文化、人文还是在科技领域中，合作项目也非常多，所以我们国家对外语人才的需求已经有了很大的变化，从早期需要的法语翻译到现在需要的懂法语再加上某一专业领域的人才。我们法语专业的同学们非常幸运，只要我们努力学习，未来的发展空间非常大。

采访者：您曾多次赴法国进行讲学，在您看来，法国的教学氛围跟国内的教学氛围最大的不同是什么呢？这些经历是否对您的国内教学建设有所启发？

曹德明：首先，法国的教学方法肯定是值得我们借鉴的，特别是到了研究生阶段，法国非常看重培养研究能力。我们不能把研究生当作本科五年级和六年级学生，所以在担任校长期间，我一直提倡要多开研讨性课程，我们学校的研究生院也是这么做的。我本人在研究生教学中，基本上就会让学生就某个课题去读书，然后口头综述或写读书报告，注重培养学生的资料收集能力、归纳能力以及文献综述能力，以期达到提高他们外语表达能力的效果。

其次，就是国内外大学的管理模式不一样。法国的大学教师都有明确的科研要求。我认为大学老师要有思想的深度和广度，教授必须要有大局观，在国家发展的蓝图和人类社会发展的时代背景中做学问；要有咬住青山不放松的韧劲，潜心研究，个人的专业能力才能够有所拓展。现在我们国家的教育管理体制也正在发生变化，我们的考核标准就是希望能够出标志性的成果。要培养好的人才，我们的教学方法就要改进。

我们法语专业一直以来都非常注重学生的能力培养，教师就是要立足课堂，让学生在能力上有所提升。所以《普通高等学校本科专业类教学质量国家标准》（2018 版）颁布之后，我们的教学方法、培养目标都有了调整。我觉得专业外语的人才培养，不单纯是让学生会讲外语，除了让学生拥有比较扎实的语言基本功之外，还要让他们通过外语来学习新的知识和研究一些问题，这样才能够在构建人类命运共同体、世界文明互鉴过程中更好地理解中外文化。

采访者：请问您对年轻一代的上外法语人有什么期望或者寄语吗?

曹德明：首先，对同学们来说，进入上外是一个很好的机遇。学校有很多优质资源可以帮助大家打下坚实基础，日后能投身于国家对外开放大局。希望大家认真学习和了解国家的发展战略，学习中国的传统优秀文化，树立起正确的人生观、价值观和世界观，这个是立足之本，这是我们把中国故事讲好的基础。第二，大家要有只争朝夕的紧迫感。大家的在校时间其实非常短，一定要利用好这段时间，把法语基本功打得非常坚实。只有思想和观点，但缺乏语言表达能力，就无法在全球化的时代畅达地进行跨文化沟通，文明互鉴的前提是需要具备扎实的话语能力。第三就是需要不断拓展国际视野，要在学外语的同时扩展知识结构，要不断充实自己有关法语国家的社会、历史、文化等知识，这个也是未来社会和就业市场的需要。

还有一条就是希望大家要提高抗挫折能力。现在的学生在受到挫折时，往往思想波动比较大。我们要有坚韧不拔的体育精神，学外语一定要能够吃得起苦，一旦目标确定之后要勇往直前，毕业以后才能够为民族崛起服务，真正在国际舞台上站得住脚。

对青年教师来说，“师者，所以传道授业解惑也”，其实说的就是教师的素养。首先就是要在立德树人上下苦功。为人师表，教师的言行举止对学生影响很大，特别是专业课教师，一定要为学生树立很好的典范；教师的职业精神、敬业精神，包括为学生批改作业的态度都会影响学生，因此，教师的敬业精神是第一位的。

第二就是专业能力要精益求精。我们的教师现在学历上都是博士了，但这并不代表你的专业能力已经达到了顶点。其实教师职业生涯的开始是学术生涯的新起点。语言基本功需要不断夯实和提高，知识结构需要不断更新，更要不断完善自已的教学方法和教学手段，在传道过程中找寻合适的路径，找到好的路径才能够让学生感兴趣，有获得感。要让学生学得好，作为教师，教书和育人两方面的能力都要不断提高；要不断学习，因为学海无涯。

教师真的是一个非常神圣的职业，要求非常高，要做好很不容易。希望我们的青年教师能够有一颗奉献的心，为学生、为我们的人才培养努力工作，真正把教书当作一项事业来做，而不是一个简单的职业。

感恩知遇
筑梦上外

李 勤

男，1955 年 7 月生，上海外国语大学俄语教授，博士生导师，俄语语言文学学科一级学术骨干，学科带头人。1988 年 6 月获上海外国语学院俄语博士学位并留校任教。1998—2004 年任俄语系系主任。发表学术论文 60 余篇，出版专著 6 部、教材 5 部、译著和编著 3 部、词典 2 部。承担并完成教育部项目 3 项、教育部人文社科基地重大项目 2 项、国家社科项目 1 项；主持中俄政府合作项目“新世纪俄语本科生系列教材”中的《综合俄语》和《俄语语法教程》的教材编写工作，主编商务印书馆《新时代汉俄大词典》(中国出版

口 述 人：李勤
采访整理：周源源、陆英浩
采访时间：2023 年 12 月 26 日
采访地点：上海外国语大学虹口校区会议中心富士厅

集团重大项目）；获 1996—1997 年度上海市哲学社会科学优秀成果奖、宝钢优秀教师奖、上海市教育系统优秀共产党员等荣誉称号。2002 年获国务院政府特殊津贴。

采访者：请问您当初为什么会选择上外，选择俄语专业？

李勤：这是一个很好的本源性问题。选择上外和选择俄语这两个问题紧密地联系在一起，对我而言非常特殊。这种与上外结缘的经历可能是上外所有老师里唯一的。1964 年，我进入上外附小（上海外国语学院附属外国语学校当时开设 3—6 年级）学习法语。那时国家经济条件不好，但很重视外语人才培养，（1963 年）在南京、上海、广州、重庆、西安、长春设立了六所外国语学校。当时入学竞争非常激烈。小学二年级暑假的一天，我突然被老师叫到学校。当时上外附小的老师也在场，让在场同学立刻背诵一篇以前学过的课文，就是通过这种突然袭击的方式选拔学生，考验学生的记忆力。口试之后，还有面试、笔试、体检等多个考察环节。经过这些复杂的流程后，我获得了进入上外附小读书的机会。在上外附小学习的这两年经历培养了我对外语的兴趣和热爱。在这里，我觉得学习外语很可能是我将来的一种人生选择。上外附小的学习环境非常好，我们一个班就 10 到 15 人，有专门的生活老师，任课老师全都认真而热心。另外，这段经历使我对上外有了一定的情结和情感，有了一种归属感。

好景不长，“文革”开始后附小、附中全部被解散了，学生都回到原来的学校。本来在附小读书是“大中小学一条龙”的外语人才培养的一环，十年一贯制，毕业以后有很大可能成为外交官，但解散后我们的美梦似乎破灭了。因为正常的教学完全停滞，我们回到原来的学校后也无书可读。之后我又进入中学，但实际上也没有多少学习机会。我自己比较爱学习，喜欢写字，所以一直坚持自学。中学里学习英语，我就买教材，听广播，进行自主学习。

后来，我就作为知青下乡去了黑龙江生产建设兵团。大概 20 世纪 70 年代初时，上外附中还给我写过一封信询问我的情况。当时我特别激动，还以为要让我回去读书。虽然他们只是通过信件来了解情况，但我有种找到了组织而特别温暖的感觉。黑龙江那边条件特别艰苦，电都没有，又非常寒冷。我所在的地方是黑龙江生产建设兵团第六师，现在叫建三江，是一片沼泽地，一开始拖拉机都开不进去，只能用爬犁通行。虽然白天干活也很累，但我晚上还坚持挑个油灯看书自学。

1977 年恢复高考后，我当年就报名参加了考试。但当时我对自己没有信心，因为我没读过高中，只有初中学历，而与我竞争的很多人曾经读完了高中。虽然没有信心，但我还是壮着胆子去考了。考完以后很长时间都没有消息，我忐忑不安地在黑龙江度过了春节。1978 年 2 月，我打算回上海，再找些复习资料，好好准备下一次高考。我来到福利屯火车站，那里是知识青年的集散中心，全都是各个农场要回家的知青。就在我快上火车的时候，广播突然响起：“6 师 61 团 22 连的李勤请注意，你的大学录取通知书到了。”我听闻后真是欣喜若狂，赶紧退了火车票回到农场。我和兵团邮局的同志比较熟，他们收到录取通知书后在连队没找到我，得知我刚走就赶紧给火车站打电话，正好在我上火车前通知到了我。

录取我的是哈尔滨师范学院（1980 年更名为哈尔滨师范大学）。录取通知书上还说因为学校的英语师资力量不足，所以要把我调剂到俄语专业。我内心的想法就是“我要读书”，这也是著名作家高玉宝当年替农村穷孩子们呐喊出的心声。一方面我很想读书，另一方面我已经有了很好的外语功底，包括法语和英语，于是就这样进入了哈尔滨师范学院，走上了俄语学习的道路。那时候全团有五六千个知青，但只有十个人考上大学，其中九个人都读过高中，年龄也比我大些。

1977 级大学生是高考恢复后的第一届。应该说这一届的学生基本上是千里挑一，都非常优秀。那时候学习条件并不好，但这一代人求知若渴，进入高校后学习动力非常强。我有外语底子，也有些学外语的天赋，所以成绩一直较好。本科毕业后我又考取了北京大学的硕士研究生。即将毕业的时候，我当时正在准备硕士论文答辩，上外的老校长胡孟浩受教育部之托带团访问苏联路过北京。胡孟浩与北大的徐稚芳老师熟悉，就想让她推荐北大优秀的硕士生来上外读博士。当时上外刚刚成立了全国第一个俄语专业博士点，可能因为缺乏宣传，几乎没人报名。我那时刚结婚不久，学校考虑到我家在上海，本打算把我分配到同济大学工作。徐老师来问我是否愿意报考上外攻读博士学位。我对上外一直怀着一份感情，虽然那时已经没时间备考了，但还是答应去试试。1985 年 1 月，我答辩结束后便回到上海参加上外的博士生招生考试。没过多久，我就得知已被上外录取，3 月便开学上课了。我想如果当初没有同俄语结缘，最后也不一定能回到上外。

采访者：您当时如何学习俄语？那时的俄语教学有什么特点？

李勤：我觉得学习外语还是需要一定天赋的，另外就是靠勤奋。我刚才介绍过，我本科、硕士、博士一路读下来，是正宗的科班出身。回顾我的学习经历，可以分为两个阶段。第一个阶段就是纯粹的学习，主要是本科阶段；进入硕士、博士阶段，就是学习加研究。当时学习条件不好，但教学方法万变不离其宗，都是围绕听、说、读、写、译五项基本功展开的。

哈尔滨师范学院的俄语师资力量非常强，有好几个俄裔后代担任教师，口语都非常好。我们那时学习动力都很强。我个人认为俄语是世界上最复杂难学的语言，要学好俄语，还得掌握一定的技巧：一是应该把重点放在语法上，变格、变位这些一定要学通。二是死记硬背句式，常用句式背到滚瓜烂熟以后，再开口说就很容易。三是锻炼听力，听力能培养一个人的语感。那时候录音机不普及，都是两个大圆盘子，很笨重；音像资料也非常少。我当时学了一套录音教材，叫《大众俄语 40 课》，让我印象非常深。这是苏联播音员录的，语音语调非常标准，课文比较浅显易懂。收音机里有时候也能收听到一些苏联广播。所谓的天赋，一是对语言的感知能力，二是记忆力。它们对外语学习是非常重要的。我们这一届招了两个班，一个班曾学过俄语，而我所在的小班是零起点。大二时，有一次做听力测试，两个班里只有我一个人能把文章从头到尾听写下来，大部分人不及格。我还获得过黑龙江省的三好学生等荣誉。毕业时老师想让我留校任教，但我还想继续深造。

大三的时候，我开始备考研究生。1982 年我顺利考进北大。那时研究生招生名额很少，竞争非常激烈。从那时开始，我就进入了学习俄语的第二阶段。我喜欢写论文，硕士期间也发表了一些小论文，自己挺开心的，也挖掘出了在语言研究方面的潜力。进入上外以后，我就把重心放在研究上了。语言学习是个持续不断的过程，即使读了博士，我也不敢说自己的俄语口语很好。当时中苏断交，国内缺乏俄语语言环境。我在哈尔滨读书时，很多同学对前途感到很悲观，担心毕业以后无处可去。同学们一起联名给教育部写信反映这种情况，当然也没有得到回音。虽然长期缺乏俄语实践的机会，但我在研究上还是取得了不少成果。博士在读三年期间，我在核心期刊上发表了七篇论文。那时刊物较少，发表难度还是很高的。而且那时没有好的打印条件，论文都得手写，后来写书也是手写的，所以我练出一手好字。书稿需要好几份，我就用复写纸来复写，其中一份送到华东师大副校长赵云中教授手里外审。他把书稿给他自己学生看，让他们向我学习。

采访者：您是上外培养的第一位博士生，也是新中国第一位俄语博士，您能介绍一下这段独特的学习经历吗？

李勤：我觉得我没有太特殊的地方，只是凭着执着走了下来。上外选择了我，并不是因为我有多么优秀，而是有些机缘巧合。我刚才也说了，正好胡孟浩校长成立了全国第一个俄语博士点，同时设立的还有英语博士点。那一届一共招了四个博士生，三个俄语的，一个英语的。英语的博士生叫庄开仁，上外校歌就是他作的词。俄语的博士生王欣中学就读于上外附中，此后也是在上外读的本科、硕士。我和郝斌则是从北大考过来的。在俄语的三个人里，我认为我学习是最差的。王欣一直在上外读书，还出国学习过，而我之前从没有出国的机会。郝斌则来自黑龙江大学，从小和俄裔一起长大，口语非常好。如果四个人都顺利毕业，我就谈不上第一个博士了，但到毕业时，左看右看就剩我一个，另外三人都没读完。可以说，我所谓的第一个博士是别人“弃学”而成就的。那时刚改革开放没几年，有各种各样的机会和诱惑，王欣和庄开仁就选择了出国，加上郝斌，他们都放弃攻读博士学位。那时候读博士还不成风气，条件也艰苦，每月只有 80 元的助学金，而我工作的话至少能拿 100 元以上。我就是比较愚钝，或许有自知之明，知道自己不适合走其他道路，就老老实实、一门心思做学问。如果图书馆的借书卡还在，可以看到几乎所有俄语书籍上都有我借阅的记录。在哈尔滨学习时，暑假我都不回家，就捧着一摞书到教室里阅读。为了表彰我在读博期间所取得的学术成果，国家教委和国务院学位委员会还给我颁发了“做出突出贡献的中国博士学位获得者”荣誉证书和奖牌。

“做出突出贡献的中国博士学位获得者”荣誉授予仪式，左为李勤

“做出突出贡献的中国博士学位获得者”荣誉授予仪式，前排右 3 为胡孟浩，其后为李勤

"做出突出贡献的中国博士学位获得者"荣誉证书与奖牌

我非常感谢上外的每位老师。当时的制度和现在不一样，博士点是随着特定的老师走的，通过老师去教育部申请博士生导师资格。胡孟浩老师申请到博士生导师资格后，组织形成了一个导师团队，由顾柏林老师和王德孝老师作为副导师一起指导我。当时的系主任倪波老师也对我产生了很大影响。每个老师都有自己的特点。像胡孟浩老师有着大将风度，站得高看得远，在学术方面前瞻性较强。我在北大读书期间就读过他的论文和翻译的俄文论文。选择翻译哪些论文实际上也不是件容易的事，能反映出译者对这个学术领域发展方向的理解。胡老师上课不会准备很详细的讲稿、教案，往往是启发式的，这节课布置我们研究哪些问题，下节课再让我们来讲。顾柏林老师非常儒雅，主要研究语义学和编纂《汉俄大词典》。他的风格非常细致，能把小问题研究得很透彻，和胡老师把握大方向的风格差别很大。顾老师会准备比较详细的讲稿，把更多的研究动态介绍给我们。王德孝老师教我们句法，他非常热心，经常到宿舍关心我们的生活，了解我们的思想。这难能可贵，现在的博士生导师不太会去学生宿舍。上外俄语专业的这些老师整体给我的感觉就是学养深厚，非常有造诣，教书育人方面循循善诱，而且还会在思想和生活上给学生很多帮助。

李勤的博士论文答辩会，左起依次为：上外顾霞君教授、解放军南京外国语学院王长春教授、辽宁师范大学金晔教授、上外倪波教授（时任俄语系系主任）、同济大学应云天教授、上外戚雨村教授、上外许贤绪教授、李勤

采访者：20 世纪 90 年代，上外在人才培养模式方面进行改革，进行复语型（外语 + 英语）人才的培养，请问您怎么看待这个改革？俄语专业学生如何平衡俄语和英语学习的关系？

李勤：这是我们当时非常纠结的一个问题。复合型专业的建设与俄语没有关系。俄语主要是采用了复语型教学模式，这一举措正好是在我当系主任时开始的。当时一方面全国高校扩招，另一方面中学里学俄语的人越来越少，俄语零起点的学生越来越多，几乎占了学生中的绝大多数。这也给我们带来一些触动和思考：该怎样利用这种状况来拓展我们的办学模式？还有一个问题是我们的学生毕业以后就业面比较窄，学生只会俄语的话就很难在社会上找到工作。苏联解体后，中苏关系过渡为中俄关系，但总体上经贸、文化等方面的交往还是非常少，不需要那么多俄语人才。所以我们选择了“俄语 +

20 世纪 80 年代末，李勤（左）主管学生工作时，与苏联留学生（中）和中国学生张汉晖合影（右一，现任中国驻俄大使）

英语”的模式，称为“双语教学”。这也是一种探索，但我们还比较有信心，因为大部分同学都有英语基础，能够顺利通过英语专四、专八等级考试。

培养复语型人才也是为了适应社会需求。社会上对俄语人才需求不那么大，但上级又要求我们扩招，原来每年招 20 多个人，现在翻倍到 50 人左右，扩招以后就业难度就更大了。学了英语，以后就多了一条路，学生的适应性更强。经过 20 世纪 90 年代末的改革，俄语系的教学就不再拘泥于俄语一种语言，对俄语专业招生的数量、规模的扩大都起到一定的促进作用。

采访者：上外是全国第一个和苏联高校建立校级合作关系的学校（1990 年），请问当时合作的学校包括哪些？对上外的人才培养起了哪些推动作用？

李勤：当时和上外合作的学校就一所——莫斯科外语学院（今莫斯科国立语言大学）。时任中国驻俄罗斯大使馆教育参赞是上外毕业生蒋妙瑞。这个学校当时想来中国看看，蒋妙瑞就牵线让他们来上海交流。当时我是系副主任，全程负责整个接待。他们校长带领副校长、教务处长和后勤处长前来。副校长很喜欢写诗，我称他为“诗人”。后勤处长随身提着一个箱子，里面装的是校长喜欢的伏特加酒。他们是第一次来中国，所以想去北京。我全程陪同，白天逛各处景点，晚上就趁机提议两校之间开展合作，并开始拟合作协议。当时也没有现成的模板，我因为学过一点外贸，知道合同怎么写，写合同用的俄语套话我都会。他们后来一个劲夸我。回到上海后我一晚上没睡觉，就在打字机上把拟好的协议打出来。第二天两校就签署了协议。

那时国家层面的交流都很少，校际交流对我们办学起到很好的辅助作用，对我们的师资培养、教学科研甚至辞典编纂都有帮助。我们合作的第一个项目就是双方校领导经常互访，增加感情。我担任系主任后，先带时任校党委副书记吴友富和新上任的外事处处长孙信伟去了一次，得到他们的盛情接待。

1998 年底，李勤（右 2）陪同时任上外党委副书记吴友富（右 3）访问莫斯科语言大学

2001 年 9 月，李勤（左 2）陪同时任上外校长戴炜栋（右 4）访问俄罗斯，在莫斯科慰问俄语系在俄罗斯攻读学位和进修的青年教师

回来后吴友富书记了解到俄语系的困难，大力支持了俄语系的工作。

2001 年，我和戴炜栋校长以及蔡伟良、陆经生等老师再次访问该校。他们的校长把所有中层干部都叫来，办了个宴会接待我们。我们有的老师可能对俄罗斯不太了解，去了以后就能增进双方感情，推进相关工作。我们每年送老师、学生去进修，互免学费，提供一定的生活补助。我们还邀请对方专家来帮忙编纂《汉俄大词典》，这些知名专家来这里工作了两年，对词典编纂工作起到了很好的作用。

后来国际交流逐年增加，我们相继和莫斯科大学、圣彼得堡大学建立了合作关系，但都没有同语言大学关系那么好。可惜后来不知道什么原因两校就渐行渐远了。我因为去过很多次，和对方学校人员都很熟悉，有一次他们外事处处长开玩笑说："我们学校每条狗都认识你。"我卸任系主任时，为了感谢我对两校合作的推动，对方校长还专门请我全家去俄罗斯访问一个月。我认为学校今后还是要继续加强与国外学校的交流，这样可以拓宽我们的眼界，提高办学质量。

采访者：2005 年起，您承接了编纂商务印书馆《新时代汉俄大词典》的任务，请问这本词典和夏仲毅先生 20 世纪 70 年代编纂的《汉俄辞典》和后来顾柏林先生主编的《汉俄大词典》有哪些异同？

李勤：俄语方面的词典分为两块——汉俄词典和俄汉词典。全国也形成了两个词典编纂中心，黑龙江大学那边专门负责《俄汉大词典》，《汉俄大词典》则是我们上外的拳头产品。作为新中国第一部汉外词典，夏仲毅先生编纂的《汉俄词典》在我们国家整个汉外词典历史上具有举足轻重的地位。这也有一种传承，夏仲毅先生编的是第一部，顾柏林先生编了第二部，我编的是第三部。

每个时代有每个时代的特点。像夏仲毅先生编的词典有比较多的“文革”时期政治术语；顾柏林先生编的词典去掉了这些政治术语，添加了许多随着时代发展出现的新词。2004 年左右，商务印书馆邀请我们编第三部词典的时候，是希望顾柏林先生来当主编的。但顾老师手头的第二本词典还没完成（后于 2009 年出版），没有精力同时编两部词典，所以他就将这本新词典的编纂任务交给我。

我这个人生性喜欢钻研，就思考如何把这件事做好。我调研了世界上所有知名的双语大词典，不单是俄语的，然后又翻来覆去研究之前的两部《汉俄大词典》。很多认知不是一下子形成的，而是在逐渐研究过程中慢慢得到完善。现在回头总结看，新的词典和此前编纂的词典相比有以下一些方面的不同。

一是编纂理念、定位上的创新。原来两部词典的前言里写得都很清楚，是为本国读者即我国的俄语工作者、俄语教师、学生服务的。现在我们改为除了为本国读者服务以外，还要为国外的汉语工作者、学习者服务。这点变动以后就牵扯到一系列的问题。读者定位变化促使编纂理念变化，由此要求提升词典的学习性。这也符合我们国家现在所提倡的汉语走向世界的理念。

二是体现学习性，进行了体例创新。原来词典汉语词条不标注词类属性，如这个词是形容词还是名词之类的信息都没有。这种做法不符合语言学规范，因为世界上很多词典都有标注。有的语言学专家还提出，在词典上不光要标注词性，还要保持双语词性一致，即如果汉语是名词，用俄语释义时也要用名词。我们以前可能就用动词来翻译名词。之前的词典存在许多诸如此类的问题。

三是体现词典的文化性。我举个例子，比如“开天辟地”这个词，以前的词典翻译为基督教中上帝创造世界，并没有讲出中华文化里盘古开天地的故事。另外，“过五关斩六将”在2009年版的词典中就翻译为克服重重困难，所以新词典中要把这些典故都讲出来。为了把文化性的东西加进去，我们花了很大工夫。还比如“天上”作为一个词条，之前是没有例子的，不含文化性。实际上我们语言里经常使用这个词，比如“天上掉下个林妹妹”“天上不会掉馅饼”“天上下雨地上湿”等等。我们把这些内容包括很多名言名句、古诗等都加入词典中，使词典更加丰满。这种文化性的丰富也和定位改变密切相关。

今年5月，这部词典刚刚完成一校。暑假里我又找了一本汉语的新词词典，给我们编的词典增加了3 000个新词，因为这些年不断有新词出现。我们还在词典中增加了一些政治术语，比如习近平总书记提出的“两个一百年”（奋斗目标）以及之前领导人提出的“三个代表”等内容。

四是提高了准确性。虽然汉俄词典是我们上外俄语系的一个传统项目，但那时条件很艰苦，可供查询的文献资料不多，而且我们很多老先生没机会去俄罗斯访问，对一些事物不太了解。我当系主任期间，争取到一笔经费用于返聘一些退休的老同志，给他们配电脑，做了一批卡片柜用于存放编词典的卡片，还请俄罗斯专家来帮忙，所以提升了词典的编写进度。2009年出版的这本《汉俄大词典》，在我来读博士时就已经在编写了，陆陆续续编了20多年才完成。总之，那时编写的词典受到时代、条件等各方面的局限，存在很多不足之处，我们的新版就尽量去改进、改善。比如说旧版词典里有“红灯”“绿灯”的词条，但却没有相应的“黄灯”词条。后来我发现有的汉英词典里面也会犯这种错误，不够系统。动植物的相关词汇也是个难关。我查看其他大词典时，发现其中都会对动植物标注拉丁语学名，而我们以前的词典都没标注。我们现在就先找汉语动植物的拉丁语学名，再在俄罗斯的工具书或者网上找对应的俄语名词，这样就准确很多，但工作量也随之增加了很多。以前编词典时用过逆向编写的方法，也就是将俄汉词典的词条倒过来作为汉俄词典的词条，这实际上是不可取的。

我们现在这部词典有非常大的突破，商务印书馆对我们的评价很高，目前已有两家俄罗斯出版社来商谈合作。我们编写刚启动的时候，组建了一支 20 多人的团队，因为校内人员不足就从其他学校找了一些。因刚开始经验不足，词典编纂工作也走了一些弯路，每个人俄语水平不同，工作态度不同，做出来的内容质量参差不齐，因此从 2010 年开始，我就决定由我自己独立来完成。

采访者：您在担任俄语系系主任期间，在教学科研、人才培养、国际交流等方面做了哪些传承与创新？

李勤：我在 1998—2004 年期间担任俄语系系主任。那时候任期三年，我做了两任。每个时代有不同的任务和趋势。我那个时代强调的是重点学科建设，包括师资队伍、学术研究、国际交流、国际合作等很多方面。我有针对性地对比重点学科要求，找出我们当前存在的问题，在这方面大刀阔斧地行动。

首先是提升师资队伍的学历。我接手俄语系时全系只有两名博士——我和陈洁，有的老师还只有本科学历。我一方面鼓励他们去报考博士，另一方面通过校际交流或其他渠道把他们送出去读博士。有一次我去教育部国际交流司办事，发现他们人手不足，就抓住这个机会与他们“谈判”：我们每年派出一位老师到他们那里工作，工资待遇由我们来负责，但一年后他们要把这位老师送出国读博士。许宏（现任上外俄罗斯东欧中亚学院院长）是第一个通过这个模式出去读博士的。老师们在教育部国际交流司工作也是一种历练，能了解国家机关如何运作；通过接待俄罗斯教育代表团能够锻炼语言技能，拓宽眼界。那时我们俄语系经费短缺，但我还是尽量拿出费用来解决这个问题。可以说，这一时期的俄语系可能是上外师资学历水平提高最快的。

其次是抓高层次人才培养，开展博士、博士后的培养，提高老师们的学术研究水平。我们通过重点学科建设，推动其他方面同步发展。那些年，系里无论学术论文还是专著、译著等的数量和质量都有了很大增长。

此外，我当系主任时很深的一点体会，就是要为所有教职员工和学生服务。所以，我还想办法开展系里的创收工作，以此提高教师待遇。

我自己是喜欢写书的人，当领导太忙，没时间做科研，可把我憋坏了。这六年里我想写好几本书，提纲都有了，就是没时间写。我卸任系主任后，很快就写好并出版了几本书，包括《俄语语法学》《俄语句法语义学》等。我

2007 年，李勤在黑龙江大学的国际学术研讨会上推介新书《俄语语法学》

中指捏笔的地方磨起了厚厚的老茧，夏天一边摇扇子一边写，冬天膝盖上裹着毯子写。这也是我能获得这么多学术成就的原因。

采访者： 当前，人工智能的快速发展使外语类专业人才出现一定的结构性差异。一方面，低端翻译人才大大过剩；另一方面，新时代需要的高端外语人才又奇缺。面对这一现象，您认为新时代的外语专业大学生该如何积极应对？

李勤： 实事求是地说，这对我来说是一个难题，我也没有专门研究。我个人感觉，人工智能将会取代很多东西，而且现在已经存在这种趋势，外语教育也可能受到一定冲击。但我觉得人工智能还不太可能完全取代外语教育。人工智能的路径是"人—机—人"，即人通过机器再到人；而我们外语教学中的人际交流是不能为人工智能所取代的，它不通过机器，是直接从人到人。因此，外语人才还是需要培养的。

2023 年 12 月 26 日，李勤与采访者合影

另外，我觉得人工智能可能无法做人类的创造性工作，比如作家的创作。我们称翻译是一种“再创造”，所以也很难被取代，因为一些优秀的翻译确实是靠译者的文化积淀、语言素质等，而机器则是大量搜集翻译实例，从中挑选固定或已经成熟的内容作为方案。

对大学生而言，还是要努力学习，打好基本功。另外，要树立理想，有一种执着的精神，有努力奋进的学习态度。在学习期间，要真正掌握知识，训练好自己的能力，以后也要抓住机会进一步提升自己。

竭尽所能推动上外东方语学科的壮大与发展

陆培勇

男，1955 年生，上海人，上海外国语大学阿拉伯语言文学教授，博士生导师，1998 年晋升教授。曾任校党委委员（两届）、校一级学术骨干（连续六届）、教育部高校外语专业教学指导委员会阿拉伯语专业分指导委员会副主任、上海外国语大学东方语学院院长和继续教育学院院长、中国教育发展战略学会终身教育工作委员会常务理事、中国成人外语高等教育专业委员会副会长、中国中东学会理事、上海国际关系学会理事、上海国际问题研究院中东研究中心特邀研究员、“十一五”国家级规划教材“阿拉伯语本科专业系列教程”

口 述 人：陆培勇

采访整理：周源源、陆英浩

采访时间：2024 年 1 月 18 日

采访地点：上海外国语大学虹口校区 3 号楼 328 室

总主编。长期从事阿拉伯–伊斯兰文化和国际关系研究，主要涉及阿拉伯语语言文学，中东政治、经济、文化、历史和宗教等领域。著或编著《闪族历史与现实——文化视角的探索》《阿拉伯古代文学史纲》《阿拉伯古代文学作品研究》《阿拉伯现代文学选读》等，翻译《近代希伯来文学简史》等。曾在十多个阿拉伯国家和以色列工作或进行学术访问。曾获评上海市重点课程、上海市普通高校优秀教材二等奖、上海市教学成果奖二等奖、宝钢优秀教师奖、上海市育才奖。2010 年 9 月被宁夏回族自治区政府聘为特聘专家。

采访者：请问您当年如何与上外结缘？为什么会选择阿拉伯语专业？您当时又是如何学习的？

陆培勇：当年有个大背景。1971 年中美联合发布公告，宣布美国总统尼克松将要访华，表明中美准备和解；接着有十几个国家在当年和我国建立了外交关系。同年，中华人民共和国恢复了在联合国的合法席位。1972 年初，周恩来总理在一次内部的外事会议上提出，随着国际形势的变化、我们国家地位的提高，要加快培养外语人才。在这种情况下，上海市高等院校招生毕业分配办公室于 7 月发文，拟连续从中学应届毕业生中每年直接选拔 600 名学生，分别安排在复旦大学、上海师范大学（实为华东师大）和上海外国语学院的“五七”干校学习外语，定名为“外语培训班”，每个学校各招收 200 人。因为“文革”期间取消了高考，中学生不能直接上大学，大学生都是从工农兵中进行选拔，并且要实际参加工作或参军两三年以后的表现突出者才能获得推荐资格。直接从中学毕业生中招收的方式在当时是一种很大胆的尝试。在这种情况下，文件规定入学的中学毕业生要补上劳动这一课。

上外的外语培训班一共招了三届，我属于第二届，也就是 1973 年被选中到上外来学习。当时也是经过面试、笔试等程序，但专业不是我自己选择，而是由学校统一指定。我至今也没搞懂为什么自己会被选去学习阿拉伯语。为补上劳动这一课，我们在安徽凤阳县的上外“五七”干校边学习边劳动。工农兵学员当时的学制是三年，我们因为还要补上劳动锻炼时间，所以必须在安徽学习四年。我们上午学习外语，下午参加劳动。我们那时中学刚毕业，对学习的兴趣很高，都非常勤奋。阿拉伯语确实难学，据说恩格斯精通多门外语，但阿拉伯语他学了不久就放弃了。

学校当时给我们提供了比较好的学习条件，每个班级有一台放磁带的录音机。上外的老师从上海轮流来“五七”干校教学。我们学习很努力，在半天劳动的时候会用阿语进行一些交流，也算是在实践中学习。当时阿语和日语是同一个系——日阿语系。日阿语系被分配种蔬菜，老师为此给我们现编了很多有关农作物的教材，所以至今我们对很多蔬菜和粮食的阿拉伯语词汇还非常熟悉，这为我们后来出国工作带来很大便利，到市场上看到各类蔬菜都能即刻说出相应的阿语单词。

除阿语学习之外，我们还进行政治学习，比如学习毛选和相关政治文件。老师教我们一个学习方法：每个人在口袋里放一个小本本，把单词、词组、句子都记在上面，一有空就抓紧背诵学习。当时我们贯彻毛主席的名言——“团结、紧张、严肃、活泼”（抗大校训），即我们在团结友爱的氛围中，紧张地劳动和学习。在政治学习和活动中严肃认真，我们的课余活动则非常丰富活泼。每逢春节、国庆等重大节日，每个班级都会自己排练节目，由学校组织汇演。在排练过程中，我们也在老师指导下学习了一些阿拉伯语的歌曲和短剧等等。我至今都觉得，我们在当时那种环境下学习可能反而比在校园课堂里学习效果更好。

1976 年“四人帮”被粉碎，“五七”干校都撤销了，我们就回到上海的校园继续学业。我们毕业的时候要定性，因为我们不是从工农兵这个层次选拔而上大学的，所以无法定为大学毕业生。尽管我们毕业后被分到各个机关和事业单位，但没有定为大学学历。上海市当时决定我们的工资发放按照普通工人标准，我们每月只有 36 元，工农兵学员毕业则是按干部待遇每月有 45 元。

在这种情况下，我们就觉得心里有点“窝囊”。1977 年高考恢复，我和班里一些同学就想通过考试再次进入大学，获得一个名正言顺的大学学历。当时上外也欢迎我们回归学校，于是专门给教育部打报告，获批后就专门招收已经具备阿拉伯语基础的学生的本科高起点班，入学考试外语卷也考阿拉伯语。这是高考历史上唯一一次以阿拉伯语出外语卷进行考试。

阿拉伯语本科高起点班最终录取了 9 人，我是其中之一。所以我从培训班毕业后工作几个月就又进入上外学习了四年。进校以后，学校在如何培养这些已有阿语基础的学生上犯了难，因为我们之前已学了四年，该用的教材都用过了，再重复读原有教材不合适。阿语老师们就现编新教材，所以我们当时的教材均是临时的油印教材和每堂课发下来让我们学习的活页，此外还有来自埃及的外教同时给我们授课。

1982 年，上海出台一项政策，旨在为我们这些外语培训班的学员解决学历问题。当时安排了全市统一的三校（上外、复旦、华师大）外语培训班毕业生学历考试，分为政治、外语和语文三个科目，通过考试后，就认定为名正言顺的大专学历。高考恢复以后，有的语种马上建立了硕士点，培训班毕业生就可以直接报考硕士。而我们上外阿语专业当时没有硕士点，我们就只能继续读本科，又多学了四年，这点是很遗憾的。

我们学到本科第三年的时候，国家开始大规模开展对外承包工程，尤其是在阿拉伯国家。当时承包工程和劳务输出最多的是在伊拉克，这使得阿语翻译紧缺，很多单位来上外借调阿语翻译。我校阿语老师不可能全都借出去，他们就看中了我们这批在读学生。那时我们已经先后学了七年多阿语，担任一般翻译工作应该完全够格。学校经教育部同意后，让我们在本科学习的第四年（1982 年初）就出国，毕业文凭到了毕业时间（1982 年 7 月）再发。但出国工作的话最起码两年，这就涉及毕业分配时我们不在国内的问题，所以要提前落实毕业分配单位。我们当时面临毕业后全国统一分配的风险，都曾担心可能被分配到外省市去工作。幸运的是当时上海很多单位需要阿语人才，学校提出借调的学生事先分配到借调单位的决定，原则上哪个单位借调就分配到该单位，出国两年期满回来后就作为正式员工到这个单位报到上班，这让我们没有了后顾之忧。所以我们班九个同学回国后除了留校的以外，其余都被分在上海各个借调单位工作。当时阿语系是上外第一个大规模派出老师、学生出国的院系。而且外单位来借人需要付给阿语系借调费，使系里经费非常充足。据说上外的第一台日本进口的理光复印机，就是当时阿语系捐赠的。

本科毕业后，我被分配到上海市第二轻工业局。该局下属有服装公司、皮革公司、工艺美术公司等等，产品都是日常家用的紧俏商品。我在国外工作两年后，分配单位又希望我延期一年，所以我 1985 年才回国。我到上海市第二轻工业局外经贸处上了几个月班后，感到自己不适应这种机关工作环境。当时朱威烈老师已担任阿语系主任，非常希望我能回到学校来，于是 1986 年我又调回上外任教。1987 年，阿语硕士点建立，我就和一个师弟一起成为上外第一批阿语硕士研究生，由朱威烈老师指导。

采访者：请问有哪些老师教过您？他们给您留下什么印象？

陆培勇：我对朱威烈老师印象最深，我读硕士、博士也都师从于他。他除了要求我们打好语言基础以外，还要求我们提升理论基础，拓展相关知识面，研究阿拉伯国情民风和伊斯兰文化，所以阿语系应该也是学校最早在语言文学教学之外开展现在被称为“区域国别研究”的院系之一。我们当时除了教学外，还开始研究阿拉伯国家的国情、政治、经济、军事和文化。同时，阿语系很有眼光地创办了全国唯一的专门研究阿拉伯国家的期刊《阿拉伯世界》(现《阿拉伯世界研究》)，我们得以在这个杂志上发表有关研究论文。朱威烈老师在指导我们阿语学习和教学以外，还言传身教，使我们知晓怎样拓宽国际视野，怎样去做科学研究。我从中受益匪浅，为日后科研工作和发表学术成果打下扎实基础。有了这个良好的基础，我的副教授和正教授职称都是未到年限提早破格晋升的。

在安徽凤阳“五七”干校学习期间，王铎老师给我留下的印象很深。他是我们安徽外语培训班的阿语启蒙老师，工作非常认真，教了我们语音、语调和一年级基础阿语。还有周文巨老师也曾经来干校教过我们。他教学特别耐心细致。那时住宿条件较差，夏天上课在室内特别热，他很体谅学生，让学生们把凳子搬到室外，在野外的微风中上课，但他自己在室外烈日下却热得满头大汗，使我们非常感动。

另外，1960 年我校阿拉伯语专业建立时的创始人之一黄承才老先生是一位回族穆斯林。我们国家大学里最早的阿拉伯语专业都是由回族穆斯林建立的，他们因为信奉伊斯兰教的原因，精通阿拉伯语。这位老先生解放前就在上海出版阿语杂志，办阿语学校，富有教学经验。他虽然那时年纪已经很大，但也来“五七”干校教过我们，我们都很敬佩他。还有其他的老师就不一一举例了，但凡是教过我们的老师都非常敬业。

我在上外前后学习阿拉伯语 14 年（外语培训班 4 年，本科 4 年，硕士 3

年，博士 3 年），至今可能还没有其他人在上外有这么长的阿语学习经历，所以有同事开玩笑说我是“上外的嫡亲儿子”；上外的教学特色和学术风格也在我身上得以传承。欣慰的是我曾指导的三个博士生的学位论文先后获评上海市优秀博士论文。

采访者：您留校后担任了东方语学院的院长？

陆培勇：1995 年，阿语系系主任朱威烈教授被调往新成立的上外社会科学研究院担任院长。那时候阿语系通过无记名投票的方式民主选举系主任。老师们可能认为我年轻、有精力，选举我为阿语系系主任。1994 年，上海外国语学院改名为上海外国语大学，相关成熟的系都改为学院。1996 年戴炜栋校长找我谈话，商量是否成立一个包含其他亚非语种的学院，我就提出是不是可以参照北京大学的模式，成立东方语学院。上外在 1994 年已经设立了朝鲜语专业，挂靠在英语学院。我当时还在筹建波斯语专业，此时设有波斯语本科专业的全国只有北大。朱威烈老师一直带领我们研究中东地区。从地理概念来划分，阿拉伯国家是中东的一部分，中东还包括伊朗、以色列和土耳其。我认为波斯语、希伯来语和土耳其语也是重要的语种，所以我想先以阿拉伯语、朝鲜语和波斯语这三个专业为基础建立东方语学院，之后再逐步开设新的亚非语专业。

我这个想法得到了戴校长的肯定。1997 年年底，学校正式成立东方语学院，我担任了第一任院长，一直到 2008 年 1 月我因为家里发生一些事情而主动卸任，前后当了十年的东方语学院院长，这也使我有充足的时间逐步进行学科建设，开设新专业。1997 年我筹建了波斯语专业，2001 年筹建了泰国语专业，2005 年筹建了印度尼西亚语专业，2007 年筹建了越南语和希伯来语专业，后两个语种都是 2008 年开始招生。

为什么我能那么快设立这些语种呢？因为经历了波斯语专业的筹建过程，我对于新语种专业需要什么样的师资结构以及申报程序有了经验。当时这几个小语种招聘进来的师资都是本科学历，上外小语种也没有硕士点、博士点。

在学校支持下，我校与相关语种对象国大学建立了合作交流关系，再请其他院校的那些副教授、教授（有的已经退休）当我院的特聘教师。在申报新专业时，我们同时把国家对外开放的人才需求调查报告、与对象国大学的交流协议以及资深教师的材料一起往上报，最终都申报成功。

我在东方语学院任院长时共筹建了五个新专业。后任院长严庭国又新开设了土耳其语专业（我在任的时候，土耳其语专业的建立和师资引进已经在讨论中了，但还没有正式上报计划）以及印度的印地语专业。现在的程彤院长又开设了非洲的斯瓦希里语专业和东南亚的柬埔寨语专业。至今东方语学院有了 11 个小语种，可以说东方语学院已名副其实。

采访者：在创建不同专业的过程中，哪一个让您觉得挑战最大?

陆培勇：挑战最大的其实是泰国语专业。泰语师资我当时引进了一位北京外国语大学的毕业生。我特意去北外请那里的泰语老师推荐面试了几个学

1999 年，陆培勇（站立者）在韩国驻沪总领事馆向上外赠送韩文书籍仪式上讲话

生，最终才选定一位。后来我又同相关语种国家的驻沪领馆或在北京的驻华使馆联系，这些国家的使领馆都设有文化处，旨在促进与中国的文化交流。我就对这些使领馆的文化参赞说想开设某个语种，希望他们能够提供支持。他们听到都很开心，非常积极，询问我们有何需求。如波斯语，我就向伊朗驻沪总领馆提出希望找一所大学和上外结成友好大学，然后由他们派出外教来我们这儿教学。伊朗总领馆甚至出资帮我们重新装修波斯语教研室，配置教学设备和赠送图书资料。

还有泰语，经由戴校长牵头，我们联系了正大集团。正大集团是一家泰国大集团公司，总裁和副总裁都是华人，在上海设有办事处。在他们的帮助下，我们同著名的泰国法政大学结成友好大学，由他们派老师过来协助教授泰语。正大集团还为泰语专业设立了 100 万元的教学奖励基金，用于每年奖励优秀师生，并且每笔基金花了之后，他们还会补足。所以后来凡是开设新专业，我总是先与使领馆联系，找友好大学，让对方派外教。这些驻华使领馆还会赠送图书、音像资料等。当时互联网和手机没那么发达和普及，讲课和学习主要依靠书本，这些资料就显得非常珍贵。

考虑到就业情况，小语种专业的招生方面我们很谨慎，比如波斯语专业每届只招 10 个学生，而且四年招一届，先看一看社会需求量。所以到现在除了阿拉伯语和朝鲜语，其他小语种有的两年招一届，有的四年招一届，比如希伯来语就是四年招一届，每次也就招十来名学生。

采访者：阿拉伯语专业曾被评为国家重点（培育）学科，您认为我们当时能获此殊荣的核心竞争力包括哪些？

陆培勇：我们有两个亮点。第一是从研究层面看，我们当时把中东研究所纳入了申报重点学科的范围。中东研究所在 2000 年成为全国 100 家教育部人文社会科学重点研究基地之一。重点研究基地的评选非常严格，每个学科只能有一家，不能重复。第二是从教学上来说，我校阿语学科曾两次被评为上海市重点学科。上外的上海市重点学科总共有三个：英语、俄语和阿拉伯语。2001 年，阿语学科首次被评为上海市重点学科，2004 年顺利通过验收，2005 年再次被评为上海市重点学科。

所以 2005 年我们申报国家重点学科时就有了得天独厚的前期基础。我们既有研究，也有教学，学术论文和专著等研究范围广泛，研究内容丰富，所以到 2006 年最终获批，评上了全国唯一的阿拉伯语言文学国家重点学科（培育）。

采访者：我们在申报阿拉伯语专业博士点时遇到哪些挑战，又是如何克服的？

陆培勇：阿语博士点在 1997 年申报成功，1998 年开始招生。在博士点申请的过程中，我们凭借阿语专业多年来形成的教学科研体系而获批。阿语系

戴炜栋（中举手者）与陆培勇（左 3）陪同埃及前总统穆巴拉克夫人苏珊女士（右 2）参观上外阿拉伯语资料室

2002 年 10 月，陆培勇（左 1）与时任沙特阿拉伯王国驻华大使（左 2）在“国际恐怖主义及其缘由”国际学术研讨会上

很早就注重教学和科研并举，系里除设有阿语教研室负责教学外，还设有阿拉伯语言文化研究室（后来的中东研究所的基础），以及全国唯一的阿拉伯研究学术刊物——《阿拉伯世界》的编辑部，负责杂志的来稿审阅、编辑和出版事宜。在这种情况下，我们的阿语教学科研水平和规模均达到了设立博士点的要求。另外，当时设立博士点需要有三名正高职称的教授，分别是朱威烈教授、陈忠耀教授和周顺贤教授。我们将朱威烈教授作为博士点学科带头人领衔申报，最终申报一举成功。

采访者：请您谈谈您在担任阿语系系主任和东方语学院院长期间，院系各方面的发展情况。

陆培勇：我们清楚这些学科属于小语种，在全国影响力也不大，所以就提出“小学科大内涵”的办学理念。我先从强化师资队伍建设着手。阿语系的有利条件在于所有老师都拥有硕士学位。但戴（炜栋）校长提醒我，我校当时与北外的差距在于有博士学位的教师比例偏低。于是我就搞了个“阿语教师博士工程”（我是 1999 年成为博士生导师的），鼓励阿语老师攻读在职博士，读书期间适当减轻教学量。到 2007 年，阿语系所有在岗老师全都获得了博士学位；同时我也鼓励东方语学院其他小语种的老师攻读相关学科如国际关系学等的硕士或博士学位。

另外还有引进人才。现在的东方语学院院长程彤，被引进我校以前是北大毕业留校任教的全国仅有的两个波斯语博士之一。当时上外朝鲜语专业逐渐规模扩大，但缺少领军人物或学术权威。我看中了延边大学的金基石教授。他是延大的博士生导师，从事汉语和韩语的比较研究，主编一本很有影响力的学术杂志。我多次去延大与他当面恳谈，表明引进的诚意，经过两年的努力，终于将金教授引进我校。

至于学科建设方面，一个是建立阿语博士点，另一个是建立亚非语硕士点。我引进金基石教授的目的就是想在设立阿语博士点的同时，把其他几个小语种捏合起来设立一个亚非语硕士点。建立这个硕士点要求必须具备一名正教授和两名副教授，但上外之前没有亚非语正教授。以前学科点的建立都是要报教育部、国务院学位办审批的（我们学校后来申请到外国语言与文学一级学科，任何语种才都可以设硕士点、博士点，此是后话）。我虽然是阿语专业出身，但作为东方语学院院长，不能把学科建设都放在阿语上面，其他语种也要同时发展。引进金基石教授以后，亚非语硕士点就申报成功了，原来本科学历的教师和应届本科生就可以直接在本校攻读在职硕士。不同的小语种我们还可以外聘一些教授进行指导，这样就能把亚非语专业师资队伍建设做大做强。现在亚非语专业已设立了博士点。

教材建设方面，我鼓励教师们自己编教材，特别是亚非语种。老师们可以先从比较容易的听力、泛读教材开始编起。考虑到我们师资力量不足，高年级教材可以从其他比较成熟的学校编写的教材里面选。那时自编教材要先向学校申请，编完先是油印，经过两轮使用后审核再正式出版。以前教材主要有两种来源，其中一种是直接引进国外的教材，如朝鲜语、泰语。但国外教材的问题是没有汉语，老师备课量很大，所以我们逐渐过渡到使用自己编写的教材。

阿语长期以来一直在编写和更新教材，在这方面已经较为成熟。当时上海外语教育出版社的庄智象社长和我商量，想把几个语种打包申请国家级规划教材。我对阿语教材编写有信心，如果出版社申报成功了，双方可以合力完成。后来申报成功后，新编阿语教材被称为"'十一五'国家级规划教材"，全称是"新世纪高等院校阿拉伯语专业本科生系列教材"。除了我们学校老师，我还请了北大、北外、对外经贸大学等学校的老师一起参与编写。目前已经出齐大部分教材，共计 27 册。

采访者：2010—2015 年您调任继续教育学院院长，请您给我们介绍一下这期间的工作情况。

陆培勇：我到继续教育学院做的第一件事是开设新专业。我利用原来在东方语学院工作的优势，在继教院原来的专业基础——英语语言文学和日语语言文学上开设了朝鲜语（韩国语）专升本专业，从东方语学院调进了一位韩语教师来负责教学。其次，在同国际教育学院商量后，合作开设了商务英语本科专业。后来，我觉得毕竟我是阿语专业的，也可以请一些我们学校的阿语年轻教师来教授阿语。阿拉伯有 22 个国家，阿语是联合国六种工作语言之一，前景不错。我就还开设了阿语专科专业，但招生和上课情况不理想，就是一开始有学生来，但阿语较难学，他们学着学着就都不来了。于是很遗憾，只招收了一届，这个专业就停招了。

我做的第二件事是同新闻传播学院和国际教育学院联手申报并成功获批教育学一级学科硕士点。在我来之前，他们已经完成申报的初步材料。我来了以后，就继续推进这项工作。一级学科硕士点的设立意味着我校的相关学院可以下设二级硕士点，比如说国际教育学院的课程与教学论，体育教学部的体育教育学，继续教育学院的二级硕士点是成人教育学。现在这三个二级硕士点都已经建立并招生好几年了，再加上原有的教育技术学硕士点和后来设立的比较教育学，我校教育学一级学科已有五个二级学科点。因为那时名义上的教育学还没有正教授，就由我来担任教育学的学术委员会主任。我们学院的一些副教授原来都是英语专业的，我就动员他们抓紧转型到成人教育学，因为招进来的硕士生不是读英语语言文学或日语语言文学，而是读成人教育学，要补充很多教育学相关内容。我们又请了华师大的教授作为我院成人教育学的学科顾问，经常请她来给我们硕士生导师讲授成人教育学的基础理论和教学方法，对教师进行培训。

我还对学院原来的组织结构进行了一些调整，并制定了一整套管理手册，使之更适应教学和行政管理。另外就是经过学校批准，设立托福、雅思考试培训中心。我校出国培训部有个托福的考试点，但教育部有规定，考试点不能同时办培训。我们获得学校同意后，就正式挂牌“上海外国语大学托福、雅思考试培训中心”。我还同负责培训工作的总支书记一起从社会上引进了一些人才。当时周承是人事处处长，戴校长也很支持，给了中心三个人事派遣的编制，我引进了两个以前在新东方做培训的老师。这个培训中心设立后招生情况和社会效益都很好，也为学校创收作出了一定贡献。

还有一件事是我们全面接收了原来由上海市教委主办的上海市口译证书考试工作。原来我们是协办，后来中央巡视组不允许政府机关办这种带有营利性质的培训。但这是一块金字招牌，上海缺少相关人才，很多单位招聘时都会看你有没有口译证书，是什么级别。那时候上海发布的十大紧缺人才里就有外语人才。当时上海还正在申办世界博览会，更加需要这种口译人才。我们为此做了大量工作，最后经市里有关领导同意，于 2015 年 9 月开始洽谈有关移交程序和手续。上海市教委口译办负责人来签正式移交合同的时候，正好是我卸任那天，由下一任张廷佺院长代表上外签收。这件事我算是做了前期工作，起了推动作用。

在教师的职称上，我也向学校积极呼吁重视成人教育学教师的诉求，因为感觉继教学院的老师有点被边缘化，尤其是在评职称方面。我一方面鼓励老师们提高科研水平，多出学术成果，又在学院设了一个 50 万元的科研基金，奖励发表论文或出版专著的老师；另一方面鼓励他们出国进修，由学院出资，享受学校规定的出国进修同等待遇。教师先向学校申请，未获批的就由学院的科研基金资助，学院先后有三位老师获得基金资助出国进修。职称评审方面，经我努力和学校支持后，有几位老师陆续评上英语和日语副教授。在学院成人教育学硕士点建立以后，又有一位老师评上教育学的副教授。

我在东方语学院的时候就致力于师资建设和教材建设，来了继教院以后也很关注这两方面。在招生方面，我觉得网络招生和教学信息要及时更新，同时要派人走出去，多宣传，让社会知晓成人高考政策，比如说复员军人在考试上就有很多豁免条件。2011—2012 年左右，是继教院学生人数最多的时候，本专科注册学生人数超过 4 500 人。我们还曾设想进行教学管理软件的更新，因为我们是春季招生，和学校招生时间不一样，无法使用现成的教务处教学软件，但因为各种原因，此事未能如愿推进。

我们每个学生一年收 4 000 元学费，除上交学校一部分外，其余部分以学校规定的比例用于行政、薪酬、劳务费用等。所以绩效工资、各种奖金（包括每月 20 日的岗位津贴）都是我们学院自己出钱发放的。那时候我们大概有 23 个教师，在全市几个区也设了很多分部。分部老师每年我们也会定期培训。分部所收学费的 50% 要交给我们学院。分部学生人数占比约是学生总人数的三分之一。这些收入是继教院对学校的显性贡献。还有一个是隐性贡献。教育部核定学校的师资编制是按生师比计算的，一般全日制是 16 比 1，成人教育是 48 比 1。我们就按有 4 000 个学生计算，学院至少有 80 多个教师编制，而继教院实际教师人数也就 20 多个，多余的教师编制学校就可以进行统筹安排。

为了让全校了解继续教育学院这些年究竟在做什么，为学校做了哪些贡献，我10月到任，12月底就和吴友富书记和曹德明校长商量，准备请全校处级以上干部出席继续教育学院年度汇报会，把学院前几任院长和这些年来做的工作汇报一下。在那次会议上，我详细汇报了继续教育学院这些年来如何发展，取得了哪些成就，让大家全面了解继教院的工作性质和发展现状。

我刚来继教院的时候，有些老师对我的工作方式还不太理解，认为我用全日制学院的那一套教学科研体系来要求他们，有些过于严格。我耐心劝导他们要学会自我调整，除了搞好教学外，还应加强科研。我强调教学和科研并重，以科研促教学。我还鼓励他们攻读博士学位，并积极向相关的博导推荐。我们学院以前就只有齐伟钧院长是英语专业正教授，他退休后学院就只有几个副教授。我虽然也是正教授，但我是阿拉伯语专业的，所以只有多出科研成果才能使教师队伍的职称再上一个台阶。

陆培勇（左）接受上外校史馆工作人员采访

我还要补充一点，我和上外有缘，上外给予了我很多。上外以前有个学术骨干（学术梯队）激励体制，到 2018 年停止时一共有过六届。我从第一届开始，是连续六届的一级学术骨干。另外，我担任过两届校党委委员共十年。当时校党委委员中来自教学一线的教授只有两位。我也担任了两届教育部教指委阿拉伯语分委员会副主任。是上外给了我拓展自己的机会和平台，我非常感谢学校对我的培养和扶持，也感谢学校各部门和学院教职员工对我工作的支持和信任。

采访者：新时代对我们外语院校各个方面都提出了比较大的挑战，您认为我们该如何积极应对？

陆培勇：我记得习近平总书记 2016 年在哲学社会科学座谈会上说："一个国家的发展水平，既取决于自然科学发展水平，也取决于哲学社会科学发展水平。一个没有发达的自然科学的国家不可能走在世界前列，一个没有繁荣的哲学社会科学的国家也不可能走在世界前列。"教育部根据指示就提出了新文科、新工科等概念。新文科强调的是学科交叉、文理融合，反映当前和未来学科发展与人才培养的新趋势。其实我们学校很早就布局复合型专业，只是很可惜没有把它上升到理论阶段。从这个角度来说，我们未来要跨界融合，培养创新人才，没必要和那些综合型大学竞争，而是应该与时俱进发挥我们学校的办学特色。

高校的宗旨是培养人，出科研成果也是为了促进培养人。教师应该更多地关心学生，更多地研究教学法，不能只把心思花在申报科研项目、发表论文上。所以当前首要的任务还是要调整对教师的评价体系，重点改革教学制度评估规则，鼓励教师加强对学生创新能力的培养。以前我们轻人文知识、重外语技能培训的思路要改变。要培养学生的创新能力，首先教师自身要具备创新意识和创新能力。教学三要素——教材、教师、学生，教材是依据，教师是引领者，学生是主体。教材需要教师来编写，而现在的教师都不太愿意编教材，因为教材编写周期长，一般教材在科研中分数估值很低。像阿拉伯语本科“十一五”规划教材前前后后花了14年，需要教师投入大量精力。在师资队伍建设方面，我们不光要引进人才，还要培养在校人才，想办法留住人才，考核和评价体系也需要做一些改变。教师自己要努力，学校也应更多地体谅教师的苦衷。

此外，还要优化课程设置。除了传统的语言技能训练和文学作品阅读外，一定要增加跨学科的知识，比如说国际关系、经贸、法律等。各学院之间可以互聘老师进行交流，讲授相关课程，并纳入规定学分（现在的选修课学分比例过低），让学生的选修范围大一点。将来对学生的培养应该着重拓宽学生知识面，培养学生的专业技能、人文素养和创新能力。

另外，要规划教材体系，一本教材不能用数十年。新出版教材固然难，但知识的不断更新和新时代的发展要求必须及时更新教材。新教材要把创新思维有机纳入教材体系。

传统概念上，外语院校主要是培养翻译人才。但新时代背景下的新文科要求我们培育的“翻译者”一定要转型为讲好中国故事的“传播者”以及中外文明互鉴的“交流者”。现在很多事情机器翻译还是无法替代的。学生一定要了解各国的风俗、政治、经济、军事等等。我们这批人曾在国外学习和工作多年，对于了解这些内容对工作的帮助再清楚不过了。比如有一次我在埃及坐船去约旦，船程四个小时。我去船上小卖部买饮料时和营业员聊天。旁边有个老头听到我会讲阿拉伯语很惊讶，他就问我哪里学的，我就讲我在中国学的，学的不仅是语言，还学习阿拉伯古代和现代文学、历史、宗教文化等，还当场背诵了几句古代名诗。结果他自我介绍说他就是船长，马上邀请我和同事一起去贵宾室休息、聊天。他和我聊得更深以后，对我很佩服，也了解了中国阿拉伯语的教学情况。还有，经过海关的时候，如果会说阿语，官员检查就会松一点，比较容易放行。有位阿拉伯教授问我：“你阿拉伯语说

2005 年 5 月，陆培勇在埃及金字塔、狮身人面像前留影

陆培勇（左）与采访者合影

得那么好，为什么不信伊斯兰教?”我的回答是我把伊斯兰教及其经典作为一种文化现象加以研究。我反问他怎么看科学与宗教的关系。他回答得很巧妙，说“科学在脑中，宗教在心中”。在外国与对方交流时，你对他们国家的相关知识了解越多，他们就会对中国和你本人印象越深，越有亲近感，这样才能从容讲好中国故事。我 1987 年在埃及开罗大学进修时，翻阅了他们的中小学教材，大吃一惊，书上介绍中国人时配的图画竟然是清朝时中国人留着辫子的形象，可见他们对当今的中国多么缺乏了解，需要我们去努力扭转这个印象。

所以，习主席倡导构建人类命运共同体，我们首先要构建人类文化命运共同体，拓展自己的软实力，让文化通过语言这一载体得以保存、继承和传播。新文科培养的外语人才只有了解对象国的风俗习惯、生活方式、行为规范、价值观念等文化知识，才能更生动地讲好中国故事，通过跨文化交流，使中国文明与世界文明互通互鉴。

深耕英语四八级考试三十余载

邹　申

女，1956 年 2 月生，九三学社上海外国语大学委员会前主委，教授，博士生导师。教育部高等学校外语专业教学指导委员会委员（2002—2017）、英语专业教学分指导委员会副主任委员（2007—2017）、中国英汉语比较研究会语言测试与评价专业委员会副会长（2019—2023）、英语专业四、八级测试专家组组长、国家社科基金学科规划评审组专家。曾主持 1993 版、1996 版、2004 版以及 2016 版高校英语专业四、八级考试大纲的修订工作。参与“中国英语能力等级量表建设研究”项目。已在国内外学术刊物上发表相关论文数十篇

口 述 人：邹申

采访整理：何雨航、贡桑白姆、宋思莹、周源源、陆英浩

采访时间：2021 年 5 月 23 日

采访地点：上海外国语大学虹口校区图书馆南一研讨室

并出版多部论著。曾获宝钢教育基金优秀教师奖、上海市教委教学成果一等奖、教育部全国普通高校优秀教材一等奖、第一届中国英语教学优秀论文评选一等奖、上海市育才奖、上海市三八红旗手、上海市高等教育教学成果二等奖等。2004 年获国务院政府特殊津贴。

采访者：经过近 30 年的探索，英语专业四、八级考试已经形成了一套比较健全的机制。请您谈谈这其中的探索、发展的过程。

邹申：英语专业四、八级考试从开始到现在差不多已经 31 年了，四级考试第一次开考是在 1990 年，八级是在 1991 年开考的。为什么这两个考试的时间不一样呢？因为这个考试不属于社会考试，一开始就被确定为教学检查类的考试，主要检查英语专业教学大纲在各个学校的落实情况。最早的英语专业教学大纲分成两本，一本叫基础阶段，即 1989 年出版的教学大纲，大纲提到教学和评价怎么做的问题。所以当时就有专家建议进行全国性的统考，

用统一的尺子来衡量各个学校教学大纲的执行情况。换句话说，学校的教学情况怎么样，学生的水平怎么样，这些都可以通过统一测评的方式来了解。所以 1989 年基础阶段教学大纲出版后，1990 年就开始考试了。第一次专业四级考试是 6 月份考的，即“Test for English Majors（Grade Four）”。专业八级对应的教学大纲叫高年级教学大纲，是 1990 年出版的。最早的八级卷子名称和现在也不太一样。那时候四级和八级的名称不是统一的，八级当时还分“paper one”和“paper two”，是 1991 年开考的。

应该说，经过 30 多年的发展历程，英语专业四、八级考试在这个过程中逐步完善，逐步成熟。

第一，考生人数实际上是考试影响度的重要指标。从历年参加考试的人数来看，我记得最初全国就八千多人参加专业四级考试。而从目前的报名人数来看的话，因为去年没有安排考试，所以今年（2021 年）共有 49 万人报名，此前每届 28 万人左右，也就意味着参加专业四级考试的人数已经从 8 千上涨到接近 30 万。专业八级考试最初全国就 5 千人左右报考。也是因为去年没安排考试，所以今年（2021 年）有 32 万人报名参加，此前每届 20 万人左右，就是从 5 千增长到近 20 万，可以看到三十年历程中考生人数指标的变化。这个变化实际上也说明了英语专业四、八级考试在各院校的影响力还是蛮大的，英语专业的同学基本上都参加这两个考试，还包括上外、北外、广外、西外、川外、天外等外语类院校的非英语专业学生，因为这几所学校除了英语专业本科生外，其他专业的学生也可参加英语专业四、八级考试，这个也可以说是外语类院校学生的专有“福利”。

第二，从考试的运行机制来说，和以前相比，现在也越来越健全、完善。在考务方面，最早的专业四、八级考试就是设在外教社的一个办公室在负责，这个办公室同时还要负责其他事情。后来成立了高校外语专业教学测试办公室，也就是现在我们用的这个名称。这个测试办公室配有专职人员，不仅负责英语专业的四、八级考试，还有德语、日语、法语、西班牙语、阿拉伯语等其他语种的考试。测试办公室制定了很多规范性文件，如试卷印刷规定、录音规定、试卷运送规定、试卷打包规定、试卷保管规定、监考规定、监考老师的培训规定等系列规章制度，逐步形成了一整套完善的、健全的运行体制。专业方面的机构是外语专业教学测试专家委员会，专家委员会的老师都是来自各院校或各语种领域的很有影响力的专家，有的在语言学、文学方面很有造诣，还有一部分专家是专门做语言测试的。专家委员会下面还做了语种区分，因为不同语种之间还有差别，所以分成了英语组、德语组、法语组等不同语种的专家委员会。英语组是其中最大的一个组，我担任英语专业英语教学测试专家组的组长。专家委员会开展的工作笼统讲就是考试研发，而测试办公室管的是行政考务，所以相当于两套班子在做同一件事情。这么一套机制也是一步步发展起来的，通过不断摸索，再不断完善和健全，比如说现在还有一些具体的监考手册，原来是没有的。以前考试规定没这么详细，可能就是在一张 A4 纸上写着怎么运作、怎么考的步骤。现在我们有一本考务手册，上面很清楚地规定学校、考务、考生各方的职责，试卷的保存等，都非常规范。规章制度的建立就是健全机制的表现，当然我们也借鉴了大学英语四、六级考试以及高考有关考务方面的有效经验，通过这些年的不断摸索，这套机制相对来说是比较健全的。

采访者：请您简要谈谈有关英语专业四、八级考试（以下简称专四专八考试）的改革如题型的改革对英语教学的反拨效应和对高校英语专业教学的一些建议和想法。

邹申： 我刚才提到，英语专业四、八级考试实际上主要是为了检查教学大纲在各个学校的落实情况，不是强制性的。各高校自愿组织学生参加考试，参加考试就等于愿意接受考试的检测。从这一角度来讲，这个考试和教学有着非常密切的关系，因为这个考试的诞生就是和教学大纲有关的，我们叫教学检查类的考试，所以不完全是社会考试，比如说像托福、雅思，专四专八考试和它们的性质就不一样，因为托福、雅思是 international tests，它们属于国际性考试，没有和任何国家的任何一个教学大纲挂钩，有自己的一套思路和理论基础。而我们实际上是把教学大纲作为出发点和终极目标，看看学校做得怎么样，给学校的教学改革和上级机构决策提供参考依据。

从这个角度来说，我们一直很关注考试对教学的影响，也就是反拨效应（washback effect）；看反拨效应怎么样，实际上一直是贯穿在英语专业四、八级考试的改革过程之中。我来举两个例子。第一个事例就是我们在整个考试大框架的确定上都会考虑题型的设计。2000 年，英语专业又出了一个教学大纲，把原来的两个大纲合并成一个了。换句话说，这一教学大纲对英语专业学生的能力要求和之前不太一样了，因为进入 21 世纪以来，时代发生了变化，2000 版的教学大纲就提出英语专业课程设置问题。另一方面，1998 年高校开始扩招后，英语师资出现很大的缺口，导致很多学校不太注重专业课的设置，只关注那些基础课程——听、说、读、写。而英语专业实际上不是技能课程群，而是一个专业，从专业的角度就必须开设专业知识课，如文学课、语言学课以及社会文化知识课等。我们实际上已经注意到这个问题，所以在 2000 版的教学大纲中对专业课开设提出要求。在英语专业四、八级考试，尤其是八级考试中，根据 2000 版教学大纲的修订，我们当时增加了一个项目，叫人文知识项目，英语就叫 general knowledge，这个项目当时采用的题型是选择题，包括文学、语言学和英语国家的社会文化知识三大块内容，那时还没有区域国别和跨文化方向。当时用的只不过是选择题，题型的设计尽管还不是很完善，对学生的要求也仅仅停留在知识记忆和辨认过程上，没有上升到 application 或者更高阶段的 interpretation 或 evaluation 层面上，所以也有一定的缺陷，但是我们希望通过这个形式对学校课程设置起到一定的促进作用，目的就是要督促学校开设这类课。

这个项目使用了大概几年以后，我的博士生做过一个反拨效应研究，调研参加考试的学校，了解他们的课程设置是不是因此发生变化。结果发现，这种形式的确影响了他们的课程设置，本来一些学校不开或者说仅开了一部分此类课程，但因为专业四、八级考试加了相应板块内容，学校就开始重视了，没开这类课程的开了，已经开设此类课程的也开始进一步完善。所以，从这个角度来看，我们发现题型的改革对教学还是起到一定作用的，至少对学校或者教师来说，看到考试设置了相关题型，他们就要教相关内容。当然，这不是教学设计的起点，但至少考试的指挥棒在发挥积极作用。第二个事例就是原来四级考试中选择题的比例比较高，大概占 60% 左右。2016 年，我们又进行了题型改革，选择题的比例降到 50%。换句话说，要学生产出（language production）的板块提升了 10 个百分点，主观题、客观题各占 50%。英语专业八级的主观题就更多了，原来的主观题和客观题的比例是四六开，其中，40% 考的是语言接受能力，60% 考的是学生的语言输出能力。在 2016 年的那次题型的改革中，学生的 language production 这一板块上升至 76%，客观题仅占 24%。这些调整都是为了给学校发出信号，即应注重学生的语言运用能力，而不单是认识这些词汇，即不是培养 language recognition 而是 language production，要看学生的 production 怎么样。所以从题型改革的这两个典型事例可以看出，我们希望这些考试的改革能够对英语专业教学改革和课程设置改革等起到一定的积极推动作用。

对教学的反思当然最关键的还是落实到教育上，老师在教学过程中能不能既注重学生的语言能力培养，同时也注重学生的思辨能力培养（英语讲 critical thinking）。这个不是单通过写作就能够提高的，而是要对学生进行全方位的培养。实际上阅读非常重要，我感觉我们的同学在阅读方面还是欠缺了点。大量的阅读可以提高语言能力和增强输出表达能力，阅读时能学到作者的思辨模式，了解作者的思辨、论据和框架是怎么做的等等。我觉得这些都和教学有关系，所以希望老师能够通过不同渠道加强学生思辨能力的培养。另外，我觉得还要加强学生的语言表达输出方面的培养。

采访者：刚刚您也提到，因为疫情推后一年举行的 2021 年专八考试人数接近平常两倍，今年的阅卷压力主要体现在哪些方面？

邹申：由于疫情原因，2020 年的英语专业四、八级考试都暂停了，今年报名人数的确增加，但也没有接近两倍，因为有一部分同学弃考了，尤其是八级，最终大概是增加了 70%，当然这个比例也相当惊人了。今年我们八级考试实考人数是 32 万多一点，四级现在的报名数是 49 万，近 50 万。一般情况下，四级的缺考率不会很高，相对来说比较低，因为同学都是在校生，都会来参加考试。当时我们也算了一下，今年要比平时多 75%，差不多两倍，这的确为阅卷带来了很大压力。

一是阅卷人员，因为突然增加那么多考生，阅卷员的数量也要相应增加，我们后来请学校相关部门帮忙物色阅卷老师。二是阅卷场地，在什么地方阅卷，有没有那么大的地方可以一次性阅完。三是阅卷天数。人员、场地、天数，这三件事情是最关键的问题。今年的确压力比较大，但是在学校党委和各个部门的大力支持下，还是比较顺利地完成了任务，八级阅卷星期二（5 月 25 日）开始，考卷增加了这么多，必须要足够的人力投入，才能保证阅卷质量。因为我们希望学生的成绩比较接近他的真实水平，不能说 100%，但是比较接近，要做到这些，那就必须保证阅卷质量。

而阅卷质量保障第一就是人员保障。往年的阅卷队伍原来可能只需要 70 人，现在需求翻倍，所以需要 150 人左右，单是写作部分就需要 150 名老师来阅卷。因为没有那么多场地，我们借的是上外图书馆。图书馆将三、四、五层作为阅卷场所，从星期一（5 月 24 日）开始就进行封楼。因为需要批阅的项目多，八级考试包括写作、翻译、填空、阅读简答题和改错等五个项目，由于没那么大空间，因此五个项目不能同时铺开。这次也是以前从来没有遇到过的情况，我们就通过分批阅卷、分点阅卷进行调整。分批是指分成两批次，第一批全部批阅作文。批阅作文的老师走了以后，再来一批老师批阅翻译和简答题。除了分批次以外，还分阅卷点。原来阅卷点就在虹口，这次在松江还设了一个分阅卷点。我们采取并落实各种应对措施，一是为保证阅卷能够高效平稳，二是为确保阅卷质量，最后顺利完成此次阅卷任务。

采访者：今后专四专八考试也有可能开发线上测试平台供学生选择吗？这其中的利弊分别是什么呢？

邹申：关于测试平台，我们也曾有过这样的设想：在条件成熟的时候，英语四、八级考试或许也会改成机考，类似于局域网的考试，我们还为此做过一些调研。实际上这应该是将来英语专业考试的一个发展方向，因为纸笔考试毕竟还存在很多弊端，比如试卷的运输和保管环节等都有可能会出现纰漏。另外，从环保角度来讲，我觉得纸笔考试也不太适应时代潮流，毕竟需要用很多纸张，要消耗很多自然资源。我虽然也给不出一个改革的时间表，但这肯定很快就会提上我们的议事议程，这也不是说做就做的，毕竟有这么大一个群体，很多问题还要事先进行相关研讨，要经过多轮的调研和测试。我们要顺应时代潮流，走信息化的道路。

采访者：您开始主持专四专八考试应该是在1990年以后，您曾经提到这几年里学院统筹校内外、国内外资源使您得到不少学习交流的机会，可以谈谈在这期间您得到的一些启发性的建议或者宝贵经验吗？

邹申：的确是这样的，从1992年开始，我正式进入当时的研发小组，逐步开始进行考试研发的协调等工作。在这过程中，对我个人而言确实受益匪浅。换句话说，参与这方面工作以后，我有了很多学习和交流的机会，从中学到很多宝贵经验，也接触到一些语言测试界的权威人士，从他们身上得到很多启发。我们基本上每年都会召开语言测试方面的会议，包括研讨会、工作坊等各种类型，为大家进行学术交流提供了非常好的机会和平台。我印象最深的是那时北外做了一个“国才”考试。当时是在一次大型会议上的一个专题会议中，我了解到这个考试办的时间不长，但起点还是挺高的，会上也有很多经验介绍。换句话说，我们以前走过的弯路他们就可以避免。他们的目标对象也非常明确，对考试研发来说这是比较重要的。目标对象需要先定下来，然后才能根据目标对象的需求来确定怎样进行测评。如果目标对象非常模糊，这个事情是没办法做的。我觉得北外的目标对象就非常清楚，我也听了听他们的经验，因为这个考试是北外五六年前开发的，所以他们一开始就走了“机考”这条路。这相当于给了我们一个“机考”的范例，我们都是属于文科类的考试，也同属于外语类，他们能采取“机考”这种模式，那我们肯定也是能做到的。

我们参加有些会议时还会碰到国际上一些语言测试的大咖，通过听他们的主旨报告或和他们接触交谈，也能获取到很多国外信息和研究热点。给我留下最深印象的是，有一次一个美国语言测评专家来国内做讲座，我看过他此前写的一本书，书中提到了语言测试的 future directions，就是未来应该做些什么。他提到，语言测试人员都是高校或者研究机构的 researchers，关注的都是高校或者成人的语言教育和语言测评，但是对于 classroom assessment（课堂测评）这一块研究是不够的，将来在这一块应该加强。他是从美国的

邹申在第二届英语教学与测评学术研讨会上发言

角度讲的。后来到国内做讲座的时候，他也讲了这个问题，这给我非常大的启发。我觉得当时国内好像也属于这种情况，大部分做语言测试的都是高校的老师或研究人员，对象也都是成人，大学生比较多。但是 classroom assessment 指研究在教学第一线的老师怎么来做测评，这个关注得的确不多。所以通过这些会议，我获得了很多启发性的建议。像现在语言测试这一块，做 classroom assessment 研究的人就比以前多了，现在的诊断测试都是属于 classroom assessment 范畴，所以对我个人来说还是受益匪浅的。

采访者：您是如何兼顾科研任务和教学任务的？两者之间的联系在哪里？

邹申：我在上外不是一个 full-time researcher，不是专职研究员，我实际上是一个 full-time teacher。换句话说，我的主业是教师，副业是科研。但我觉得这两者之间的确存在一定的关系。我科研主要是做 language assessment，比如评分员研究、学生能力构成等的研究。尽管做的研究是和语言测试相关，但研究还是反哺教学，因为我教的学生都是 language learners，涉及语言能力的构成、阅读能力的形成等。

当时我上综合英语课，那时候叫精读课，我认为我的研究对于综合英语课的教学思路还是有所启发的，能够反哺教学。因为在语言测试中，研究阅读也属于心理语言学，比如看 slow reader 和 fast reader 之间的区别在什么地方，这是通过眼动的 saccade 或 span 来看。如果眼睛扫得快的话，在篇幅相等的情况下，阅读速度就快。但有的人阅读时停顿很多，那他肯定就看得慢，并且看得慢的人还不一定理解得很明白。相反，看得快的人还能够理解文章大意，这就是 fluent reader 和 slow reader 的差别。我发现在学生中的确存在这种情况，有时候学生阅读还会有 finger pointing，这实际上是一个非常不好的阅读习惯，因为这样看不快，眼睛跟着手指动，眼睛就不往前了。根据这种情况，我在上阅读课时就会提醒学生 good reading habits 应该是什么样的，把

邹申在招生活动中

我在书上读到的也给同学讲讲。当时在我教精读课的时候，会让学生在课堂上阅读，让他们事先不要做任何的 preview，当场给一段内容，给他们一些时间浏览，然后马上回答问题，这样就可以从他们的回答中知道他们是否理解了，没理解的话说明其阅读速度是不够的。

在写作方面，我曾经给三年级学生上过 writing course（写作课）。英语四、八级都有写作项目，英语四、八级写作阅卷都有相应的评估标准，这个评分标准也是经过严谨的研究过程而制定的，整个过程我都参与了。所以在教同学写作的时候，我觉得这就是科研和教学能够结合的点。我在教学时就按照考试评分标准思路和学生强调考试中的几个点，比如说 coherence、content、discourse、textual level 怎么样，语言怎么样，提出的 proposition 应

2019 年，邹申参加国际英语教育中国大会

该如何进行论证，过程写得怎么样，等等，这样，学生就会受益匪浅。所以我认为这两者（教学与科研）都需要兼顾，但自己要找一个平衡点。

采访者：请问您在上外学习和任教期间有没有对您帮助较大的前辈或者同事？

邹申：我就说一位前辈吧，我首先想到的是我们学校原来的资深教授李观仪先生。她是最早的英语专业教材的主编。李先生真是一个学识渊博的人，表面看上去蛮严格的，实际上却是非常宽容的一个人。我曾经听其他老师说过，他们当时做学生的时候，李观仪老师对他们就非常严格，如果上课时间到了还没进教室的话，她会把门一关，不让迟到的同学进去上课。现在的老师当然不会这么做了，但以前她就是这样做的，所以学生没人敢迟到。从这个小细节上看，她确实特别严格，但实际上和她接触下来，我们都觉得她非常和蔼可亲，而且她的专业水平的确很高。我当时进上外后就知道李老师在编教材。她当时在虹口校区 3 号楼，那时的英语系是学校最大的一个系，整个楼都是英语系的。李老师他们的教材办公室就是在 3 号楼东门进去的二楼，正对楼梯的房间。办公室里有三个老太太，分别是李观仪先生、李佩莹先生和阮式云先生，都是学校的资深教授，当时年龄在六十岁左右。她们是主要的编者，系里还给她们配了几个青年教师做一些其他辅助工作。

我当时有机会到教材组和李老师她们一起工作了半年。因为那时我正好产假后回到学校，当时课已经都排好了，所以 10 月份回校后，系领导就安排我到李老师的教材组去，她那边正好缺人。我当时挺兴奋的，跟着李老师学习了大概一个学期。在这半年时间里，我从她身上学到了很多。一是她非常认真。因为那时候只有打字机没有电脑，打印之前先把内容写在 500 字的稿纸上。李老先生有时候就修改稿子，她修改好后再由年轻教师全部打出来，然后再修改……她整天就坐在朝南的窗边低头审阅稿子，虽然视力不太好，但她还一直在看。那时第一册和第二册已经编好了，要动手编第三册了。我去以后，李老师就让我尝试做一个第三册的样课。具体应该怎么做呢？这时候就能看出来李老先生非常宽容，她只给了一些原则性的要求，让我自己动脑筋去做。我当时就先看着前人做的，再看一些其他教材，然后就这样做了一个样课。李老师看了以后就给我提了一些建议，告诉我再去修改。然后我根据她的要求再去找材料和编习题，这样反复多次。她每次都能给我提出很多建议，比如在语言表达上，她会对一些不太地道的语言做相应修改。我在她那里干了半年，大概就做了一个样课的框架。我深切感觉到李老师是一个非常认真而且很有耐心的前辈。她特别重视教材质量，反复修改、斟酌、调整……而我从这些反反复复的过程中学到了很多。比如通过打字机打出来的文稿存在一些小错误，我作为年轻人自己都没有发现，而李老师却能觉察到这些问题，当时我觉得挺难为情的。通过这类小事情，我感慨道做任何事情一定要认认真真，做得怎么样是水平问题，但是态度一定要认真。

我记得她的最后几年是在医院里度过的。她在那里还是保持以前的习惯，病床边的桌上放了一个小本子，而那时她实际上已不可能写字了。我觉得这可能就是做老师的一个习惯。我问她："李老师，你这个小本本是用来干吗的？"李老师用上海话回答我说："有的时候用来写写东西的。"我觉得这就类似于职业习惯，因为老师要在笔记本上写东西、备课什么的。

李先生很朴素，生活过得非常节俭，根本看不出来她是全国那么有名望的教授。冬天就是穿一身蓝布棉袄，但一看就是很有气质的老先生。

采访者：您认为上外的学子有什么普遍的特质？

邹申：你要说普遍的特质，30年前的学生和现在肯定不一样。但是上外的同学还是比较聪明的，天赋也高；此外，我觉得大部分同学很好学，学习能力也比较强，知道自己应该学什么；另外，他们有自己明确的学习目标，知道自己将来想做什么，也知道自己应该看哪些书，等等。有些同学社交能力强一点，比较注意培养自己各方面的能力，参加各种社团活动或外面的实习等等；有的同学很早就知道做职业发展规划了。大部分同学比较清楚将来想做什么，早早地开始谋划自己第三、第四年应该干些什么了，我觉得这个特征还是比较明显的。

采访者：在研究生教育培养中，导师不仅是学生的学业导师，更是人生导师。您获得过育才奖、师德标兵等诸多教书育人的重要奖项或称号，请您谈谈育人经验。

邹申：因为我后期没带硕士生，主要带博士生，所以我主要谈谈博士生培养。博士生招生主要看他的科研基础怎么样，学习能力怎么样，有没有科研潜力；另外还要看他有没有对学习的热情。我一直对学生们的学业方面严格要求。学生入校以后，我一般都是"丑话说在前面"，交代在接下来的3—

4 年里应该做哪些事情，比如说应该看多少本书，也不是说一定要精读，但至少要翻阅两三百本专业方面的书，不然不可能写出东西来；还要求他们积极参加学校组织的相关学术活动，因为还有发表论文的要求，这也需要考虑起来……

我觉得带博士生有点像师傅带徒弟那种感觉，就是说师傅和他们接触多一点，经常和他们聊聊，了解一些情况，徒弟就会感到一些压力。如果总不和他们见面，学生也不知道跑什么地方去了。如果碰上不自律的学生，那就更麻烦。博士生第一年要上课，所以我每个星期都和他们见面。和学生见面时要求他们做哪些工作，学生就会有压力，因为见面时需要和我谈学业中碰到哪些问题。到了第二年他们没有课的情况下，基本上也是一个月见一次面，见面后我会对他们提相关要求，比如说下次见面的时候，你要有一个大概的论文设想之类的，反正每次见面就给他们定一个大概的目标。我觉得分阶段给他们定好目标，他们有了压力也会想办法去完成目标。有些博士生根本不用管就知道做什么事情，但有些还是需要不断地督促。

此外，我也会让上下届博士生多沟通，因为学长学姐会分享一些宝贵的经验。比如上一届要开题了，我就叫还没开题的学生全部参加，让他们提前有直观感受，也会知道将来应该避免哪些问题。所以我非常鼓励他们参加上一届的开题答辩、预答辩以及正式的公开答辩等活动。另外，我也鼓励他们走出校门去和外面的同行接触，积极参加校外的讲座、学习研讨会等。有时候我也会让他们一起参与到我做的项目中来，通过这些方式来拓宽他们的视野。我希望他们能够在上外读博士的几年里，除了写一份博士论文以外，其他方面也有进步和收获。

我坚持审阅他们撰写的博士论文初稿，不能由他们自己写了就提交答辩，这肯定是不行的。第四学期结束时，我就给他们定相应的时间表。到了第五学期，我还会不断推进他们的论文撰写进程，他们每个月都要给我一个章节，

邹申（左3）与学生在2018届博士学位论文答辩会上合影

给一个我改一个，再反馈给他们。我经常对学生说："你只要能够写出来，不管什么时间给我，我都能看。"

要说人生导师，我也没有专门和他们聊人生，但是我想，我做事情的风格应该会对他们产生潜移默化的影响。学生一个章节的内容大概四五十页，我基本上三天就能改完，有时甚至两天就能完成。我会放下手头所有事情专门给他们做修改，所以学生也知道会很快收到我的修改反馈。我这么做的目的就是不希望拖时间，因为我如果拖的话学生会更拖，后面的时间就会更紧张。

采访者：请问您对上外的学子有什么寄语？

邹申：首先，我觉得要有一种积极向上的心态和坚韧的抗压能力，因为

邹申与采访者合影

邹申在接受采访

现在的社会压力非常大，需要有积极心态和抗压能力去应对，这样会感觉生活充满希望。另外，还一定要有一种终身学习的观念，换句话说，就是要积极进取，不断学习，这个非常重要。这个时代发展太快了，必须要有一种不断学习的精神，才能跟上社会的步伐，不被社会所淘汰。

上外信息管理学科
成长与发展的见证与助推者

韩耀军

男，1957 年 1 月生，籍贯山东梁山，中共党员，教授。2004 年作为信息管理与信息系统学科带头人引进上海外国语大学。2006—2017 年任上外信息管理系系主任，一级学科骨干。曾任中国计算机学会高级会员、中国自动化学会网络信息服务专业委员会委员、上海市计算机学会人工智能专业委员会委员、上海市计算机学会协同与信息服务专业委员会委员。曾主持国家自然科学基金、教育部人文社科基金、上海市哲学社会科学规划一般课题、上海外国语大学重大课题等多个科研项目。在国内外核心期刊上发表论文 60 多篇，出版

口 述 人：韩耀军
采访整理：潘美芹、杜嘉毅、王新利
采访时间：2021 年 6 月 24 日
采访地点：上海外国语大学虹口校区 1 号楼 201

著作和教材 4 部。获上海市育才奖、煤炭部优秀教材二等奖、山东省自然科学三等奖等荣誉。

采访者：韩老师您好，您是 2004 年进入上外工作的，请问是基于怎样的背景？

韩耀军：我是“文革”后的第一届大学生，本科读的是数学专业。我从 1982 年 1 月大学毕业起，教了近两年高等数学课程。鉴于当时国家急需计算机教师，自己又对计算机有浓厚兴趣，就开始边学边教计算机方面的课程了。我还先后赴中国科学院计算机所、北京航空航天大学（原北京航空学院）进修计算机相关知识和课程，后又被学校公派到加拿大进行计算机理论及实践的学习和教学研究。

事实上，我在 2004 年 5 月份入职上外之前，在同济大学攻读博士学位期

韩耀军（左 2）在加拿大进修

间就已经给上外信息管理与信息系统（以下简称为“信息管理”）专业上课。信息管理专业的学生需要学习信息（主要是计算机）与管理方面的多门课程，而上外该专业建设初期计算机和信息管理方面的师资严重不足；另一方面，2006 年，上海市教委、上海市学位委员会决定对本市普通高校 2001—2003 年间新设置并开始招生的本科专业建设情况进行检查评估，其中专业教师中教授职称的占比是一个重要指标，而上外该专业不仅师资数量不足，教授职称者更是稀缺。而我的专业、教授职称以及学术论文和科研成果都可以弥补上外在评估项目中的多项缺陷和不足，有利于学科发展和学科评估。基于这个背景，我就作为引进人才，于 2004 年 5 月正式进入上外工作。

采访者：请您分享信息管理专业的创建初衷。

韩耀军：我校信息管理与信息系统（英语）专业于 2000 年获得教育部

批准设立，并于2001年9月开始招生。因为我是2004年进入上外的，因此对信息管理专业设置的初衷，也是通过多种渠道事后了解的。主要是基于以下几个因素：首先是国家形势的发展。2000年中国即将加入世界贸易组织（WTO），需要开展国际电子商务。作为国际贸易中心的上海已经将信息产业列为其要大力发展的支柱型产业，这就需要既懂英语、又懂国际经济贸易与管理、还懂信息管理与信息系统的专门人才。其次是信息管理专业属于上外的复合型专业，采用“英语+信息管理”这样的模式，当时国内其他高校都还没有开办“英语+信息管理”的复合型专业。第三就是学校的发展需要。1994年上海外国语学院更名为上海外国语大学以后，学校需要得到进一步的发展，无论是规模上，还是学科的布局上，都需要进一步提升层次，所以学校认为有必要开设这样的复合型专业。

采访者：作为信息管理专业的初期建设者之一，请您谈谈专业建设初期主要面临哪些困难，又是怎么克服的？

韩耀军：我校信息管理专业建设与发展的初期确实面临不少困难，我到上外以后也是深有体会。我认为主要有这样几个原因。第一，因为信息管理专业实际上就是信息加管理，信息方面主要涉及计算机方面的专业知识，当时信息（尤其是计算机）专业的师资力量比较缺乏。我到上外后，先后为信息管理专业的学生开设了八门课程，几乎涵盖了该专业的所有信息类专业课；每学期为本科生和研究生开设3—4门不同课程。第二，当时上外的信息管理专业社会知名度比较低。知名度低有两个主要原因。其一是在大家心目中，上海外国语大学是语言类学校，主要开设语言文学类专业，语言类院校怎么还开设偏重于理工类的专业（信息管理与信息系统是管理学门类一级学科“管理科学与工程类”之下的二级学科）呢？填报志愿时可能会持怀疑态度。其二是我们的专业创设时间比较短，很多考生不太了解这个专业，因此造成该专业的招生分数在全校专业中处于下游。第三个原因是该专业在各院校盲目扩张，有些院校没有自己的办学特色，所以该专业招生和就业都出现了困难，上海市教委在 2010 年把信息管理专业作为黄牌警告专业。

针对以上问题，我们分别采取应对措施。

第一，加强师资队伍建设。首先，加强人才引进，特别注意引进本领域高水平领军人才，聘任海外系主任，招聘国内外知名高校毕业的具有研究潜力的青年博士，并以此建立高水平的研究团队。其次，加强对现有教师队伍的培养工作，特别重视培养现有中青年教师。鼓励和支持中青年在职攻读高一级学位，通过攻读高一级学位和进修、培训来增强教师的科研实力。为支持、资助教师参加国内、国际各类学术会议，学院制订了鼓励教师参加此类学术会议的资助办法。鼓励教师在本专业顶尖杂志上发表高水平论文。对于在本专业顶尖杂志上发表的高水平论文，除学校的奖励外，学院还将给予重奖。教师参加国内、国际各类学术会议及在顶尖杂志上发表高水平论文，可以极大地提升专业影响力和专业知名度。

韩耀军获上外第一届优秀教学奖

第二，办出我校信息管理专业的特色。首先是复合型特色。我校信息管理专业在人才培养方面采取“专业 + 英语”的复合型教学模式。其次是创新实践特色。在学院“管理—创新—实践”的院训指导下，该专业非常注重学生创新精神与实践能力的培养。本专业的学生每年都有多个创新创业项目获得教育部的资助。受学院鼓励，学生们参加国内外各类竞赛，并获得了多项奖励，包括全球 SIFE 精神大奖及中国赛区总冠军、上海市案例分析比赛个人和团体冠军、全国 ERP 大赛二等奖等。每年还有学生应邀出席瑞士圣加仑学生管理论坛（ISC）、哈佛双极年会等。通过采取以上措施，历年来我校信息管理专业毕业生的就业率与就业质量一直位于学校各专业的前列。全球最著名的调查公司盖普洛 2007 年发布的数据显示，我校毕业生就业率位列全国第五名。这使我校信息管理专业的知名度得到极大提高。

采访者：前面您提到我校信息管理专业具有复合型特色，请您介绍该专业的课程体系设置。

韩耀军：前面说到，我校信息管理专业在人才培养方面采取“专业 + 英语”的复合型教学模式。在课程体系设置中具体体现就是专业课程覆盖国内外相关专业的全部核心课程，英语课程按照英语专业的要求设置。我校该专业的学生除学习信息类与经济管理类课程外，英语课程的学习占有很大比重。当然，这种课程设置也在不断修改与完善。其培养计划主要经过以下几个发展阶段。

初级阶段主要强调英语特色，当时我们信息管理专业的英语课程的学分大概占总学分的三分之一。在全国同类高校中，这个比重应该说是最高的。这要求学生在基础阶段达到专业英语四级水平，通过英语双学位课程学习，在高级阶段达到专业英语八级水平。这是我们的一个特色。

到了第二阶段，随着学科的发展，尤其是在学科评估中有专家提到了一个问题，就是我们的专业课和其他高校相比还是偏弱，所以要做课程改革，增加专业课（主要是数学和计算机类课程）课时，适当减少英语课时，但作为特色的英语还不能丢，怎么办？我们就采取第二学位或者辅修的模式，在信息管理专业的培养方案内减少英语课时，学生可通过辅修或者第二学位的模式补充英语学习。

第三阶段就是近几年，随着一些来自国内重点高校和国外知名高校的年轻教师的加盟，尤其是不少具有理工类背景的教师加入后，课程体系继续改革。学院秉承人才培养“数智前沿、管理科技、国际视野”的理念，开展大类专业的培养，学生入学时不分专业，1—2 年级强化经管基础、数学基础、信息基础、研究基础。大一、大二分别开设相同课程；大二结束时，学生根据自己的兴趣与意愿自主在大类内选择专业方向；大三、大四再分不同专业进行培养。在培养上，学院现在遵循“厚技术、宽口径、重素质、谋发展”的思路。同时加强了技术建设，比如信息类、数理类课程都有所增加。

2016 年 9 月 19 日，韩耀军在批改学生试卷

采访者：近些年上外管理学科发展很快，请您分享信息管理学科的发展概况。

韩耀军：上外的管理学科发展得确实很快，从早期只有本科专业，到后来获得企业管理硕士点、工商管理一级学科硕士点，再到现在具有工商管理一级学科博士点和博士后科研流动站。信息管理学科在管理学科的大背景下，同样获得了长足发展。信息管理专业从一开始的艰难办学到顺利通过上海市教委的检查评估并获得专家好评，从在企业管理硕士点下设立信息管理方向到以信息管理系为主要力量成功获批技术经济与管理硕士点，再到现在入选国家级一流本科专业建设点以及在工商管理一级学科博士点下设立信息管理与数字营销方向。

信息管理专业自 2001 年开始招生以来，截至 2021 年，已经有 17 届毕业生，每届学生 50 名左右，总共约 850 名毕业生。这个专业的毕业生就业率基本在 95% 以上，其中 2016 届年毕业生就业率达到了 100%，在各专业中名列前茅。该专业的毕业生不但就业率高，而且就业质量也很高。直接就业的毕业生的就业单位包括 IT/ 科技公司及其子公司（如微软、SAP、腾讯、阿里等）、金融机构（如五大国有银行、中国平安等）、国际著名咨询公司（如德勤、普华永道等）、政府部门等，不少毕业生进入世界 500 强公司。毕业生中有的考上了北大、清华、复旦等国内一流高校的研究生；有的进入诸如美国的卡耐基梅隆大学、西北大学等国外知名大学继续深造；还有的同学选择自主创业，比如 2005 届毕业生蔡光渊，毕业后创办了“怪兽充电”这个公司，该公司 2021 年在美国的纳斯达克上市了，他还作为毕业生代表参加了我们学院的 2021 届毕业典礼，并被学院聘为企业导师。

信息管理系的师资力量也在不断壮大增强。学院先后从国内重点高校（如北京大学、清华大学、浙江大学、北京邮电大学等）和国外知名高校（如宾夕法尼亚大学、佐治亚理工学院、剑桥大学等世界一流大学）引进 10 余名专业教师，使得信息管理系从开始仅有5名专业教师发展到目前有24名专业教师，一跃成为目前全校最大的系之一。而且该系还有长江学者、国家杰出青年、国家引进的高层次海外人才、上海市引进海外人才、上海市特聘教授等优秀师资。根据学科发展需要，目前信息管理系已更名为信息管理与决策科学系。

采访者：您觉得信息管理专业的发展主要取决于哪些因素？

韩耀军：我校信息管理专业从初期的艰苦创业，到后来的逐步发展，直到现在入选国家一流本科专业建设点，这一切都与教育部、学校及学院的大力支持、全体老师的辛勤工作和学生的刻苦学习密不可分。

第一是教育部、学校的大力支持。因为学科的发展、建设，无论是师资还是资金等方面，如果没有教育部、学校的支持是很难办成的。学校在师资、人才引进等各方面给予信息管理学科一些优惠政策。2015年以来，本专业先后引进了该领域内多名知名度较高的教授，使得信息管理学科的教师队伍不断扩大。俗话说，人多力量大。在硬件方面，前几年教育部和学校共同投资建设了ERP实验室，最近又投资建设了人工智能与数据科学应用实验室等。

第二是学院的院党委、院领导班子对信息管理学科的重视。从师资引进到学科发展，政策都有侧重。比如针对早期信息管理系科研项目比较弱这一情况，学院设立了基金项目进行重点培育，使得信息管理系在项目方面获得了巨大进步和显著成效。

第三是学院老师们的辛勤付出及学生们的刻苦学习。通过老教师发挥引领作用，默默坚守，加上新教师带来一些新知识和新教学方法，该学科取得进一步发展。学生的努力也起了不少推动作用，比如有的学生入学时是文科生，在信息管理这样一个包含数学、计算机等理工类知识的专业中学习，需要付出更多努力和奋斗。同学们所取得的成绩和成果以及毕业后的高质量就业都进一步推动了学科发展。

采访者：作为在高校默默耕耘几十年的老教师老党员，您对管院的学子或者管院有哪些寄语？

韩耀军： 我的教龄已经有 40 多年了，党龄也将近 40 年。我在上外管院工作 17 年，虽然已经退休，但对管院具有很深的感情，见证了管院的成长和发展。我希望在目前学院重视数理技术发展的基础上，学生还是要继续同步保持我们英语好的特色，这是上外学生与其他学校的同专业学生相比所特有的重要竞争力。

2011 年 9 月 20 日，韩耀军在中央党校学习

最后，希望我们学院能够取得进一步发展，早日获得管理科学与工程硕士点与博士点，管理学科早日进入 A 类学科，学院达到国内乃至国际一流管理学院水平。祝福我们的管院明天更美好。